그리스도와 도덕적 삶

제임스 거스타프슨 지음
김철영 옮김

한국장로교출판사

Christ And The Moral Life

by
James M. Gustafson

Tr. by
Kim Chul Young

Licensed by the University of Chicago Press,
Chicago, Illinois, U. S. A.
ⓒ 1968 by James M. Gustafson. All rights reserved.

Publishing House
The Presbyterian Church of Korea
Seoul, Korea

역자 서문

　신앙과 윤리의 '관계'는 어떻게 이해될 수 있을 것인가? 도덕적 삶에 대한 기독교적인 의미는 무엇인가? 기독교 신앙과 윤리적 삶의 문제와 양자의 관계 문제에 관해서 접근하고자 하는 이나, 그러면서도 좀더 포괄적이고, 체계적이며, 균형 잡힌 안내서를 구하고자 하는 이들은 거스타프슨의 「그리스도와 도덕적 삶」이 도움이 될 것이다. 이 책은 저자가 기독교윤리학, 그의 표현으로 '신학적 윤리'에 관한 기독교 전통 분석을 토대로 그 중심 주제들을 논의, 성찰하고 있다.
　저자가 이 책에서 추구하고 있는 근본적인 물음은 도덕적 삶을 위한 그리스도의 의미에 대한 '기독교윤리학'적 진술이라고 할 수 있다. 그리고 이런 물음은 도덕적인 사람에게 부딪히는 질문, 즉 "나는 무엇을 하지 않으면 안 되는가?"라는 질문과 맞물려 있는 물음이다. 여기서 세 가지 기독교 윤리적인 질문에 부딪치게 되는데, 첫째는 우리가 개인적인 도덕적 문제에 답하는 과정에서 안내를 받기 위해 나는 어떤 표준, 원리, 모델 혹은 가치에 의지해야 하는가? 둘째는 개인적인 도덕적 질문에 대한 나의 답변은 지금까지의 나와 현재의 나의 모습에 의해 어떻게 조건 지어지고, 규정되었는가? 즉, 도덕적 자아의 본성과 성격에 관한 질문이다. 셋째는 가치와 선에서 그 본성과 소재(locus)는 무엇인가? 즉, 어떤 권위와 존재와 위상과 일들이 도덕적 선의 원천이고, 그래서 신뢰될 수 있는 것인가? 이 같은 질문은 기독교윤리학적 탐구에서 매우 본질적인 질문들이다.

저자는 이 같은 세 가지 질문은 일반적으로 윤리학의 본질(내용)을 분석, 해명하는 경우이거나 혹은 윤리학적 역사를 다루는 경우에 있어서도 반복되는 기본 질문이라고 말한다. 그런데 저자의 주장에 따르면 도덕성 일반, 특히 기독교 도덕성에 관한 신학적 분석을 위해서 독특한 방법이나 절차가 있는 것은 아니라고 한다. 즉, 윤리학에 관한 방법론적 접근문제는 기독교윤리학과 일반윤리학(혹은 철학적 윤리학) 사이에 있어서 그 형식상에 있어서는 같이 다루어질 수밖에 없다는 것이다. 적어도 분석의 방법은 양자가 공통적이다. 신학적 윤리학(자)도 이런 방법적 절차에 따라 고유한 윤리학의 주제들을 체계적으로 다루고 발전시켜 나간다.

그리하여 이 책은 이런 방법적 절차에 따라 선의 문제, 도덕적 자아론, 그리고 판단과 행동의 기준, 즉 규범의 문제라는 세 가지 질문에 따라 구성되어 있는데, 1장에서는 기독교윤리학에 관한 절차와 방법을 논하고 있으며, 2장에서는 윤리학의 존재론적 질문, 즉 선의 본성과 소재의 질문에 관해서 그리스도의 의미론으로 해명하고 있다. 또 3장과 4장에서는 그리스도의 의롭게 하심과 거룩하게 하심의 사역의 결과로써 도덕적 자아의 변화에 관해 논의하고 있다. 5장과 6장에서는 그리스도가 그리스도인의 도덕적 삶의 양식과 모범으로 제시되는 방법들과 그의 가르침이 그리스도인의 도덕적 판단의 기준으로 제시되는 방식들을 다룬다. 마지막 7장에서 저자는 그리스도인의 도덕적 삶에 있어서의 의도라는 소주제 아래 그의 기독교 윤리와 도덕적 담론을 분석하고 있다.

여기서 그는 앞에 논의한 점들, 즉 예수 그리스도를 '창조자'와 '구속자', '성화자', '칭의자', '모범자', 그리고 '교사'로서 다양한 논의들을 조직적으로 정리하고 있다.

저자인 거스타프슨(James M. Gustafson) 교수의 지적처럼 인간의 도덕적 삶을 위한 '그리스도'의 의미에 대한 질문은 광범위하면서 동시에 제한적인 측면에서 독자인 우리를 '신학적' 윤리학의 분석과 성찰로 초대하고 있다.

우리는 소위 '포스트모더니즘'(postmodernism)과 '세계화'(globaliza-tion)의 시대와 혼재하며 살아가고 있다. 이 책은 이런 시대에 우리가 기독교적 삶을 이해하고 그 의미를 해명하는 데 지침이 될 것이다. 인간의 항구적인 질문의 하나인 '도덕적 삶'이라는 주제에 있어서 그리스도의 의미에 관한 기독교윤리학의 다양한 전통들의 논의에 대한 저자의 해박한 이해와 분석은 기독교 윤리적 삶에 대한 신학적 윤리학의 지평을 이해하는 데 있어서 좋은 참고자료가 되리라고 생각된다.

끝으로 본 서는 역자가 대학원생들과 신학적 윤리학 또는 윤리신학의 기초이해를 위해서 강독했던 책이다. 기독교윤리학에 입문하는 신학생들이나 기독교윤리학의 신학적 의미를 좀더 이해하고 싶은 목회자들께도 도움이 될 것으로 생각된다. 이 책의 번역에 착수한 지는 꽤 오래되었으나 여러 가지 사정으로 출판이 미루어져 왔었다. 금번에 이 역서가 출판될 수 있도록 허락해 주신 한국장로교출판사 사장 박노원 목사님과 수고하신 직원 여러분에게 진심으로 감사를 드린다.

2008년 7월 광나루 연구실에서

김 철 영

차례

역자 서문 / 3
서문 / 9

1 윤리학의 연구 : 절차와 방법의 서술 / 13

2 예수 그리스도 : 창조자와 구속자이신 주 / 27
인간의 도덕적 질문에 대한 대답 | 신학적 함축 의미들 | 윤리적 추론들 | 구속주 -창조주와 관련된 도덕적 삶에 대한 고찰

3 성화자이신 예수 그리스도 / 91
그리스도를 향한 회심에 의한 변화 | 그리스도와의 교제가 가져오는 효과 | 그리스도와 인간 본성의 회복 | 성화의 윤리에 대한 성찰

4 칭의자인 예수 그리스도 / 165
사랑할 자유 | 현재와 미래를 위한 자유 | 현실주의적이고 실용주의적일 자유 | 칭의의 윤리에 관한 성찰

5 모범자이신 예수 그리스도 / 211
도덕적 이상인 그리스도 | 순종하고, 고난당하고, 낮아지신 그리스도 | 하나님의 행동의 형식인 그리스도 | 자기 금욕의 모범인 그리스도 | 모범인 그리스도에 관한 약간의 성찰

6 교사이신 예수 그리스도 / 263
예수의 가르침들-태도 | 예수의 가르침들-지침 | 예수의 가르침들-율법, 이상, 규범 | 새로운 법 | 도덕적 이상 | 규범 | 교사이신 그리스도에 관한 몇 가지의 성찰들

7 그리스도와 도덕적 삶 : 건설적 진술 / 331
그리스도인의 도덕적 삶에 있어서의 전망과 태도 | 그리스도인의 도덕적 자아의 성향 | 그리스도인의 삶에서의 도덕적 의도들 | 그리스도인의 도덕적 삶에서 규범으로서의 그리스도

서문

나는 이 책에서 나의 부분적인 의견만을 말하고자 한다. 나는 첫 장에서 "도덕적 삶을 위한 그리스도의 의미에 대해서 분명하게 신학자들이 어떤 주장을 하고 혹은 어떤 가정을 하고 있는가?"라는 하나의 중심 질문이 있다고 말하였다. 이 질문은 광범위하면서도 동시에 제한적이기도 하다. 그것은 기독교 신학과 기독교윤리학의 전통이 방대하다는 점에서는 광범위하다. 나는 이 질문에 대답한 방식에서 중요하다고 생각되는 저자들을 다루기 위해 단지 여기저기를 조금씩 조사하였을 뿐이다.

이 질문은 기독론, 신론, 인간론, 계시의 본성, 성경의 권위, 칭의와 성화론 등의 기독교 신학의 모든 영역과 연결되는 신학적 질문을 제기하는 점에서 광범위하다. "도덕적 삶"이라는 주제는 신학이 제시하는 것만큼이나 다양한 범위의 문제점을 제시한다. 이 주제는 철학적, 신학적, 심리학적, 사회학적, 그리고 정치학적 관점들에 대해 길을 열어 준다. 그것은 오늘날과 이전 세대의 사람들이 부딪힌 아주 다양한 실천적이고도 도덕적인 문제들을 보여 준다. 분명히 본 서에서 이런 모든 문제를 다루지는 않았다. 어떤 문제는 완전히 제외되었고, 어떤 것은 빈약하게 다루어졌고,

또 어떤 것은 심도 있게 다루어졌다.

이 질문은 또한 제한적이기도 하다. 나는 오직 각 장에서 필요한 만큼만 '그리스도의 유익'에 대한 주장과 그리스도의 인격에 대한 이론만을 구체적으로 다루었다. 나는 주로 개인의 인격적 존재의 관점에서 '도덕적 삶'을 다루었고, 세상 안에서의 인간의 행동, 사회 구조에 대한 인간의 관계, 특정한 도덕적 문제에 대한 인간의 참여 등에 관한 견해는 발전시키지 않았다. 도덕철학으로부터 나온 내용들은 내가 일정한 문제들에 대하여 줄곧 설명하고 추구한 방법들 안으로 흡수되었다. 그러나 나는 이런 철학적 자료에 대한 광범위한 주석을 달지는 않았다. 나는 또한 하나님의 존재 없이 도덕적 가치가 존재할 수 있는지 여부를 묻는 철학적 질문에도 답하지 않았다. 이 책에서는 「질그릇 안의 보배 : 인간공동체로서의 교회」(*Treasure in Earthen Vessel : The Church as a Human Community*)의 경우처럼 사회과학적 자료와 이론을 사용하려는 시도도 하지 않았다.

"그리스도인들이 어떻게 도덕적 판단을 해야 하는가?"에 관한 논의에 사로잡힌 독자들은 이 책이 이런 논쟁 혹은 어떤 다른 현행 논쟁에 의해서 쓰인 것이 아니라는 것을 알게 될 것이다. 비록 이 책으로부터 그러한 논쟁을 추론할 수 있기는 하지만 말이다. 이 책의 중심 질문은 오늘날 세속성을 찬양하는 많은 사람들에 의해 제기되지 않는 질문이다. 따라서 어떤 사람들에게 이 책은 부적절하게 보일 수도 있고, 이로 인해 앞으로 길지 않은 시간 안에 이 책이 폐기처분될 수도 있을 것이다.

그러나 나는 이 책의 질문이 기독교 윤리라고 할 만한 모든 기독교 윤리 속에 함축되어 있거나 명시되어 있다는 것과 그 질문이 물을 만한 가치가 있다는 것, 그리고 그리스도인의 도덕에 관해 생각하는 사람들은 반드시 그것을 질문해야 한다는 것을 말하고자 한다. 독자들은 아주 인기가 있고 현재 흥미를 끌고 있는 많은 질문과 쟁점들은 제쳐 두고, 나와 함께 신학적 윤리학의 분석과 성찰에 뛰어들게 된다. 여기서 '분석'과 '성찰'은 신중하게 선택된 단어들이다. 비록 다른 사람의 생각을 분석하는 방법과 그들의 사고의 의미를 성찰하는 중에 나의 사고 방향이 드러난다 할지라도, 나는 이 책에서 조직적인 기독교 윤리를 제공할 생각은 없다. 마지막 장은 성격상 구성적(constructive)이나, 이것은 오직 이 책의 중심 질문에 대답하는 방법들에 한정되어 있다.

신학적 윤리학은 항상 다른 학자들이 지배하는 영역들을 침범한다. 나는 신학, 도덕철학, 기독교사상사, 성경연구, 그리고 다른 분야의 전문가늘에 의해 제기될 수 있는 쟁점들을 날카롭게 인식하고 있다. 그러나 이런 분야의 전문가들은 그 질문들이 일정한 관점 안에서 다루어져야 한다고 믿고 있는데, 나는 이런 관점 안에서 모든 질문을 다루지 않는 것에 대해 아무런 변명도 하지 않고 있다. 윤리학적 탐구는 그 자체의 상대적인 자율성을 갖고 있다. 그리고 윤리학자가 자기가 무슨 질문을 하였는지, 자기가 왜 그 질문을 하였는지에 관해 합리적으로 명확히 인식하는 한, 그는 이런 질문들에 의해 형성되지 않은 자료들에 대해서 이런 질문을 제기할 권리가 있다.

그로 인해 약간의 왜곡이 생기는 것이 당연하다. 그러나 나는 이런 왜곡이 다른 분야의 저자들이 기독교 윤리의 영역에 대해서 그들의 권리를 행사할 때 윤리학자들의 눈에 확인되는 왜곡보다 더 심각하다고 생각하지 않는다. 기독교적 성찰은 단연코 다양한 영역 사이의 대화 안에서 일어나야 한다. 나는 이 책이 학자와 실천가들 공동체의 지속적인 지적 활동의 일부로 보일 수 있기를 희망한다.

이 책을 위한 오랜 기간의 기획에서 도움을 준 사람들과 기관들을 모두 언급하는 것은 어렵다. 초기의 연구와 일부 초고 작성은 1959~1960년 연구학기에 예일 대학과 존 시몬 구겐하임 기념재단의 배려로 휴가 기간 동안 이루어졌다. 1963년 봄, 나는 거니 해리스 컨스 기금의 후원 아래 듀크 대학의 교수 대학원 학생 연합 세미나에서 두 장의 쟁점들과 내용에 대한 일반적인 진술을 발표하였다. 그리고 듀북 신학교의 초청과 피츠버그 신학교의 엘리엇 강좌 초청은 마지막 장을 전개할 기회를 주었다. 뉴헤이번에서 만난 신학 토론 그룹의 동료들은 적절하고 날카로운 비평력을 동원하여 이 책의 5장에 대해 말해 주었다. 4년 동안 나는 이 책의 주제를 가지고 세미나를 인도했고, 나의 학생과 동료들 중 많은 친구들이 때때로 원고의 일부분이나 전부를 읽었고, 유익한 비평을 해 주었다. 지적인 교제와 개인적 친분을 통해 이 책에 영향을 미친 이름을 모두 언급하려면, 이 서문이 너무 방대해질 듯하다.

이런 이유로 여기서는 리차드 니부어(H. Richard Niebuhr)와 줄리언 하트(Julian N. Hartt)만을 언급한다고 하여 다른 어느 누구의 공헌도 격하하고 싶지 않다. 후자는 3년 동안 내가 더 많은 사색과 집필을 위한 시간을 확보할 수 있도록 나와 함께 행정적 책임을 공유해 주었고, 여러 사람이 타이핑을 도와주었다. 예일 대학의 종교학과 비서로 틈나는 대로 본서의 많은 작업을 맡아 준 에디트 림스나이더 여사와 능숙하고 신속하게 최종 원고를 타이핑한 디앤 마틴 여사에게도 감사를 전한다. 스탠리 하우워와스와 제임스 차일드레스는 광범위하고도 철저하게 참고문헌을 점검하고 교정하는 것을 도와주었다.

내가 이 책을 헌정한 루이즈뿐만 아니라 칼, 그래타, 존 리차드, 브리기타 마리아는 이 책을 저술하는 동안 사랑과 기쁨이 넘치는 가정의 삶으로 나를 지탱해 주었다.

뉴헤이번, 코네티컷 주에서
제임스 거스타프슨

제 1 장

윤리학의 연구 :
절차와 방법의 서술

 이 책에서 제기된 질문들은 윤리학의 질문들이며, 이런 질문들이 주어진 영역은 주로 신학적 저술들인데, 가장 근본적인 물음은 "도덕적 삶을 위한 그리스도의 의미에 대하여 신학자들이 명백하게 하려고 하거나 혹은 분명하게 가정하려고 하는 주장들은 어떤 것들인가?"이다. 여러 자료들에 대해 이런 근본적인 질문을 제기함에 있어서 나는 모든 양심적이고 도덕적인 사람에게 개인적으로 가장 중심적인 문제, 즉 "나는 무엇을 해야 하는가?" 하는 질문과 함께 분석을 시작했다.
 이 물음은 독자를 자신의 정체를 쉽게 확인할 수 있는 위치에 서게 한다. 또한 이 물음은 계속 다른 질문들을 유발시킨다. 이런 도덕 강의의 수준으로 시작하는 것은 도덕 담론의 다른 여러 곳에서 질문을 일으키는 것이다.[1] "내가 무엇을 하여야 하는가?" 하는 도덕적 질문에 대답하는 과

---

1) 나는 이것과 또다른 저작에서, 질문들을 분류하는 절차를 위해 헨리 다비드 아이켄의 "도덕 강의의 제 수준"에 의지하는 것이 유용하다고 생각한다. Henry David

정에서, 사람들은 이러저러한 방식으로 이 책의 기본 구조를 형성하는 세 가지 질문에 답하는 과정에서 안내를 받기 위해, "나는 어떤 표준, 원리, 모델, 혹은 가치에 의지해야 하는가?"라고 묻는 것 같다. 즉, 우리는 "개인적인 도덕적 질문에 대한 나의 답변은 지금까지의 나와 현재의 나의 모습에 의해 어떻게 규정되었는가?" 하고 묻는 것 같다. 이것은 도덕적 자아의 본성과 성격에 대한 질문이다. 어떤 철학자들은 이것을 '도덕적 심리학'의 문제라고 부른다. 만일 그가 캐묻기를 좋아하는 사색적인 인물이라면, "가치(value)와 선(good)의 본성과 소재(locus)는 무엇이고, 어떤 권위와 존재와 위상과 일들이 도덕적 선의 원천이고 또 그래서 신뢰될 수 있는가?"라는 질문을 할 것이다.

이런 세 가지 질문은 윤리학적 탐구에서 거의 본질적인 것으로 보인다. 이것은 우리가 철학적 탐구자의 분석적 작품을 읽은 때뿐만 아니라 독자들에게 특별한 도덕적 관점을 보여 주려고 하는 이들의 보다 권면조의 설득적인 저술을 읽을 때에도 마찬가지이다. 어떤 윤리적 저술에서는 이런 세 질문 중 하나에 다른 것보다 더 많은 관심이 주어지기도 하지만, 비록 충분히 전개되지는 않았다 하더라도 다른 질문도 같이 언급되는 것이 보통이다.

예를 들어 아리스토텔레스의 윤리학에서 그 중심은 텔로스(telos), 즉 모든 사람이 그 외의 다른 어떤 것을 위해서가 아니라 그 자체를 위해서 추구해야 할 목적을 해명하는 것과 또 자아의 형성, 즉 그러한 목적을 얻을 수 있게 할 것 같은 덕들의 형성에 있다. 유데모니아(eudaemonia), 유복 혹은 행복이 바로 그 목적이고, 일단 한번 정해지면 그것은 행동을 통제하기 위한 실제적 경험에서 하나의 기준이 된다. "내가 무엇을 해야 하는가?" 하는 질문은 부분적으로 "모든 일에서 너의 행복을 추구하라."로

Aiken, "Levels of Moral Discourse," *Reason and Conduct*(New York, 1962), pp. 65-87. 나는 여기서 아이켄의 유형을 그대로 적용하지는 않았지만, 그것과 닮은 점들은 알고 있다. 나의 접근 방식이 윌리엄 프랑케나가 그의 간결하고 아주 가치 있는 「윤리학」에서 윤리학의 질문들을 진술한 방식과 유사성이 있는 것처럼 말이다. William K. Frankena, *Ethics*(Engelwood Clifs, 1963).

대답된다.
  그러나 이런 목적은 자의적으로 선택되지는 않는다. 이렇게 규정한 것은 아리스토텔레스가 인간의 행동을 분석한 결과였고, 그래서 그것은 인간의 본성과 일치한다. 그렇다면 아리스토텔레스는 어떤 의미에서는 인간의 선의 소재는 인간 안에 있고, 그 본질은 인간의 행복이라고 말함으로써 인간의 선의 소재와 본질의 질문에 답한 것이다. 그러나 한 가지 분명한 것은 아리스토텔레스가 사람은 타고난 본성적인 방식으로 행복을 찾는다고 주장하지 않은 점이다. 실제로 행복을 얻을 수 있게 하기 위한 자아의 훈련과 훈육이 있다. 그래서 그는 선의 획득에 필요한 덕목, 즉 자아의 성격 자질들을 자세히 설명한 것이다.
  서구 윤리학의 역사를 다룬 학자들 역시 이런 세 가지 질문이 계속 있어 왔음을 지적하고 있다. 헨리 시지위크는 그의 「일반적 주제 해설」(*General Account of the Subject*)에서 윤리학의 저술가들은 인간의 선과 인간을 위한 선을 다루고, 그의 행위를 지배하는 원리와 의무들을 다루고, 또 인간 행동의 능력들을 다룬다고 지적하고 있다.[2] 나의 세 질문과의 유사성이 분명히 드러난다. 신학자 슐라이에르마허는 그의 「기존 윤리학에 대한 비평」(*Critique of Previous Ethics*)에서 모든 윤리학의 체계에서 세 가지 형상적 개념들이 사용되고 다루어졌다는 것과 특정 체계 안에서 이런 세 가지 중 하나가 통합하고 주도적인 것이 되는 경향이 있다는 것을 지적하고 있다. 이것들은 의무와 덕과 선의 개념들이다.[3] 이것들은 판단과 행동의 특별 기준, 도덕적 자아의 성격, 그리고 선의 본성과 소재라는 필자가 언급했던 질문들과 유사하다.
  우리는 윤리학을 연구한 역사가나 분석적 철학자들에게 이런 질문들을 선험적으로 확정하게 할 필요는 없다. 만일 "저자는 어떤 쟁점을 말하고 해결하려 하는가?"라는 질문을 가지고 윤리학의 작품을 비평적으로 조심

---

2) H. Sidgwick, *History of Ethics*(6th ed. : London, 1931), pp. 1-11.
3) Friedrich Schleiermacher, *Grundlinien einer Kritik der bisherigen Sittenlehre* (2nd ed. : 1934), pp. 129-179.

스럽게 읽는다면, 이런 세 가지 질문과 같은 어떤 것이 주의를 끌게 될 것이다. 본 서의 기본적 전제와 주장은 윤리학과 도덕성에 관하여 저술하는 신학자들에게 주요한 쟁점들은 이런 질문들을 배제시키고 있지 않다는 것이다. 신학적 윤리학의 기본적 방법과 절차들은 다른 윤리학의 방법과 절차들과 다르지 않다. 이것은 기독교윤리학의 문헌을 분석하는 비평적 분석적 과제와 또한 기독교적 품행을 권장하고 추천하는 사람들에 의해 규범력 있고 설득력 있게 행해진 호소의 형태를 분석하는 비평적 분석적 과제 모두에게 해당된다.

일반적인 도덕성이나 특별하게 기독교적 도덕성을 신학적으로 분석하는 독특한 방법이나 절차는 없다. 하지만 이것은 다시 반복되어야 할 만큼 중요하다. 왜냐하면 어떤 신학적 저술에서는 이 점에 대한 약간의 혼동이 있기 때문이다. 신학적 윤리학의 내용뿐만 아니라 그 형식과 방법도 독특하다고 전제하거나 주장하는 신학자들이 있다. 이 책의 다음 장들에서 증명하고 있듯이, 그러한 전제와 주장은 근거가 없다. 이런 세 가지 윤리학의 질문들에 대답하면서 취하게 되는 다른 호소들이 존재한다. 어떤 사람들은 선의 궁극적 소재가 인간 자신 안이나 자연이라기보다는 예수 그리스도 안에서 자신을 계시하신 하나님이라고 주장한다. 기독교의 도덕적 자아는 본성적인 도덕적 감성이나 잘 교육되고 훈련된 덕목들보다는 하나님의 은혜나 사람 안에 있는 성령의 임재에 의해 움직인다는 주장이다. 기독교윤리학 저술가들에 있어서는 인간의 행복보다는 예수 그리스도 혹은 하나님의 뜻이 행동의 규범이다.

그러나 이런 주장에는 여러 문제점들이 포함되어 있고, 다루어진 논점들은 형식적으로 일반 윤리학 저술가들에 의해 다루어진 것들과 동일하다. 따라서 분석의 방법은 모든 윤리학에 공통적이고, 자의식이 현저한 신학자들은 다른 신학자의 가치를 분석하고, 혹은 그들 자신의 고유한 신학적 윤리학을 조직적으로 발전시킨 신학자들은 모든 윤리학적 분석 속에 나타나는 쟁점들을 다룬다.

기독교 저술가들이 좀더 설교조나 권면조로 기독교적 도덕성이나 기독교적 행위를 고취시키거나 촉구할 때, 비록 그것이 그들에 의해 상세히 설명될지라도, 이런 기독교 저술가들도 역시 이런 질문들의 흐름을 따르고 있다. 세상의 창조와 구속에서 알려진 하나님의 은혜로운 자비에 대한 호소가 있을 수 있다. 이것은 생명과 선의 무한한 원천인 하나님에 대한 충성심과 감사를 불러일으킬 것이고, 이것은 어떤 식으로든 도덕적일 '이유'뿐만 아니라 '자극'을 주게 된다. 사람이 어떤 종류의 사람, 즉 자기이익 추구로부터 내적으로 해방되고, 다른 사람의 필요를 채우는 일을 향해 사랑으로 방향 잡힌 사람이 될 수 있다는 확신을 가질 수 있다. 예수 그리스도의 인격이나 성자들의 삶 같은 어떤 행위의 모델에 대한 호소가 있을 수 있다. 이웃을 자기처럼 사랑하라는 예수의 명령 같은 윤리학의 규범적인 원리들이 있을 수 있다. 기독교공동체 안에서 설교나 다른 활동이 윤리적인 한, 그것은 이런 세 가지 윤리학 질문들의 방향을 따라 대답을 불러일으키려는 경향이 있다.[4]

이런 선(good), 도덕적 자아(moral self), 판단과 행동의 기준(criteria)이라는 세 가지 질문이 이 책의 세 부분을 구성하고 있다. 제2장은 주로 일부 신학자들이 윤리학의 존재론적 질문, 즉 선의 본성과 소재의 질문에 답하는 데 있어서 그리스도의 의미를 바라보는 방식을 다루고 있다. 제3장과 제4장은 그리스도의 거룩하게 하고 의롭게 하는 사역의 결과로서 도덕적 자아의 변화를 위하여 제반 주장들이 어떻게 전개되었는지를 보여 준다. 또 제5장과 제6장은 그리스도가 그리스도인의 도덕적 삶의 양식(pattern)과 모범으로 제시되는 방식들과 그의 가르침이 그리스도인의 판단을 위한 기준으로 제시되는 방식들을 다룬다. 비록 나는 슐라이에르마허가 특정 작가에게 있어서 이 질문과 개념들 중 어느 하나가 주도적이고 다른 것들은 이것에 통합되어 있다고 말했을 때 그가 옳다고 믿지만, 나는 그러한 제안을 이 책을 배열하는 기준으로 따르지 않았다. 그러한

---

4) 나는 이것을 좀더 완벽하게, 그러나 상대적으로 빈약하게 개요를 잡아 에세이 "신학과 윤리"에서 서술하였다. "Theology and Ethics," Daniel Jenkins, ed., *The Scope of Theology*(Cleveland, 1965), pp. 111-132.

절차는 윤리학의 유형론, 즉 그리스도 사역이 도덕성에 영향을 주는 방식의 유형론, 따라서 신학자들이 이런 세 가지 질문이나 개념 중의 하나를 중심으로 그들의 신학적 윤리학을 만들 때와 같은 신학자들의 유형론, 널리 알려진 리차드 니부어의 「그리스도와 문화」에 있는 유형론에 비견되는 그런 유형론을 만들어 낼 수도 있다.[5]

이 책은 윤리학의 유형론도 아니고, 윤리학에 관하여 저술한 신학자들의 유형론도 아니다. 이것은 오히려 신학자들이 내가 여기 제1장에서 정식화한 윤리학의 질문들에 대하여 대답한 방식들에 대한 연구이다. 어떤 저자들은 세 가지 질문 모두에 대답을 시도했기 때문에, 그들의 자료는 본 서의 모든 부분에서 분석을 위해 반복하여 등장한다. 반면 다른 저자들은 이 책의 두 부분에 나타난다. 그러나 일부 저자들은 세 질문 중 어느 하나에 현저하게 중점적으로 집중되어 있기 때문에, 그들의 작품은 본 서의 한 부분에서 좀더 부각되어 있거나 전적으로 다루어져 있다. 따라서 칼 바르트의 작품은 이 책의 기본을 이루는 다른 두 부분에서도 다루어지기는 하였지만, 제2장 "예수 그리스도 : 창조자와 구속자이신 주"에서 많이 분석되어 있다. 같은 이유로 존 웨슬리의 작품은 제3장 "성화자이신 예수 그리스도"에서 주목을 받고 있지만 대부분 다른 부분에서는 이용되지 않았다.

유형론적인 신학적 윤리학의 저술은 자료로부터 일정한 거리를 두는 것을 요구하는데, 나는 이것을 피하려 하였다. 우리는 저자의 작품에 관하여 고도의 일반화 작업을 하면서, 작품 전체를 다루어야 한다. 본 서에서는 유형론을 위한 원 자료들이 있다. 우리는 이 책의 세 부분을 신학적 전통에서 사용되던 대로 그리스도의 삼중직을 가지고 제목을 붙일 수도 있다. 첫째 부분은 왕이신 그리스도의 윤리학으로, 둘째 부분은 제사장이신 그리스도의 윤리학으로, 셋째 부분은 예언자이신 그리스도의 윤리학으로 저술할 수 있을 것이다. 우리는 각 유형을 이상적으로 서술하고, 다

---

5) H. Richard Niebuhr, *Christ and Culture*(New York, 1951).

른 두 유형과의 관계를 설명한 후, 바르트나 칼뱅이나 뉴만 스미스(Newman Smith)의 신학적 윤리학의 중심적이고 주도적인 경향이 이런 제목 중 어느 것에 가장 적합한지 결정할 수 있을 것이다. 그러나 유형론은 이념형(ideal types)의 방법에 대한 복잡한 문헌이 보여 주듯이, 그 유형의 어떤 특정 경우에도 존재하는 것을 과장하고 단순화시킨다. 그리고 유형론이 던져 주는 빛을 사용하려면, 분석자들은 유형론이 특정 자료가 이상적인 구조에서 벗어난 방식뿐만 아니라 그것의 현저한 특징을 지적하는 기능을 발휘하도록 해야 할 것이다. 그러한 연구는 서로 다른 자료를 다루는 방법과 핵심적인 특징과 논점들을 두드러지게 하는 방법으로써 아주 유용하다.

유형론적 접근과 구별되게 나는 본 서에서 본문에 더 충실하기로 하였고, 또 그리스도 사역의 의미에 대한 해석이 어떻게 도덕적 삶에 대해 특정 결과를 수반한다고 믿어지는지 보여 주기로 작정하였다. "수반(entail)한다."는 말이 논리적으로 너무 강한 어휘라고 한다면(이것은 저자들에 의해 사용된 것은 아니다.), 필자가 그리스도에 대한 신앙이 서술된 여러 방식들로부터 도덕성에 관하여 끌어낸 약간의 추론들을 제시한 것을 말하는 것이 더 적절할 것이다.

이 책의 기본적 관심을 서술하는 또다른 방식은 다음과 같다. "한편에는 예수 그리스도 안에 근거를 둔 종교적 신앙과 삶, 다른 한편에는 그러한 신앙을 가지고 있고 삶을 나누고 있는 사람들의 도덕성 사이에 어떤 관계가 주장되어지고 가정되는가?" 이것은 종교철학자들과 도덕철학자들을 애태우는 문제이다.[6] 그것은 종교와 도덕의 일반적 관계, 신학적 주장

---

6) 윌리엄 프랑케나가 만든 작품이 가장 중요하다. William K. Frankena, "Love and Principle in Christian Ethics" in *Faith and Philosophy*, ed. Alvin Plantinga(Grand Rapids, 1964), pp. 203-225. "Religious Ethics and Existentialism" in his part of *Philosophy*, by R. M. Chisholm, Herbert Feigel, et al.(Engelwood Cliffs, 1964), pp. 420-435. 이안 램지의 여러 에세이들은 아주 유용한 반면에, 한두 에세이 외에는 기독교윤리학의 어떤 문헌에든지 참고할 만한 것이 없어서 그 유용성은 심하게 제한되어 있다. Ian Ramsey, ed., *Christian Ethics and Contemporary Philosophy*(New York, 1966).

으로부터 도덕적 주장으로, 즉 "그리스도는 누구이고, 무엇을 하는가?"에 관한 진술로부터 "인간은 누구이고, 무엇을 하여야 하는가?"에 관한 진술로 나아가는 것, 기타 다른 문제들 같은 매우 어렵고 복잡한 문제들을 내포하고 있다. 특정 저자의 특별히 중요한 책에 대해서는 이 책에서 행해진 것보다는 보다 철저하고 세밀한 연구가 행해질 필요가 있고, 나는 그러한 것을 출판한 사람들에게 아주 감사할 것이다.

한편으로 이 책은 유형론적 접근만큼 일반적이지 않은 반면에, 다른 한편으로는 논거에 대한 철학적 분석만큼 정제되거나 세밀하지도 않다. 하지만 이 책의 중점 부분은 아주 다양한 신학적 윤리학의 문헌 안에서 도덕적 삶과 그리스도에 대한 신학적 주장들(affirmations)의 관계들이 드러난 방식들을 나타내는 윤리학적 지도를 그리려는 시도이다. 이러한 의도가 합리적으로 잘 수행된다면, 개별 자료와 일반적인 기독교윤리학 영역에서의 쟁점들에 대한 자세한 설명으로 귀결될 것이다.

따라서 본 서의 대부분은 각 주요 부분의 기본적 쟁점들을 설명하는 자료들을 비판적으로 주석한 것이다. 비판적 의도는 다음과 같이 최소한 삼중적이다. 즉, 첫째는 특정 자료의 구성에서 어떤 강조와 경향이 내재해 있는가를 보는 것이고, 둘째는 다양한 자료들을 서로 비교함으로써 그 안에 있는 연구 방법들을 지적해 내는 것이고, 셋째는 기독교윤리학이 쟁점들을 다루어야 하는 방식들에 관한 저자 자신의 규범에 비추어 자료들의 기여와 한계를 판단하는 것이다.

후자의 비평적 의도는 그 자체에 많은 문제점을 시사하고 있다. 하나는 적절하다고 주장되는 윤리학의 내용과 방법 모드에 관한 적극적 주장인 규범적 윤리학적 연구에 대한 비평적 윤리학적 연구의 관계인데, 이것은 '메타 윤리학'이라고 부르는 것을 포함하고 있다. 이 책은 주로 비평적 작업이고, 자료 안에 내재해 있는 사고 유형을 드러내어 객관적 수준으로 고양시키는 노력이다. 일단 드러나면, 이런 유형들은 다양한 관점으로부터 다양한 근거 위에서 논의될 수 있다. 이 책에 사용된 작품에는 많은 측면들이 있는데, 이것들 모두가 동일하게 개진되거나 비평된 것은 아니다. 어떤 것들은 단지 언급되거나 암시되었을 뿐이다.

저자들이 성경을 사용하는 방법들은—성경의 권위에 대한 그들의 주장과 그들의 성구 선택과 그 해석 등—흔히 언급되기는 하였으나, 자세하게 다루어지지는 않았다. 다루어진 기독론들은 조직신학자의 비평적인 연구에 종속되어 있다. 이 과제는 현 작업의 일부는 아니다. 자료 안에 함축되고 명시되어 있는 자아에 대한 견해들은 기독론보다 좀더 비판적인 관심을 받았다. 만일 이 책이 '하나님과 도덕적 삶'을 보다 광범위하게 분석하는 것이었다면, 저자들의 작품들에 나타나는 하나님의 본성에 대한 신앙에 관하여 보다 자세한 설명이 필요할 것이다. 나는 인간의 도덕적 경험에 충격을 주는 방식들에 자신을 한정시킨 것과 마찬가지로, 그리스도의 사역에 대한 진술에 스스로를 한정시켰다. 그리고 사고 유형을 드러내는 노력은 저자의 작품의 내용과 그것들에 가해진 여러 종류의 질문들에 관련해서는 분명한 한계를 가지고 있다.

본 서에서 이루어진 평가는 쟁점들에 대한 지적인 호기심뿐만 아니라 또한 쟁점들을 해결하는 과제에 대한 관심도 가지고 있다. 그 평가들은 신학적 도덕 학자나 도덕적 신학자로서 나 자신의 노력의 표현이다. 나는 기독교공동체의 신앙에 헌신하는 한도 안에서, 그리스도의 도덕적 삶에 대한 관계를 진술하는 다소 적합한 방법들이 있다는 것을 믿는다. 여기서 잘 발전된다면, 적합성의 정도는 문제 자체의 측면들만큼이나 많을 것임에 틀림없다. 즉, 기독론을 판단하는 신학적 기준, 신앙적 신념과 도덕적 판단과 행동 사이에 주장되는 관계를 판단하는 논리적 기준, 도덕적 삶에 대하여 주장된 그리스도의 의미가 타당한지 여부에 대한 판단을 위한 경험적 기준 등이다. 그리고 나는 하나의 관점이 이런 모든 관련 사항에 관하여 옳거나 그른 것이 아니라 '더 적합하다'는 점을 말하려는 것뿐이다.

따라서 분석적이고 비평적인 과제 속에는 규범적인 관심을 반영하고, 아울러 그러한 관심으로 향하게 하는 노력이 있다. 여기서 규범적인 것은 윤리적인 것의 내용에 관한 것과—이 경우에는 그리스도와 그리스도에 대한 신앙에 관해 말하려는 것이 도덕성에 중요하다—기독교 윤리적으로 사고할 필요가 있는 방법들에 관한 것이다. 즉, 이런 규범적인 건설적 관심을 본 저자가 다양한 방법으로, 다양한 저술 속에서 오랜 기간에 걸쳐 붙잡고 계속하여 씨름한 것이다. 하지만 그러한 노력이 이 책에서는 조직적으로, 그리고 온전한 방식으로 수행되지는 않았다.

그러나 마지막 장에서 나는 이 책의 문제의식에 한정된 대략적인 예비적 서술을 시도하였다. 나는 신학적 준거에서 그리스도에 한정되고(그리스도보다는 신학에 비중이 있는), 도덕적 자아의 어떤 국면에 대한 그 도덕적 준거에 있어서 한정되고 불완전한 접근 방법의 대략을 그려 보았다. 나는 거기서 나에게 건설적으로 유용한 언어를 개략적인 방식으로 비평적인 분석을 다루는 장들에 부과하지는 않았다. 비록 그러한 언어가 전체적으로 들어가 있기는 하지만 말이다. 따라서 "그리스도와 도덕적 삶 : 건설적 진술"이라는 마지막 장은 전후 관계상으로(chronologically) 그 이전 장들의 내용에서 온 것이고, 다른 장들이 모양을 잘 갖추고 난 이후에야 쓸 수 있었다. 그러나 어떤 독자들은 책의 나머지 부분을 알게 해 주는 좀더 간결하게 서술된 관점을 알기 위하여 그것을 먼저 읽고 싶어할 수도 있을 것이다.

메타 윤리학의 연구가 규범적인 연구와 맺고 있는 관계를 철학적 문제로 서술하는 것은 이 책 과제의 일부가 아니다. 나는 이 두 가지 과제가 서로 구분된다는 것과 내가 이 책에서 이 두 과제에 관여하고 있는 것을 예민하게 의식하고 있고, 또 내가 한 과제에서 다른 과제로 넘어갈 계기들을 알고 있다고 믿는다. 따라서 본 저서의 질문은 "도덕적 삶을 위한 그리스도의 의미에 대하여 어떤 주장들이 행해졌는가?"에서 "어떤 주장들이 행해졌고, 저자의 관점에서 그 주장들은 어떻게 해명될 수 있는가?"로 이동한다. 내가 이런 질문에 대답해 나가는 방법은 성향(disposition)이나 의도(intention) 같은 어떤 개념 사용에 근거한 것이기 때문에, 윤리학의 연구서로서 본 서의 접근 방법에 관하여 마지막에 평가할 필요가 있는 것이다.

그 구성적인 마지막 장에서, 그리고 다른 장들에서 이루어진 평가에서 나는 그 자체가 '계시' 혹은 (심지어) 신학적 저술로부터 파생되지 않는 도덕적 체험의 이해를 사용하고 있다. 도덕적 체험의 이해로부터 오는 진술은 그것이 이 책에서 어떤 다른 사람보다 더 많은 관심이 기울여진 칼 바르트에 의해 제시된 대로의 신학적 윤리학의 절차들과 반대라는 사실을 제외하고는 많은 관심을 기울일 가치가 없다.

개신교 신학과 윤리학에서 그가 이룩한 위대한 혁명의 일부는 바로 예수 그리스도 안에서 나타난 하나님의 계시와는 별도로, 인간이 하나님과 하나님의 명령을 안다고 하는 인간관에 대해 반대하는 것을 목표로 하고 있었다는 점이다. 그가 (이 책의 다음 장에서 보다 길게 전개되어 있는) 신학적 윤리학의 과제를 규정한 「교회교의학」 제2권 2장에서 바르트 그는 신학적 윤리학의 다양한 관점들을 개관하고 있는데, 특히 인간에 관하여 주장된, 그래서 인간이 하나님의 명령을 들을 수 있는 방법들을 형성하는 견해들을 예리하게 비판하고 있다. 빌헬름 헤르만(Wilhelm Hermann)의 「윤리학」과 다른 '신개신교주의' 저술들뿐만 아니라 토마스주의의 견해도 하나님이 예수 그리스도 안에서 모든 인간을 선택한 것과 상관없이, 인간에 대한 철학적 관점이 공식화되었다는 비난에 노출되었다.

여기서 이런 철학적 인간론은 다시 하나님의 명령이 알려지는 방법을 규정한다. 예를 들어 지성과 의지와 욕구의 관점에서, 그리고 그 안에서 존재들이 그들의 목적을 성취하는 경향이 있는 자연 질서의 일부로 인간을 바라본다면, 하나님의 은혜와 그의 명령은 인간에 대한 이런 선입견을 통하여 받아들여진 것으로 이해되어야만 할 것이다. 이것은 하나님의 자유를 제한하는 것이고, 참인간을 이해하는 것이 아니다. 왜냐하면 인간은 하나님과의 관계에서만 이해되어지기 때문이다. 인간과 윤리학은 하나님이 예수 그리스도 안에서 인간을 선택하신 것에 의해 규정되어져야 하기 때문에, 바르트는 그러한 인간론을 일소하고 계시에 근거를 둔 인간론을 확립하고자 한다. 따라서 우리의 인간론뿐만 아니라 신학적 윤리학의 과제는 계시에 의해 조정되어야 하고, 별도의 인간론이나 윤리학에 의해 지배되어서는 안 된다.

본 서는 분명히 다른 관점에서 쓰였다. 기독교적이든 다른 어떤 것이든 이런 윤리학 질문들은 인간의 일반적 경험과 현장의 문헌에 대한 고찰에 근거하여 확립될 수 있다고 가정한다. 이것은 기독교 사상가가 이 장이 서술한 것과 같은 질문들의 관점으로부터 신학적 윤리학의 자료들을 검토할 때, 그의 정체성 자체가 무너지는 것은 아니라고 가정한다. 이것은 계시 안에서 계시에 의하여 확립된 것과 다른 어떤 기준으로부터 신학적 윤리학의 저술들을 적절히 평가할 수 있다고 가정한다.

마지막 장에서 구성적인 제안이 제시될 때 사용된 핵심 용어는 계시 혹은 심지어 신학적 문헌으로부터 가져온 것이 아니었다. 이것은 도덕적 삶을 위한 그리스도 사역의 모든 의미가 모든 인간에게 공통적인 성향, 의도, 판단 같은 자아의 측면들을 통하여 발생한다는 확신에서 그렇게 된 것이다. 따라서 끝 부분의 비평적 분석에서 사용된 어떤 사항들은 구성적인 기독교적 윤리학의 제안을 제시하려는 나의 시도에서 규범적이 된다.[7]

나는 본 서에서 인간을 도덕적 행위자로, 사회-역사적 과정의 응답자(responder)와 주도자(initiator)로 이해하는 모든 측면을 조직적으로 발전시키지 않았다. 그러한 과제를 제대로 감당하려면 마지막 장을 책 한 권의 크기로 확대시켜야 할 것이다. 그러나 마지막 장에서는 이 점에 관하여 나의 노력에 빛을 던져 주는 일부 중요한 자료들을 인용했다. 이 책에서 활용된 것이 바르트의 입장으로부터 오는 규범적인 신학적 윤리학이기 때문에 방법론적 오류라는 비판을 받기 쉬운 것과 마찬가지로, 훨씬 더 정교한 진술도 그러한 비판을 받을 것이다.

---

7) 이 장의 초안은 주로 이런 절차에 대항하여 제기될 수 있는 신학적 반대에 대하여 이런 절차를 옹호하는 것으로 구성되었다. 이제 나는 그렇게 고심한 옹호가 그렇게 중요하지 않다고 확신한다. 왜냐하면 윤리학과 신학이 논쟁을 벌이는 선들이 급속하게 이동하고 있기 때문이다. 이 책이 착수하는 방법으로 연구 작업하는 권리를 신학적으로 옹호하는 것이 가능하지만, 그렇게 하는 것은 중요한 점, 즉 윤리학 질문들의 언어의 독립성을 포기하는 것이다. 설사 그렇게 한다 할지라도, 그것은 이 책의 구체적인 분석들이 전개되는 방식과 실제적인 차이가 없다고 확신한다.

내가 여기서 이룬 것에 대해 과도한 권위를 부여하지만 않는다면, 나는 이 책을 "기독교 도덕철학"에 대한 연구라는 리차드 니부어의 「책임적 자아」(The Responsible Self)[8]의 부제를 통하여 리차드 니부어가 의도했던 방식으로 해명할 수 있을 것이다. 비평적 분석 방법과 과제가 어떻게 규범적 과제를 위한 기초가 될 수 있는가를 제시함에 있어서, 사실 내가 제안한 것에는 기독교 신학적 윤리학과 기독교 도덕철학 사이에 분명한 선을 그을 수 없다는 전제가 필요하다. 본 서는 먼저 그리스도가 도덕적 삶을 위해 가진 의미의 주장들에 대한 연구에서 시작하여, 다음에 어떻게 그런 주장을 하게 되었는지를 밝히는 쪽으로 나아갈 것이다.

---

8) H. Richard Niebuhr, *The Responsible Self, an Essay in Christian Moral Philosophy*(New York, 1963).

제 2 장

예수 그리스도 :
창조자와 구속자이신 주

그는 보이지 아니하는 하나님의 형상이시요 모든 피조물보다 먼저 나신 이시니 만물이 그에게서 창조되되 하늘과 땅에서 보이는 것들과 보이지 않는 것들과 혹은 왕권들이나 주권들이나 통치자들이나 권세들이나 만물이 다 그로 말미암고 그를 위하여 창조되었고 또한 그가 만물보다 먼저 계시고 만물이 그 안에 함께 섰느니라   _골로새서 1 : 15~17

또 만물을 그의 발아래에 복종하게 하시고 그를 만물 위에 교회의 머리로 삼으셨느니라   _에베소서 1 : 22

그런즉 누구든지 그리스도 안에 있으면 새로운 피조물이라 이전 것은 지나갔으니 보라 새것이 되었도다   _고린도후서 5 : 17

그가 태초에 하나님과 함께 계셨고 만물이 그로 말미암아 지은 바

되었으니 지은 것이 하나도 그가 없이는 된 것이 없느니라 그 안에 생명이 있었으니 이 생명은 사람들의 빛이라 _요한복음 1 : 2~4

우리는 무엇을 하여야 하는가? ……그 안에서 하나님의 선택에 상응하는 선의 실현이 이미 이루어졌다. 그것도 아주 완전하게 실현되었기 때문에, 우리로서는 덧붙일 것이 실제 하나도 없다. 우리는 오직 우리의 행동으로 이 사건을 시인하기만 하면 된다. _칼 바르트, 「교회교의학」, II/2, p. 540.

나는 나라 안의 모든 농부와 거지들로 하여금 기뻐하게 하고, 그들을 만드신 하나님께 감사 드리며 즐거운 노래를 부르게 할 수 있다. 왜냐하면 그들의 주님 되신 창조자가 구속하지 않은 피조물은 하나도 없고, 주님이 그들의 왕이 되지 않는 피조물도 하나도 없기 때문이다. _모리스, 「신학 에세이」(1957), p. 123.

기독교 윤리의 출발점은 자신의 자아의 실재도 아니고, 세계의 실재도 아니고, 또한 표준과 가치의 실재도 아니다. 그것은 예수 그리스도 안에서 자신을 계시하시는 하나님의 실재이다. 기독교 윤리의 문제는 하나님의 피조물 사이에서 그리스도 안에 나타난 하나님의 계시적 실재를 실현하는 것이다. _디트리히 본회퍼, 「윤리학」(1955), pp. 56-57.

인간의 도덕적 질문에 대한 대답

도덕적으로 진지한 그리스도인은 그의 구체적인 책임과 기회 가운데서 "나는 무엇을 해야 하는가?"라고 질문한다. 하지만 그가 신학으로부터 듣는 하나의 대답은 "그것은 잘못된 질문이다."라는 것이다. 당신은 당신 자신과 이 세상에 대해 행해진 것을 인식할 때까지는 당신이 무엇을 해야 할지 또 무엇을 할 수 있을지 알 수 없다.

당신은 개인적 삶과 역사의 근원이고 힘이며 목적인 하나님을 향해야만 한다. 예수 그리스도가 출발점이다. 그는 하나님의 성육신이고, 하나님의 심판이고, 하나님의 선택이고, 죄와 사망에 대한 승리이다. 예수 그리스도는 도덕적 삶의 실재이다. 그는 실제로 통치하시고, 모든 사람의 왕이요, 머리이시다. 그는 하나님을 계시하신다. 예수 그리스도 안에서 우리는 피조물의 본성을 안다. 왜냐하면 모든 만물이 그 안에서 그를 통하여 창조되었기 때문이다. 우리는 예수 그리스도가 모든 것, 즉 권세와 능력과 죽음과 죄를 그의 발아래 두었기 때문에, 예수 그리스도 안에서 구속의 본성을 알고, 우리의 새 창조의 사실을 안다. 당신이 해야 할 것은 이미 행해진 일을 당신의 행동으로 증거하는 것이다.

빛 가운데 걸어가라. 당신이 할 수 있는 것은 어느 곳이나 다스리시는 그리스도의 능력을 당신의 도덕적 삶으로 표현하는 것이다. 정말 모든 것이 실제로 이루어졌다. 악과 죄와 죽음은 진정으로 극복되었다. 현재 당신은 약간의 도덕적 갈등이 있겠지만, 결국 이 갈등들은 실제적인 것이라기보다는 피상적인 것이다. 세상 안에 악이 있고, 우리는 그것을 잊어서는 안 된다. 그러나 그것은 실제로 극복되었고, 더 이상 궁극적인 위협은 아니다. 당신은 아직도 당신이 해서는 안 되는 일을 하고 있고, 해야 할 일은 하지 않고 있다. 그러나 설령 죄가 없지는 않겠지만, 당신은 죄의 권세로부터 자유롭다. 비록 아직도 옛 사람인 듯 보이지만, 당신은 진정으로 새로운 피조물이다. 그리스도는 주님이시다. 그리스도 안에서 모든 것이 창조되었고, 그 안에서 모든 사람이 구속되었다. 이것은 진정으로 그러한 것이고, 분명한 실재이다. 이런 실재의 삶을 살아야 한다. (우리는 이것이 정말로 그러한 것처럼⟨as if⟩ 살라고 당신에게 말할 수 없다. 이렇게 말하는 그것이 가설적인, 사실상 유용한 허구라는 암시를 준다.) 이런 실재를 현실화하고 실현해야 한다.

당신은 무엇을 해야 하는가? 아무도 당신에게 정확하게 말할 수 없다.

그러나 일반적으로는 긍정하고, 삶에 개방적 태도를 취하고, 기뻐해야 한다. 확실히 당신은 당신에게 요구되는 것에 대하여 걱정할 것이다. 당신은 책임과 기회 속에서 여러 갈등을 볼 것이다. 그러나 그것들이 당신을 압도하지 않게 해야 한다.

하나님은 인간과 피조물들에게 '예'라고 긍정하였다. 하나님의 '예', 즉 긍정의 정신으로 살아라. 그리스도는 모든 사람의 왕이다. 잘못된 원칙 위에서 한 것이기는 하지만, 사실 칸트는 한때 옳은 말을 했다. 그는 "당신 자신의 오성을 믿어라."라고 말하였다. 그는 계몽주의적 인간이해를 가지고 있었다.

그리스도인으로서 당신은 "하나님을 믿고, 당신이 매일 새롭게 만나는 하나님을 아는 지식의 빛 속에서 행하라."라고 말할 수 있다. 여전히 복종해야 할 하나님의 명령과 법이 있다. 그러나 준엄하고 두려운 법이었던 것이 이제는 자유로운 허용이 되었다. 당신이 한때 두려움 속에서 행하였던 것을 이제는 즐거운 사랑 가운데 행한다.[1]

개인적 '당위'라는 도덕적 문제에 대답하는 이런 방법은 어떤 면에서의 올바른 질문은 '선'의 문제이고, 당위의 문제에 대한 대답은 그리스도 안에서 발견될 수 있다고 주장함으로써 이루어진다. 이런 대답의 특징과 그 함축 의미는 광범위한 해명을 필요로 한다. 이런 대답은 그것 자체로는 단순한 것이지만, 인간의 도덕적 삶에 관한 다른 주장과 관련되면 그 단순함이 제한되고 만다.

우리는 이런 주제에 대답하는 데 일치를 이룰 수 있지만, 이런 일치는 먼저 그 신학적 기초의 분석을 통하여, 다음은 그 윤리적 함축 의미를 통하여 다양성으로 바뀐다.

---

1) 독자들은 이것이 여러 자료로부터 가져온 복합적인 대답이라는 것을 기억해야만 한다. 우리는 그 중요성을 알아보기 위해 하나의 주제를 취하고 있는 것이다. 이 주제는 심지어 이것을 중심으로 하는 저술에서조차 결코 배타적이지 않다. 때때로 이 주제의 중요성에 대해 동의하는 저자들은 서로 다른 경로들을 통해 동의에 이르렀고, 그것이 함축하는 의미에 대해서는 의견이 상충된다.

신학적 함축 의미들

실재이신 그리스도

이런 방법으로 도덕적 질문에 대답하는 사람들에게 있어서, 그리스도인의 참된 삶, 실제로 참된 삶의 실재(the Reality)는 예수 그리스도이다. 그는 통치하고 계시고, 죄와 사망을 극복하셨다. 이런 선언은 일반적인 윤리적 성찰, 특별히 미국의 기독교 윤리의 방향을 반전시키는 것을 필요로 한다. 이것은 윤리학의 문제에 대한 인간의 관점의 전환을 필요로 한다. 도덕적으로 진지한 사람은 보통 직접적인 의무와 실현성을 먼저 의식한다. 그는 구체적 상황, 즉 인간의 행복에 대한 위협, 그의 자아와 그것의 힘과 한계, 사실과 비유, 인격과 권한들, 가능한 의와 선에 대한 정의를 평가한다. 그는 세속적인 잠정적 선을 규정하는 데 관심이 있다. 창조주요 구속주인 그리스도에 대한 일차적 관심은 이런 통상적인 질서를 반전시킨다.

구체적 실재는 그리스도이다. 그리스도는 추상적인 것도 아니고, 내용 없는 형식이나 관념도 아니고, 역사적 호기심의 대상도 아니다. 그의 능력은 국가, 경제적 재원, 인격적 영향력보다 더 실제적이다. 그의 존재는 제도, 인격, 선한 의지, 감각의 경험 등의 존재만큼이나 실제적이거나 아니면 그보다 더 실제적이다. 그의 선한 사랑은 할아버지, 할머니를 향한 아이들의 사랑이나 아내를 향한 남편의 사랑보다 더 실제적이다. 그의 심판은 자기 자신의 양심이나 법원의 심판만큼이나 실제적이다. 우리는 그 안에서 새로운 피조물이다. 우리는 그의 몸의 지체들이다. 그의 영은 우리 안에 거하신다. 이런 것들은 사실의 진수이지, 시적 은유나 과학 이전 시대의 고어(古語)가 아니다. 예수 그리스도는 핵심 사실이요, 중심적 사실이며, 이 세상에서 우리의 삶과 사건을 지배하는 사실이다. 도덕적 행동의 문제는 예수 그리스도 안에 근거해 있을 때만 적당한 관점을 발견한다. 그리스도인의 도덕적 삶의 객관적 실재는 창조의 주요, 만민의 왕이며, 머리이신 예수 그리스도이다.

윤리학에서 이런 그리스도의 중심성을 주장하는 신학자들은 흔히 서로 다른 길을 통해 이런 입장에 도달하고, 그것을 서로 다른 의미로 이해한다. 칼 바르트에게는 하나님이 도덕적 삶의 중심이며 결정자라고 말하는 것이 더 정확할 것이다. 그러나 하나님은 모호하거나 일반적인 힘이 아니라 하나의 인격이다. 하나님은 예수 그리스도를 선택하였고, 예수 그리스도는 하나님과 인간 사이, 즉 "하나님 자신과 인간 자신 사이에서 둘 사이를 그렇게 중개하며"[2] 그 사이에 서 계신다. 예수 그리스도는 선택하는 하나님이고, 동시에 선택된 인간이다. 그는 화해자이며 동시에 화해 사건이다. 하나님에 대한 우리의 지식은 전적으로 그에게 의존한다. "성부는 예수 그리스도의 아버지이고, 성령은 성부의 영이며, 예수 그리스도의 영이다."[3] 하나님은 예수 그리스도 안에서 인간에게 그의 '예'를 말하였다. 하나님은 그 안에서 인간을 위하시기로 선택하였다. 이런 하나님의 '예'에 대한 우리의 지식, 즉 이런 하나님의 선택은 그리스도 안에 있다. 바르트는 신앙과 성서의 권위와 그의 성서 해석의 권위에 근거해서 이 점을 긍정한다.

예수 그리스도를 통한 우리의 하나님 지식이 그에 의해 결정된다면, 우리의 행위도 역시 그러하다. 인간의 올바른 행위는 전적으로 하나님의 올바른 행위 안에서 결정된다. 그것은 예수 그리스도 안에서 결정된다.[4] 왜냐하면 그리스도는 선택하는 하나님이고 동시에 유일하신 하나님 안에서 선택된 인간이며, 성화시키는 하나님이고 동시에 유일하신 하나님 안에서 성화된 인간이기 때문이다. 모든 사람은 예수 그리스도 안에서 선택되었다. "예수 그리스도의 인간성밖에 다른 어떠한 인간성도 없다. ……예수 그리스도의 은혜와 이 은혜의 의도적이거나 무의식적인 확인과 일치하지 않는 선은 존재하지 않는다. 왜냐하면 하나님의 명령에 순종하지 않는 선은 없기 때문이다."[5] 우리가 해야 하는 것은 이미 예수 그리스도 안

---

2) Karl Barth, *Church Dogmatics*, Ⅱ/2(Edinburgh, 1957), p. 94.
3) Ibid., p. 115.
4) Ibid., p. 538.

에서 이루어져 있다. 우리가 순종할 때, 우리는 이미 의무 사항들을 성취하시고 우리를 위해 순종하신 분께 순종하는 것이다. 예수 그리스도는 우리의 명령자이며, 동시에 명령을 가능케 하는 분이다. 그는 이미 이루어진 것을 요구하고, 우리에게 그의 요구를 감당할 수 있는 힘을 준다.

바르트와 마찬가지로 본회퍼의 경우에도 그의 윤리학을 확대해서 해석하려면 그리스도 안에 나타난 하나님의 행동의 본질을 자세히 묘사하는 것이 필요할 것이다. 둘 다 그들의 윤리학은 신 중심적이지만, 하나님이 전적으로 예수 그리스도 안에서 자신을 계시하기 때문에 둘 모두의 도덕적 삶에 대한 신 중심적 해석은 그리스도 중심적으로 된다. 본회퍼는 기독교 윤리는 "하나님의 실재를 통해서만 그 실재를 갖게 되는 현실 세계의 실재에 대하여 언급한다."고 주장한다. 하나님의 실재는 세계 안에 나타나 있다. 그러나 하나님과 세계의 본성의 질문에 대한 대답은 "오직 예수 그리스도의 이름에 의해서만 명시되어진다. 하나님과 세계는 이 이름 안에 들어와 포함되어 있다."[6]이다. 본회퍼는 그 성경적 근거로 골로새서 1 : 17을 든다.

따라서 윤리학은 오랫동안 그 안에 이미 우리와 우리의 세계를 포함하여 구성하고 있는 그리스도 안의 그 실재가 지금 현존하는 것으로 효력을 나타내는 길을 향한 탐구이고, 이 실재 안에서 삶이 영위될 수 있는 길을 추구하는 탐구이다.[7] 그리스도 안에 하나님의 실재와 세계의 실재가 둘 다 알려져 있는 바, 윤리적 삶은 실재, 즉 그리스도에 일치하는 것이다. 인간의 도덕적 삶은 예수 그리스도 안에 그 중심을 가지고 있다. "한 가지 일이 필요하다. 곧 듣거나 행하는 것이 아니라 둘 다 동시에 하는 것, 다른 말로 하면 예수 그리스도와 연합되어 있고 그 연합을 계속 지속하는 것, 그를 지향하는 것과 그로부터 말씀과 행위를 받는 것이 필요하다."[8]

---

5) Ibid., p. 541.
6) Dietrich Bonhoeffer, *Ethics*(London, 1955), p. 61.
7) Ibid., p. 62.
8) Ibid., p. 170.

그리스도는 그리스도인의 삶의 목표요, 근원이다.[9]

모리스는 그리스도 중심적 입장이기는 하지만 이것을 다른 분위기로 표현하고 있다. 그는 죄를 이차적인 해석점으로 삼은 것처럼 보이는 복음주의 신학(evangelical theology)에 부분적으로 반발하는 가운데, 그리스도 중심적 입장에 이르게 되었다. 그는 자신의 「그리스도의 왕국」에 대한 독일어 평론에서 다음과 같이 썼다. "나는 어떤 의미에서든 사탄이 이 우주의 왕이라는 것을 믿을 수 없다. 나는 철저하게 그리스도가 우주의 왕인 것을 믿는다. 그리고 사탄이 매일 매시간 그를 부인하도록 유혹하고 있다는 것을 믿는다."[10]

그는 「그리스도의 왕국」에서 다음과 같이 말하였다. "우리는 우리 주님의 성육신, 부활, 승천이 그를 명목상으로나 공상적으로가 아니라 실제로 진정 우주적 왕국의 머리로 선언하는 것이라고 간주한다……."[11] 그리스도는 우주적 왕국을 확립하였다. 성서가 모리스에게 이것을 확신시켜 주었지만, 성서가 이것을 지지하는 유일한 권리는 아니다. 가족, 국가, 보편적 인간성의 본질에 대한 숙고를 통해 그리스도의 왕권을 확신하게 된 것이다. 다시 이런 차원의 인간공동체는 그리스도의 통치에 대한 지식의 관점에서 정당하게 평가될 수 있다.[12] 따라서 도덕적 삶은 세상의 삶 속에서 그리스도를 증거하는 것이다. 그것은 예수 그리스도의 승리 안에서 그 승

---

9) 이런 그리스도 중심의 주제는 현대 유럽 개신교 윤리학에서 널리 퍼져 있다. 알프레 드 께르벵은 설교와 행동과 권면은 모두 예수 그리스도 안에 근거를 두고 있다고 말하고 있다. "그는 신학적 윤리학의 중심, 즉 성화의 교리에 서 있다. 우리는 그로부터 출발해서 그에게로 돌아간다." Alfred de Quervain, *Ethik*. Part I, *Die Heiligung*(Zollikon-Zurich, 1946), p. 34. 자크 엘룰은 다음 두 저서에서 그리스도 중심적 전제에서 출발하여 법 이론을 전개하고 있다. Jacques Ellul, *The Presence of the Kingdom*(Philadelphia, 1951), *The Theological Foundation of Law*(New York, 1960). 다음의 두 저서는 주로 그리스도 중심의 전제로부터 끌어냈으나, 성령의 교리를 통하여 윤리학을 전개하였다. N. H. Søe, *Kristelig Ethik*(5th ed. : Copenhagen, 1962), Henrik van Oyen, *Evangelische Ethik*, I (Basel, 1952).
10) Frederick Maurice, ed., *Life of F. D. Maurice*, vol. I (London, 1884), p. 450.
11) F. D. Maurice, *The Kingdom of Christ*, vol. II (London, 1958), p. 150.
12) Ibid., vol. I, pp. 227-257, and *Social Morality*(London, 1893), *passim*.

리를 통해 알려진 삶의 신적인 형상을 역사, 사회, 개인적 실존 속에서 실현하는 것이다.

이런 저자들에게서 예수 그리스도의 실재는 광범위한 함축 의미를 가지고 있다. 그리고 그중에 어떤 것들은 아주 정교한 의미를 내포하고 있다. 그것은 하늘과 땅의 어떤 것도 그의 주권에서 벗어나 있지 않다는 것을 의미한다. 그리스도의 승리는 은혜가 죄보다 더 실제적이라는 것을 의미한다. 그리스도의 객관성과 권세는 행하시는 이가 우리 자신이 아니라 그리스도임을 의미한다.

만유의 주이신 그리스도

어떤 것도 그리스도의 주권에서 벗어나 있지 않다. 루터교 신학에서 발견되는 해석과 대조적으로, 여기서 구속자로서 그의 사역은 창조자이신 성부 하나님의 사역과 뚜렷하게 구분되지 않는다. 모든 만물의 창조와 구속은 예수 그리스도라는 한 인격을 통하여 이루어졌다. 그의 주권 영역은 하나님의 백성으로서의 교회에 국한되어 있지 않다. 또한 그것은 직업과 제도의 영역 안의 삶과 대조되는 개인의 경건한 삶과 신앙에 한정되어 있지 않다. 그는 국가, 경제, 가족, 개인의 삶의 주님이다. 그의 통치는 모든 인생을 참된 삶으로 형성한다. 인간의 행동은 세상 속에서 그리스도의 우주적 주권을 증거하는 것이다.[13] 그리스도는 그의 주권을 인정하는 공동체인 교회의 주님이고, 또한 그의 주권을 부정하는 공동체인 세상의 주님이다. 하나님의 왼손과 오른손이 따로 있는 것은 아니다.

하나님은 국가와 경제 같은 피조계 안에서 법을 통해 사랑의 낯선 사역(strange works)을 하시고, 또한 교회 안에서 그리스도의 복음을 통하여 사랑의 본연의 사역(proper works)을 하신다. 세상 안의 제도들이 법에 의해 다스려질 때, 이 법은 오히려 그리스도의 사역의 한 형태이다. 부분

---

13) 개인의 도덕적 삶을 위한 그리스도의 다양한 의미는 이번 장과 다음 장의 후반부에서 세밀하게 다루어질 것이기 때문에, 여기서는 만유에 대한 주권을 흔히 '세속적'이라고 알려진 영역, 즉 민족과 국가, 경제, 다른 제도 등에 한정한다.

적으로 사탄 아래 있거나 부분적으로 복음과 대조되는 하나님의 율법 아래 있는 것이 아니라 모든 인생은 그리스도의 통치 아래 있다. 이것은 역사와 개인의 삶에서 그리스도의 통치가 완전히 실현되지 않았다 하더라도 사실이다. 그리스도는 모든 것의 주님이다. 그리고 그 안에서 다양한 제도들이 각기 다른 기능을 가지고 있다고 할 것이다.

이런 관점의 두드러진 특징은 인간의 삶의 특정 유형들을 관찰할 때 드러날 수 있다. 예를 들어 정부는 다양한 가정 위에 정당화된다. 어떤 사상가에게서 그것은 인간의 사회적 정치적 본성에 근거해 있고, 자연법을 반영하는 것이다. 어떤 사람들에게서 그것은 자발적인 질서유지 능력이 없다는 것에 근거하여, 인간의 죄로부터 일어나는 필요나 인간의 '야수적' 본성을 반영한다. 어떤 이들에게 정부는 하나님의 질서를 이루는 행동을 하는 것이고, 하나님의 법의 역사적 사회적 가면(mask)이다. 그러나 현대의 그리스도 중심적 윤리학에서 정부의 진정한 기초는 예수 그리스도이다.[14]

이런 주장의 근거는 이런 관점을 강조하는 사람들이 선호하는 기독론적 본문들에 있다. 예를 들면 요한복음 1:3, 고린도전서 8:6, 히브리서 1:7, 골로새서 1:16~17 등이다. 본회퍼는 이들 구절과 유사구절을 중심으로 그리스도와 정부의 관계를 발전시켰다. 정부는 '모든 만물'의 일부분으로 창조의 중개자인 그리스도를 통하여 창조되었고, 그는 지상의 권세와 하나님 사이의 중개자이다. 예수 그리스도 안에서만 그것은 자기 본질과 존재를 갖는다. 왜냐하면 모든 피조물의 본질은 오직 그 안에만 있기 때문이다. 다른 모든 것과 마찬가지로 정부의 목적은 예수 그리스도를 향해 있고, 그 목적은 그를 섬기는 것이다. 하늘과 땅의 권세의 소유자로

---

14) 국가의 신학적 근거에 대한 아주 좋은 논의는 군나르 힐러달에게서 볼 수 있다. Gunnar Hillerdal, *Gehorssam gegen Gott und Menschen*(Göttingen, 1955), 제5장은 바르트와 엘룰과 드 께르벵에게서 나타난 기독론적 국가론에 대한 설명이다. 힐러달은 루터교의 율법과 복음의 체계를 국가를 이해하는 원칙으로 옹호한다. 그가 바르트주의자들과 다른 사람들과 함께 논쟁한 것은 결국 신약성서의 주석에 그 기반을 두고 있다.

서 그는 정부의 주님이다. 속죄사역을 통하여 그리스도는 지상의 권세와 그리스도 사이의 관계를 회복시켰다.[15] "정부는 지상에서 하나님의 대리자이다. 그것은 오직 위로부터만 이해될 수 있다."[16] "이것은 나의 정부의 질서에 대하여 무엇을 의미하는가?"라고 도덕적 상식은 질문한다. 본회퍼는 아주 일반적인 추론만을 끌어낸다. "그런 형태의 정부가 위로부터, 즉 하나님으로부터 유래한 것이 아주 분명하고, 정부의 신적 기원이 가장 분명하게 드러난 국가 형태가 상대적으로 가장 선하다."

이것은 아직 이런 목적을 성취하는 것이 어떤 형태인지 말한 것은 아니다. 첫째는 외면적 정의의 철저한 실현에 의해, 둘째는 하나님 안에 그 근거를 가지고 있는 권리인 가족과 노동의 권리에 의해, 셋째는 예수 그리스도의 복음의 선포에 의해 그 권한이 위협 받지 않고 지탱되어 견고해지는 국가가 상대적으로 가장 선할 것이다. 마지막으로 "국가에 부여된 신적 권위를 제한함으로써 국민과의 결속을 표현하는 것이 아니라 정의로운 행동과 신뢰할 만한 언어에 의한 상호신뢰를 통해 국가를 국민들과 결속시키는"[17] 국가가 가장 선할 것이다.

「흐름에 대항하여」(*Against the Stream*)로 출판된 바르트 선집과 목회하며 쓴 그의 기타 도덕 관계 소책자에서 우리는 국가, 경제, 외교 등에 대한 그리스도의 주권을 발견한다. 이 그리스도의 주권은 구체적인 사건들과 관련되어 표현되어 있다. 그는 국가가 죄의 산물이라는 개념을 거부하고, 그 대신 국가가 교회와 마찬가지로 구속의 질서의 기능이라고 주장한다. 이것은 국가가 마성적으로 될 가능성으로부터 면제되어 있다는 것을 말하는 것은 아니다. 바르트가 1930년대에 독일의 교회 투쟁에 참여한 것 자체가 그가 그러한 착각을 하지 않았음을 잘 보여 준다. 그러나 국가는 너무 적극적으로 평가될 때조차도 그리스도에 대한 봉사에서 벗어날 수 없다.[18] "기독교공동체와 시민공동체"라는 유명한 논문에서는 국가보

---

15) Bonhoeffer, *Ethics*(1955 ed.), pp. 300-303.
16) Ibid., p. 297.
17) Ibid., pp. 316-317.

다 더 포괄적인 실재의 영역, 즉 시민생활 전체가 포함되었다. 여기서 정부는 다른 삶의 국면과 마찬가지로 하나님의 구속 사역에서 인간의 희망인 왕국의 징표로 보이고 있다. 시민공동체는 그리스도라는 중심을 교회와 공유하고 있고, 또한 창조와 구속이라는 하나님의 은혜로운 선택 안에서 교회와 동일한 실존을 가지고 있다. 따라서 그것은 "기독교공동체를 구성하는 진리와 실재를 간접적으로"[19] 반영하고 있다.

국가는 완전히 구속된 것은 아니지만 은총의 하나님, 즉 인간을 위하시는 하나님을 섬기고 있다. 그리스도 안에서 나타난 하나님의 은총의 사역은 정의의 본성을 확립하는 것이므로 교회는 국가를 위하여 기도하여야 하고, 국가가 하나님 아래에서 자기 목적을 잊지 않도록 해 주어야 한다. 그러면 그리스도인들은 무엇을 하여야 하는가? 그들은 삶의 모든 본래의 문제에서 국가가 '하나님의 은총의 역사'를 가능케 하는 방법들을 찾아야 한다. 이 하나님의 은총의 역사는 "하늘로부터 계시되었고, 정치적 공동체의 외면적이고 상대적이고 잠정적인 행동과 행동 양식"이라는 이 땅의 현실 안에 반영되어 있다.[20] 바르트에게서 이것은 나치에 대항하는 반응과 헝가리와 동독과 체코슬로바키아의 공산주의자들의 지배에 항거하는 것을 요구하였다.[21]

가족도 국가와 마찬가지로 창조자요 구속자이신 주님을 섬긴다. 모리

---

18) Karl Barth, "Church and State," ed. W. Herberg, *Community, State and Church*(New York, 1960), p. 111.
19) Karl Barth, *Against the Stream*(London, 1954), p. 33.
20) Ibid., p. 34. 그리스도를 중심으로 하여 교회와 시민공동체가 동심원을 이루고 있는 비유는 여기서 주어질 수 있는 것보다 더 많이 모리스의 것과 비교할 만한 가치가 있다. F. D. Maurice, *Theological Essay*(London, 1957), pp. 276-277. "세상은 교회가 그 구성 요소로 삼고 있는 것을 포함하고 있다. 교회 안에서 이런 요소는 연합하고 화해시키는 힘에 의해 투시되어 있다. 따라서 교회는 정상적 상태에 있는 인간의 사회이고, 세상은 그 동일한 인간 사회가 균형이 깨져 비정상적으로 된 것이다. 세상은 하나님 없는 교회이다. 교회는 하나님과 관계가 회복되고, 하나님이 창조한 원 상태로 하나님에 의해 되돌려진 세상이다."
21) 예를 들어 다음 글을 보라. "Letter to a Pastor in the German Democratic Republic," in Barth and Hamel, *How to Serve God in a Marxist Land*(New York, 1959).

스에게서 가족 내 인간관계는 그리스도의 사랑이 우리에게 알려지게 되는 수단이 될 수 있다. 우리는 사회적 관계 안으로 태어나는데, 이 사회적 관계는 우리에게 그리스도가 주님이신 세상의 영적 구성 조직에서 궁극적인 관계를 계시해 준다. 부모의 아들로서 우리의 신분은 우리에게 "우리 밑에 뿌리가 있다. 나의 존재의 창시자가 있다."는 것을 보여 준다.[22] 이것은 우리에게 권위의 본성을 가르쳐 준다. 결혼은 부부가 들어가게 되는 현행 관계를 증명해 준다. 그것은 우리에게 배우자 없을 때의 우리의 불완전과 우리의 상호의존을 보여 준다. 그것은 신뢰를 낳는데, 이것은 권위와 순종만큼 삶의 질서에 본질적이다.[23]

성서가 모리스에게 분명하게 해 준 대로, 우리의 경험의 실재는 하나님과 우리의 관계의 실재를 증명해 준다. 예컨대 아브라함은 인간관계의 감정을 통하여 하나님과의 사실적 관계를 해석하였다. 다시 그는 상위의 관계를 승인함으로써 그의 가족 관계를 성취할 수 있었다. 인간과 관계를 맺고 인간에게 알려져 있는 하나님이 있다는 것, 바로 이것이 아브라함의 신앙이었다.[24] 가족의 삶에 대한 지식으로부터 하나님의 가족의 삶의 지식으로 나아갈 가능성에 대한 모리스의 확신은 인격적인 것이고, 단순히 사변적인 것이 아니다. 예컨대 그의 어머니에게 보낸 편지에서 그는 그의 가족이 그를 위해 베푼 사랑에 대해 다음과 같은 생각을 써 보냈다. 그는 가족들의 사랑에 보답하려고 고심했고, 그래서 그 사랑을 그냥 묵인할 수 없었다. "우리는 다른 사람들이 우리보다 무한히 더 선하고 친절하다는 생각 안에 거하고, 기뻐하는 것을 배워야 합니다. 그러면 이런 기쁜 애정의 감정이 마음에 생겨 넘쳐납니다. 사랑하는 어머니, 이것은 또한 우리의 하늘의 관계에 적용되는 것 아니겠습니까?"[25]

그렇다. 모든 것이 그리스도 안에서 요약되어 총괄되므로, 그리스도를

---

22) F. D. Maurice, *Social Morality*, p. 22. 바르트와 모리스의 차이점은 아래에서 논의된다.
23) Ibid., p. 44.
24) *The Kingdom of Christ*(1958), vol. I, p. 238 ; pp. 242-243.
25) *Life of F. D. Maurice*, vol. I, p. 130.

바라볼 때 모든 관계는 의미를 획득하고 실제 살아 있고 실재하는 것으로 느껴지는 것이다.[26] 사실 모든 것은 그리스도 안에 있고, 우리가 이것을 시인할 때 우리는 우리 가족관계 안에 역사하는 그의 힘을 느끼게 된다. 그리스도는 가족의 중심이고 주님이다. 우리가 이것을 부정할 때 이런 진정한 가정생활의 질서는 붕괴되고, 사랑은 적대감으로 대치된다. 우리는 국가뿐만 아니라 가정 속에서도 그리스도와 그의 통치 안에서 총괄되는 삶의 신적 질서의 빛 안에서 살아야 한다.

그리스도의 통치는 삶의 모든 세부적 상황 속에서 현실화되어 있지 않다. 우리는 하나님의 왕국 안에서 살지 못하고 있다. 모든 만물에 대한 그의 통치는 삶의 상태는 아니다. 오히려 그가 모든 것의 왕이고, 모든 만물이 그를 섬기고 있다. 이미 이긴 전쟁의 결정적 전투라는 이미지가 이 상황을 묘사하는 데 사용되어 왔다. 궁극적 승리는 더 이상 의심할 수 없으나 '소탕' 작전은 마지막까지 계속되어야 한다. 그리스도는 결정적 전투에서 이미 승리해 놓으셨다.

죄의 승리자이신 그리스도

죄와 악에 대해 승리를 긍정하는 것, 그리고 도덕적 삶의 딜레마에 대해 도덕적 진지함을 유지하는 것은 일부 이런 관점의 비평가들이 생각하는 만큼 큰 문제는 아니다. 이것의 해결은 논리적 관계보다는 인격적 관계 안에서 가능하다. 그러나 아마 비평가들이 옳을 것이다. 이런 관점은 결국 죄를 희미한 위치로 격하하고, 악의 객관적 지배와 힘을 과소평가할 가능성이 있다. 그러나 이 비평가들에 대립하여 그리스도의 우주적 왕권을 지지하는 확실한 성서 본문들이 많이 있다. 이 본문들은 사건들의 장기적 범위와 따라서 단기적인 즉각적 과정을 긍정적으로 신뢰하는 쪽으로 도덕적 삶을 형성시킨다. 우리는 그리스도와 함께 죽지 않았는가? 우리는 그 안에서 하나님을 향해 살아 죄로부터 자유하게 되지 않았는가?

---

26) Ibid., p. 131.

"죄가 너희를 주장하지 못하리니 이는 너희가 법 아래 있지 아니하고 은혜 아래 있음이니라"(롬 6 : 14). 그리스도는 하나님 우편에 앉아 있고 "천사들과 권세들과 능력들이 저에게 복종하느니라"(벧전 3 : 22).[27]

우리는 다시 "우리는 무엇을 해야 하는가?"라고 질문한다. 모리스는 다음과 같이 대답하는 것 같다. "사랑의 심연이…… 죽음의 심연보다 깊다."[28] "다른 모든 심연 아래에 그의 사랑의 더 깊은 깊이가 있고 바닥 없는 악의 구렁보다 더 깊은 바닥 없는 자비의 심연이 있다."[29] "당신은 그러한 의를 가지고 있다. 그것은 당신 안에 있는 모든 불의보다 더 깊다. 그것은 당신의 존재 근저 위에 놓여 있다. 그리고 이 의는 단순히 당신을 저주하는 율법 안에 있는 것이 아니라 당신이 신뢰할 수 있는 인격 안에 있다."[30] 이런 확신 속에 살아야 한다. 사람은 우선 자신을 죄인으로 여겨서는 안 된다. 실제로 가장 우선적 사실은 죄의 용서이다. 모리스는 "기독교 윤리 강의 시리즈"라는 부제가 붙은 그의 요한서신 저술에서 다음과 같이 말하였다.

"이기심이 있다. 당신의 형제로부터 분리가 있다. 그러한 사고 속에 죄의 본질 자체가 있다. 사도 요한이 '그의 이름으로 말미암아 당신의 죄가 용서되었다'고 말할 때 죄의 뿌리를 건드린 것이다. 당신은 죄 있는 족속이 아니라 하나님의 아들이신 그리스도가 그 머리인 족속으로 취급 받는다. ……우리는 그와 연합되었기 때문에 우리 자신을 죄인으로 인정할 아무 권리도 없다. 우리는 그와 분리될 때 죄인이 되는 것이다."[31] 우리는 우리의 본래대로 존재하고 행해야 한다. 우리는 빛 가운에 걸어야 하고,

---

27) 아모스 와일더(Amos Wilder)는 "케리그마, 종말론, 그리고 사회 윤리"(Kerygma, Eschatology and Social Ethics)에서 정사와 권세를 윤리학적 성격의 용어로 해석하는 것의 타당성을 논의했다. W. D. Davies and D. Daube, eds., *The Background of the New Testamsent and Its Eschatology*(Cambridge, Eng., 1956), 특히 pp. 527ff.
28) Maurice, *Theological Essays*(1957 ed.), p. 323.
29) *Life of F. D. Maurice*, vol. I, p. 529.
30) *Theological Essays*, p. 62.
31) F. D. Maurice, *Epistles of St. John*(London, 1983), p. 110.

은혜로운 죄 용서의 실재를 증거해야 한다.

바르트는 "인간이 하나님과 대립해 있다는 것은 중요하고 심각하게 취급되어야 한다. 그러나 훨씬 더 중요하고 심각하게 취급되어야 할 것은 하나님이 예수 그리스도 안에서 인간을 위하신다는 것이다."라고 말한다.[32] 죄와 사망과 사탄과 지옥은 하나님의 의지가 부정적 효과로 허용된 것이다. 이런 부정적 효과 속에서도 하나님은 다 알고 뜻을 세우고 있는데, 바로 이것이 은혜이다……. 심지어 하나님의 대적자들도 하나님의 종이고 그의 은혜의 종이다. 사실 하나님의 대적들은 그들이 하나님의 영원하고 자유롭고 불변하는 은혜의 도구로 사용되는 봉사 가운데서만 알려진다. 하나님은 심지어 죄와 사탄을 허용하고 사망과 지옥의 공포 속에서도…… 은혜로우시지 결코 가혹하시지 않다.[33] 사탄의 세계는 그림자의 세계이다. 하나님은 그리스도 안에서 인간을 선택했다. 심판자이신 그리스도가 피고인이 되었다. 인간은 완전히 죄와 그 죄책감과 형벌이 면제되었다. "따라서 하나님의 진노와 사탄의 거부와 사탄의 왕국은 더 이상 인간과 관련이 없다."[34]

그렇다면 하나님이 인간을 위해 행하신 것은 인간에게 새로운 자유를 가져다준 것이다. 그것은 하나님이 인간을 선택하셨기 때문에 존재하는 자유이다. 그것은 죄와 악의 지배로부터 벗어난 자유이고, 따라서 은혜로운 하나님의 의지에 복종하고 그리스도에게 순종하는 자유이다. 우리는

---

32) *Church Dogmatics*, II/2, p. 154. 강한 루터교 경향의 구스타프 빙그렌 교수는 그의 바르트 비판에서 죄와 악의 이런 '그늘'(shadow)의 성격에 중요한 부분을 할애하였다. Gustaf Wingren, *Theology in Conflict*(Philadelphia, 1958), pp. 117ff.
33) *Church Dogmatics*, II/2, p. 92.
34) Ibid., p. 125 ; pp. 170-171. "악이 갖는 존재의 가능성은 오직 불가능한 것의 가능성일 뿐이다." 그러나 그것은 그 지위를 가지고 있다. 왜냐하면 하나님의 영광은 그림자가 없이는 빛나지 않기 때문이다. "악이 가질 수 있는 유일한 자율성과 지위는 하나님의 경륜에서 제외되고 거부된 존재와 본질이 가지고 있는 그것이다. 그것은 불가피하게 창조의 영역의 존재와 대립하고 대적하는 비존재의 자율성과 지위인데, 이것은 항상 부정하는 영으로서 이런 대립과 대적에서만 그 근거와 의미를 가지고 있다."

아직도 역사 안에서 살고 있기 때문에 우리 자신과 세상 안에서 자율적으로 활동하는 파괴적인 힘으로 보이는 것과 대치되어 있다. 그러나 그 실재는 그림자의 실재이고, 창조의 존재들을 대적하는 기능에서만 그 근거를 두고 있는 비존재의 실재이다. 그러나 악과 죄는 더 이상 우리를 무력화시키지 못한다. 그들은 공포와 불안을 일으키지 못한다. 그들은 도덕적 망설임과 우유부단을 만들지 못한다. 왜냐하면 죄와 사망과 사탄에 대한 승리가 더 실제적이기 때문이다. 유일한 실재는 그리스도 안에서 인간을 위하시는 하나님이다. "따라서 '순종하는 것', '올바로 행하는 것', '선을 실현하는 것'은 결코 하나님의 은총의 계시에 순종하는 것, 즉 그리스도 안에서 은총이 임한 사람으로 사는 것 이외의 다른 어떤 것이 아니다."[35] 우리는 '모든 사람을 비추는' 빛 가운데 걸어야 한다. 그리스도는 교회와 우주의 주님이다. 바로 이것이 윤리학의 기본 자료이다. 죄와 지옥과 사망과 악마의 실재는 이에 해당하지 않는다.

우리가 죄인으로 남아 있다는 것과 악이 이 세상 안에 실재한다는 사실은 우리 자신에게 아무것도 내세울 것이 없게 하고, 우리 자신의 공로에 의존하지 않도록 방지해 준다. 사실 행하는 것은 우리가 아니다. 우리는 하나님의 객관적인 능력과 선하심이 역사하는 수단이다. 이것은 그리스도의 주권이란 주제로부터 추론되는 또다른 주제이다.

인간이 아니라 하나님이 도덕적 행동의 근원

인간의 도덕적 행동은 하나님의 창조와 구속의 근원에 있는 하나님의 인격을 바라봄으로써 대답이 주어진다. 이것은 모든 질문에 대답을 주지는 않는다. 그러나 우리 자신을 그리스도와 연결시킴으로써 우리는 올바른 빛 안에 있고, 우리 자신과 도덕적 요구와 실현성의 세계를 바라보기 위한 적합한 관점 안에 있게 된다. 우리는 그리스도의 선택 혹은 그의 주권 안에 근거를 두고 있는 제도들을 본다. 우리는 죄와 사망과 악을 정복

---

35) Ibid., p. 539.

한 구세주에 의해 죄가 용서된 것으로 우리 자신을 바라본다. 이것은 우리에게 정확히 무엇을 해야 할지 말해 주지 않는다. 이것은 또한 현실적으로 선한 의지가 크다고 하여 우리가 의롭게 판단 받는다는 확신도 주지 않는다. 우리는 그럼에도 불구하고 그리스도께 순종하고 그가 확립한 왕국에 일치하여 행동해야 한다.

그러나 이런 관점에서는 우리 자신에게서 어떤 도덕적 가치나 통찰이나 선함을 주장하지 않도록 주의해야 한다. "내가 그리스도와 함께 십자가에 못 박혔나니 그런즉 이제는 내가 사는 것이 아니요 오직 내 안에 그리스도께서 사시는 것이라"(갈 2 : 20)라는 사도 바울의 말씀은 예리하리만큼 분명하기 때문에 우리로 하여금 주의를 기울이게 한다. 그러한 본문을 해석할 때는 확실히 정교한 종말론적 표현이 사용되어야 한다. 왜냐하면 사도 바울은 삶을 두 에온의 시대[36]—이 세상의 시대와 지금도 현존하고 있고 또한 장차 이 세상이 그 안에서 완성될 영원—안에 위치시키고 있기 때문이다. 그리고 그러한 본문은 전체 바울 신학의 맥락 안에 놓여 있다. 왜냐하면 바르트와 모리스를 포함하여 대부분의 그리스도인들과 마찬가지로 그는 심지어 신앙의 삶 안에서도 인간의 죄와 반역과 그의 교만과 '태만'과 '곤경'(바르트)을 간과하지 않기 때문이다. 그러나 이러저러한 제한에도 불구하고 본문은 우리의 존재가 우리에게 객관적인 인격의 도구임을 지적하고 있다. 선은 우리에게 객관적인 것이다.[37]

---

36) Andres Nygren, *Commentary on Romans*(Philadelphia, 1949). 여기서는 이것이 주요 요지이다. 그리고 라인홀드 니부어의 갈라디아서 2 : 20의 주석을 보라. Reinhold Niebuhr, *The Nature and Destiny of Man*, vol. II(New York, 1943), pp. 107ff.
37) 이 점에 대해서는 창조주요 구속주인 그리스도 안에 인간론의 중심을 두는 신학자들 사이에, 그리고 한편으로 하나님의 창조와 섭리의 사역과 다른 한편으로 구속 사역을 구분하고 있는 신학자들 사이에 폭넓은 일치가 있다. 예컨대 소명 받은 인간을 하나님의 마스크로 이해하는 루터의 인간 개념은 하나님의 율법을 인간 활동의 진정한 힘과 지시자로 만든다. 마스크의 암시적 이미지는 많은 대답되지 않은 질문들을 남기고 있다. 이런 개념이 현대적으로 사용된 것으로는 빙그렌의 신학이 있다. Wingren, *Luther on Vocation*(Philadelphia, 1961). 닐스 죄(Niels SΦe)는 어떤 일이 선한 것은 우리의 동기나 그 결과가 선해서가 아

예수는 "하나님 한 분 외에는 아무도 선하지 않다."고 말했다. 바르트는 선한 행동을 규정하는 과정에서 우리에게 이것을 생각나게 하고 있다. "인간의 행동은 그것이 하나님의 말씀과 하나님의 명령에 의해 성화되는 (geheiligt) 한에서 선하다. 인간의 행동은 그가 하나님의 말씀과 명령에 순종하여 듣는 자인 한에서 선하다."[38]

신학적 윤리학은 "하나님의 은혜의 계시를—인간을 실제 끌어들이는 계시로써—진정 참된 것으로 여기고 은혜의 역사를—하나님이 인간에 대해 이미 이루신 결단으로써—'매우 강력한 것'으로 여긴다. 그래서 인간이 어떤 태도를 취하든, 그가 하나님의 명령과의 관련에서 어떻게 행동하든 신학적 윤리학은 반드시 인간이 하나님의 명령에 의해 실제 결정되고 객관적으로 그것을 향해 방향 지워지는 것으로 이해한다.[39] 명령은 다른 상대방에 대한 객관적 요구만을 의미하는 것으로 의도되지 않았다. 명령자는 창조주요 구속주이시다. 그는 우리로 하여금 순종하게 허용하는 동일한 분이고, 우리를 자유를 향해 인도하는 분이다. 이 자유 안에서 우리는 그가 우리에게 요구하는 것을 그의 은혜로 자유롭게 실행할 수 있게 된다. 우리의 행동은 우리를 선택하고, 우리에게 명령하고, 우리를 구속하는 하나님의 행동이라는 보다 넓은 행동 무대의 일부분이다. 따라서 우리의 행동은 결코 이 무대의 중심이 아니다. 우리는 믿음과 순종 안에서

니라 그리스도를 통해서, 특별히 성령을 통해서 일하시는 분이 하나님이기 때문이라는 그의 주장 속에서 다소 바르트의 주장을 반복하고 있다. Niels SΦe, *Kristelig Ethik*(5th ed.), pp. 128-137. 니그렌의 아가페(agape)의 개념도 동일한 객관적 타당성을 가지고 있다. 선의 배타적 객관성에 관련된 윤리학의 쟁점들은 이 본문의 여러 부분에서 보다 더 상세하게 논의된다. 현대 신학자들은 경건주의의 함정과 경험에 대한 자유주의 기독교 주장의 함정을 피하기 위하여 이것에 의존하고 있다.

38) *Church Dogmatics*, Ⅲ/4(Edinburgh, 1961), p. 4. 드 께르벵의 아래의 요약적인 진술을 참고하라. "우리가 그리스도인의 행동에 대해 말할 때, 그것은 인간이나 그리스도인이 아니라 그리스도와 그의 이루신 사역을 영화롭게 하는 것이다. 성서에 의하면 그리스도는 우리의 의이고 거룩이다." "신앙은 하나님이 우리를 위해 이루신 것에 대한 순종이다." de Quervain, *Die Heiligung*, p. 25.
39) *Church Dogmatics*, Ⅱ/2, p. 523. 작은따옴표 부분은 저자 첨부.

예수 그리스도 안에 나타난 하나님께 응답한다.

그리스도인의 삶에 함축적 의미를 가지고 있는 우리의 새 창조의 객관성에 이르는 중요한 길은 그리스도인의 세례의 교리를 통하여 들어가게 된다. 바울 문헌은 세례를 통하여 일어난 것의 중요성을 강조하고 있다. 우리는 그리스도와 함께 죽고 그리스도와 함께 부활하고 그의 몸에 접붙임 받는다. 초대교회가 세례 이후의 범죄에 의해 당혹해 했다는 사실은 그들이 성례를 아주 진지하게 여겼다는 증거이다. 모리스에게서 의의 객관성과 그 의가 우리 자신의 공로와 가치와 무관한 것은 우리의 세례 안에 근거를 두고 있다. 의는 우리 자신의 자질이 아니고, 결코 우리의 자질이 될 수가 없다. 세례가 이것을 선포하고 있다.

우리는 그리스도의 의에 참여한다. 따라서 원칙적으로 어떠한 자기 의의 개념이나 의의 주장은 그릇된 것이다. 오히려 항상 그들이 그분 안에서 창조되고 구속 받고 칭의된 예수님을 향하는 것이 인간의 권리요 의무이다. 이런 신뢰에서만 우리는 우리의 대적들을 누르고 일어선다.[40] 우리는 의의 열매를 드러내어야 하는데, 이 의는 어떤 사람에게서도 그 자신 안에 속한 것이 아니다. 오히려 우리 주님이 인간들을 의와 화평과 희락의 왕국으로 이끌기 위하여 그들 사이에 오셨기 때문에 가능한 것이다. 이 왕국은 또한 "의롭고 완전한 존재와의 교제에 근거를 둔 왕국"이다.[41]

도덕적 질문의 이런 신학적 전환으로부터 도덕적 삶을 위한 어떤 함축된 의미들이 짧게 제시되어진다. 선행되는 질문은 "내가 무엇을 하여야 하는가?"가 아니라 "세상과 나를 위해 무엇이 이루어졌는가?"라는 확신이 다시 인간을 향해 그 길을 찾아야 한다.[42] 도덕적 질문은 그리스도인들에

---

40) Maurice, *Theological Essays*(1957 ed.), pp. 149-150. 또한 다음 책을 보라. *The Kingdom of Christ*, vol. I, pp. 283-284. *Life*, vol. II, p. 152.
41) Maurice, *The Kingdom of Christ*, vol. I, p. 256.
42) 이 점을 주장한 미국 신학자로는 폴 레만이 있다. Paul Lehman, "The Foundation and Pattern of Christian Behavior," ed. John Hutchison, *Christian Faith and Social Action*(New York, 1953), pp. 97ff. ; *Ethics in a Christian Context* (New York, 1963), pp. 74ff.

게 남아 있다. "좋습니다. 나는 그리스도 안에서 나를 위하여 이루어진 일을 믿습니다. 나는 그가 실재이고, 모든 만물의 주님이고, 죄와 사망에 대해 부활한 승리자이고, 모든 행동의 근원인 것을 믿습니다. 나는 이로 인해 무엇을 하여야 합니까? 나에게 부담을 주는 것이 많이 있습니다. 많은 가능성이 존재합니다. 나는 크든 작든 내가 연루된 삶의 영역을 위해 부모, 시민, 노동자로서 책임감을 느낍니다. 나는 무엇을 해야만 합니까?" 이런 신학자들은 무엇을 말해야 하는가?

윤리적 추론들

윤리학에 대한 비판

창조와 구속에서 그리스도의 주권에 대한 중심적 확신으로부터 나오는 하나의 추론은 윤리학 자체에 대한 비판이나, 적어도 특정 종류의 윤리학에 대한 비판이 필요하다는 것이다. 문화와 교회 안에서 쓰이고 실행된 윤리학은 그릇된 전환을 많이 보인다. 다른 유형의 윤리학은 다른 잘못을 범한다. 윤리학은 통상적으로는 잠정적 선에 관심을 기울이고, 따라서 행동의 직접적 결과들에 대한 도덕적 가치에 관해 판단을 한다. 그리스도인들은 잠정적 선이 선의 유일한 소재가 아니라는 것을 알고 있다. 하나님이 선의 결정자이다. 이 하나님 안에서 역사적 불의와 고난을 가진 과거가 다스려지고 구속되고 미래에 대한 불확실성과 과거에 대한 예속 상태에 있는 현재가 자유롭게 되고, 개방된 미래가 다스려지고 질서가 잡히게 된다. 그리스도는 우리로 하여금 오로지 현세적 선에 사로잡혀 있는 것에서 자유롭게 한다. 마찬가지로 그가 우리를 '윤리학'으로부터 자유롭게 했다는 주장이 있다.

윤리학은 보통 도덕법을 공식화하고 이것을 개개 사건에 적당하게 적용하는 것에 관계한다. 그리스도인들은 그리스도가 인간을 율법의 굴레로부터 자유롭게 했다는 것을 알고 있다. 도덕법에 대한 관심과 그 활용은 인간을 하나님께 인도하는 경향이 있다고 주장되고 있다. 인간은 조정자, 즉 삶을 형성하는 자가 된다. 실재이신 그리스도에 대한 관심은 우리에게 매 순간 매 사건마다 통치하시는 주님의 임재의 살아 있고 역동적인 성격을 확신시켜 준다. 인간은 완전히 자율적으로 무엇이 실제로 존재하는가 또는 무엇이 존재하여야 하는가를 스스로 규정함으로써 사건 과정의 방향을 잡지 못한다. 살아서 통치하시는 그리스도가 사건의 주님이다. 우리는 법전이나 윤리적 원칙에 순종하는 것이 아니라 그분의 인격에 순종한다. 따라서 그리스도는 율법주의와 도덕성의 궁극적 본성에 대한 잘못된 가정과 결의론(決疑論, casuistry)과 윤리학으로부터 우리를 자유케 한다.

윤리학은 때때로 도덕적 인간의 선함을 먼저 보고 삶의 도덕적 질서가 그의 행동의 좋은 열매를 낳는다고 주장한다. 그것은 주도적 덕목, 즉 정의, 절제, 지혜, 용기 등의 함양에 관심한다. 그것은 지정의(知情意) 사이의 조화로운, 그래서 올바른 관계를 확립하는 데 관심을 갖는다. 혹은 윤리학은 선한 의지의 관점에서 선을 규정한다. 그리스도인들은 이 덕목에 신망애(信望愛)를 추가하였다. 경건주의자들은 내면을 향하는 자기 성찰과 회심시키는 은혜의 능력을 통하여 악한 욕망들을 찾아냈다. 혹은 현대인들은 인간이 풍성한 인격이 되어 선을 창출하고 일으키기 위하여, 다른 사람과의 관계에서 일어나는 죄책감으로부터 그를 자유케 하려고 시도하였다. 다른 이들은 거짓된 가치와 욕망으로부터 진정한 가치와 욕구로 인간을 교육시키기 위하여 노력하였다.

창조주요 구속주인 그리스도에 대한 신앙은 이런 모든 자기 중심적 윤리학, 즉 선이나 가치나 의가 인간의 인격 안에 그 근원을 가지고 있다는 자기 중심적 윤리학의 제1전제를 근절시킨다는 주장이다. 먼저 인간에 집중하는 것으로는 죄의 지독한 형태, 즉 삶의 질서와 향상을 위해 자기 자신이나 인간을 신뢰하는 것을 피할 수 없다. 그러한 주장은 인간의 경험에 맞지도 않고, 심지어 성서의 메시지와도 상충된다. 사건의 과정에서 행동하시는 분은 하나님이다. 창조주요 구속주요 삶의 주관자로 계시된 하나님인 것이다. 믿음의 대상에 대한 관심의 초점은—이 믿음은 지식을 포함한다―윤리학을 전복시킨다. 그것은 인간이 선의 근원을 자신 안에서 찾는 것을 좌절시킨다. 그리스도는 우리를 '윤리학'으로부터 자유케 한다.

윤리학에 대한 비판은 때때로 그 비판하는 언어가 보여 주는 만큼 격렬하지는 않다. 어떤 신학자들은 새로운 빗자루로 깨끗이 청소하는 데 숙달되어서 깡통 껍데기에서 그 안의 찌꺼기 내용물을 제거해야만 했다. 비판된 많은 윤리학이 다른 지원과 또다른 명목 아래, 그리고 새로운 관점에서 다시 도입되었다. 그래서 예를 들면 성서주의적 율법주의와 결의론이 그리스도 안에서 주어진 자유의 이름으로 그리고 직접적이고 구체적인 하나님의 명령의 이름으로 폐지되었다. 그러나 그리스도 안에서 의무는 허용이 되었고, 성서의 규범들은 실천적 결의론(practical casuistry)을 위해 유용하게 되었다. 하지만 그리스도와 그의 실재와 능력에 대한 집중된 관심으로부터 윤리학과 윤리학자들은 적절하게 교정을 받았고, 그들의 능력과 통찰과 신앙의 한계들을 드러내게 되었다.

본회퍼가 지혜롭게도 다음과 같이 윤리학과 윤리학자의 한계를 밝혀냈다. "윤리학이 세상의 모든 일이 실제로 그렇게 되어야 하기는 하지만 어떻게 하여 불행히도 그렇지 못한가 하는 것이 상세히 설명된 책일 수는 없고, 윤리학자도 무엇이 행해져야 하고 어떻게 행해져야 하는지를 항상 남들보다 더 잘 아는 사람일 수 없다. 윤리학은 예외가 없는 것으로 보장된 도덕적 행동을 찾는 작업일 수는 없고, 윤리학자도 모든 인간 활동에 정통한 비평가와 심판자일 수 없다. 윤리학은 윤리적 인간이나 그리스도인이 걸러지는 증류기일 수는 없다."[43] 오만한 윤리학자만이 이런 겸손한 진술이 자기를 비난하는 것이라고 느낄 것이다. 대부분의 윤리학자들은 자신들의 역량에 대해 이런 진술의 범위 안에서 주장될 수 있는 것보다 더 많은 것을 거의 주장하지 않을 것이다.

이런 공격에서 훨씬 더 극단적인 사람은 묵시론적 분위기에서 그리스

---

43) Bonhoeffer, *Ethics*, p. 236. 바르트는 이것을 본회퍼의 승인하에 *Church Dogmatics*, Ⅲ/4, p. 10에 인용하고 있다.

도인의 삶을 혁명 시대의 새로운 계약의 표지로 제시하고자 한 자크 엘룰이다. 그는 아주 포괄적인 방법으로 "모든 기독교윤리학이나 사회학이나 정치학을 모든 것에 대한 일종의 '기독교적 개념화'를 목표로 하는 것"이라고 비난했다. "이것들은 '좋은' 제도와 '좋은' 도덕을 갖기를 원하고 모든 상황에서 '선'이 무엇인지 알기를 원하다."는 것이다. 그는 또 이렇게 말한다. 기독교윤리학은 그리스도인의 양심이 세상의 조건에 의해 너무 충격을 받지 않도록 노력해야 한다. 윤리학은 세상과 하나님의 왕국 사이의 다리가 된다. 이런 모든 것은 누군가 취할 수 있는 입장 중에서 실제 가장 반기독교적인 입장이다.[44]

바르트의 윤리학 비판은 엘룰의 그것보다 훨씬 더 미묘하다. 그것의 미묘함은 바르트 자신의 확신에 비추어 볼 때 그 포괄성과 조심스런 재규정에 있다. 우리가 윤리적 질문에 대한 바르트의 대답에서 시작한다면 전통적 윤리학의 많은 것이 피상적이지만 유용하고, 불필요한 것이지만 편리한 것이다. "하나님의 은혜는 윤리적 문제에 대한 대답이다.", "인간 예수는⋯⋯ 대답을 주지는 않으나, 그는 하나님의 은혜에 의해 주어진 윤리적 질문에 대한 대답이다". 우리의 성화, 하나님이 우리에게 요구하신 것, '자기 결정'으로의 우리의 '예정'은 우리가 실제 구체적인 상황에서 하나님과 하나님의 우리에 대한 심판과 그의 명령에 기꺼이 순종하는 것이다. 이런 모든 것은 예수 그리스도 안에서 일어난다.[45] 이런 실상에 비추어 볼 때, 윤리학의 본성에 대한 다른 관점들은 어떻겠는가?

가장 분명하고 일반화된 대답은 윤리학은 자율적인 것이 아니라 하나님에 대한 교리의 일부라는 것이다. "우리는 우리가 선이 무엇이고, 우리가 그것을 어떻게 성취할 수 있는지를 우리 스스로의 힘으로 질문하고 결정해야만 하는 것처럼 행동할 수 없다. 마치 우리가 이러저러한 대답을

---

44) Ellul, *The Presence of the Kingdom*(Philadelphia, 1951), pp. 14-15. 그는 계속하여 '도덕성'에 대하여 공격한다. 진정한 윤리학의 대상은 "우리에게 주어진 선물을 드러내는 것"이다(p. 82). 그러나 재림하는 그리스도가 경제와 기술 등에 의미하는 것에 대한 성경과 엘룰의 확신은 도덕적 삶을 위한 지침이 된다.
45) *Church Dogmatics*, II/2, pp. 516-517.

우리에게 정당하게 보이는 것으로 만들 자유가 있는 것처럼 할 수는 없다."[46] 우리 스스로의 힘으로 대답을 만들어 보려고 시도함으로써 우리는 하나님의 은혜에서 벗어나려고 한다. 이것은 보통의 윤리학의 개념으로 하여금 죄의 개념과 일치하게 만든다. 왜냐하면 죄는 하나님을 부정하는 것이기 때문이다.

인간 행동을 판단하기 위한 법, 선, 가치, 기준 등의 문제와 선의 진리와 지식의 문제들은 하나님의 선택의 교리 안에 내재해 있는 기독교윤리학에서는 아무 문제도 없다. "하나님의 말씀을 순종해서 듣는 사람은 그가 왜 그것에 순종해야 하는지를 숙고할 위치에 있지 않다."[47] 변증적-신학적 윤리학과 대조적으로 신학적 윤리학은 그것이 본래 궁극적으로 하나님의 은혜와 명령에 독립적인 일반적 도덕적 탐구와 대답의 가능성과 실재를 믿어서는 안 된다는 사실을 받아들여야 한다.[48] 여기서 중요한 말은 '궁극적으로 독립적'이라는 것인데, 왜냐하면 최종적으로 궁극적으로 독립적인 것은 없으며, 따라서 결국 어떤 것도 제외되어 있지 않기 때문이다. 시작과 마지막에서 하나님의 은혜와 명령이 아주 중심적이고 보편적이기 때문에 규범적인 도덕적 탐구의 특징인 많은 동일한 도덕적 평가가 신학적 윤리학 안으로 다시 돌아온다. 우리가 이미 보았듯이 그리스도의 인간성 밖에서는 어떤 인간성도 없고, 예수 그리스도의 은혜와 동일하지 않은 선이 실현되는 그 어떤 것도 없다.[49] "하나님의 명령을 듣는 것과 하나님의 은혜의 선택 안에서 우리는 무엇을 하여야 하는가?"에 대한 바

---

46) Ibid., p. 518.
47) Ibid., p. 522. 이의 토론의 전부는 pp. 509-542에 있다.
48) Ibid.
49) 바르트가 우리가 (가진 것같이 보이나) 가질 수 없다고 말한 관점에서 질문되는 평범한 질문은 다음과 같은 것이다. 즉, 그가 윤리학 문제를 지적으로 재형성한 것이 우리의 도덕적 행동에 어떤 차이를 만드는가 하는 것이다. 사실상 그는 일반적으로 윤리적이라고 불리는 질문들에서 은혜에서 독립할 수 있는 권리를 허락하지 않았다. 그러나 그 어떤 것도 은혜에서 독립되어 있지 않기 때문에 우리는 다시 그 질문들을 가져오게 된다. 한 예로, 그의 "하나님의 결단의 주권" 부분을 보라. Ibid., pp. 631ff. 우리는 아래에서 이 문제로 돌아갈 것이다.

르트의 분석은 신학적 구조와 무관하게 이루어지는 도덕적 숙고에 대한 완강한 적대감을 잘 보여 준다. 그 대답이 그리스도 안에서 자명한 도덕적 직관으로 오지 않는 것은 그것이 율법주의, 선에 대한 형식적 사고, 정언적 명령, 양심 등을 통하여 혹은 일부 하나님의 뜻, 하나님의 나라, 하나님의 의, 하나님의 사랑 등의 형식적 개념을 통하여 오지 않는 것과 마찬가지이다.[50]

하나님의 요구는 구체적이고 특수한 것이다. 바르트에 따르면 이것은 '윤리학'이 진정으로 이해하지 못하는 것이다. 즉 명령자, 명령, 명령 받는 사람과 명령이 주어진 상황의 '구체성' 등인데, 비록 우리가 자유롭게 그 결정에 복종하도록 결정되어 있는 것이긴 하지만, 이런 모든 것이 그리스도 안에서 결정되어 있다는 사실이다. 마지막으로 우리는 그가 1948년 헝가리 청년들에게 말한 것처럼[51] 우리 자신의 오성을 신뢰해야만 한다. 그러나 이것은 모든 즉각적인 사건과 압력에 대한 맹목적인 반작용을 의미하지는 않는다. 바르트는 명칭이 붙어 있든 안 붙어 있든 자연법, 칸트주의자, 경건주의자 혹은 어떤 도덕적인 사람처럼 그가 윤리학의 독립적 정당성을 부정했음에도 불구하고 도덕적 평가의 문제로부터 완전히 벗어날 수 없었다.[52]

---

50) 바르트가 윤리학에서의 형식주의를 비판한 것을 보려면 다음을 참고하라. *Church Dogmatics*, pp. 664-669.
51) *Against the Stream*, p. 60.
52) 우리는 이 장 앞에서 모리스에 대해 논의했기 때문에 여기서는 그가 이 부분에서 왜 제외되었는지 지적하는 것이 중요하다. 그 이유는 윤리학 일반에 대한 그의 아주 다른 태도에 있다. 폐쇄된 체계에 대한 그의 평생의 싸움은 그 이면에 그가 어떤 원천을 만나든지 거기서 오는 모든 통찰에 개방적인 태도를 취하게 하였다. 모든 오류는 일말의 진리를 포함하고 있다. 그는 그리스도의 주권, 영적 조직의 우주적 성격으로 인해 윤리학에 개방적일 수 있었다. 영국의 플라톤주의와 소박한 자연법적 견해 일반은 그의 그리스도의 주권에 대한 견해와 밀접하게 연결되어 있다. 여기서 그의 사고와 바르트의 사고 사이의 차이는 깊은 심연인 것처럼 보인다. 그러나 이 심연은 부분적으로 채워진다. 모리스는 자기 방법을 통하여 세상에 대한 개방성을 가지고 있는데, 이것은 바르트 역시 윤리학의 독립성 주장을 부정하고 그리스도의 선택 안에서 부정된 많은 것을 발견하는 방법을 통하여 가지고 있는 것이다. 모리스의 '인간의 도덕성'에 대한 관심은

따라서 윤리학에 대한 비평은 처음에 보이는 것만큼 그렇게 과격하거나 완전한 것은 아니다. 이 윤리학 비판이 시작되는 핵심이 중요하다. 즉, 비록 교회의 언어를 사용한다 할지라도 도덕적 실재와 함께 보통의 윤리학에 전념하게 된다. 마치 예수 그리스도 안에서 아무 의미 있는 일도 일어나지 않은 것처럼 말이다. 우리는 이것의 적극적인 측면을 진술할 수 있다. 우리가 창조주-구속주에서 시작하여 거기서 끝난다면, 그가 명령하고 당장에 우리의 자발적인 순종을 가능하게 하는 실재라면, 그가 인간 안에 드러난 은혜라면 윤리학에 종사하는 많은 사람들은 제외되거나 시시해지고 말 것이다.

그리스도 안에서 행동의 근거와 기준과 힘이 모두 실제로 구체적으로 책임 있는 사람에게 주어졌다. 이 점에 대한 비판적 질문은 다음과 같은 것이다. 그리스도가 어떻게 임재하는가? 중심이 되는 주장을 정교하게 다듬기 위해 어떤 언어가 사용되는가? 도덕적 삶과 관련된 용어로 실재를 표현하기 위하여 우리는 어떤 언어, 원칙, 이념을 사용하는가? 어떻게 율법주의, 직관주의, 형식주의, 경건주의, 자연법 등을 피하는가? 그러나 도덕적 행동을 위한 특별한 의미가 고려되기 전에, 그리스도의 실재를 긍정하는 것의 보다 일반적인 윤리적 의미가 먼저 정의되어야 한다.

세상에 대한 긍정

어거스틴, 칼뱅, 바르트 같은 신학자들에 대한 공통적 평가는 그들이 인간의 죄와 세상의 악에 사로잡힌 우울한 이들이라는 것이었다. 그리고 모리스마저도 종종 우리에게 철저하게 악의 승리를 경계하도록 요구하는 '기독교 현실주의'라고 불리는 '도덕적 현실주의'에 속해 있다. 그러나 어두운 사람이라고 일컬어지는 이런 사람들 하나하나에게는 한 줄기 압도하는 빛이 있고, 그들의 비판 속에는 기쁨의 승리가 있다. 그들은 모두 페리 밀러(Perry Miller)가 퓨리턴들에게서 발견하여 '우주적 낙관주의'라고 묘사한

---

*Social Morality*를 참고하라.

것을 공유하고 있다. 사도 바울의 말씀은 삶과 세상에 대한 이런 긍정을 표현하고 있다. "만물이 다 너희 것임이라 바울이나 아볼로나 게바나 세계나 생명이나 사망이나 지금 것이나 장래 것이나 다 너희의 것이요 너희는 그리스도의 것이요 그리스도는 하나님의 것이니라"(고전 3 : 21-23).

디트리히 본회퍼는 역사적으로 나치즘에서 드러난 악의 힘에 대한 싸움에 참여했음에도 불구하고 다음과 같은 확신의 글을 쓸 수 있었다. "하나님의 실재는 오직 나를 전적으로 세상의 실재 안에 두심으로써만 드러난다. 그러나 거기서 나는 이미 줄곧 유지되었고 용납되었으며, 하나님의 실재와 화해된 세상의 실재를 발견한다."[53] 세상의 실재는 이미 항상 하나님 안에서 '유지되고 용납되고 화해되었다'. 한편 모리스는 비기독교 종교와 토론하는 상황에서 "우리는 우리가 가고자 하는 모든 사람들에게 담대하게 말할 것이다. '악마는 당신들의 주인이 아니고 당신들의 예배를 받을 어떤 권리도 없다. 빛이시고 전혀 어둠이 없으신 하나님은 당신과 전 피조물을 하나님 자신의 것이라고 주장해 왔다.'"[54]라고 했다. 어둠이 전혀 없으신 하나님이 인간과 전 피조물을 당신 자신의 것이라고 주장하셨다.

하나님의 은혜스러운 창조, 보존, 용납, 만물의 화해에서 출발점이 되는 것은 단지 성서의 본문 비교에서 연역된 개념이 아니다. 그것은 아주 적극적이고 포괄적인 술어로써 신앙의 긍정이다. 이 신앙은 인격적인 믿음과 신뢰이다. 그리고 그것이 바로 지식이다. 그것은 인간이 그의 불안하고 죄악된 자아와 세상에 가득 쌓인 고통과 악을 바라보게 하는 진리이다. 그것은 인간이 자신의 기쁨과 죄용서, 그리고 역사에서 발생하는 평화와 행복의 요소들을 바라보게 하는 진리이다. 따라서 이미 세상과 화해하고 이 세상을 자기 것으로 주장하신 하나님은 그 위에 인간이 견고하게

---

53) *Ethics*, p. 61. 그러나 여기에서 인용한 것은 찰스 웨스트의 더 강한 어조의 번역이다. Charles West, *Communism and the Theologians*(Philadelphia, 1958), p. 344.

54) *Eligions of the World*, pp. 238ff. quoted by A. R. Vilder, *The Theology of F. Maurice*(London, 1948), p. 44.

서 있는 기반이요, 그리로부터 인간이 세상을 바라보는 근거이다.

이것은 오직 도덕적으로 의미 있는 중요한 사건들에 대하여 긍정하고 감사하고 소망하는 그러한 응답을 의미할 수 있다. 그것은 악의 파괴 위에서 선의 긍정을 추구하고, 치명적인 투쟁에 몰입하기 전에 화해의 가능성을 추구하는 것이다. 그것은 소망과 궁극적 의와 하나님의 승리에 대한 불굴의 신념을 제공할 것이고, 따라서 가장 어둡고 절망적인 삶의 위기 속에서도 의와 선을 확신하게 해 줄 것이다. 세상에 대한 개방성과 세상이 인간을 위해 다양하게 전개될 가능성은 "너희는 그리스도의 것이요 그리스도는 하나님의 것이기 때문에 만물이 다 너희 것이다."라는 확신의 결과이다. 기술공학, 도시생활, 사회의 유동성, 아프리카의 민족주의, 인도의 사회주의, 아메리카의 사회적 긴장 등, 이 모든 것들은 잠재적 선을 내포하고 있다. 왜냐하면 그리스도가 이 모든 것들을 자기 것으로 주장하고 있기 때문이다. 그는 그들의 창조주요 구속주이고, 인간은 그에게 봉사하도록 부름을 받았다.

세상이 하나님이 화해하신 실재로서 체험될 때 이 세상의 개방성과 긍정적 성격은 보다 더 인간의 죄에 의해 규정되는 견해와 대조되는 것으로 보일 수 있다. 강조의 무게 차이는 식별하기 어려운 것이지만, 중요한 것이다. 아무리 세속적인 기독교 신학자라도 은혜의 실재를 부인하지는 않는다. 그렇게 하는 것은 하나님의 실재를 부정하는 것이다. 또한 어떤 이도 죄와 악의 실재를 부인하지 않는다. 왜냐하면 그렇게 하는 것은 '명목상으로'는 존재하나 '사실상으로'는 전적으로 존재하지 않는 역사, 즉 약속의 실재는 가지고 있으나 역사에서 전적으로 실현되는 약속은 가지고 있지 않은 역사를 주장하는 것이기 때문이다.

그러나 식별하기 어려운 무게감이 죄와 악의 실재 쪽으로 기울게 되면, 도덕적 삶은 지하 저항 운동이 되고 방어적 행동이 된다. 우리는 선을 볼 때마다 역사의 도덕적 모호성과 악의 가능성을 충분히 지적한다. 우리는 자기 자신을 성찰할 때마다 하나님과 세상에 대한 자신의 응답에 의혹을 품고, 또 자기의 혼란스런 내심의 동기와 도덕적 상황에 대한 자기의 불완전한 지식과 자신의 편견을 고백한다. 인간은 의로워졌으나 또한 동시에 죄인이다. 그러나 전자보다 후자를 더 강조하는 것이 도덕적으로 보다 현명하다. 세상은 화해되었으나 아직도 악하다. 화해를 신뢰하는 것은 세상에 대한 환상으로 이끌 것이고, 아마 도덕적, 사회적 파국으로 인도할 것이다. 악에 대한 경계심을 풀지 않는 것이 보다 현명하다.

양쪽 측면이 다 세상에 열려 있으나 세상과 다른 관계를 가지고 개방되어 있다. 어떤 사람들은 세상의 완전한 선의 가능성을 기대하며 기쁘게 세상을 받아들이지만, 다른 사람들은 필요성을 가지고 세상을 받아들이며 악에 대항하여 선을 지키기 위해 빛의 자녀들이 어둠의 자녀들만큼 지혜로워야 한다고 이해한다. 따라서 바르트와 모리스 같은 사람들에게서 그리스도의 구속하는 힘에 대한 확신은 '우주적 낙관주의', 즉 인간과 역사적 상황에 대한 개방성과 소망의 관계로 인도한다. 그러한 신앙은 중심에서 끝까지 도덕적 활동 전체를 밝은 색깔로 채색한다. 빛이시며 전혀 어둠이 없으신 하나님은 우리와 피조물을 자기 자신의 소유로 주장하였다.[55]

"나는 무엇을 해야 하는가?" "나는 어떤 존재여야 하는가?" 명백하게 그리스도가 당신에게 요구하신 존재가 되어라. 당신의 행동을 그리스도의 행동에 근거시켜라. 그리스도의 승리를 인정하라. 소망과 기쁨 속에서 세상을 향해 개방적 태도를 취하라. 긍정하라. 그러나 도덕적 인간은 그의 대답에서 보다 더 정확한 것을 갈망하고 있다. 직설법적 허용이 명령

---

55) 비교 단락에서 독자들은 리인홀드 니부어의 신학의 특징에 주목할 것이다. 우리는 뒤에 가서 여기서 발생한 문제로 다시 돌아갈 것이다. 찰스 웨스트는 바르트 신학이 윤리학에 대해 가진 함축적 의미들과 니부어 신학이 윤리학에 대해 가진 것들 사이의 유사성을 지적하면서 후자가 사실상 바르트주의자라고 주장한다. *Communism and the Theologians*, p. 14. 나는 이것에 동의할 수 없다. 그들은 그들이 본 것의 아주 다른 관점과 아주 다른 해석으로부터 "경험적 윤리학"(empirical ethic)에 이르렀기 때문이다. 그러나 그 유사성은 주목할 만한 것이다. 그것은 도덕적 행동을 위한 신학적 틀이 어느 정도 마르크스의 의미로 단순한 이데올로기인지 진정으로 다른 동기에 근거하고 있는 행동들을 위해 (교회 안에서) 사회적으로 용납될 만한 정당성을 제공하는지 하는 흥미로운 질문을 제기한다.

법적 요구에 앞선다. 그렇다 하더라도 행동을 결정하는 데 있어서 직설법적 허용의 의미는 무엇인가?

율법주의 없는 지시

바르트와 다른 사람들에게서 발전된 주된 확신은 다음과 같은 방식으로 서술될 수 있다. 도덕적 삶은 지금까지 행동해 왔고, 지금도 행동하고 있는 인격이신 하나님과 인격적인 실재에 대한 응답에 있다. 그것은 한 개인이 내린 정의나 도덕적인 진지함의 근거와 의무에 관하여 내린 규정에 대한 응답에 있는 것이 아니다.

한편 인격이신 하나님은 우리에게 힘을 주고, 우리에게 명령하고, 우리를 인도하고, 우리를 징계하고, 우리를 보존하고, 우리를 심판하고, 우리를 구속하고, 우리를 성화시키신다. 그리고 인격이신 바로 이 하나님이 우리가 참여하는 사건 속에서 그 사건을 통하여 행동하시고 말씀하신다. 따라서 도덕적 삶에 대한 적절한 유비는 법적 개념이 아니라 인격적 관계에서 발견된다. 인격이신 하나님은 자의적인 카리스마적 인격이 아니다. 그는 예수 그리스도이다. 그는 우주적 왕국의 주님이고, 그 안에서 세상의 실재가 확립되는 절대적 실재이고, 명령자이고, 칭의의 주이고, 우리 삶을 성화시키는 주님이다.

따라서 그리스도인의 도덕적 삶으로부터 기대되는 정의와 정밀성의 요소는 그리스도의 의미를 구체적으로 상술하는 것이고, 인간의 그리스도에 대한 관계에서 추론하는 것이다. 도덕적 기준은 그에게서 유래된 것으로, 즉 그리스도가 삶의 중심이고 하나님과 실제 인간에 대한 우리의 지식의 근원이라는 함축된 의미로부터 파생된 것이어야 한다.

그러나 예수 그리스도로부터 도덕적 삶을 위한 어떤 특정한 하나의 추론도 나오지는 않는다. 도덕적 행동의 방향을 지시하는 데 사용되는 언어는 다른 요소들이 그리스도의 주권과 연합된 것에 의존해 있다. 하나는 그의 명령과 그 명령의 구체성을 강조하고 있다. 다른 것은 '율법의 제3사용', 즉 그리스도인의 삶을 위해 성경을 처방적이고 교훈적으로 사용하는 것을 강조하고 있다. 또다른 것은 성령의 조명하는 힘을 보다 더 강조하고 있다. 아니면 제자도의 부르심이 도입된다. 이런 다양한 강조들은 상호 배타적인 것이 아니고, 하나 이상의 것이 동일 저자의 저술에서 존재할 수 있다.

허용된 명령

그리스도의 주 되심을 기독교윤리학에 중심적으로 고정시키는 것으로부터 나오는 하나의 일반적 추론은 의무의 윤리학을 계명에 제한하는 것이다. 명령은 허용이 된다. 적어도 명령은 신앙 안에서 하나님이 인간을 위해 행하신 것에 대해 맺고 있는 인간 관계의 '허용'의 성격에 의해 제한되어 있다. 우리는 우리가 행해야 하는 것, 우리가 행하도록 명령 받은 것, 우리가 행하도록 요청 받은 것을 할 수 있고 행하도록 허용되어 있고, 아낌없이 행하는 데 자유롭다. 이것은 하나님의 직설법적 진술이 그의 명령법적 요구보다 우선하고, 하나님의 은혜의 행동이 악과 인간의 죄 위에 우선하고, 그리스도의 부활을 통한 승리가 죄의 권세보다 우선한 결과이다. 명령은 허용의 상태(permissiveness)로 되는 것이 아니라 허용(permission)이 되는 것이다. 하나님은 그가 인간에게 행하도록 요청한 것을 인간이 기꺼이 감사하며 행할 수 있도록 힘을 준다. 허용과 명령의 미묘한 관계는 형식 논리의 용어보다는 역사적이고 인격적인 용어에서 보다 쉽게 눈에 띈다.

구약성서는 그리스도 안의 계시에서 주어진 이런 그리스도인의 도덕성의 이중적 성격을 분명하게 예시하고 있다. 출애굽, 홍해 바다 통과는 시간적으로나 다른 관점으로나 시내산과 모세에게 십계명을 주신 것에 선행해 있다. 신명기(5 : 6)와 출애굽기(20 : 2) 모두의 하나님의 최초의 말씀은 "나는 애굽 땅 속박된 집에서 너희를 인도해 낸 주 너희 하나님이다"라는 것이다. 그 다음에 율법이 나온다. 그의 백성을 억압으로부터 건져내신 하나님의 행동에 대한 증언은 구약성서에서 거듭 울려 퍼진다. 그들이 하나님의 명령에 기쁘게 순종해야 하고, 또 순종하는 것은 바로 역사적으로 이스라엘의 자녀들을 자유롭게 한 것에서 알려진 하나님의 선하심 때문이다. 그러한 사건의 기억은 율법 자체의 기억만큼이나 중요하다.

신약성서는 하나님이 인간을 위하여 인간과 함께한 새로운 계약과 새로운 행동의 이야기이다. 그것은 그리스도 안에 나타난 하나님의 사랑의 깊이와 그의 인간에 대한 '예'(긍정)를 계시한다. 도덕적 삶은 이런 사랑과 이런 '예'에 근거해 있다. 인간은 그들에게 요구된 것을 자유로이 기쁘게 행할 수 있다. 왜냐하면 하나님이 그리스도 안에서 자유로이 기쁘게 인간에게 자신을 주었기 때문이다. 그리고 기독교윤리학의 역사는 허용이 명령에 대해 가지는 다양한 관계의 표현에 의해 특정 지어진다. 성 어거스틴은 "행위의 법 아래에서 위협으로 명령된 것은 신앙의 법 아래에 있는 믿음에게로 넘어갔다."라고 말하였다.[56] 칼뱅은 그리스도인의 자유를 루터만큼 높이 찬양할 수 있었다. 그리스도인들은 "어떠한 법적 의무 아래 있는 것처럼 율법을 준수하지는 않으나 율법의 멍에로부터 해방되었기 때문에 자발적으로 하나님의 뜻에 순종하게 된다."[57] 이것은 사람들이 주님이신 그리스도에게 참여하기 때문에 그러하다. 같은 제목의 유명한 글에서 루터의 논지는 의무와 허용의 이중성을 강조하였다. "그리스도인은 아무에게도 예속되어 있지 않은, 모든 사람에 대해 완전히 자유로운 주인이다. 그리스도인은 모든 사람에게, 예속된 모든 사람에 대해 완전하게 의무를 진 종이다."[58]

순종하게 하는 이런 허용은 정확하게 규정하면, 서로 다른 신학적 근거로부터 주장될 수 있다.[59] 그러나 이 허용에 대한 광범위한 호응(acclaim)은 그것이 그리스도인의 믿음과 행동의 중심임을 증거한다. 그것은 구속주이며 창조주이신 주 그리스도의 주제 안에서 특별히 중요하다. 왜냐하

---

56) "The Spirit and the Letter," 22, in Augustine, *Later Works*, ed., Burnaby (London, 1955), p. 211.
57) Calvin, *Institutes*, Ⅲ, 19, 4, Allen trans.(Philadelphia, n. d), vol. Ⅱ, p. 79.
58) Lutter, "A Treatise on Christian Liberty," *Three Treatises*(Philadelphia, 1943), p. 251.
59) 우리는 칭의의 주와 성화의 주에서 다시 이 문제를 검토할 것이다.

면 이런 관점 안에서 삶의 긍정적이고 적극적인 성격이 각별히 분명하기 때문이다.

본회퍼는 "하나님의 명령은 하나님 앞에 있는 인간으로 살도록 허용한다."라고 하였다. 그것은 허용이다. "그것은 자유를 가져오는 점에서 모든 인간의 법들과 다르다. 불가능한 것이 가능해진다. 명령될 수 있는 것의 범위를 넘어서 있는 것, 즉 자유가 이 명령의 진정한 목적이다."[60] 명령의 이런 '허용적' 성격의 결과는 이중적이다. 먼저 허용은 '여전히 항상 하나님의 허용'이다. 이것은 인간이 그의 자유 안에서 자신의 선택에 따라 하나님의 명령이라는 외적 권위와 상관없이 하나님에 대한 의무에서 벗어나서 행동할 수 없다는 것을 의미한다. 그는 이제 하나님 앞에 있는 인간으로 살 수 있다. 그는 이제 도덕적 삶뿐만 아니라 그의 모든 삶을 하나님의 뜻 안에서 살 수 있다. 두 번째 결과는 더욱 분명하다. 인간은 하나님의 허용에 의하여 '교차로' 같은 인생에서 자유롭게 된다. 그는 이후로는 더 이상 올바른 결정을 위해 애쓰지 않는다. 그는 항상 의무의 갈등 속에서 자신을 소진시키지 않는다. 그는 계속하여 실패한 후에 다시 시작하지 않는다. 그것은 그 사람을 자신과 자신의 행위에 대한 비평가와 심판자로 만들지 않고 그가 하나님의 명령의 인도 안에서 확신과 신뢰를 가지고 살고 행동하도록 허락한다.

동기의 순수성에 대한 고뇌, 자신에 대한 계속적인 질문, 활활 타올라 피곤케 하는 중단 없는 자의식의 빛, 이런 것들은 하나님의 명령과 아무 관계가 없다. 오히려 하나님은 인간이 정상적인 일상의 삶의 연속 안에서뿐만 아니라 "크고 혼란하고 강한 인상을 주는 인생의 위기의 순간"에서도 자유롭게 살고 행동할 수 있도록 허용해 준다.[61] 인간은 자기 뒤(behind)에 올바른 결정을 가지고 있다. 그는 자기 앞에 하나님이 허용하신 자유를 가지고 살 수 있다. 본회퍼의 윤리학에서 허용된 명령은 사람으로 하여금 삶의 모든 상황 속에서 기꺼이 하나님께 순종할 수 있도록

---

60) Bonhoeffer, *Ethics*, p. 248.
61) Ibid., p. 250.

자유롭게 한다. 허용하시는 하나님은 또한 하나님이 구속주이고 창조주이신 그 세상에서 순종을 요구하신다.

도덕적 삶이 하나님과 관련하여 갖게 되는 동일한 이중적 성격은 칼 바르트에 의해 광범하게 전개되었다.[62] 용어에서 새로운 의미와 함축 의미를 긁어내기 위하여 단어들을 이리 틀고 저리 돌리는 그의 독창적인 방법으로 바르트는 우리에게 그의 논의의 중심축을 제공하고 있다. "의무, 즉 실제 명령의 의무는 허용을 의미한다. 이것이 첫 번째 핵심이다. 그러나 두 번째 것은 허용, 즉 하나님의 명령의 고유한 내적 형태의 허용은 또한 의무를 의미한다는 것이다."[63] 올바른 의무는 진정한 허용이고, 올바른 허용은 진정한 의무이다. 이런 명제는 그 핵심 용어들의 일상적 용례로부터 발전되었을 때 의미를 가질 수 없다. 바르트의 주장에 의하면 그 용어들은 오직 교회의 신앙 안에서 보여질 때만 의미가 있다. "기독교 윤리의 명제들은 기독교 교의학의 명제들이다."[64] 핵심적인 전제 요건은 동어반복, 즉 은혜는 은혜라는 것이다. 첫 번째 조건을 통합하는 것, 그럼으로써 더 의미 있는 것은 하나님의 명령의 성화시키는 은혜가 은혜라는 것이다. "하나님이 우리에게 그의 명령을 주셨고, 하나님이 우리를 그의 명령 아래 두셨다는 사실이 은혜이다."[65] 이런 진술의 직접적인 결과는 허용과 의무의 이중적 성격이다. 이런 명령의 의무는 본질적으로는 허용이고, 이런 허용은 정확하게 의무이다. 이 점에서 우리의 관심은 첫 번째 부분, 즉 명령의 허용적 성격이 도덕적 삶에 대해 가지는 의미에 있다.

바르트에 의하면 의무의 허용은 우리가 본성적인 자유의지로부터 우리의 것이라고 사칭한 그러한 허용이 아니다. 그렇게 사칭된 본성의 허용은 타락 이야기에 잘 나타나 있다. "여자가 그 나무를 본즉 먹음직도 하고 보암직도 하고 지혜롭게 할 만큼 탐스럽기도 한 나무인지라"(창 3 : 6). 열

---

62) Barth, *Church Dogmatics*, II/2, "The Form on the Divine Claim," pp. 583-630.
63) Ibid., p. 602.
64) Ibid., p. 603.
65) Ibid.

매를 따 먹은 이브에 의해 시작된 연속적인 사건의 최종적 결과는 인간이 하나님의 은혜를 거절하도록 자신을 허용한 것이다. 그는 선과 악을 아는 사람으로, 따라서 양자 모두의 심판자로 세워지도록 자신을 허용한다.[66] 그리고 그는 그가 자유롭고 행복하다고 생각한다.

예수 그리스도 안에서 은혜롭게 인간을 선택하심으로 확립된 진정한 허용은 오히려 아주 구체적인 자유를 수여하는 것이다. 그것은 우리가 평화와 기쁨 속에서 그와 함께 살도록 자신을 주신 인간에 대한 그의 선물이다. 우리는 하나님이 우리를 위해 행하신 것을 옳은 것으로 수용하는 사람으로 산다. 우리는 혼란과 자기 의심과 불안으로부터 자유롭게 되었다. 공포와 불안은 신약성경이 자유로 묘사하는 것과 우리가 하나님의 명령에 의해 인간에게 주어진 허용으로 묘사한 것과 분명히 정반대의 것이다.[67] 우리는 우리의 결정의 적절성, 그 결정의 결과가 선한지 악한지 규정하는 것, 즉 본질적으로 하나님의 명령은 그것 자체가 축제에의 초대라는 것을 보도록 허용을 받는다.[68] 모든 사도들의 권면의 요약을 기억해야 한다. "주 안에서 항상 기뻐하라 내가 다시 말하노니 기뻐하라"(빌 4 : 4).

"바울이 첫째 예에서 그리스도인들에게 요구한 것이 본질상 그것이 허용된 어떤 것으로서 '가능'이라는 사실 가운데서 그 밑에 놓인 진지함이 있는 '당위'로서 기쁨으로 행해지지 않는다면 그 요구가 대체 어떻게 올바로 행해질 수 있겠는가?"[69] 이것이 하나님의 명령이 말하는 방식이다. "이것을 행하라. 그렇게 행할 때 너희는 내가 주는 은혜로부터 그 은혜에 의해 다시 살 수 있고 살 것이다.", "이것을 행하라. 예수 그리스도 안에서 너희는 이미 하나님의 형상으로 새롭게 다시 태어났다. 너희가 선택되고 부름 받은 자유 안에서 그것을 행하라……."[70] 명령법은 직설법의 행동

---

66) Ibid., pp. 593-594.
67) Ibid., p. 598.
68) Ibid., p. 588.
69) Ibid.
70) Ibid., p. 587.

이다. 명령은 허용이고, 그리스도의 삶은 희락과 자유와 화평이다. 하나님이 이미 이루신 것을 따라 살아라. 그렇게 할 때 하나님은 순종을 받으신 것이다.

구체적인 그리스도인의 행위

그리스도는 사람이 살아가는 직접적인 상황 속에서 구체적인 행동을 허용하고, 명령한다. 구속주이며 창조주이신 예수 그리스도는 우리가 내면을 향할 때와 외면을 향할 때 우리가 만나는 살아 있는 인격이다. 이것이 바로 바르트의 주장이다. 자유 안에 있는 우리의 행동은 하나님이 인간을 위하여 자유 안에서 은혜롭게 행하신 것 때문에 가능하다. 행위자로서, 인격으로서 우리는 우리의 행동의 이런 근원에 의존해 있을 뿐이다. 따라서 우리는 자신을 통해 내면을 바라볼 때 결국 (아마 무엇보다 먼저) 예수 그리스도에 초점을 맞춘다. 그는 우리에게 삶을 살게 허용한다. 우리는 또한 세상을 통하여 밖을 바라볼 때 결국 (아마 무엇보다 먼저) 동일한 예수 그리스도와 동일한 하나님의 은혜로운 행동에 초점을 맞춘다. 삶의 외적인 상황을 다스리는 분은 그리스도이고, 우리가 유지하고 명령하면서 만나는 분도 그리스도이다. 하나님이 그의 은혜의 역사 안에서 인간을 위해서 행하신 일과 관련되지 않은 구체적인 행동은 없고, 구체적인 행동을 명령하지 않는 하나님의 은혜도 없다.

이미 보았듯이 비교적 차분하고 절충적인 모리스는 그리스도가 인격적 관계를 통하여, 그리고 국가와 교회를 통하여 인간적 관계로부터 신적인 관계로 이어지는 사다리를 오르락내리락함으로써 통치하고 있는 것을 발견한다. 이런 견해는 바르트와 본회퍼에게는 불쾌하게 느껴질 것이다. 왜냐하면 그것은 어떤 면에서 그리스도 중심적이기는 하지만, 성서가 그리스도에 관하여 말한 것으로부터가 아니라 자연적 경험으로부터 시작하기 때문이다. 그것은 또한 바르트에게 아주 중심적인 말하고 듣는 극적이고 인격적인 언어를 피하고 있다. 모리스는 그리스도의 은혜는 구체적으로 아이들을 위한 부모의 사랑 안에서 경험되고, 그리스도의 징계하시는 통치가 아버지나 국가의 권위 안에서 경험된다고 말할 수 있다. 그리스도인들에 대한 모든 요구는 모든 구체적인 삶의 맥락 안에서 인간적 관계를 위한 신적 근거를 승인하고 제시하는 것이다. 이것은 구체적 상황 속에서 사회주의자의 목적을 지지해 주면서, 동시에 교조적인 사회주의 같은 도덕적 재구성을 위한 이데올로기적 도식을 피한다는 것을 의미한다. 그것은 기독교를 극단적 민주주의의 시위와 동일화하는 것을 의미하지 않고, 특별한 목적이 그리스도에 의해 다스려지는 인간공동체의 영적 성격을 증거하는 한에서의 민주주의의 투쟁에 참여하는 것을 의미한다.[71] 그러나 모리스에게서, 그리스도의 실재에 대한 순종적인 증거의 자리의 역사적인 구체성(specificity)은 윤리학의 체계에서 일종의 주목점이 되지 않는다. 현대 유럽 대륙의 일부 신학자들 사이에서는 이것이 주목점이 되지만 말이다.

바르트의 결혼에 대한 해석에서 우리는 구체성이 강조되는 한 예를 본다. 부모와 자녀의 관계들과 다른 인간적 상황들 속에서처럼 그는 모든 형태의 율법주의, 관념론, 형식주의를 피할 길을 추구한다. 이것은 다양한 일상적 선입견을 배제시킨다. 예컨대 하나님의 명령은 남자 됨의 '본질'이나 여자 됨의 '본질'에 대한 조직적인 규정으로부터 자유롭다. 따라서 결혼에서 우리는 그 결합이 남성과 여성의 이상적 본질이나 결혼 자체의 어떤 이상적 본질과 얼마나 가깝게 어울리는지 관심을 기울이지 않는다. 하나님의 명령 안에는 일반적 삶이 무엇인지 자세하게 규정하는 결혼 관계의 형식적인 기준이 없다. 하나님의 명령은 항상 남자를 남자의 자리에, 여자를 여자의 자리에 올바르게 위치시킬 것이다. 각각의 모든 상황과 과제와 대화 속에서 그들의 역할과 가능성은 하나님께 순종하는 삶이 영위되어 특수하게 구분되지만, 그러나 적절한 성격을 취할 것이다.[72] 사

---

71) 사회주의와의 잠정적인 관련은 예컨대 *Life of F. D. Maurice*, vol. II, pp. 33-36을 보라. 그가 수상쩍게 생각하는 민주주의에 대한 비평을 위해서는 Ibid., pp. 128-132, 497(두 번째 취임 연설에 대한 비평을 포함하고 있는 링컨의 암살에 의해 자극 받아 쓴 편지), pp. 558-560을 보라.

72) Barth, *Church Dogmatics*, III/4, pp. 156, 158.

실 결혼은 구체적인 남자와 구체적인 여자를 위하여 제정되었다. 아내는 일반적인 여자나 아내의 형상이 아니라, 아내의 이상적 형상이 아니라, 분명히 동정녀 마리아로서가 아니라 특별하게 구체적인 아내로서 한 남자의 동반자이다. 그처럼 남자 또한 어떤 본질로서가 아니라, 이상적인 남자가 아니라, 그리고 '하늘의 신랑'으로서가 아니라 구체적인 개별체로서의 여자와 결합되도록 부름을 받아 실재하는 남자로서 아내의 동반자이다.[73] 각각의 결혼은 하나님에 의해 제정되었고, 한 남자와 아내가 들어가는 결혼의 본질적 형식은 없다.[74] 각각의 결혼은 특별한 사람의 특별한 행위이다.

바르트에 의하면 도덕적 삶의 구체성은 하나님이 인간을 그리스도 안에서 선택하신 그 선택의 구체성과 신자의 믿음의 구체적인 결단의 구체성과 우리가 살아가는 자연과 역사적 사건에 대한 그리스도의 주권의 구체적 실재를 함축하는 것이다. 바르트는 승인을 받아 본회퍼의 「윤리학」의 일부 구절을 인용하고 있다. "하나님의 명령은 자비롭고 거룩한 하나님에 의해 그리스도 안에서 인간에게 주어진 전체적이고도 구체적인 요구이다. ……그것은 가장 일반적인 방식으로 모든 윤리적 명제들을 요약한 것이 아니다. 그것은 보편적으로 타당하지도 않고, 역사적이고 시간적인 것과 대조되는 무시간적인 것도 아니다. 그것은 원칙의 적용으로부터 구분되는 원리가 아니다. 그것은 구체적인 것과 대조되는 추상적인 것이나 확정적인 것과 대조되는 불확정적인 것이 아니다. ……그것은 내용과 형식면에서 모두 구체적인 인간에게 구체적으로 말한 것이다. 하나님의 명령은 인간에게 적용이나 해석의 여지를 남기기 않는다. ……그것은 지

---

73) Ibid., pp. 164-165.
74) 여기서 모리스와의 분명한 차이가 드러난다. 바르트에게 그리스도는 모든 순간과 인격, 특별한 상황의 첫째 되는 주님이시다. 반복되는 유형은 구체적인 사건들만큼 실제적이지는 않다. 따라서 결혼에서 관심의 초점은 특별한 사람들의 특별한 결정이다. 반대로 모리스에게서는 두 당사자가 그들에 앞서 존재하던 상태로 들어간다. 그리스도는 사람들이 살아가는 관계들로 이루어진 왕국의 주님이시다. *Social Morality*, p. 44.

역적이고 시간적인 상황 속에서 오직 들려질 수 있을 뿐이다. 만일 그것이 마지막 세세한 것까지 분명하고 뚜렷하게 구체적이지 않다면, 그것은 하나님의 명령이 아니다."[75]

이것은 삶의 모든 순간에서 받는 어떤 직접적인 영감을 의미하지 않고 우리가 하나님의 명령이 구체적인 내용이 없어서 어둠 속에 빠지는 것을 의미하지도 않는다. 그것은 오히려 역사 안에서 우리에게 구체적으로 주어져 있고, 예수 그리스도 안에서 드러나 있으며, 삶의 실재 안에서 우리에게 다가온다. 본회퍼에게 이것은 하나님의 명령이 교회, 가정, 노동, 정부의 네 가지 위임 속에서 우리에게 온다는 것의 의미한다. 바르트는 그 장소의 이런 '위임' 규정을 거부하지만 보다 기본적인 원칙에는 동의한다.

구체성은 한편으로 하나님의 요구의 명확성과 따라서 우리가 하나님의 은혜를 증거하는 장소의 명확성을 가리키고, 다른 한편으로 하나님의 명령과 예수 그리스도의 실재의 내용을 가리킨다.[76] 특수성과 구체성과 행동의 장소의 명확성에 대해 계속하여 초점을 맞추면 서로 간에 아무 일치도 없이 하나의 상황에서 수백 가지 다른 일을 하는 수천 명의 신자들이라는 도덕적 혼란의 인상을 주는 경향이 있다.

그러나 이렇게 순전히 유아론적으로 반응하는 개인은 두 가지 측면에서 제어된다. 하나님은 여기저기 기분 내키는 대로 변덕을 부리는 하나님은 아니다. 하나님과 그 명령은 오히려 선이고 그의 사역은 주권적이다. 그는 그에게 고유한 것이 아니면 어떤 것도 명령하지 않는다. 그의 결정의 단일성 안에서—우리는 이것에 기꺼이 순종하는데—그는 옳은 것을 사랑하고 호의적이며, 온전한 것을 의도하고 행하신다. 하나님은 모든 사

---

75) Bonhoeffer, *Ethics*, pp. 245-245. Barth, *Church Dogmatics*, III/4, p. 14에서 재인용. Bonhoeffer, Ibid., p. 248. Barth, pp. 14-15에서 재인용. Sφe, *Kristelig Etik*, pp. 113-121, "The Problem of the Concrete Decision".
76) "하나님의 요구의 내용"으로 예수 그리스도에 대해서는 Barth, *Church Dogmatics*, II/2, pp. 566-583를 보고, "하나님의 결정의 명확성"을 정교하게 이해하기 위해서는 pp. 661-708, 710ff을 보라. 내용으로서의 예수 그리스도는 이 장 뒷부분에서 논의되고, 제5장에서 다시 광범위하게 논의된다.

람의 올바른 결정 속에서 주권적인 결정자이고 행동가이고, 그래서 어떤 혼돈도 없다. 또 하나 도덕적 혼돈을 억제하는 것은 인간들 사이에 교제를 형성하려는 하나님의 의지이다. 그가 모든 사람에게 공통적으로 말씀하시는 것 못지않게 개별 인간에 대한 그의 말이 특별하고 다양하다는 것 또한 사실이다. 교제는 신자들 사이와 불신자 사이에 갖는 내적인 사귐이다. 그것은 하나님이 어제와 오늘과 내일에 이 사람이나 저 사람으로부터 이런 상황이나 저러한 상황에서 뜻을 두시고 요구하시는 모든 사람들의 내적인 상호 사귐이다.[77]

그러나 억제의 이중적 성격은 어떤 한 위원회가 하나님의 뜻에 관하여 의견의 일치에 이르게 되는 그런 하나님의 뜻에 대한 어떠한 지식을 객관적으로 응용할 수 있다는 것을 의미하지 않는다. 하나님의 통치는 이런 의견의 통일을 목적으로 하는 것은 아니다. 그것은 일반적 통치일 뿐만 아니라 각각의 개별적 경우의 특별한 규정과 규범이다. ……그 안에서 하나님의 주권적 결정이 우리의 결단 속에 표현되는 바, 예수 그리스도 안에서 우리를 선택하기로 한 하나님의 결정은 아주 명확한 결정이다. 이것은 하나님이 그의 명령의 요구와 판단 속에서 항상 개별적인 모든 것과 각각의 것을 미리 아시고 아무리 작은 것도 우연이나 우리의 변덕 속에 방치하지 않으시고, 우리를 특별한 의미와 의도와 대면시킨다는 것을 의미한다. 우리는 그러한 방식으로 하나님의 결정을 만나므로 내적인 것이든 외적인 것이든 그 어떤 것도 우연이나 우리 자신에게 방임되어 있는 것은 절대로 없다. ……보이거나 보이지 않는 모든 세세한 것에서도 하나님은 우리에게 정확하게 바로 한 가지를 원하시지 그 밖에 다른 어떤 것을 의도하시지 않는다.[78] 우리는 우리가 부름 받은 장소에서 정확하고 구체적이고 자세한 행동을 의도하고 규정하는 하나님께 기꺼이 순종하면서 그리스도를 증거해야 한다.

지금까지 인간의 도덕적 상식은 하나님이 선을 행하도록 허용했다는

---

77) Ibid., p. 711.
78) Ibid., pp. 663-664.

상식에 의해 아마도 과장되었을 것이다. 여기서 선이라 하는 것은 하나님이 우리에게 행하도록 규정한 것을 자유롭게 구체적인 장소에서 행하는 것이다. 그리스도가 원하시는 지식을 찾을 어떤 장소가 있음에 틀림없다. 사실 순간적 직관은 거부되었고, 어떤 다른 것이 그것을 대체해야 한다. 우리의 직관에서 오는 통찰을 성령의 객관적 역사로 옮기는 것이 어떤 차이를 가져오는지 말하는 것이 늘 어렵지만 말이다. 바르트는 직관주의, 율법주의, 형식주의, 성경주의에 반대한다. 무엇이 이런 것들을 대체하는가? 무엇이 이런 오류들이 오도된 인간 대중을 위해 하고 있던 역할들을 감당하는가? 무엇이 구체적인 내용인가? 다양한 대답이 주어진다. 일부는 이미 암시되었고, 다른 것들은 다음 장에서 더 많이 논의될 것이다. 제자도로의 부르심 안에서 예수 그리스도는 우리를 지도하신다. 하나님의 율법은 복음의 '형식'이다. 성경은 유비에 의해 우리의 선생이 되었다. 율법은 믿음 안에서 삶의 교육자이다. 삶은 그 영적 성격 혹은 실재에 일치되어야 한다. 이런 시사점들은 바르트가 윤리학의 출발점임에도 불구하고 배제시킨 것들을 다시 우리에게로 돌이키게 한다.[79]

예수 그리스도를 따르라[80]

나는 무엇을 해야만 하는가? 당신 본래의 존재가 되어라. 실재이신 예수를 증거하라. 그는 하나님 우편 모든 정사와 권세와 능력과 주권자 위

---

[79] 행위의 구체성에 대한 강조는 이 주제의 기독론적 주제에만 독특한 것은 아니다. 비록 행위가 조정되는 전반적인 구조가 유일한 것이긴 하지만 말이다. 예컨대 웨스트는 바르트와 라인홀드 니부어가 사실상 사람이 사는, 즉 '현실적인' 상황으로부터 안내를 받는 '경험적 윤리학'을 가지고 있다고 지적했다. *Communism and the Theologians*, pp. 207-208. 바르트의 구체성이 그리스도의 인간 선택에 의해 규정되고, 니부어의 구체성이 좀더 경건주의나 자유주의 신학에서 유래한 유토피아주의와 '개략적 정의'(rough justice)를 위한 투쟁의 필요에서 나온 유토피아주의에 대한 경계에 의해 규정되는 반면에, 구스타프 빙그렌의 구체성은 하나님의 율법과 창조적 행동의 역동적 관점에 의해 규정되고 있다. *Creation and Law*, pp. 57-69. "The First Use of the Law," pp. 149-173.

[80] 제5장 "모형이신 예수 그리스도"를 보라. 여기서는 짧게 다루었고, 오직 이 주제가 구속주-창조주를 강조한 사람들에 의해 사용되었다는 것을 보여 주고 있다.

에 앉아 있다. 그러나 이런 '고등' 기독론('high' Christology)은 모호한 권면으로 보이는 것 이상의 것을 우리에게 제공한다. 그리스도를 증거한다는 것은 무엇을 의미하는가? 이것의 내용은 무엇인가? 우리들은 승천한 그리스도가 윤리학의 중심이 됨으로써 베들레헴과 나사렛과 겟세마네의 비하된 예수가 보이지 않게 될지도 모른다고 의심할 수 있다.

그러나 실상은 그 반대이다. 많은 소위 진보적 신학자들, 특히 그들이 역사적 예수에 집착하는 것을 책망하려는 진정한 경건의 의도에서 바르트와 본회퍼는 예수에게서 그리스도인의 삶의 내용과 모형을 찾는다. 모형이나 모범이신 그리스도와 그의 제자들인 인간은 그리스도인의 도덕적 삶의 중심에 가까이 있다. 여기서 필요로 하는 것은 토마스 아 켐피스나 로렌스 형제의 중세적 예수 경건(Jesus-piety)도 아니고 "예수라면 어떻게 할 것인가?"라는 사업가의 질문이 있는 찰스 셀던(Charles Sheldon)의 현대적 예수 경건도 아니다. 확실히 제자도의 주제를 미묘하고 완전하게 왜곡시킬 가능성이 많다. 예수를 바라보는 것은 분명한 행동을 자극하는데, 그의 은혜스런 명령에 대한 순종, 그에 대한 믿음, 그리고 구체적이고 모호하지 않은 상황 속에서 그를 믿는 믿음 안에서의 행동 등이 바로 그것이다. 하나님에 대한 순종은 예수에 대한 순종을 의미한다. 모든 요구들은 다음과 같은 기준에 의해서 판단되어야 한다. 그것들이 간접적으로 예수의 삶과 다스림과 승리를 선포하는가?[81]

구속주요 창조주인 그리스도는 베들레헴에서 태어나고, 나사렛의 사람들 중에 있던 사람이며, 제자들의 선생이고, 죽기까지 순종하신 예수이다. 따라서 그리스도의 우주적 주권을 증거하는 삶은 예수 자신의 순종과 사랑과 은혜스런 행동과 겸비와 기쁨을 증거하는 것이다. 사람이 올바로 예수를 따르면 그 사람은 올바로 행동할 것이다.

---

81) Bonhoeffer, *The Cost of Discipleship*(New York, 1948)과 Barth, *Church Dogmatics*, II/2, pp. 556ff ; IV/2, pp. 533-553과 Søe, *Kristelig Etik*, pp. 88ff을 보라. 이 주제는 모리스에게는 크게 중요하지 않다. 나는 이것이 사용된 증거를 발견하지 못했다.

복음의 형식인 율법

그리스도의 명령에 순종하는 것은 하나님의 율법에 순종하는 것이다. 복음은 하나님의 율법이라는 하나의 구조를 가지고 있다. 바르트가 그리스도의 구속하는 주권의 윤리적 함축의미를 이해한 것을 보면 복음의 형식인 율법 아래 많은 것이 포함될 수 있다.

1936년 그는 "복음과 율법"이라는 짧은 논문을 출판했다. 그는 바로 그 제목에서 용어의 전통적 순서를 뒤바꾸어 율법과 복음이 아니라 복음과 율법이라고 한 것이다. 중심 되는 문장은 간단하다. "복음의 내용은 은혜인 바, 율법은 이 복음의 필수적인 형식 이외의 다른 것이 아니다."[82] 루터교 신학계는 이런 단어의 순서가 뒤바뀜으로 인하여 동요되었고, 지금도 계속하여 흔들리고 있다. 그러나 이런 변경은 단순히 단어의 용례를 파괴시킨 것만이 아니라 광범위한 신학적, 도덕적 중요성을 가지고 있다. 율법은 하나님의 구속하는 사역과 구분되는, 하나님의 창조하고 섭리하는 사역의 규칙이 아니다. 그것은 하나님의 구속 사역의 형식이다. 복음은 이제 율법에서 벗어나는 것이 아니다. 복음은 율법을 그 자체 아래 자신의 형식으로 취하고 있다.[83]

우리는 은혜에 의해 산다. 그러나 율법은 은혜의 산물이다. 따라서 우리는 하나님의 은혜 안에서 율법 안에 주어진 것을 역시 하나님의 은혜 안에서 자유롭게 순종할 수 있다. 율법은 복음의 형식이나 구조이다. 그러나 키에르케고르도 사용했던 바, 연속되는 단어들을 설명의 수단으로 강조하는 바르트의 문학적 수식을 사용하면 그 율법은 복음의 형식이다. 율법은 복음 아래 포함되어 있다. "통치하는 은혜는 명령하는 은혜이다. 복음 그

---

82) Barth, "Gospel and Law," in *Community, State, and Church*, p. 80.
83) 1935년 이래 논의는 대부분 독일과 스웨덴의 문헌 안에 있었고, 지금도 계속되고 있다. 유럽의 주요한 루터교 신학자들은 대부분 직접적으로나 간접적으로 바르트의 글, 주로 「교회교의학」 II/2 안에 구현되어 있는 것에 대해 논평을 했다. 예컨대 Ragner Bring, Gustaf Wingren, Edmund Schlink, F. Gogarten, Paul Althaus, Helmut Gollwitzer(골비처는 Ernst Wolf와 함께 루터를 바르트의 이미지로 개조했다고 비판하고 있다.), Helmut Thielicke 등이다.

자체는 유럽의 형식과 양식을 가지고 있다. 동일한 하나님의 말씀이 복음과 율법 둘 다이다. ……그 내용에서 하나님의 말씀은 복음이고, 그 형식과 유형에서는 율법이다. 말씀은 먼저 복음이고 다음에 율법이다."[84] 은혜가 선행한다. 그러나 선행하는 은혜는 통치하고 명령하는 은혜이다. 따라서 윤리학은 신학으로부터 추론되며 인간이 무엇을 해야만 하는가 하는 것은 무엇이 행해졌고 무엇이 행해지고 있는가 하는 것으로부터 온다.

하나님의 명령은 항상 구체적이고 정확하고 직접적이기 때문에 율법은 먼저 나오는 그러한 개념들의 맥락 안에서 해석되어야 한다. 율법은 보편적으로 타당한 규칙을 제공하지는 않는다. 율법의 명령은 오히려 하나님의 명령의 요약으로 주어진다. "여러 빛줄기가 하나의 렌즈 안에서 초점이 모아지고 여러 실이 하나의 끈 안에서 모아지듯이, 많은 특별한 명령들은 구약성서의 이스라엘 백성들과 신약성서의 교회에게 말해진 이런 포괄적인 요청 안에서 연합되어 표현된다."[85]

우리는 어떻게 율법이 복음의 형식이고 아직도 즉각적으로 순종하고 증거할 수 있는 시의 적절한 유연성을 간직하고 있다고 주장하는가? "십계명은 구체적으로 백성들의 삶을 형성하기 위해 주어진 생활 지침의 일부로써 해석되어야 한다. 십계명은 엄격한 의미에서 어떤 직접적인 명령이 아니라 오직 금지나 오히려 한계들을 포함하고 있을 뿐이다. 그들은 그 안에서 하나님이 그의 백성들과 그들의 행위를 일정한 진로를 따라 다루시는 영역들을 표시하고 있다. 여기서 중심 단어들은 지침, 한계, 그 안에서 삶이 참된 진로를 따라 영위되는 내부영역 등이다."[86] 하나님의 명령은 단순히 십계명의 반복과 적용만은 아니다.

산상수훈은 그 자체의 구별되는 요소에 덧붙여, 이와 동일한 빛 안에서 보여져야만 한다. "그것의 명령은 또한 우선 결정적으로 하나의 태도를

---

84) Barth, *Church Dogmatics*, II/2, p. 511. 또한 de Quervain, *Die Heiligung*, pp. 225-262을 보라.
85) Ibid., p. 681.
86) 십계명에 대한 논의 전반에 걸쳐 이런 단어와 표현들이 사용된 것을 보려면, Ibid., pp. 683-688을 보라.

가리키고 기초를 놓는 성격을 가지고 있다."[87] 그것의 새로움은 그것이 새사람을 계시한 것 안에 있다. 그 말씀은 "강화된 명령법의 힘을 가지고 있는 강화된 직설법"을 제시하고 있다. 십계명 안에 보편적 도덕 원칙이 계시되어 있지 않은 것과 마찬가지로 여기서도 그러하다. 예수의 말씀과 십계명의 말씀의 증거는 모두 오히려 "그 안에서 하나님이 인간을 대면하시는 왕국의 영역과 기초"[88]를 증명하고 있다.

바르트는 "보편적 도덕 원칙"의 일반성과 모호성 때문에 그것을 부분적으로 공격한다. 그러나 명령의 구체성과 특별성을 열망한 나머지 그 자신의 선택 교리의 구조 안에서 다른 종류의 모호함을 보이고 있다. 율법은 기본적 지침과 한계를 설정하며 그것은 태도를 가리키고 기초를 놓는다. 그러나 그것은 우리에게 무엇을 해야 할지 결정하는 부담을 경감시키지는 않는다. 복음의 형식으로써의 율법의 개념은 많은 내용을 약속하는 듯이 보이는데, 이 율법은 명령법적 어투 안에서 복음에 대한 또다른 증거가 된다. 그러나 지금까지 드러난 것보다 성서가 더 중요하다. 인간의 행동 문제에서 성서의 권위라는 쟁점은 보다 많은 규정을 요구한다.

유비의 근원인 성서

우리는 아브라함과 베드로가 행동한 대로 행동해야 한다. 성서는 우리의 행동을 위한 유비를 제공한다. 바르트는 결의론적 윤리학과 실천적 결의론(practical casuistry)을 구분하고 있다. 실천적 결의론은 바르트의 윤리학에서 성서의 역할이 무엇인지 보는 데 있어서 중요하다. 결의론적 윤리학은 하나님의 명령을 율법의 본문 안에 고정시키고 인간의 행동을 안내하기 위하여 이런 본문을 사용하는 방법과 기술을 주장한다. 선과 악은 일반적 규칙과 본문으로부터 추론된다. 이것은 잘못된 것이고 불가능한 것인데, 왜냐하면 윤리학자가 하나님의 보좌를 차지하여 선과 악을 결정

---

87) Ibid., pp. 688, 697을 보라.
88) Ibid., p. 700. cf. *Church Cogmatics*, IV/2, pp. 546-553. SΦe, op. cit., pp. 64-68.

하고 판단하기 때문이다. 우리가 이미 본 대로 결의론적 윤리학은 하나님의 명령을 일반적 규칙이나 이것의 순수한 도덕적 형태로 만들고, 그리스도인의 자유를 좌절시킨다. 이런 모든 것은 잘못된 것이다.[89]

그러나 일종의 실천적 결의론은 도덕적 성찰의 과정에서 필요하다. 우리의 신앙은 우리에게 도덕지식과 우리 행동의 의미에 대한 통찰보다는 주로 올바른 태도와 새로운 진리에 대한 개방성을 부여한다.[90] 그러나 성찰 과정에서 우리는 약간의 기초적인 인내가 필요하다. 이때 성서가 실천적 결의론의 과정이나 도덕적 성찰 과정에서 통찰력의 근원이 된다. 그것은 우리에게 모형이나 규칙이나 일반적 윤리개념이 아니라 하나의 유비를 제공한다.

그 공식은 다음과 같은 용어로 표현될 수 있다. 성전을 청결하게 할 때 예수의 행위가 그 상황에서 하나님의 은혜스런 능력을 증거하는 순종의 행위인 것과 비교될 만한 현대의 상황 속에서 나의 순종의 행위 역시 비슷하게 은혜의 능력을 증거하는 행위가 될 수 있는가? 그러나 그것은 비슷하지 않을 수도 있다. 중요한 것은 행해진 그 '무엇'이 아니라 그 행위가 행해진 순종이다.

여기서 바르트는 성서를 이렇게 사용하는 것의 의미가 무엇인지 분명하게 밝혀 두고 있기보다는 이것이 무엇을 의미하지 않는지를 더 분명하게 밝히고 있다. 이것은 성서가 "일종의 초자연적 일람표나 다양한 상황 속에서 인간을 위해 권면하는 온갖 종류의 지침과 명령을 포함하는 창고"라는 것을 의미하지 않는다. 우리는 그것을 일종의 마술카드 상자로 참고할 수 없다.[91] 오히려 우리는 성서적인 하나님과 인간의 관계와 비슷한 위치 안에 놓여 있다. 우리는 성서의 사람들과 동시대인이 되고 같은 마음을 품도록 초청 받는다. 우리는 그들이 듣는 것처럼 하나님의 명령을 들을 수 있다. 그래서 그들에게 주어지고 그들에 의해 들려진 명령이 직접

---

89) Barth, *Church Dogmatics*, III/4, pp. 8-15.
90) Ibid., II/2, pp. 644-651.
91) Ibid., p. 704.

적으로 우리에게 주어지고, 우리에 의해 들려지는 명령이 된다. 그들의 과제가 우리의 과제가 된다. 우리에게 주어진 하나님의 명령은 형식적으로나 실질적으로 그들에게 주어지고 그들에 의해 들려진 것과 다를 수 없다. 모든 성서의 율법과 규정들 그리고 개개인에게 주어진 모든 특정한 지침들은 직접 우리와 관계하지, 단순히 간접적으로 관계하지 않는다.

우리 자신과 매우 다른 시대에서 우리는 아브라함, 베드로, 가버나움 백부장, 이스라엘 사람, 고린도 교회처럼 행동해야 할 뿐만 아니라 다시 그때 거기서 하나님에 의해 말씀을 들은 사람으로서 행동해야 한다. 그들에게 주어진 명령이 다시 매우 다른 우리 시대와 상황 속에서 지금 여기서 우리에게 주어진 명령이 되도록 허용하면서 말이다. 우리의 과제는 그들의 과제를 새롭게 하고 강화하는 것이다.[92] 이것은 하나님의 명령에서 영원한 진리가 추론되는 바, 성서가 이 하나님의 명령의 그때의 잠정적 표현을 제공한다는 것을 의미하지 않는다.

정확하게 말하면 오히려 하나님의 명령의 잠정적 표현이 그 명령에 영원하고 타당한 내용을 부여해 준다. 우리는 우리의 시대와 상황 속에서 구체적으로 듣는 것과 같이 아브라함이나 베드로에게 구체적으로 주어진 하나님의 명령을 들어야 한다. 따라서 성경은 율법적 권위로부터 벗어나 있으나 우리가 아브라함이나 베드로가 그들의 자리에서 그것을 듣는 것을 보듯이 그 성경을 진리로 읽고 우리의 자리에서 우리에게 주신 하나님의 명령으로 듣는다.[93]

---

92) Ibid., p. 706.
93) 바르트가 다양한 구체적인 주제에 대해서 얼마나 많은 것을 성서로부터 끄집어 내었는지 (혹은 아마 주입했을지도 모르지만) 하는 것은 「교회교의학」 III/4에 잘 나타나 있다. 이것은 창조주 하나님의 명령 아래 "응용윤리학"을 다룬 것이다. 여기서 그는 결혼뿐만 아니라 독신의 소명, 이혼 문제, 남자와 관련하여 본 여자의 일반적 지위 등 아주 특별한 다른 쟁점들을 다양한 일반 제목 아래에서 논의하고 있다. 그의 윤리학의 일반적 신학 구조의 권고 아래에서, 얼마나 많은 것이 쓰여질 수 있는가 하는 것은 아주 놀라운 것이다. 그의 윤리학의 일부는 윤리학 자체에 대한 비판이지만 말이다.

율법의 제3사용

그리스도 안에서 창조와 구속을 윤리학을 위한 신학적 출발점으로 삼은 모든 신학자들이 바르트의 미묘하고도 복잡한 내용에 동의하는 것은 아니다. 그는 윤리학에 있어서의 강한 성경적 권위를 원했으나, 성서를 통해 정확한 도덕적 충고를 주는 방식을 택하지는 않았다. 종교개혁 초기 몇십 년은 구속의 전후 과정 안에서 율법이 차지한 위치에 관한 논의가 넘쳐 났다. 루터는 분명히 율법의 두 가지 용법을 가지고 있었다. '정치적 용법'은 타락된 세계에서 정의와 질서를 유지하기 위하여 하나님이 법과 국가와 인간들을 통하여 다스리는 것이고, '신학적 용법'은 율법이 요구하는 완전에 부딪침으로써 우리는 스스로 구원할 수 없다는 것이 우리에게 분명히 드러나고, 그 결과 그것을 통해 우리가 회개와 믿음으로 인도되는 것이다.[94] 멜랑히톤과 칼뱅은 제3용법, 즉 그리스도 안에서 구속된 삶과 세계 안에서 조언을 하는 율법의 역할을 추구하였다(학자들은 그것이 루터 안에 포함되어 있었는지 여부를 놓고 논쟁을 벌이고 있다).[95]

따라서 우리는 율법의 제3사용을 주장하는 사람들의 간청을 받고 있다. "우리는 그리스도의 세계 안에서 무엇을 해야만 하는가?" 성서로 향해 돌아서서 성경의 규정과 권고에 순종해야 한다. 율법은 우리들에게 무릎을 꿇도록 하기 위해서 뿐만 아니라 우리의 길을 인도하기 위해 주어졌다. 그것은 하나님의 자연법의 표현이다. 칼뱅은 제3사용을 율법의 주도적 사용이라고 불렀다. 그 마음속에 하나님의 성령이 이미 살면서 다스리고 있는 사람들은 그들의 마음속에 율법이 쓰여져 있고 새겨져 있다.

그러나 그럼에도 불구하고 그들은 기록된 율법으로부터 유익을 얻는다. 그것은 그들을 가르친다. "그들은 그 율법이 날마다 그들에게 그들이 열망하는 하나님의 뜻을 보다 더 잘 확실하게 이해시켜 주는 탁월한 도구

---

94) Luther, *Commentary on Galatians*(London, 1953), pp. 151ff.
95) Melanchton, "Loci praecipui theologici," in *Glaube und Handeln*, eds. Schrey and Thielicke(Bremen, n. d.), pp. 152-153 ; 그리고 Calvin, *Institutes*, II, 7, esp. 12(Allentrans.), vol. I, pp. 388-389.

이고 하나님의 뜻에 대한 지식 안에서 그들을 굳세게 강화시켜 주는 도구임을 발견한다." 그것은 그리스도인을 권면한다. "그리스도인은 그것을 자주 묵상함으로써 순종하도록 자극을 받을 것이다. 그는 그것 안에서 강해질 것이다. 그리고 미끄러지기 쉬운 범죄의 길로부터 억제될 것이다." 심지어 영적인 사람도 채찍과 박차가 필요하다. 율법은 이런 기능을 수행한다. 그것은 그가 빈둥거리는 것을 허용하지 않는다.[96]

'제3사용'은 현대에도 그 옹호자가 있다. 알프레 드 께르벵은 바르트처럼 복음이 율법보다 우선함을 강조한다. 율법과 국가는 거룩하게 된 사람들의 영역 안에 있다. 그것들은 복음과 나란히 있는 것은 아니다. 그리스도의 주권은 이스라엘 백성이 그것을 알고 있는 것과 같은 신정정치를 의미한다.[97] 율법의 사용은 이런 구조 안에서 보여져야 한다. 우리의 과제는 주 그리스도가 우리가 가진 모든 것 위에 있으며, 우리는 우리의 모든 것을 오직 그 안에서만 가지고 있다는 것을 보여 주는 것이다.[98] 그리스도인들은 그리스도에 속해 있고, 그에 의해 거룩하게 되었기 때문에 그들은 하나님의 명령이 위로하는 말씀이라는 것을 발견한다. 우리는 그리스도의 순종을 영화롭게 하는 그러한 방식으로 하나님의 명령에 순종해야 한다.

그런 점에서 그리스도의 왕적인 주 되심의 구조 안에서 우리는 모세에게 주어진 명령을 이해할 수 있다. 예를 들어 "살인하지 말라"는 명령은 그리스도의 삶과 죽음 안에서 계시된 하나님의 은혜스러운 의지 안에 그 근거를 두고 있다. 그것은 도덕적으로 자명하지 않다. 그것은 자연법의 명제도 아니다. 살인은 불신앙의 행위이다. 살인자는 그리스도가 아니라

---

96) *Institutes* Ⅱ, 7 ; 또한 Ⅱ, 7, 13을 보라. Ⅱ, 7과 Ⅱ, 8 전체를 보라. 이것은 칼뱅의 율법신학의 전체 맥락 안에서 도덕법을 상세히 설명하고 있다. 시편 119편은 율법의 적극적 교리를 찾는 사람에게 유용하다.
97) *Die Heiligung*, pp. 275-277. 힐러달(Hillerdal)은 *Gehorsam gegen Gott*, pp. 185-194에서 거의 그리스도 중심적인 드 께르벵의 국가 윤리의 의미를 설명해 주고 있다.
98) De Quervain, op. cit., p. 279.

자기가 주님인 것처럼 행동한다. 그는 우리 이웃의 생명을 하나님의 약속으로부터 단절시킨다. 이웃의 생명은 그 자체로는 아무 가치도 없는 것이지만 그리스도 안에 있는 하나님이 그에게 자비를 베풀었기 때문에 가치가 있다. 따라서 살인하지 말라는 명령은 적극적으로 이웃을 사랑하라는 명령이 된다. 이 이웃은 그리스도가 그를 위해서 죽고 산 사람이다.[99] 그러나 바르트에게서처럼 드 께르벵에서도 증거되어야 할 주된 사실은 그리스도의 주권이다.

그 영적 구조와 실재에 일치시키는 삶

우리는 그리스도가 모든 사람의 주님이라고 듣는다. 그리스도는 실재이다. 도덕적 삶은 자아와 사회와 역사를 그것의 진정한 기초에 일치시키는 것이다. 모리스는 인간의 삶의 법적 관계의 기초가 되는 것은 영적 법과 영적 사회라고 말했다. 인간의 도덕적 책임은 역사적 사회의 영역 안에서 영적 왕국을 증거하는 것이다. 인간의 삶은 창조 때 주어지고 구속 때 알려진 삶의 참된 관계에서 이탈되어 있다. 삶을 그 아래 존재하는 참된 삶으로 회복하는 것이 바로 도덕적 과제이다.

자극에 그대로 반응하는 삶이 하나님이 창조하신 본래의 인간모습을 반영한다는 것을 믿지 않는 한, 우리는 사람의 참된 구조를 증거하기 위하여 그것이 무엇인지 이해해야 한다. 우리로 하여금 다른 것이 아니라 유독 이런 방법으로 행동하게 하는 영적 구조(spiritual constitution)에 대해서 무엇을 말할 수 있는가? 그것은 민주주의와 같은 어떤 것인가? 그것은 우리에게 사회주의에 대한 지지를 의미하는가? 그것은 모든 사람의 모형인가? 아니면 그것은 강력한 과정인가?

이런 질문에 의해 우리의 관심은 그리스도로, 우리 존재의 공동체적 본성으로 향하게 된다. 인간은 사회적 본성을 가지고 있다. 우리는 아들과 아버지로, 형제로, 한 국가의 일원으로 존재한다. 이것은 삶의 '본성적'

---

99) Ibid., pp. 402ff. 드 께르벵은 이것이 자살, 국가와 전쟁 등에 의해 생명을 빼앗는 것에 대해 가진 함축의미를 다루고 있다.

상태를 의미하는 것만은 아니다. 우리 본성의 일부인 인간 관계들은 우리가 신적인 것에 대한 지식을 향해 올라가는 수단이다. "따라서 모든 인간 관계의 단절은 그것이 상위법의 위반을 의미하는 것과 마찬가지로 또한 인간의 영과 그의 하나님 사이에 장막을 드리우는 것이다."[100] 그리고 우리가 그 안에서 창조되고 예수가 그 위의 머리인 공동체의 인간 관계를 은연 중 존중하는 모든 것은 우리를 하나님께 연합시키고 역사 안에서 그의 왕국을 실현하는 것이다. 인간공동체는 단순히 인간 사이에만 있지 않다. 그것은 또한 아버지와 아들과 성령 하나님과의 교제이다. "신성 안의 사랑, 성부의 인간 사랑과 그리스도의 인간 사랑, 성자의 인성과 신성, 창조하는 말씀과 구속하는 말씀, 하나님 안에서 이웃을 사랑하는 것과 이웃, 가족, 국가, 혹은 교회 안에서 하나님을 사랑하는 것 등 모든 복잡한 상호 관계들은 그들의 고유한 자리를 가지고 있다."[101]

그리스도의 왕국은 가족과 국가의 인간 관계들을 무시하지 않는다. 그리스도의 왕국은 그들의 존재를 정당화하고, 그들을 그리스도의 왕국 자체와 화해시킨다. 현행 사회주의 혹은 민주주의에 대해서는 삶의 규칙이 없다. 모리스는 실천적 도덕 행동의 사람은 아니었다. 교회는 교회의 진정한 역할을 수행함으로써 인간을 가장 잘 섬긴다. 교회의 기능은 보다 실천적인 기독교 사회주의자인 킹슬리가 쓴 대로 인간에게 그들의 영적 신분과 그것이 근거해 있는 영원한 토대와 그것에 대해 하나님의 아들의 출생과 죽음과 부활과 승천, 그리고 성령의 은사에 의해 드러난 것을 선포하는 것이다.[102] 도덕과 종교의 과제는 하나, 즉 보편적 왕국의 머리인 그리스도와 올바로 관계를 맺는 것이다. 그리스도에 대한 체험적 지식은 인간의 삶을 도덕적으로 변화시킨다. 인간과 인간공동체는 그들의 본래의 모습이 된다. 그들은 인간이 그리스도 안에서 창조되고 구속된 본래의

---

100) *The Kingdom of Christ*(1958 ed.), vol. I, pp. 242-243. vol. I, Part 2, Chs 3 and 4를 보라. 영적 구조를 면밀히 검토하려면 *Social Morality*를 보라. cf. H. Richard Niebuhr, *Christ and Culture*(New York, 1951), pp. 220ff.
101) Niebuhr, *Christ and Culture*, p. 221.
102) *Life of F. D. Maurice*, vol. II, p. 272.

모습이 된다. 인간은 이런 빛 안에서 살아야 한다. 이것이 바로 인도를 받는 것이다.

본회퍼도 실재를 따라 그것과 일치되는 것이 윤리적 삶의 본성이라고 한다. 그는 구체적 상황에서 특별한 형태를 취하게 되는 실재를 따르는 삶이 지금 바로 당면한 요구라는 것을 보여 주기 위해 지금껏 익숙해져 있던 여러 형태의 율법주의를 비난한다. 인간은 실재가 옳음과 좋음에 대한 그의 선이해가 주는 저항감을 극복할 필요가 없다. "오히려 그는 주어진 상황에서 그가 이해하고 행하는 필요한 것과 '옳은' 것을 잘 알게 된다. 그의 행동은 참된 의미에서 '실재와 일치'된다."[103] 실재와 상응하는 것은 무엇을 의미하는가? 그것은 사실적인 것에 노예가 된 것이 아니고, 보다 높은 실재의 이름으로 사실적인 것에 대적하는 것도 아니다. 그것은 오히려 '그리스도와 일치된' 행동이다. "모든 사실적 실재는 그것의 궁극적 토대와 궁극적 폐지, 그것의 정당화와 궁극적 모순, 그것의 궁극적 긍정과 궁극적 부정의 기원을 '진정한 인간'인 예수 그리스도 안에 두고 있다."

우리는 실재 안에서, 예수 그리스도 안에서 그를 통하여 우리에게 주어진 사실적 세계 안에서 살고 있다. 인간은 본회퍼가 그 개념의 보다 특별한 함축 의미를 발전시킨 방법으로 행동을 '적응'(fitting)시키는 다양한 개념을 떠올린다. 우리의 행동은 우리가 책임지고 있는 구체적 상황에 적절하게 관련되어야 한다. 우리가 일들에 대해 갖는 관련이 적절하게 되는 것은 "그 일들이 하나님 그리고 인간과 본래부터 본질적으로 목적에 맞게 갖고 있는 관련을 목표로 하고 있을 때"와 그것이 모든 사물 안에 내재해 있는 존재의 법칙과 일치할 때이다.[104]

따라서 실재에 일치하는 것은 모든 사실과 사물과 사실상 실재의 근원이요 목표요 근거인 그리스도를 따라 행동하는 것이다. 그리스도 안에서 창조되고 회복된 모든 것은 존재와 목적의 내적 법칙을 가지고 있는데, 이것이 사실상 그들의 참된 본성이다. 우리는 이런 본성의 질서에 일치하

---

103) Bonhoeffer, *Ethics*, pp. 197-198.
104) Ibid., pp. 205-207.

여 적절하게 행동함으로써 그리스도를 대리하여 행동해야 한다. 따라서 실재에서 그리스도로, 사실로, 사물 안의 존재의 법칙으로, 그리고 다시 실재로 돌아오는 원이 완성되는 것이다. 실재와 일치하여 행동하는 것은 유일한 실재이신 그리스도에 비추어 각각의 구체적인 상황에 적절하게 관련되는 것이다.

상술한 것, 예컨대 그리스도의 제자도, 복음의 형식으로써의 율법, 그리스도를 구속주와 창조주로 바라보는 사람들의 윤리학의 형식으로써의 율법 등은 어떤 것도 그들의 지시와 권고에서 명확하지 않다. 규칙을 지시하는 윤리학에 대한 비판과 구체적 행동 안에서 구속된 세계를 긍정하는 것 등의 기본 주제가 계속 지배적이다. 신학적 기초가 행동의 근거이다. 거기서 유래한 윤리적 개념들은 행동의 근거가 되지 않는다. "그리스도를 믿고, 당신에게 즐거운 것을 행하라." 이것이 기독론적 주제의 윤리학의 아주 간단한 요약이다. 그러나 그것은 "항상 선한 뜻을 가지고 행동하라."나 "항상 예수라면 했을 일을 하라."나 기타 다른 도덕적 격률보다 더 명확하다. 구속주요 창조주이신 그리스도는 믿어야 할 존재요, 알아야 할 존재이다. 그 다음 그가 가진 다양한 함축 의미들에 일치하여 행동해야 하는 것이다.

구속주 - 창조주와 관련된 도덕적 삶에 대한 고찰

우리가 관심을 기울인 이 주제는 하나님의 본성을 가리키는 특별한 의미에서 너무 신학적이기 때문에, 우리는 이것에서 나온 윤리학에 대해 질문하지 않을 수 없다. "이것은 타당한 기독론인가?" 이 주제에 있어서 윤리학은 너무나도 분명하게 교리에 대한 함축이기 때문에 교리에 대한 몇 가지 판단이 필요한 듯하다. 따라서 우리의 기본적 관심으로부터 멀리 이탈시키는 엄청난 과제가 앞에 놓이게 된다. 충분히 전개되지 않은 상태에서 논점들이 지적되어야 한다.

첫째, 분석을 위하여 주제들이 그들의 상황으로부터 격리되었다는 것이 기억되어야 한다. 구속주-창조주의 주제로 묘사된 것은 이 주제가 중심적 주제인 저자들 입장에서 볼 때 반드시 예수 그리스도의 유일한 의미인 것은 아니다. 그리스도를 모범이나 모형으로 사용하는 것은 지적된 바 있고, 칭의의 주와 성화의 주로서 그리스도의 개념도 언급되었다. 따라서 신학적 질문은 좁혀질 수 있다. 구속주-창조주의 주제는 하나의 주제로써 타당한가, 더 판단하기 어려운 질문은 그것이 중심적이고 가장 유력한 주제인가 하는 것이다.[105]

우리는 어떤 근거 위에서 이런 질문에 대답하는가? 분명히 성서적 근거 위에서 창조와 구속에서 그리스도의 주권을 강조하는 본문들이 있다. 모리스와 바르트에게서 요한 자료의 빈번한 사용, 그리고 본회퍼와 바르트의 에베소서, 골로새서, 바울의 특정 본문 등의 기독론의 빈번한 사용은 중요한 의미가 있다. 성서가 그 안에서 그를 통하여 만물이 창조되고, 모든 정사와 권한을 그에게 복종시키신 그리스도를 증거한다는 것은 부정할 수 없다. 그러나 이것이 유일하게 절대적인 성서적 기독론인가? 이것이 가장 유력한 주제여서 다른 모든 것이 이것의 빛을 받아 해석될 수 있는가? 우리는 적어도 다른 주제들이 탐구되어지기까지는 그렇다고 말할 수 없다.

그러나 성서적 기초 이외에 다른 판단의 기초들이 있다. 구속주-창조주이신 그리스도의 주제를 주도적으로 사용함으로써 다른 신학적 논점들이 적절하게 대답되는가? 예컨대 역사적 악의 문제는 인간의 실존적 문제로써 충분히 깊이 있게 파악되었는가? 이 기독론적 주제의 논리적 함축 의미들은 오직 악과 죄의 '그늘'의 속성을 지시하는가? 이것은 적절한가? 우리가 살펴본 저자들은 악과 죄를 진지하게 다루었다. 그러나 악이 선으로부터 강한 독립성을 지닌 것처럼 진지하게 다루어지지는 않았다. 이것의 적합성에 관해 판단하기 위하여 우리는 성서적, 논리적, 체험적 기준에 집중할 필요가 있다.

---

105) 바르트와 엘룰과 드 께르벵뿐만 아니라 알트하우스와 엘러트와 고가르텐의 성서 주석이 기독론과 국가 윤리학에 관련될 때 그것이 과연 타당한지 여부의 논의를 위해서는 Gunnar Hillerdal, op. cit., pp. 241ff을 보라.

'자연'과 '은혜' 그리고 '율법'과 '복음'의 표제 아래 신학에서 논의된 일련의 문제들은 여기서 묘사된 관점으로 조명된 기독교 윤리를 위해 중요하게 보인다. 분명히 창조주 하나님의 사역과 구속주로서 그의 사역 사이의 철저한 이원성에 대한 거부가 있다. 이 이원성은 에밀 브루너의 작품에서뿐만 아니라 루터와 많은 루터교 신학자들의 신학과 윤리학에서 강조된 것이었다. 우리는 이 장을 주도한 세 저자의 작품 여러 곳에서 암시된 듯이 보이는, '은혜를 받은 자연'(graced nature)에 대해 말할 수 있는가? 자연은 그것이 가질 만하고, 자연-윤리 문제의 다른 형식과 함께 가질 수 있는 고유한 자율성을 가지고 있고, 따라서 일반 윤리학은 신학적 가치를 가지고 있는가? 우리는 이 장에서 '변형된 자연'(transformed nature)을 고려하고 있는가? 그렇다면 도덕적 인간이 그의 성찰과 행동에서 나아가는 방법을 위해 이것은 무엇을 의미하는가? 그들이 기독교윤리학의 과제가 무엇인지 규범적 방법으로 묘사하려 할 때, 인간의 도덕적 체험으로부터 신학자들이 만든 가정들로 나아감으로써 이렇게 다양한 교리의 문제가 제기될 수 있다.

율법과 복음 혹은 복음과 율법, 이것의 중요성은 이 장 앞에서 시사되었다. 단어의 순서와 순서의 해명은 다시 재빨리 작용하고 있는 하나님에 대한 교리로 인도하고, 이것으로부터 우리는 윤리학의 세부 분야들을 본다. 이 질문을 수습하는 것이 가장 어렵다. 왜냐하면 이 논점에 관한 신약성서의 해석뿐만 아니라 기본적 신학의 주장을 포함하여 아주 다양한 해석들이 있기 때문이다. 그러나 분명한 것은 이런 것들에 관한 약간의 결정이 신학—바로 여기서 이 장에서 토론된 윤리학이 나왔는데—안에 함축되어 있다는 것이다. 우리는 도덕적 삶을 이해하는 데 있어서 이 결정들의 중요성을 일부 보았다.

그러나 우리의 분석은 이 주제에서 앞의 쟁점들이 특별히 윤리적이라기보다는 교의적이라는 사실에도 불구하고, 제1장에서 서술된 쟁점들로 제약되어야 한다. 아마 우리가 시도해야 할 접근은 다음과 같은 것일 수 있다. 윤리학의 문제들의 관점으로부터 교의와 그것의 윤리적 함축 의미에 관해 어떤 판단이 내려질 수 있는가? 우리는 우리가 묘사한 바 윤리적이고 그래서 신학적인 함축 의미들에 대하여 무엇을 말할 수 있는가? 예컨대 반율법주의, 삶에 대한 긍정적 접근 태도 등에 관하여 무엇이라고 말할 수 있는가?

윤리학의 질문들은 이런 기독론적-윤리학적 주제 안에서 예수 그리스도에 대한 신앙의 질문과 거의 동일하다.[106] 그러나 그것은 배타적으로 유일하게 윤리적인 주제는 아니다. 기독교윤리학은 그것을 질문하는 모든 사람들에게 사회 정책이나 개인의 도덕적 삶을 위한 안내가 될 수 있는 기독교 전통이나 성서에서 오는 객관적인 도덕적 진리가 아니다. 그리스도는 그리스도인의 신앙과 순종과 신뢰의 대상이다. 그가 다른 모든 사람과 관계를 갖는 것은 그에 대한 신앙을 떠나서는 알려지거나 이해될 수 없다. 회교도나 불가지론자에게 세상에서 그의 구체적인 긍정적 행위가 모든 만물이 그리스도 안에 있다는 사실에 근거해 있다는 것을 설득하려고 하는 것은 헛된 일이다.

그러나 '신앙인'이라면 신앙의 지식에서 회교도와 불가지론자가 그리스도로 인하여 긍정적이고 구체적일 수 있다고 말할 것이다. 그리스도인과 불신자는 둘 다 모두 그리스도의 왕 되심이나 그리스도 안에서 인간의 선택 안에 존재한다. 그들 사이의 차이점은 신자는 신앙 안에서 이것을 알고, 회교도와 불가지론자는 모른다는 것이다.

그렇다면 우리가 그리스도인이라는 사실은 우리가 하는 일에서 어떤 차이점을 만드는가? 우리는 이 질문에 대한 몇 가지 대답을 제시했다. 우리는 이제 그들에 대한 판단을 내려야 한다. 신자와 불신자의 행동 사이에서 우리는 어떠한 종류의 차이를 발견한 것인가? 창조와 구속에서 그리스도의 주 되심이 어떤 점에서 우리의 행동에 결정적 효과를 일으키는가? 그것은 우리의 '동기' 안에서인가? 우리의 '태도'에서인가? 우리가 어떤

---

106) Barth, *Church Dogmatics*, II/2, p. 641을 보라. "그러나 우리는 신앙 안에 있는가? 아니면 우리는 모퉁이돌이 될 돌을 거부하는 사람들 사이에서 발견될 것인가? 이것은 모든 윤리적 탐구의 진정한 주제가 되는 질문이다."

영역의 도덕적 책임성을 선택해야 할지에 관한 우리의 '결정'에서인가? 우리의 일반적인 소명의 '영역'에서인가? 우리 행동의 '자질'에서인가? 경험되게 관찰될 수 있는 특별한 외적 '행동'에서인가? 우리의 도덕적 '통찰력'에서인가? 선과 악에 대한 우리의 '지각'에서인가? 우리 행동의 '목표'에서인가? 우리를 안내하는 '규칙들'에서인가?[107] 이런 기독론적 주제는 도덕적 삶의 심리학적 혹은 교육학적 기초보다는 '존재론적' 기초에 대해서 말하고 있다. 우리는 이것을 언급한 바 있다. 그러면 예를 들어 이런 삶의 근거를 믿는 것과 세계는 선과 악의 두 절대 힘이 승리를 위해 투쟁하는 전장이라고 하는 다른 견해는 믿지 않는 것이 나의 행동에 어떤 차이를 가져오는가?

구속주와 창조주이신 그리스도에 대한 믿음은 도덕적 인간의 '기본적 태도'나 성향에서 아주 큰 차이를 만든다. 이런 강력한 믿음을 공유하지 않은 사람들에게서, 이런 입장에 반대하여 인간의 경험으로부터 많은 반대가 제기될 수 있을 것이다. 그리스도에 대한 그들의 신앙이 그리스도의 인격과 인간을 위한 그의 사역에 대한 다른 서술에 의해 표현되는 사람들에게는 그의 주권의 이런 윤리적 함축 의미들은 용납될 수 없을 것이다. 따라서 그리스도가 특별히 이런 주제에 의해 이해될 때 우리는 믿음과 그리스도의 결합을 만족시킨다. 우리는 그리스도의 주권이 그 중심이 되어 아주 광범위하고 명확한 결론에 이르는 객관적이고 통일되고 교의적인 체계를 세울 수 있다.

그러나 인간이 진정으로 이런 그리스도와 만물에 대한 그의 주권을 믿고 신뢰하지 않으면 이런 입장에서 나오는 윤리학은 많은 점에서 경험과 논리에 어긋난다. 죄는 용서해 주나 만물에 대한 주권적인 통치자는 아닌 그리스도를 믿고 있다면, 이 장의 주제의 광범위한 윤리적 함축 의미들은 이치에 맞지 않는다. 규칙을 지시하고 타산적인 윤리학으로부터 자유하는 것, 세상과 그 무한한 가능성에 대한 개방성, 긍정적이고 적극적인 전

---

107) 이런 질문을 생각나게 하는 것으로는 Troeltsch, "Grundproblem der Ethik," in *Gesammelte Schriften*, vol. Ⅱ(Tübingen, 1913), pp. 552-672을 보라.

망, 윤리학의 허용적 성격, 도덕적 삶의 구체성 등의 뿌리에 놓여 있는 것은 바로 그렇게 이해된 그리스도의 이중적 사실과 그리스도에 대한 인간의 신앙이다. 이런 주제를 강조하지 않고 규정된 그리스도에 대한 신앙도, 그의 실재에 대한 강한 확신 없이 규정된 그리스도에 대한 신앙도 소망하고 항상 순종하는 도덕적 삶으로 그렇게 분명하게는 열매 맺지 못하고, 무엇이 올바른 동기와 규칙과 행동인지에 대해 문자적으로 해석하는 속박으로부터 자유롭게 된 도덕적 삶으로도 열매 맺지 못할 것이다.

우리가 이런 주제와 그 윤리학을 제대로 평가하는 데 실패한다면, 우리는 그 주제의 지지자들로부터 이중적 질문을 받을 수 있다. 당신은 그리스도가 주님이시라는 것을 진정으로 '믿고' 있는가? 그리고 당신은 '그리스도'가 주님이시라고 진정으로 믿고 있는가? 누군가 그리스도가 주님이시라는 것을 믿지 못한다면 그 윤리학은 아무 의미가 없다. 그들은 주관적으로는 참되지 않다. 누군가 그것을 믿지 않는다면 도덕적 확신을 찾아 율법과 법률 인간적 덕성의 함양, 도덕적 역사적 악에 대한 방어 계획, 정치적 사회적 개혁 프로그램, 일시적 선과 영원한 선의 인간적 규정 속으로 도피할 수 있다. 누군가가 더 제한된 것이나 다른 조건들, 예를 들어 도덕적 이상이나 개인적인 죄 용서의 근원으로 규정된 그리스도를 믿는다면, 그는 최종적으로 삶의 토대가 되는 우주적 낙관론, 즉 싸움은 이미 이긴 것이라는 확신과 사랑의 깊이가 죽음의 심연보다 더 크다는 확신들을 갖지 못하기가 쉽다. 그는 자신의 오성을 신뢰하지 못하고, 자유롭게 사랑하지 못하고, 그의 행동의 결과를 계산하는 관심으로부터 해방되지도 못할 것이다.

기본적 태도가 그리스도의 주권에 대한 인간의 도덕적 반응으로 나타나는 한, 그 주제는 이런 성향의 본성에 관한 지나친 사변이나 분석을 금지시킨다. 심지어 신앙 안에서 인간적인 관점을 고려할 때 바르트를 비롯해 다른 사람들의 눈에는 그것은 자율성을 가져서는 안 되는 것이었다. 그것은 하나님이 아니라 인간을 윤리학의 주제로 삼으려 한다. 그리스도인들은 빛이신 하나님을 '증거'하고, 그에게 요구되는 것을 기꺼이 하도록 허용하는 그의 명령자에게 순종한다. 그리스도인의 사랑은 하나님의 사랑을 증거하는 것이다. 그러나 그가 증거하는 것은 '그리스도'이고, 그가 순종하는 것도 '그리스도'이다. 그리스도는 최고 권세요, 최고 실재요, 최고의 방향 제시이다.

자주 사용되는 칼뱅의 비유를 사용하면, 인간은 거울에 불과하다. 그는 자신의 것이 아닌 실재, 즉 그리스도의 실재와 그리스도 안에 있는 세상의 실재를 반영한다. 이 두 실재는 결국 하나이다. 세상에는 차이가 있다. 그것은 우리가 만든 것이 아니라 그리스도가 그것을 만들었기 때문이다. 그리스도인들은 진정으로 변화되었다. 그러나 그들은 여전히 교만하고 태만하며 곤경에 처해 있다. 그러면 무엇이 '진정으로' 변화되었는가? 이것은 약간 모호한 사항이다. 그들의 하나님에 대한 '관계'가 변화되었고, 따라서 그들의 인간과 세상에 대한 관계가 변화되었다. 이것의 심리학적 의미에 관하여 숙고하는 것은 자아에게 부적절한 지위를 부여한다. 왜냐하면 결국 복음은 주로 하나님 그가 누구이며, 그가 무엇을 하였는가에 관한 것이기 때문이다. 확실히 그것은 그가 인간을 위하여 행한 것에 관한 것이다. 그러나 관심의 초점은 하나님과 하나님의 행동이다.

이 주제의 윤리적 함축 의미들은 도덕적 경험과 통찰에 합당한가? 바르트와 본회퍼는 이것이 잘못된 질문이라고 말할 것이다. 그리스도의 주권이 참된 것은 그것이 하나님의 계시이고 그것이 성경적이기 때문이지, 그것이 인간의 체험을 조명해 주는 강력한 신화이기 때문에 그런 것은 아니다. 그리스도의 주권의 윤리적 함축 의미들은 그 의미들이 그리스도의 주권이라는 전제에 근거해 있는 한 참되다. 그들이 어떤 의미에서도 도덕 경험에 '참된지 여부'는 그들의 진정한 진리에 우연적인 것일 뿐 진정한 진리를 구성하는 것은 아니다.[108] 그렇다면 우리의 질문이 그들의 질문이 아니

---

108) 모리스에게서 이것은 실제 그렇지 못하다. 우리는 그의 작품에서 성서와 도덕 경험이 어떻게 서로를 조명하고 지탱해 주는지를 지적했다. 예를 들어 하나님의 사랑은 성서에 선포되어 있으나, 그것은 또한 특정 시간을 위한 다른 사람의 사랑 안에서 반영되어 있고, 그것을 통하여 알려진다. 그들의 사랑은 성서의 빛 안에서 더 잘 이해된다. 성서는 인간의 사랑과 용서 안에서 더 잘 이해된다.

라는 것을—비록 우리는 경험적 검증의 요소가 나타나지만 신학적 일관성을 위해 수용되지 않았다는 것을 추측할 수 있지만 말이다—인정하고서 우리는 우리의 윤리적 탐구의 일부분으로 그 대답을 모색해야 한다.

윤리학이 이치에 합당하다면 그것은 왜 그러한가? 오직 경험적 근거 위에서인가? 이것이 그러하다면 윤리학은 그것의 여러 요소들 중 한 부분, 즉 도덕 경험의 서술로 축소된다. 서술의 정확성이 도덕적 진리의 시금석이 된다. 이것은 따로 분리되어 문자적으로 서구의 도덕 전통과 인간 양심 전체를 무시하는 선언이다. 어떤 다른 요소들이 들어오는가? 신앙에 대한 확신인가? 이런 쟁점들의 토론은 구속주이며 동시에 창조주이신 그리스도라는 주제에 대한 윤리학에 관하여 우리가 잠정적으로 판단을 내리기 위한 자료를 제공한다.

바르트와 본회퍼가 가르친 구체적인 상황 속의 실제적인 경험적 행위와 실존주의나 실용주의가 가르친 구체적인 상황에서의 실제적인 경험적 행위 사이에 있는 유사성에 대해 탐구하는 일은 흥미 있고 아마 유익한 시도일 것이다. 윤리학에서 형식주의, 율법주의, 존재론(이상적 본질로써의 선 등)을 공통적으로 비판한 이들 기독교윤리학자와 두 세속적 그룹 사이에는 중요한 유사성이 지적될 수 있다. 모두 도덕적 행위가 시간과 공간에 제한된 상황적 성격을 강조할 것이다. 비록 결단의 열정적 성격을 다양하게 강조하지만 말이다. 실용주의와 그리스도인들은 긍정적인 신앙을 공유한다. 실용주의자에게는 공학적인 실용적 철학보다는 이런 긍정적 신앙이 그들의 무의식적인 충성을 작용하게 하지만 말이다. 관점들의 기초 전제들이 거의 공통점이 없을 때 그런 유사성들이 어떻게 가능한가? 그것은 모두는 아니라고 하더라도 많은 사람들의 인간적 도덕 체험에 의해 확인되기 때문일 것이다. 사람들은 자신들이 실용적으로, 구체적으로 행동하고 있는 것을 발견한다. 바르트와 본회퍼에게서 도덕적 행동 형식의 묘사로부터, 그리고 작게는 그 내용으로부터 신학적 틀이 분리될 수 있다. 그들이 묘사하는 행동의 형식이나 유형은 부분적으로 그들의 신앙이 무엇이든 많은 사람들이 어떻게 행동하는가를 묘사한 것이다.

이것은 특별하게 바르트와 본회퍼가 율법주의와 합리주의와 형식주의 윤리학의 경직된 몸체에 그들의 다듬이 칼을 대었을 경우이다. 도덕적 결정의 특별한 상황을 공유하는 사람들은 흔히 보편적 규칙이나 도덕적 명제가 제한된 채 사용되는 것을 발견한다. 연루된 개인들의 미묘한 차이, 대안으로 선택된 행동의 상대적인 도덕적 장점들에 대한 명확성 부족, 도덕적 행동 자료를 만드는 사실과 인물들 등 이 모든 것들은 규칙, 격률을 단순하게 적용하거나 본질적 선을 실현하는 데 장벽으로 작용한다. 대중적 도덕은 책임 있는 인간 앞에 들이닥친 회색 그늘에 대해 말한다. 흑과 백은 없다. 행동은 항상 구체적 결정을 포함한다. 어떤 점에서 단지 윤리학의 개념이 아니라 행동이론에 관심을 가지는 모든 윤리학자들은 이것을 해명해야 한다.

허용과 명령의 이중적 성격은 경험 안에서 그 짝을 가지고 있다. 비록 그것이 정확하게 기독교 신학자들이 이해하는 변증법적 성격에 필적하는 것은 아니지만 말이다. 아마도 에리히 프롬의 정신분석적 윤리학이 외면적 의무를 내적인 갈망으로 바꾸어 놓은 것에 가장 접근한 예일 것이다. 그러나 바르트와 본회퍼의 윤리학과 달리 요구의 요소가 과도하게 흘러 넘치는 풍부한 사랑 안에 빨려 들어가 실종되어 있다.[109] 그리스도의 주권을 긍정하는 모든 사람들에 의하면 그리스도인들은 그들을 위해 이루어진 것에 근거하여 행동을 한다. 비그리스도인들은 이런 그리스도인 행위의 보이는 단계를 이해할 수 있다. 즉, 그들도 역시 권위에 대한 의무감이 아니라 내적인 갈망과 넘쳐 나는 동정과 정열에 근거하여 많은 일을 한다. 그러나 이것을 위한 근거는 다르게 이해된다. 더욱이 바르트와 본회퍼에게서 허용된 것은 여전히 명령된 것이다. 우리에게 할 수 있도록 능력을 주신 그분이 여전히 우리를 다스리고 계시다.

내용이 보다 특별히 성경적으로나 기독교적으로 될 때 차이가 보여지기 시작한다. 이것은 경험적 행위로부터 두 방향으로, 즉 행동을 위한 이

---

109) Fromm, *Man for Himself*(New York, 1947), "Conscience," in *Moral Principles of Action*, ed. R. Anshen(New York, 1952), pp. 176-198을 보라.

유를 향해 그리고 행동의 규범을 향하여 움직일 때 그러하다. 후자, 즉 행동의 규범은 부분적으로 그것의 보다 형식적인 성격 때문에 흥미롭다. 즉, 그리스도의 주권을 강조하는 사람들은 우리가 본 대로 도덕적 행동을 위한 성경적 도덕의 가르침의 권위에 관하여 결코 특별한 관심을 기울이지 않는다. 십계명이나 산상보훈의 규정들이 아니라 하나님, 신앙, 혹은 순종과 관련되는 것이 특별한 방향이나 의무의 핵심이다. 이런 '특별한' 규범적 내용이 하나님 명령의 구체성의 틀 안에 놓이게 될 때 그것은 신자들이 당면한 문제들 위에 '그리스도인의 입장'을 제공하지는 않는다. 결정의 기초는 같은 상황에서 불신자가 가지고 있는 것과 동일하게 되는데, 즉 사실들, 사실 분석, 사실에 대한 진지한 가치 판단 등이다. 윤리학은 실용주의적이고 동시에 실존주의적이 된다.

우리가 언급했듯이 사람이 경험적 행동으로부터 행동을 위한 이유로 나아갈 때 초점은 일반적 관점과 근본적 성향에 영향을 준다. 윤리학의 긍정적인 성격은 그리스도 안에 근거해 있다. 사람이 실용적이 될 자유와 그의 도덕적 판단과 행동 안에서 가지는 양심은 그리스도 안에 근거해 있다. 이것은 행위에 적잖은 영향을 준다. 비록 그것의 결정적 성격의 정확한 분석이 이 주제를 강조하는 사람들에 의해 만들어진 것이 아니지만 말이다. 바르트는 「교회교의학」 4권 2장에서 그것에 접근한다. 그러나 "성화자이신 예수 그리스도"에서 언급할 기회가 있겠지만, 그의 객관주의는 이 쟁점을 조명하는 것과 같은 방식으로 그가 기독교인들에게 관심을 기울이는 것을 방해한다. 성경의 개념과 언어는 비신학적 학문 분야에서 온 개념들에 의해 보충되어지지 않으면 실제 이런 주제를 발전시키기에 불충분하고 부적당하다.

도덕적 행위자가 "내가 나의 상황 속에서 무엇을 해야 하는가?"라는 질문에 어떤 객관적이고 권위적인 대답을 구하기 위해 구속주 그리스도의 윤리학에 의지할 때 그는 과장과 좌절에 봉착한다. 확실히 그가 행한 것 가운데 다른 사람들이 반드시 '그리스도인'의 것으로 동일시할 수 있는 것은 아무것도 없다. 그는 원자 무기의 개발에 찬성할 수도 있고, 반대할 수도 있다(대부분의 바르트주의자들은 이것에 반대한다).[110] 그는 산아 조절에 찬성할 수도 있고, 반대할 수도 있다. 그는 위스키를 마실 수도 있고, 마시지 않을 수도 있다. 그는 노동자의 임금을 인상하는 데 찬성할 수도 있고, 임금 인상이 인플레이션의 원인이라고 믿을 수도 있다.

나는 무엇을 해야 하는가? 그리스도와 빛이신 하나님을 증거해야 한다. 그러나 창조주이시고 구속주이신 그리스도 안에서 도덕적 삶의 의미와 전망과 태도는 주어져 있다. 인간적이고 역사적 내용을 지닌 일상적인 도덕적 삶의 경험적 상황 속에서 인간이 순종하는 분은 그리스도이고, 그로 하여금 자유롭게 행동하도록 하는 분도 그리스도이고, 결정의 결과를 구속하는 분도 그리스도이다. 그리하여 바로 그리스도의 왕국이 확립된 것이고, 또 그는 바로 그리스도의 왕국을 증거하는 것이다. 그리스도는 그를 개방적이고 자유롭고 책임 있게 만든다. 어떤 신학자들은 이것이 전부라고 말한다. 그것은 많은 부분이고 중요한 것이지만, 너무 단순할 수 있다. 다른 신학자들은 그리스도에 대한 신앙이 자아에게, 그리고 자아를 위하여 행하는 것 가운데서 그리스도에 대해, 또 마땅히 있어야 할 일의 상태를 결정하는 데 있어서의 그리스도의 가르침과 모범에 대해 좀더 많은 의미를 주장할 것이다.

---

110) 바르트에게 영향을 받은 많은 독일인들, 예컨대 골비처, 이반트, 니묄러 등의 반미, 반아데나워 정책에 관하여 확실한 것을 얻기 위해서는 1950년도의 *Junge Kirche* 저널을 보라.

제 3 장

성화자이신 예수 그리스도

만일 너희 속에 하나님의 영이 거하시면 너희가 육신에 있지 아니하고 영에 있나니 누구든지 그리스도의 영이 없으면 그리스도의 사람이 아니라 또 그리스도께서 너희 안에 계시면 몸은 죄로 말미암아 죽은 것이나 영은 의로 말미암아 살아 있는 것이니라   _로마서 8 : 9~10

그러므로 하늘에 계신 너희 아버지의 온전하심과 같이 너희도 온전하라   _마태복음 5 : 48

그가 거룩하게 된 자들을 한 번의 제사로 영원히 온전하게 하셨느니라   _히브리서 10 : 14

하나님께로부터 난 자마다 죄를 짓지 아니하나니 이는 하나님의 씨가 그의 속에 거함이요 그도 범죄하지 못하는 것은 하나님께로부터 났음이라   _요한일서 3 : 9

이로써 우리도 듣던 날부터 너희를 위하여 기도하기를 그치지 아니하고 구하노니 너희로 하여금 모든 신령한 지혜와 총명에 하나님의 뜻을 아는 것으로 채우게 하시고 주께 합당하게 행하여 범사에 기쁘시게 하고 모든 선한 일에 열매를 맺게 하시며 하나님을 아는 것에 자라게 하시고 그의 영광의 힘을 따라 모든 능력으로 능하게 하시며 기쁨으로 모든 견딤과 오래 참음에 이르게 하시고 _골로새서 1 : 9~11

그리스도인들은 이 세상의 모든 죄와 모든 불의로부터 구원 받았다. 즉, 그들은 죄를 짓지 않는다는 의미에서가 아니라 악한 생각들과 악한 기질로부터 자유롭다는 의미에서 현재 온전한 사람들이다. _요한 웨슬리, 「표준 설교」, "그리스도인의 완전"(Sugden 편집), 2권, p. 173.

우리가 진정으로 그의 죽으심에 참여한다면 우리들의 옛 사람은 십자가에 못 박히고 죄의 몸은 죽게 된다. 그 결과 우리들의 이전의 본성은 그 힘을 완전히 상실하게 된다. 만약 우리들이 그의 부활에 참여하는 사람들이라면 우리는 새로운 삶—하나님의 의와 일치하는—에로의 부름을 받는다. 하나님의 자녀들은 부활로 인하여 죄의 종노릇으로부터 해방되었다. 그러나 그들이 해방을 완전히 얻은 것은 아니며, 육신으로부터 오는 고통을 더 이상 경험하지 않는 것도 아니다. 그들 속에는 여전히 영향을 미치는 끊임없는 갈등의 원인이 남아 있다. _칼뱅, 「기독교강요」 3권, pp. 9-10.

우리들이 믿는다면 그는 우리에게 성령—우리를 지도하시며 모든 덕과 선행으로 이끄시는—을 주신다. ……그때 신앙은 우리들로 하여금 그리스도의 모든 의에 참여하게 하고 우리들에게 같은 것을 준다. …… 그러므로 바른 신앙을 가진 사람은 그리스도의 의로 말미암아 하나님 앞에서 의로우며 경건하다. ……그러므로 그는 성령께서 자기의 마음 속에서 시작하여 자기 안에서 실현시키는 사랑과 그 열매로 인하여 세상 앞에서 의로운 사람이다. _앤더스 오시앤더, 「앤더스 오시앤더의 신학」, p. 117.

그리스도께서 주시는 영향력에 대해서 지속적이고도 예민한 개방성을 가지는 것과 그의 나라를 위한 뜻 안에서 지속적인 활동을 하는 것은 새로운 인간이 되는 삶의 과정이다. _슐라이에르마허, 「기독교 신앙」, p. 519.

그러므로 그것은 완전하게 만드는 의 속에서 나에게 보여지고 있기 때문에 자기가 의의 완전함으로부터 얼마나 떨어져 있는가를 자기의 진보(progress)로 알게 되는 사람은 이 세상 삶 가운데서 많은 진보를 이루어 왔다. _어거스틴, 「영과 문자」, p. 64(36).

어떤 것을 완전하다고 말하는 것은 그 어떤 일이 적절한 목적—궁극적인 완전함이 되는—에 도달하는 한에서이다. 오늘날 우리를 하나님—인류의 최후의 목적이 되는 분이신—과 연합하게 하는 것은 바로 사랑(charity)이다. 왜냐하면 사랑 안에 거하는 자는 하나님 안에 거하며, 하나님도 그 안에 거하시기 때문이다(요일 4 : 16). 그러므로 온전한 그리스도인의 삶은 근본적으로 사랑 안에 존재한다. _토마스 아퀴나스, 「신학대전」 2권 2부 184번째 문1항.

"나는 무엇을 해야 하는가?"라고 그리스도인들은 묻는다. 그리고 그는 이런 대답을 듣는다. "그리스도의 중생시키시는 사역이 성령의 임재 안에서, 그리고 성령의 임재를 통해서 당신의 삶과 역사 속에서 온전히 실현되도록 하라. 율법의 저주, 그리고 죄와 죽음의 권세로부터 당신을 해방시켜 주신 그분은 당신의 마음 안에서, 그리고 당신의 행동을 통하여 자기의 길과 뜻을 행하신다. 그리스도는 중생시키시는 분이며 능력이다. 즉, 그는 사람 안에서, 그리고 사람을 통하여 행하신다. 그는 거룩하게 하신다." 인간의 의무에 관한 도덕적 질문에 이렇게 답변하는 것은 그리스도를 그리스도인들의 도덕적 자아와 도덕 심리를 변하게 하시는 분으로 주장하는 것이다.

더 구체적으로 말하면 이 답변은 다양한 의미를 가질 수 있다. 첫째, 그것은 "하나님은 당신을 의롭게 만드는 분이시며, 당신은 하나님이 행하신 일로 인하여 도덕적으로 의롭다."는 것을 의미한다. 믿음과 회개의 경험을 통하여 사람은 법적(de jure)으로나 실제적(de facto)으로 새로운 피조물이 된다. 즉, 인간은 새로 태어나는 것이다. 옛 사람은 죽고 새사람이 그리스도 안에서 산다. 어떤 저술가들에게 이 말은 인간의 '의지', '의도', '마음'—인간이 더 이상 죄를 지을 수 없게 되는—을 뜻한다. 다시 말해서 그것은 그리스도의 은혜로운 삶의 도움으로 인한 회개와 훈련을 통해서 인간은 옛 사람에게 남아 있는 악과 죄를 점진적으로 극복하게 된다는 것을 의미한다.

이것은 영적 부흥과 경건주의 전통 가운데 있는 많은 그리스도인들의 답변이다. 그리스도의 성화 사역은 종교적인 영역뿐만 아니라 도덕적인 영역에서의 인격의 거룩성을 우리 안에 창조하시며, 실제적이지 않더라도 우리의 종교적, 도덕적 완전함을 가능하게 한다.

그리스도의 성화 사역의 중요성은 또한 "하나님은 교회와의 교제를 통하여 도덕적, 종교적 성장의 가능성을 제공하는 분"임을 뜻한다. 그리스도의 영은 우리에게 있어서 하나님 의식이 성장하게 되면서 생겨나는 성령과의 교제를 만들고, 우리의 이웃과 관련하여 새로운 삶을 나타내는 능력과 힘이 그 교제 안에서 발견된다. 죄는 계속되며 우리의 하나님 의식은 예수의 하나님 의식과는 다른 것으로써 결코 완전하지 않다. 그러나 죄는 용서 받을 수 있는 것이며, 도덕적, 종교적 진보에 대한 장애가 될 수 없음을 우리는 알고 있다. 성령은 우리를 중생시키기 위해 그리스도와 교회 안의 구성원들 사이의 교제 안에서, 그리고 그 교제를 통하여 역사하신다. 이것이 슐라이에르마허와 그의 영향을 받은 많은 자유주의 신학자들의 답변이다. 그리스도는 전체적으로는 아니지만, 그리스도의 영향으로 인하여 교회 안에서 그리고 교회를 통하여 우리들을 성화시키며 중생시키신다. 중생은 이런 삶에 있어서 우리의 도덕적, 종교적 경험의 부분이다.

셋째, 이 답변은 "교회, 성례, 그리고 성령의 다양한 사역들을 통해서 그리스도께서 새 삶이 우리 안에 주입되는 방법들을 제정해 왔다."는 것을 뜻한다. 우리가 공유하는 은혜의 수단들은 우리에게 주어지는 하나님의 은사들인데 그것을 통하여 하나님은 우리들에게 권능을 주셔서 죄를 극복하게 하며, 완전을 향하여 자라 가게 하며, 삶 가운데 도덕적 및 신학적 덕(virtues)을 세우신다. 우리가 하나님의 은혜로 말미암아 그리스도를 공유하게 되는 수단들에 의한 성화는 이성을 새롭게 하고 의지를 고무시킨다. 우리는 본질적으로 새롭게 된다. 가톨릭의 이런 답변은 어거스틴, 토마스 아퀴나스, 그리고 다른 사람들에 의하여 다양하게 발전되었다. 자아의 성격, 자아의 영구한 성격들은 그리스도의 성화시키는 은혜에 의하여 인간의 참된 본성에 일치하게 된다.

이런 답변 이외에도 다양한 이유들로 인하여 행동의 변화를 동일하게 주장하지는 않지만, 중요한 다른 많은 답변들이 있다. 이것은 부분적으로 새로운 피조성을 알려 주는 성서의 본문들을 해석하기가 매우 어렵기 때문이며, 그 본문들의 정확한 의미에 대한 의견의 일치가 없기 때문이다. 예컨대 바르트는 우리가 모두 법적(de jure)으로는 성화되었다고 말한다. 어떤 실제의 변화, 하나님께로 돌아섬, 새로운 결단이 있다. 그러나 믿음에 깨어 있는 사람들만 오직 실제적(de facto)으로 성화를 포착하고 인식한다.[1] 성령은 그리스도를 고백하는 사람들에게 방향을 지시함으로써 성도들을 만들어 가신다.[2] 새로운 삶의 씨앗들이 뿌려지고 자라나 신자들의 존재 안에는 새롭게 지배하는 결정적인 요소들이 있다. 그러나 죄는 여전히 남아 있다. 그리스도인들은 방해 받는 죄인들이다. 죄는 상대화되며 죄의 실존은 근본적으로 위협적이다. 성화된 인간은 주도성

---

1) Barth, *Church Dogmatics*, IV/2, pp. 499ff. 특별히 p. 511을 보라.
2) Ibid., p. 523.

(initiative)이라는 다른 원천을 가지고 있으며, 그의 행동에 있어서도 다른 자발성을 가지고 있다. 새사람이 되는 자발성, 준비성, 용기, 그리고 기쁨이 있다. 그러나 그는 루터가 말한 바와 같이 의인인 동시에 죄인이다. 그는 진정 전적으로 옛 사람인 동시에 전적으로 새사람이다. 그는 상호 배타적인 두 가지의 전적인 결정들, 즉 "확실하게 포착하기 어려운 어떤 것" 아래에 서 있다.[3]

'의인인 동시에 죄인'은 다양한 전환을 위한 상징이 되고 성화의 주제를 복잡하게(twist) 만든다. 만일 칭의가 단순히 전가된 의 이상의 것을 의미하는 것이라면 대속은 법정적으로 다루는 것 이상의 것을 뜻하며, 그리스도인의 삶은 죄로부터의 자유 그 이상의 것이며, 죄인인 동시에 의인이란 개념은 또한 그리스도인의 인간 경험에 있어서의 적극적인 변화를 언급하는 것이다. 기독교 사상사 안에서 칭의와 중생 사이의 구별이 행해졌지만, 그 둘을 완전히 분리시킨 신학자는 아무도 없다. 여기에 문제가 있는 것이다. 즉, 도덕 경험과 성경은 그리스도인의 이중적인 성격—중생과 계속되는 죄, 옛 사람과 새사람의 공존—에 대해 증언하고 있다. 이런 이중성은 사람이 두 가지의 객관적인 힘—죄와 하나님의 의—의 영향을 동시에 받는다는 것으로 해석된다.

이 장에서 우리는 중생의 경험을 강조하는 사람들에게 주요 관심을 기울이고 있지만 보다 신중한, 아니면 보다 변증법적인 사람들의 주장에도 주목해야 한다. 왜냐하면 바르트와 같이 그들은 그리스도인들이 그리스도와의 새 삶을 공유하는 것으로부터 와서는 새 삶에 미치는 어떤 영향들을 부인하지 않기 때문이다.

그 문제는 루터의 해석에서 많이 논의되었다.[4] 루터에게는 오직 그리스도만이 진정으로 거룩하게 하시는 분이다. 그리스도만이 오직 말씀과 성

---

3) Ibid., p. 572.
4) 여러 사람들의 저작 가운데 A. Gyllenkrok의 *Rechtfertigung und Heiligung* (Uppsala, 1952)과 Philip Watson의 "Luther och helgelsen," *Svensk Teologsk Kvartalskrift*, vol. 33(1957), pp. 24-36을 보라.

례와 함께 성령의 역사를 통하여 인간을 거룩하게 하신다. 이런 성화의 사역은 오직 믿음에 의하여 그 효력을 가진다. 그리스도인들은 죄인이고 불신자들이지만, 그의 죄는 용서 받는다. 그는 '은혜 받은' 자이다. 그러나 우리는 성령을 통하여 신앙 안에서 자라 간다. 성화는 죄의 소멸, 씻어냄, 그리고 죄의 죽음이다.[5]

우리는 하나님의 의를 공유한다. 그리스도는 우리 마음 안에 거하게 된다. 믿음 안에서 성령은 사람을 통하여 일하며, 우리들의 사랑의 행위 안에서 일하신다. 우리는 의롭다는 선언을 받았으며, 우리를 거스리는 죄의 행위로부터 해방되었을 뿐만 아니라 새로운 삶을 시작하고 죄와 육신에 대항하는 싸움 안에서 자라 간다. 오직 매일 회개와 믿음으로써 옛 사람은 매일 죽는다. 새사람은 그리스도의 임재에 의해 매일 살아가게 되며, 사랑 안에서 행동하게 된다. 왓슨(Watson)은 루터에 대한 부족한 연구가 보여 주는 바, 즉 루터가 의인(the justus)을 강조한 적도 있으며—그리스도인의 자유에 관한 논문에서처럼—또다른 경우에는 죄인(the peccator)을 강조하였다는 점을 지적한다. 그러나 전체적으로 볼 때 그리스도와 성령의 성화시키는 능력과 임재는 새로운 삶 안에서의 열매들 이외에 다른 것이 아님은 분명하다.

성화가 무엇인가를 정확하게 설명하는 방법에 대한 논쟁은 종교개혁 전통 안에서 치열했다. 루터교의 입장에서 볼 때 다양한 역사적 관점의 영향을 받은 오시앤더(Osiander)는 인간은 의롭게 '만들어지는 것'이라고 주장했다. 그리스도인의 인격뿐만 아니라 신앙생활 안에서의 율법의 위치와 관련된 문제가 논의되었다. 그리하여 그리스도인의 삶의 규범적인 지침으로서의 '율법의 제3사용'에 관한 멜랑히튼의 주장은 논쟁의 또다른 요점이 되었다. 협화신조(Formula of Concord)만이 오직 이런 문제들과 다른 문제들을 공적으로 해결했는데, 물론 이런 해결은 루터주의자들에게만 해당되었다. 그 문제들은 오늘날에도 일부 개신교 신학에서는 여전

---

5) *Weimar Edition*, vol. 50, p. 624. 그리고 Watson에 인용된 op. cit., p. 29. Watson에 의해 이외에도 다른 많은 글들이 인용되고 있다.

히 남아 있는 주제들이다.

칼뱅이 그리스도 안의 새로운 삶에 관한 논의를 선택 교리 앞에서 다루었으며, 중생에 대한 논의를 칭의에 앞서서 다루었다는 사실이 종종 주목 받는다. 그리스도를 우리와 분리되어 있는 자가 아니라 오히려 우리 안에 거하는 자로서 생각해야 한다. 그리스도는 "분리될 수 없는 교제의 관계에 의해 우리를 놓치지 아니하고, 또한 그는 우리 모두와 하나가 될 때까지 어떤 신비스런 교제를 통하여 매일 우리와 점점 더 한 몸을 이루어 간다."[6] 그리하여 우리는 그리스도의 영에 의하여 살게 되며 인도함을 받는다. 우리는 그리스도의 교제를 나누며 그의 몸에 참여한다. 이것은 우리를 위한 새로운 삶, 죄를 거슬러 싸우는 힘을 의미한다. "비록 적을지라도 매일 조금의 진보도 없다면 그 사람보다 더 불행한 사람은 없을 것이다. 그러므로 주님의 길을 가는 데 있어서 지속적인 성장을 할 수 있도록 계속 노력하도록 하라. 우리의 성공이 적다는 이유로 절망하지도 말라."[7]

사람들은 그리스도께서 다시 오셔서 다스리시기 전까지는 완전함을 이룰 수 없지만, 사람들은 그리스도의 몸에 참여할 수 있고 성장할 수 있는 것이다. 죄가 뿌리째 뽑히지는 않는다. 참으로 사람은 중생 가운데 진보함으로써가 아니라 그리스도의 의를 전가 받음으로써 의롭게 된다. 그 결과 우리는 새로운 삶과 하나님의 법에 순종하는 능력에 있어서 자라 감을 통하여 믿음과 회개의 삶을 살아야 한다.

그리스도인의 중생의 삶과 관련하여 변증법적인 신학은 신약성서의 복잡함과 죄와 은혜의 해석상의 복잡함의 지배를 받고 있다. 이런 문제는 또한 다른 신학들—즉 단순한 일치, 도덕주의적 편애, 혹은 본문의 일방적(one-sided) 읽기의 관점으로 복음을 지나치게 단순화시키려고 하는—에게도 해당된다. 예컨대 종교개혁자들은 한편으로는 가톨릭과 분파주의자들이 제기한 성화에 대한 주장들 사이에서 그리고 그것에 대항하여 움

---

6) Calvin, *Institutes* Ⅲ, 2, 24 (Allen trans), vol. Ⅰ, pp. 625-626.
7) Ibid., Ⅲ, 6, 5, p. 750.

직였으며, 또다른 한편으로는 그리스도의 행위를 전적으로 효능이 없는 것으로 만드는 주장들 사이에서, 그리고 그것에 대항하여 움직였다. 일찍이 어거스틴은 인간의 죄와 하나님의 은혜에 대한 인간의 의존을 확증하는 것과 관련하여서 펠라기우스주의자들이 생각한 지나친 도덕적 낙관론에 맞섰다. 그들과 대항하여 어거스틴은 "인간의 의지는 선택의 능력과 인도를 받는 능력을 가지고 창조되었을 뿐만 아니라 인간은 성령을 받음으로써 인간의 영혼 안에는 빛이 생기고 변함이 없는 최고의 선이 되시는 하나님의 사랑이 생겨나고 그 사랑 안에서 기쁨이 발생한다. 이런 선물은 지금 여기에 있으며, 사람은 보는 것을 통해서가 아니라 믿음으로 살아간다."고 주장했다.[8]

성령은 마음과 이성을 불로 타오르게 한다. 성령은 우리를 이끌어 선에 대한 욕구를 가지게 한다. 은혜는 의지를 회복시키고 회복된 의지는 율법을 행한다.[9] 은혜는 우리 안에 하나님의 형상을 새롭게 한다. 은혜는 본성을 바꾼다. 우리는 우리들의 새로운 삶을 형성하는 데 있어서 하나님의 능력에 의존한다.[10] 진정 삶의 완전한 의는 인간들 가운데서는 찾아볼 수 없다. 그러나 그것은 불가능한 것이 아니다.[11] 그러나 인간은 계속해서 죄를 지으며 하나님의 은혜를 필요로 하고 있으며, 우리가 진보한다는 증거는 우리가 불완전한 사람이라는 것을 점점 분명하게 알게 되는 것이다.

바르트, 칼뱅, 루터, 그리고 어거스틴은 모두 비관주의자들로서 널리 알려져 있다. 이것이 그들 모두가 자연인의 도덕적 노력에 많은 희망을 두지 않았다는 것을 뜻한다면 그것은 옳은 말이다. 그러나 그것이 그들에게는 사태(things)의 궁극적인 목적에 관하여 조금의 희망과 기쁨도 없었다는 것을 의미하는 것이라면 그 말은 틀린 말이다. 왜냐하면 그들은 모

---

8) Augustine, "The Spirit and the Letter," 5 (3), *Later Works*, ed. Burnaby, p. 197.
9) Ibid., 15 (9), p. 205.
10) 지금이 어거스틴의 의지와 능력 간의 구분에서 야기되는 문제들과 그의 전체적인 관점의 적절한 이해를 위해 필요한 다른 문제들을 다루어야 할 자리는 아니다.
11) Augustine, "The Spirit and the Letter," op. cit., 63, p. 247.

두 하나님의 의의 능력을 신뢰하고 있으며, 사람들이 그리스도를 받아들여서 함께할 때에 하나님의 의의 능력은 신앙생활의 열매를 어느 정도는 맺을 수 있음을 보여 주고 있기 때문이다. 미국에서 라인홀드 니부어는 인간의 죄에 관하여 현실주의라는 일련의 새로운 기독교 해석을 보여 주고 있으며, 니부어는 고전적인 사상, 계몽주의, 그리고 기독교 완전주의에 대항하여 인간에 대한 성경적 견해를 주장한다. 그러나 니부어가 그리스도의 의미를 밝히는 데 있어서 완전히 일방적인 면을 지니고 있었던 것은 아니었다.

확실히 그리스도는 하나님의 사랑의 법을 처음으로 보여 준 분이셨고, 그 결과 그리스도는 우리들을 인도하여 우리들의 죄를 알게 해 주신 분이시며, 그는 또한 하나님의 용서와 자비의 율법을 나타내신 분이며, 따라서 그리스도는 우리들을 자유에로 인도하는 분이시다. 니부어는 인간의 경험과 역사 속에서 그리스도의 능력과 은혜에 대해 적게 강조하는 것보다는 오히려 지나치게 더 많이 강조하는 것에 대해 더 큰 염려를 하였다. 상징적으로 그는 이렇게 쓰고 있다. "기독교 열광주의, 거룩하지 못한 종교적인 증오, 종교적 거룩의 가면 뒤에 숨어 있는 죄악된 야망, 그리고 하나님께 헌신하는 척하는 데서 오는 정치권력의 자극들에 관한 유감스러운 기록은 은혜가 인간과 하나님 사이의 마지막 모순을 제거할 수 있다고 주장하는 기독교의 모든 교리와 기독교 경험의 모든 해석 안에 있는 실수에 대해서 전혀 반박할 수 없는 증거를 제공하고 있다."[12] 기독교 역사의 슬픈 경험은 인간의 오만과 영적 자만이 성화에 대한 요구를 무제한적으로 제기하는 새로운 높이에 어떻게 정확하게 이르게 되는가를 보여 준다.

---

12) Reinhold Niebuhr, *Nature and Destiny of Man*, vol. Ⅱ(New York, 1943), p. 122. 여기서 인간의 종교적 확신의 결과들이 그 올바름의 주된 시금석으로 사용되는 점을 주목하라. Cf. "Wisdom, Grace and Power"라는 제목을 달고 있는 장 전체(pp. 102-130)와 또한 Paul Lehmann의 탁월한 분석논문인 "Reinhold Niebuhr's Christology," in Kegley and Bretall, eds., *Reinhold Niebuhr*(New York, 1956), pp. 252-280.

니부어는 사도 바울의 이중 행동을 보면서 어떤 경우에는 우리 안에 있는 그리스도의 임재를 더 주장하기도 하였고, 또 어떤 경우에는 덜 주장하기도 하였다. 모든 현실주의에 있어서 니부어는 삶―개인적 또는 사회적―은 이중의 가능성을 갖고 있다고 생각한다. "자아의 중심을 넘어서는 삶을 조직하는 무한한 가능성이 있다는 것이 분명해진다. 마찬가지로 자아를 조직의 중심 속으로 밀어낼 무한한 가능성이 있는 것도 분명하다. 전자의 가능성들은 항상 은혜의 열매들이다(비록 그것이 곧잘 기적을 일으키면서도 온전히 알려지지 않은 '감추어진 그리스도'요 은혜이지만)."[13] 은혜는 인간 안에 주어진 능력이며 인간을 향하는 자비이지만, 일반적인 인간의 실존과 완전주의의 위험한 역사적 결과에 직면해서 중생이 현재의 역사 안에서 효력을 가진다고 주장하는 것보다는 오히려 죄와 죄사함의 실재에 비추어 살아가는 것이 더 현명하다.

다음에 살펴볼 터이지만 구속의 능력이 지니는 도덕적 효력을 믿는 사람들은 하나님에게 대항하는 인간의 반역이나 혹은 저항의 실제를 결코 놓치지 않는다. 그러나 그리스도의 성화 사역에 관한 논의의 복잡함은 죄와 은혜의 변증법뿐만 아니라 도덕적 삶의 열매에 대한 평가에 놓여 있다. 성화의 수단은 무엇이며, 성화의 상태, 효과는 무엇인지에 대해서 그리스도인의 삶을 해석하는 사람들 사이에는 중요한 차이점들이 있다. 어떤 사람들에게 있어서 도덕적, 종교적 삶에 대하여 활기 있는 훈련을 통해 보충되는 복음적인 회개의 경험이 주요 수단들이다. 또다른 사람들에게 그리스도의 영이 교회 안에서 그리고 교회의 교제를 통하여 영향을 미치는 그리스도와의 연합이 주요한 수단이다. 또 어떤 이들에게는 올바른 질서를 갖춘 교회와 사역으로 말미암는 은혜의 은사가 주요한 수단이다. 또다른 사람들에게는 예수 그리스도가 바르게 지시하는 새로운 의지가 주요한 수단이다. 또다른 이들에게 성향은 변하는 것이다. 즉, 이웃의 유익을

---

13) *Nature and Destiny*, II, p. 123. 많은 비판 가운데 하나를 보기 위해서는 D. D. Williams의 *God's Grace and Man's Hope*(New York, 1949), pp. 27ff와 그 밖의 다른 곳을 참조하라.

구하는 새로운 동기와 새로운 의도가 있다. 극단적인 완전주의자들은 비록 자기들이 사실과 판단의 실수를 해석하는 방법의 문제로 인해 결과적으로 괴롭힘을 당하였지만, 성화의 열매로써의 새로운 마음과 보다 완전한 지식을 포함시키려는 경향을 갖고 있었다. 성품 혹은 성질의 변화와 완전 등과 같은 본체적인 개념들을 덜 중시하는 사람들에게 있어서 성화는 종종 하나님과 인간에 대한 새로운 관계, 인간의 생각과 행동에 영향을 차례로 미치는 새로운 관점을 의미한다. 그리고 사람들은 이런 주제들의 다양한 조화를 찾을지도 모른다.[14]

이 장의 주요 부분에서 논의한 주제들은 완전하지는 않지만 그리스도의 성화의 사역으로 인한 자아의 주요한 변화를 다루고 있다. 자아의 변화는 다소 본질적인 용어들, 바로 영향을 받는 의지, 이성, 습관, 의식, 그리고 의도에서 나타난다. 그리스도인의 경험에 초점을 맞추는 것은 자아의 변화보다는 오히려 하나님과 이웃에 대한 사람의 관계의 변화에 초점을 맞추는 견해들과는 대조적인 것이라 할 수 있다. 우리가 더 살펴볼 것이지만, 관계성의 방식으로 성화를 말하는 것은 그리스도의 성화시키

---

14) 때때로 완전과 성화 간의 구분은 명백하게 이루어지지 않고, 때로는 날카롭게 분리되기도 한다. 그의 책 *The Idea of Perfection*(London, 1934)의 서론에서 플루(Newton Flew)는 이 두 용어의 사용에서 야기되는 혼돈을 지적한다. 플루에게 있어서 일차적으로 완전은 하나의 '이상'(ideal)이다. 그것은 실제적인 무죄성이 아니다. 물론 그것이 이상의 하나의 요소이긴 하다. 그러나 그 단어는 이 세상 안에서 어느 정도의 성취(p. xiii)에 적용될 수 있다. 이 장에서 필자는 완전의 '이상'에 관심이 있다기보다는 그리스도의 사역을 인간의 도덕적 삶과 행위 가운데 나타나게 하는 삶의 '과정'에 관심이 있다. 성화와 완전에 관한 정확한 용어론의 문제는 '성장' 혹은 '진보'를 측정하는 잘못된 양화(quantification)로 나아갈 수 있다. *Encyclopedia of religion and Ethics*에 실려 있는 "Perfection, Christian"이라는 유익한 글에서 플라트(Frederic Platt)는 "기독교적인 완전은 절대적인 완전과 결코 동일하지 않다."라고 쓰고 있다. 오히려 혹자는 "완전한 회심", "완전한 칭의,", "완전한 순종" 등에 대해 말할 수 있다. '완전'의 문제는 성화에 대한 쟁점과 그것을 강조하는 신약성서의 본문들 때문에 이 장에서 다루어지지만, 종교적이고 도덕적인 완전의 가능성을 측정 가능한 방식으로 다루는 것이 필자의 일차적인 관심은 아니다. 필자는 신학자들이 얼마나 인간에 대한 그리스도의 관계를 개인의 도덕적 삶을 변화시키는 존재로 이해하는지를 보여 주는 데 관심이 있다. 따라서 인간의 도덕 인격에 미치는 그리스도의 영향이 관심의 대상이다.

는 능력이 나의 도덕적 행동과 사고에 어떻게 영향을 미치는가라는 질문에 대한 명료성을 추구하는 지적인 탐구에 대해 단순한 대답을 주는 것이 아니다.

그리스도를 향한 회심에 의한 변화

그리스도인들은 "내가 어떻게 해야 하는가?"라고 묻는다. 그 대답은 다음과 같다. "도덕적 중생과 영적 중생은 하나이다. 당신은 인간적인 노력으로써가 아니라 회개하고 신앙하는 그리스도인으로서 행동한다. 그때 예수 그리스도의 능력은 당신을 율법의 속박에서 해방시켜 줄 뿐만 아니라 당신의 전 존재를 중생시키고 성화시킴으로써 회개하도록 만든다. 당신의 도덕적 의와 행위는 그리스도께서 내적으로 성화시키고 온전케 하시는 사역의 훈련이 가져오는 결과이다."

그와 같은 주제는 상식적인 것인데, 그렇게 생각하지 않는 사람들은 그 주제를 지나칠 정도로 쉽게 단순화시킨다. 인간의 경험에 있어서 하나님과 인간 사이의 모든 모순들이 제거되었고, 매일 회개하고 겸손해야 할 필요가 있다고 생각하는 복음주의적인 경건주의 전통을 지닌 사려 깊은 사람들은 거의 보이지 않는다. 그러나 최근에는 회개가 도덕적 열매를 맺는다는 믿음에 대해 지나치게 단순한 반대를 피력하는 사람들은 이것이 있을 수 있는 일이라고 자주 주장한다. 따라서 비평하기 이전에 그리스도에게 이르는 삶의 회개를 통한 도덕적 변화라는 주제는 그리스도의 객관적 사역, 이신칭의, 그리고 성령의 역사하심에 대한 주의 깊은 관련성을 갖고서 하나하나 살펴보지 않으면 안 된다.

앵글로 색슨 계통의 복음주의 기독교의 큰 흐름의 역사적 원천인 요한 웨슬리는 이 주제의 설명자로서 관심을 기울일 만한 가치가 있다. 그가 회개의 결과로써의 개인과 공동체의 도덕적인 변화를 믿었다는 사실은 의심의 여지가 없다. 킹스우드(Kingswood)의 부흥 이후에 쓰여진 그의 일기(1739. 12. 27.)에 이런 대목이 있다. "상황은 이미 변화되었다. 킹스우드에는 일 년 전처럼 저주와 신성모독의 소리가 울려 나오지 않는다. 그곳에는 술취함, 불결함, 그리고 할 일 없이 하는 오락이 더 이상 없다. 더 이상의 전쟁과 싸움, 소란과 비참함, 진노와 시기가 보이지 않는다. 거기에는 평화와 사랑이 있다."[15] 그와 같은 사회적 효과들은 회개의 삶을 사는 사람들의 열매였다. "술고래는 술을 마시지 않고 온유해지기 시작했다. 호색가는 간통과 간음을 삼가했다. 불의한 자들도 압제와 나쁜 행위를 삼갔다. 여러 해 동안 저주와 욕설에 익숙해 있던 사람은 지금은 더 이상 욕하지 않는다. 게으름뱅이도 자기 생계를 꾸려 나가기 위해 자기 손으로 일하기 시작했다. 구두쇠도 자기의 빵을 굶주린 자들에게 나누어 주게 되었고, 헐벗은 자에게는 자기의 겉옷을 벗어 주었다. 진정으로 그들의 삶의 모든 양식이 변화되었다. 즉, 그들은 악을 행하는 것을 그만두었으며 선을 행하게 되었다."[16]

삶의 전 영역에서 변화가 일어났다. 외적인 변화 이외에 더 관찰할 만한 변화는 그리스도의 사역으로 말미암는 내적인 변화였다. 루터와 마찬가지로 자기 자신을 다스리기 위해 노력하면서 자신을 개선시키려는 그의 결심에서 사람들이 볼 수 있듯이(1737. 2. 28. 일기) 웨슬리는 윌리엄 로우(William Law)가 쓰고 있는 것처럼 집중적으로 훈련편람에 전념함으로써가 아니라 그 유명한 엘더스게이트(Aldersgate) 모임에서의 성령의 권능 있는 역사에 의하여 변화되었다. 그는 행위로 말미암는 의를 믿고 있었다고 말할 수도 있었지만, 지금은 그리스도를 믿으며, 따라서 유혹과 죄를 물리칠 수 있는 능력을 갖게 되었다(1738. 5. 24. 일기). 그리스도와 그의 능력에 의존하고 있는 이런 고백은 그의 설교에도 즉각적으로 반영되었다. 채 한 달도 지나기 전에 한 설교에서 그는 이렇게 말했다. "하나님께서 사람에게 주신 모든 복은 오직 그의 은혜이며, 거저 주심이

---

15) *John Wesley's Journal*(abridged ed. ; London, n.d. ; preface dated 1903), p. 91.
16) 린드스트룀(Harold Lindström)에 의해 인용된 "A Farther Appeal"(1745), *The Works of John Wesley*, vol. Ⅷ(3rd ed. ; 1831), p. 203, Wesley and Sanctification(Stockholm, 1946), p. 114.

며, 호의 그 자체이다. 받을 가치가 없는 자에게 주어지는 그의 값없이 베푸시는 호의이다." "은혜가 원천이며 믿음은 구원의 조건이다." 신자는 온전한 복음에 동의한다. 신자는 그리스도의 보혈에 전적으로 의존한다. 하나님은 우리 안에서 "죄로부터의 전인적인 구원"을 포함하는 칭의를 행하신다.[17]

웨슬리는 칭의와 성화의 힘 있는 근거가 예수 그리스도라는 확신의 결과로써 윌리엄 로우의 규율적인 자기금욕을 더 이상 충실하게 따를 수 없었다. 그는 이렇게 썼다. "하나님께서 우리들을 받아들이시는 유일한 근거는—우리들이 하나님께 받아들여지는 목적과 이유가 되는—하나님의 율법을 이루시고 우리 대신에 죽으신 그리스도의 의와 죽음이다."[18] 율법에 의한 의와는 대조적으로 웨슬리는 하나님의 독생자의 공로와 중재를 통하여 하나님께서 타락된 인간에게 부여하시는 칭의의 조건(우리가 그 안에서 마지막까지 견디면 현재와 최종적인 구원의 조건)이 되는 믿음에 의한 의를 말하였다. 그리스도 안에서의 이런 새로운 약속은 "보이지 않게 복종하라. 그러면 살 것이다."를 말하는 것이 아니다.[19] 또한 그것은 "당신은 이것 혹은 저것을 하지 않으면 안 된다. 죄를 다스리고 모든 사람들에게 선을 행하라. 예배를 드리든지 기도를 더 하라. 그러면 당신은 하나님과 화해하게 될 것이다."를 뜻하지 않는다. 그것은 이렇게 말하는 것이다. "우선 믿어라. 당신의 죄와 화해를 이루신 주 예수 그리스도를 믿어라. 이런 근거에 기대어라. 그러면 당신은 모든 일들을 잘하게 될 것이다."[20] "진정으로 엄격하게 말해서, 은혜의 약속은 우리들에게 의롭다 함

---

17) 1738년 6월 11일에 설교된 "Salvation by Faith," *The Standard Sermon of John Wesley*, 2 vols., I, ed, E. H. Sugden(London, 1921), pp. 37-52. 인용은 37, 38, 40, 45쪽에서 한 것이며, 성화에 관한 웨슬리의 견해의 기저를 이루는 복음주의 신학의 확신에 대한 포괄적인 논의를 위해서는 린드스트룀의 op. cit., "Atonement, Justification and Sanctification," pp. 55-104을 보라.
18) *The Poetical Works of John and Charles Wesley*(London, 1868, 1872), vol. I, p. xx ; 린드스트룀의 op. cit., p. 59에 인용된 것.
19) John Wesley, Sermon, "The Righteousness of Faith," *Standard Sermons*, vol. I, p. 136.

을 받기 위해서 반드시 필요한 것으로써의 어떤 행위를 해야 한다고 절대 요구하지 않는다. 오직 그리스도와 그가 이루신 화해를 믿게 될 때 공로 없는 불신자가 의롭다 함을 받게 되는 것이며, 의를 필요로 하는 그의 믿음은 그리스도 때문에 생겨난 것이다."[21]

따라서 칭의와 성화에 대한 웨슬리의 견해는 복음적인 근거를 갖고 있다. 웨슬리는 단순히 의로운 행위들을 부당하게 여긴 것이 아니라 그리스도인의 삶에 있어서 자기에게 부족한 율법의 형태에 대해서 자기가 성실하게 개선하지 못한 특징을 더 나타내는 부분에 대해 시비를 건 것이었다. 그러나 웨슬리가 이런 복음적인 견해를 지닌 사람들보다도 믿음의 열매, 성화의 삶을 상술하는 일에 더 많은 관심을 기울인 것은 분명하다. 이런 의미에서 그는 신앙 안에서의 인간의 삶을 계속해서 강조하였으며, 죄와 성화로 향하는 단계들을 전개했는데, 이런 단계들은 인간을 위한 그리스도의 사역에서 발견되는 그리스도의 삶의 객관적인 토대를 희미하게 만드는 결과를 낳았다.

그리스도의 사역이 지닌 경험적인 효과는 앨더스게이트 경험 이후 즉시 선포된 설교 안에 더 정교하게 묘사되어 나타났다. 웨슬리는 균형을 취하여 그리스도 사역을 신학적으로 해석하기보다는 오히려 그리스도 사역이 미친 도덕적 결과에 더 많은 관심을 보여 주었다. 그는 톰 존스(Tom Jones)와 파니 힐(Fanny Hill)의 영국에서 살았다. 그는 이렇게 설교하였다. "믿음을 통하여 하나님에게서 태어난 사람은 (1) 습관적인 죄로 인한 죄를 짓지 않는다. 왜냐하면 모든 습관적인 죄는 통제할 수 있는 죄이기 때문이다. 죄는 신앙을 가진 사람들을 지배할 수 없다. (2) 그리고 그는 의도적인 죄로 말미암는 죄를 짓지 않는다. 왜냐하면 신앙 안에 거하는 사람이라면 그의 의지는 모든 죄에 대항하여 전적으로 싸우며 치명적인 독처럼 죄를 혐오하기 때문이다. (3) 또한 그는 어떤 죄악된 욕망에 의해서도 죄를 짓지 않는다. 왜냐하면 그는 하나님의 거룩함과 완전함을 계속

---

20) Ibid., p. 144.
21) Ibid., p. 137.

열망하기 때문이다. 하나님의 은혜로 인하여 그에게서는 성화되지 않으려는 어떠한 경향성도 사라지게 된다. (4) 그리고 그는 행동, 말, 또는 생각 어떤 것이든 간에 약함으로 인한 죄를 범하지 않는다. 왜냐하면 그의 약함은 그의 의지와 일치하지 않기 때문이다. 이것이 없이 그것들은 죄라고 할 수 없다."[22] 이와 같이 거의 '스콜라적인' 목록을 정하는 것은 웨슬리의 작품에서 계속 나타나는 특징이다.

웨슬리가 보기에, 그리스도인들은 그리스도의 능력과 성령의 임재로 살아가는 사람들이다. 이것은 인간의 습관, 욕망, 그리고 의지에 영향을 미친다. 의지에 관련되지 않는 것은 도덕적인 것이 아니라고 정의할 수 있다. 따라서 본성의 약함은 성화에 있어서 중요한 것이 아니다. 그리스도인들은 믿음, 소망, 사랑으로 표시되는 중생을 경험한다. 믿음은 단순히 신의 진리에 동의하는 것이 아니라 하나님께서 이루신 뜻에 동의하는 것이다. 그것은 온갖 종류의 외적인 죄(모든 말과 행동에 대한)를 다스리는 열매—화평의 열매, "영혼의 평정"—를 가져오는 신뢰와 확신이다. 소망은 우리가 하나님의 상속자들이며 자녀라고 증언하는 하나님의 영에 관한 증거이다. 사랑은 하나님의 사랑의 열매이다. 그것은 이웃 사랑이다. 사랑은 우리가 사랑하는 하나님에 대한 보편적인 순종이며, 그의 뜻에 대한 일치이며, 하나님의 내적·외적인 모든 계명에 복종하는 것이다. 마음으로, 삶으로 순종하는 것이다.[23] 그러나 웨슬리는 믿음—열매 혹은 그리

---

22) "Salvation by Faith," op. cit., pp. 44-45. 하나님의 사역과 인간의 성화의 관계에 대한 다른 진술들을 위해서는 또한 설교 "Justification by Faith"를 보라. 이 설교에서 웨슬리는 칭의, 즉 하나님이 그의 아들을 통하여 우리를 위하여 행하시는 것과 성화, 즉 그분이 그의 영에 의해 우리를 위해 행하시는 것을 구별하고 있다. Ibid., p. 119. 칭의 이전에 행해진 사역들은 선한 사역들이 아니다. 왜냐하면 그 사역들은 예수 그리스에 대한 신앙으로부터 기원된 것이 아니기 때문이다. 신앙은 "하나님이 그리스도 안에 계셨다는", 그리고 "그리스도가 '내 죄'를 위하여 죽으셨다는 신적인 초자연적 확신"이다. 또한 "The Righteousness of Faith", "The First Fruits of the Spirit", "The Spirit of Bondage and Adoption", "The Witness of the Spirit"를 보라. 나중의 세 설교는 복음적인(관념주의적인 혹은 도덕주의적인이라는 말과 대조적으로) 기초를 지닌 성화론의 핵심적인 성서의 원천인 로마서 8장의 본문들에서 이끌어 낸 것들이다.

스도의 임재―과 거룩한 삶 사이의 연결선에 적잖은 신비를 남겨 두는 것에 만족하지 않았다. 단계들이 있다. 온전함에 이르는 단계들과 훈련들이 있다. 칭의가 우리를 위한 그리스도의 사역에 기초하고 있고 성화가 우리 안에서의 성령의 사역에 근거를 두고 있는 동시에, 우리 역시 선행을 행하고 계명을 지키며 온전함을 이루기 위해 우리 자신들을 살펴보고 노력하지 않으면 안 된다. 윌리엄 로위(William Law)의 영향은 사라진 것이 아니다.[24]

웨슬리에게 있어서 그리스도인의 삶의 성장은 인간에게 자동적으로 주어지는 것이 아니었다. 그리고 성령의 사역은 그다지 공식적이거나 변증법적이거나 아니면 객관적이지 못하기 때문에 경험적인 관점에서의 측정을 피할 수 있었다. 그와는 달리 신자들은 그리스도인의 삶의 내용과 그 질을 검증하기 위해서 자신의 행위를 점검할 수 있고, 다른 사람들 또한 마찬가지로 자기들의 행동을 살펴볼 수 있다. 곧바로 관심이 인간에게 집중된다.

1746년에 웨슬리는 인간의 상태―본성을 지닌, 율법 아래, 은혜 안에 있는―를 3가지로 비교하는 설교를 하였다. 자연인은 하나님을 두려워하지도 사랑하지도 않으며, 율법 아래에 있는 인간은 지옥의 고통스런 빛을 보며, 은혜 안에 있는 인간은 천국의 기쁨에 찬 빛을 본다. 자연인에게는 거짓 평화가 있고 율법에 의한 깨달음이 있지만, 그는 평화를 얻을 수 없다. 그러나 신자들에게는 참된 평화―마음을 충만케 하고 다스리는―인 하나님의 평화가 있다. 이방인들에게는 방탕이라는 상상 속의 자유가 있으며, 유대인들은 심한 속박에서 벗어나지 못하며, 그리고 그리스도인들에게는 하나님의 자녀들이 갖는 참으로 영광스러운 자유가 있다. 자각하지 못하는 자(이방인)들은 의도적으로 죄를 지으며, 율법으로 깨닫게 되는

---

23) Sermon, "The Marks of the New Birth," 인용은 op. cit., pp. 285, 293-294에서 한 것이다.
24) 8장을 보라. 그곳에서 로우의 책은 그리스도를 본받는 가운데 수행되는 자기금욕에 있어서의 완전이라는 주제를 예증하기 위해 사용되고 있다. 매우 계도적인 연구를 위해서는 슈미트(M. Schmidt)의 *John Wesley*(London, 1962)를 보라.

자(유대인)들은 원치는 않지만 죄를 짓게 되지만, 하나님의 자녀들은 죄를 짓지 않는다. "결론적으로 자연인은 죄를 이기지도 못하며, 죄와 싸우지도 못한다. 율법 아래 있는 자들은 죄와 싸우지만 죄를 이길 수는 없다. 은혜 아래에서 싸워서 이기는 자는 자기를 사랑하는 그리스도로 말미암는 승리자 이상의 사람이다."[25] 여기에서 상태에 대한 정의는 보다 정확하게 이루어졌고, 웨슬리는 이런 상태들이 세 가지의 점진적인 것이며, 상호 배타적이라고 여기는 것 같다.

웨슬리에게서 다양한 자료들을 인용하는 린드스트룀(Lindström)은 그리스도인의 삶의 단계들을 여러 방식으로 제시한다.[26] 우선 "구원에 이르는 성경의 길"에서 그는 6단계의 형태를 명시하고 있다.

첫째, 그것은 하나님을 바라는 인간의 초기 욕망 속에서 역사하시는 선행하는 은총—죄를 범한 것에 대해 최초로 생각하게 하고 생명으로 기울게 하는—이다.

둘째, 그것은 확신시키는 은혜의 사역인데, 그것은 구원을 향하는 최초의 현실적인 단계이다. 사람은 죄와 죄책감을 알게 되고 하나님의 진노에 비추어서 회개한다. 칭의 이전의 이런 회개의 열매는 자기의 삶을 갱신—타인을 용서하고 악을 행하지 않고 선을 행하려는—하고자 하는 열망이다. 회개는 삶의 전 영역에서의 외적인 변화를 가져온다.

셋째 단계는 이것, 즉 칭의의 결과로써 일어나는 것이다. 칭의와 중생은 인간에게 순간적으로 부여되는 것이지만, 그것들은 서로 구별이 가능한 것이다. 칭의는 죄책감으로부터의 해방이며, 죄사함을 받고 하나님에게 받아들여지는 것이다. 인간은 더 이상 하나님의 진노 아래에 있지 않다. 칭의는 구원의 객관적인 면이다.

넷째 단계인 중생은 우리가 살펴본 바와 같이 죄의 권세로부터의 해방이고, 그것은 구원의 주관적인 면이며, 인간 안에서 이루어지는 하나님의 영의 사역이다.

---

25) Sermon, "The Spirit of Bondage and Adoption," op. cit., p. 194.
26) Lindström, op. cit., pp. 112-113.

여기에서 지금 가능한 다섯째 단계는 거룩하게 하는 점진적인 사역이다. 인간은 하나님의 사랑을 경험한다. 그는 성령의 열매를 소유하게 된다. 비록 죄는 신자들을 더 이상 완전히 지배하지는 못하지만, 죄는 계속해서 현존하며 그 결과 회개와 하나님의 용서의 계속되는 삶이 뒤따라오는 것이다. 새로운 삶 안에서 죄에 대한 인식은 하나님의 진노 앞에서의 두려움이 아니라 오히려 하나님의 용서에 대한 의식을 가져온다. 믿음 이후의 회개는 경건한 행위(기도, 성경공부, 거룩한 교제를 받아들이는 것, 금식)를 가져오고, 이웃을 위한 자비와 사랑의 행위를 가져온다. 그리스도 안에서의 새로운 삶에 대한 신앙과 회개에 있어서 점진적으로 거룩하게 됨으로써 인간은 마지막 단계인 그리스도인의 완전을 향해 나아간다. 그리스도인들은 죄의 권세와 또한 죄의 근원으로부터 해방되었다.[27]

완전에 대한 웨슬리의 견해는 특별한 정교함을 필요로 한다. 왜냐하면 그것은 그리스도의 사역과 임재에 대한 인간의 도덕적, 종교적 삶 안에서의 효능에 대해서 아주 강하게 주장하기 때문이다.[28] 오랜 생애 동안 웨슬리는 그리스도인의 완전이 의미하는 바에 대해서 비록 상호 간에 일치하는 것은 아니지만, 그것들을 몇 가지 다른 방식으로 명시하였다. 엘더스게이트에서의 그의 관심은 복음적인 경험의 관점에서 볼 때 새로운 상황에 주어진 것이었지만, 그것은 우리가 살펴본 대로 그의 회개 이후의 첫 번째 설교에서도 결코 사라지지 않는다. 1741년의 설교 "그리스도인의 완전"은 그리스도의 객관적인 사역에 대한 의존과 성화를 완전히 이루어 가는 인간의 잠재성을 조화시키는 전형이 아니었다. 그리스도인들은 비록 하나님의 계시를 알고 있지만, 하나님의 은혜에 의하여 무지로부터 해방

---

27) Ibid., pp. 113-120. 이 점과 그 밖의 다른 점들에 대한 린드스트룀의 연구는 분명하고 사려 깊은 판단을 하고 있으며, 아울러 철저하게 자료에 입각해 있다.
28) 주요한 자료들은 여러 설교들이다. 그러나 그중에서도 특별히 "Christian Perfection," *Standard Sermons*, vol. Ⅱ, pp. 150-174과 *A Plain Account of Christian Perfection*의 여러 판본이 주요한 자료이다. 미국에서는 19세기의 부흥주의 신학자인 피니(C. G. Finney)가 복음적인 완전주의의 또다른 흐름의 원천이었다.

된 것이 아니다. 그들은 성경과 관련하여 조금의 실수를 범하는 것으로부터 벗어난 것이 아니다. "도덕적 본성이 아닌 내적인 혹은 외적인 모든 불완전함이 여전히 남아 있다."[29] 육체적인 질병, 느린 이해, 비논리적인 사고, 어색한 상상력 등이 그것들이다. 또한 그리스도인들은 유혹으로부터 해방되었다는 의미에 있어서도 완전하지 않다. 어떤 사람도 여전히 "은혜 안에서 성숙할 필요가 없을 만큼 거룩한 사람은 없으며, 구세주 하나님의 사랑과 지식에 있어서 진보를 이룰"[30] 필요가 없을 만큼의 성화에 도달할 수 없다.

웨슬리에 의하면 그리스도인의 삶에 있어서 어떤 사람들은 어린아이들과 같으며, 또 어떤 사람들은 더 성숙하다. 심지어 그리스도 안에서의 아기들은 적어도 외적인 죄로부터 해방되었다. 다윗과 모세처럼 거룩한 사람들의 죄에 대해 지적하는 성경의 본문들이 적지 않다. "그러나 당신이 만약 그리스도인들은 살아 있는 동안 죄를 지으며 그럴 수밖에 없다고 추론하게 된다면, 우리는 이런 결과를 완전히 부정하는 것이다."[31] 복음을 받은 이후 "하나님에게서 난 자는 죄를 짓지 않는다". 베드로와 바울이 죄를 범했다 하더라도 초기의 그리스도인들이 모두 죄를 지었다거나 죄를 지은 그리스도인들이 아마 있었을 것이라고 유추할 수는 없다. "그리스도인들은 죄를 짓지 않을 만큼 완전한 사람이다."[32] 주님 안에서 강한 사람은 악한 생각과 악한 기질로부터 자유로운 사람이다. 그리스도가 사람의 마음속에 거하시면 사람의 마음은 더 이상 악하지 않다. 그는 교만, 자기 뜻, 악한 형태의 분노로부터 깨끗하게 되었다. "그리스도인들은 이 세상의 모든 죄와 불의로부터 구원을 받았다. 그들은 죄를 짓지 않아서가 아니라 악한 생각과 악한 기질로부터 자유롭게 되었다는 그러한 의미에서 지금 완전한 사람들이다."[33]

---

29) John Wesley, *Standard Sermons*, vol. Ⅱ, p. 155.
30) Ibid., p. 156.
31) Ibid., p. 159.
32) Ibid., p. 169.
33) Ibid., p. 173.

그러나 '완전'이 단지 무죄와 순수한 의도만을 뜻하는 것은 아니다. 그것 역시 하나님을 사랑하고 이웃을 사랑하는 것이다. "그리스도인의 완전에 대한 명백한 설명"의 마지막 부분에서 웨슬리는 그리스도 안에서 우리의 완전이 지니는 측면들로써 이런 요소들을 세 가지로 구체화시켰다. "한 견해는 일생 동안 하나님께 헌신하겠다고 하는 순수한 목적이다. 그것은 우리들의 온 마음을 하나님에게 드리는 것이다. 그것은 우리의 기질들을 다스리고자 하는 열망이며 계획이다. 그것은 일부분이 아닌 우리들의 온 마음과 온몸, 그리고 전부를 하나님께 드리는 것이다. 또다른 견해로 그것은 그리스도가 걸어가신 대로 우리들을 걸어가게 하는 그리스도 안에서 우리들이 갖게 되는 모든 생각이다. 그것은 모든 부정함, 내적, 외적인 모든 오염들로부터 우리들의 마음이 할례 받는 것이다. 그것은 하나님의 모든 형상, 마음을 창조하신 하나님의 완전한 형상 안에서 우리들의 마음이 새롭게 되는 것이다. 또다른 견해로 그것은 마음을 다하여 하나님을 사랑하고 이웃을 내 몸처럼 사랑하는 것이다."[34]

웨슬리는 완전으로 나아가는 훈련으로써 그리스도를 닮아 가고 사랑의 법을 이루어 가야 한다고 반복해서 강조하였다.[35] 그는 또한 기독교는 사람들과 함께 살면서 대화하는 사회적 종교라고 주장하였다. 항상 개인의 마음속에 뿌리를 내린 종교는 이제 사랑의 법을 성취하는 데까지 나아가야 한다.[36] 그리스도인의 완전은 하나님과 이웃에 대한 완전하고 거

---

34) John Wesley, *Christian Perfection*, ed. T. Kepler(Cleveland, 1954), p. 142.
35) 예컨대 설교 "Self-Denial"(눅 9 : 23)을 보라. 이 설교에서 이 주제는 복음주의적인, 그러나 어떤 방식에서는 도덕주의적인 해석에 의해 전개된다. 웨슬리에게 특징적인 자기부정은 "하나님의 의지가 우리 행위의 유일한 규칙이라는 확신에서 우리 자신의 의지를 따르기를 부정 혹은 거절하는 것이다"(*Sermon*, vol. II, p. 286). "그것은 하나님에게서 유래하지 않고, 하나님에게로 나아가지 않는 그 어떤 기쁨도 부정하는 것이다"(Ibid., p. 287). 십자가를 지는 것은 우리의 능력으로 피할 수도 있는 자원적인 고난이다. 그러나 이 모든 것이 우리 자신을 훈련하는 것은 아니다. 오히려 그것은 하나님의 의지가 우리 자신의 의지와 모순될 때조차 하나님의 의지를 받아들이는 것이다.
36) 여러 자료들 가운데 산상수훈을 본문으로 한 웨슬리의 다섯 번째 설교(마태복음 5 : 17-20)를 보라. *Standard Sermons*, vol. I, pp. 398-422.

룩한 사랑으로 표현된다.

그러나 완전한 성화로 가고 있는 사람도 여전히 유혹을 받으며, 회개를 통하여 오는 구원을 확신하는 가운데서도 사람들은 죄에 빠져들 수 있다. 그리스도인의 삶에 관한 웨슬리의 이해에는 루터 혹은 바르트식의 '죄인인 동시에 의인'이란 미묘한 변증법이 존재하지 않는다. 특이하게도 웨슬리는 상태(states)와 단계(stages)를 생각하고, 은혜의 상태에서 죄의 단계로 빠져드는 과정(steps)을 명시하고 있다. 많은 실례들을 통해서 고통스럽게도 분명히 볼 수 있듯이, 중생한 사람들도 죄를 짓는다. "오랫동안 관찰한 것이 바로 이것이다. 즉, 하나님에게서 난 사람—하나님의 은혜로 행할 수 있는 사람—은 자신을 계속 지켜 나가지만 악한 자는 자신을 그렇게 다루지 않는다. 그러나 그가 자신을 지키지 않는다면, 믿음 안에서 거하지 않는다면 그는 심지어 다른 사람과 마찬가지로 죄를 지을 수 있다."[37] 네 가지 과정들은 연관되어 있다. 즉, (1) 기도와 영적인 삶을 충분하게 하지 않음으로써 내적인 죄에 소극적으로 빠지는 것 (2) 악한 욕망에 굴복함으로써 내적인 죄에 적극적으로 빠져드는 것 (3) 믿음과 하나님에 대한 사랑을 상실하는 것 (4) 심지어 외적인 죄를 범하기 위해 약해지는 것이다.

웨슬리는 같은 설교에서 은혜로부터 죄에 이르는 과정을 보다 신학적인 틀 안에서 전개시켰다. (1) 사람에게는 하나님에게서 태어남으로써 갖게 되는 믿음을 사모하는 '하나님의 씨앗'이 있는데 이것은 지금도 남아 있다. (2) 유혹은 온다. (3) 하나님의 아들(성자)은 죄가 가까이 있다고 경고하고 기도하라고 권하지만 (4) 사람은 유혹에 굴복하며, 유혹의 열매들은 사람을 더 기쁘게 한다. (5) 성령은 심히 근심하시며 사람의 믿음은 약해진다. (6) 성령은 사람을 심히 꾸짖는다. 그러나 (7) 그는 고통스러워하시는 하나님의 음성을 외면하고 유혹자의 쾌락의 소리를 따른다. (8) 악한 욕망은 믿음과 사랑이 사라질 때까지 사람의 영혼 속에서 자라 간다.

---

37) John Wesley, Sermon, "The Great Privilege of those that are born of God," *Sermons*, vol. I, p. 307.

그리고 사람은 외적인 죄를 범하게 된다. 범죄로 떨어지는 과정에 대한 이런 분석은 가톨릭과 개신교에 있어서 낯선 것이 아니며 "믿음을 상실하면 외적인 죄를 계속 범하게 된다."는 사실을 공정하게 주목하지 않으면 안 된다.[38] 그러나 복음의 핵심은 종교적 성장과 인간의 삶의 경향의 과정을 분석함으로써 현저하게도 빨리 축소된다. 사실 신학적인 본질도 하나님과 인간의 관계성 가운데서 인간의 측면으로 옮겨지는데, 그것이 바로 상실된 '믿음'이다. 성자와 성령은 경고하시고 꾸짖으시지만, 믿음의 상실과 악한 욕망의 현존이라는 관점에서 볼 때 무력한 것처럼 보인다.

그가 대표하는 보다 포괄적인 경건주의 운동과 복음전도 운동에서와 같이 웨슬리는 확신을 가지고 인간의 경험에 비추어서 그리스도의 사역의 효과를 드러내고 빠짐없이 말하는 데 주저하지 않는다. 예컨대 바르트의 입장과 비교해 보면 경건주의 전통에서의 성화라는 주제는 그리스도 안에서의 인간의 변화를 설명하는 데 있어서 더 경험적이다.

우리는 지금 다루는 주제를 다음과 같은 방식으로 말할 수 있다. 세상에서 행동하고 그리스도와 관계를 맺는 것은 바로 인간이다. 인간은 의지, 욕망, 목적, 마음으로 구성되어 있다. 그의 도덕 행위, 그의 모든 삶은 그의 의지, 욕망, 목적, 그리고 자아의 중요한 주관적인 본질을 표현한 것들이다. 사람들이 어떤 사람이나 자기 행동에 대해서 도덕적 판단을 하게 될 경우에 우리는 자기 행위의 실제적인 결과들을 먼저 보는 것이 아니라 동기와 그 사람의 목적을 보게 된다. 이것이 인정받을 만한 가치가 있다면, 그때 사람은 선하고 칭찬을 받을 만한 가치가 있는 존재가 된다. 마찬가지로 악한 행위들은 악한 욕망의 결과들이다.

사람이 복음을 듣게 되면서 죄의 판결 아래에 놓이게 될 때에 판단을 받는 것은 바로 사람의 독립적인 자아이며, 욕망과 의도적이고 목적적인 죄악들, 그리고 그것들을 밖으로 표현하는 것들이다. 따라서 구원 받는다는 것은 이런 것들로부터 벗어나는 것이다. 그리스도의 대속의 사역으로

---

38) Ibid., p. 309.

말미암는 구원은 악과 자아의 죄악들로부터의 해방이다. 따라서 거룩하게 하시는 성령의 사역은 인간 행동의 근본을 그의 능력과 훈육하에 두는 것이어야 한다. 그것은 인간의 의도와 동기를 정화시켜야 하고, 그것은 내적, 외적 죄의 근거들을 근절시켜야 하고, 자신을 위한 쾌락의 추구로부터 하나님과 이웃에 대한 사랑으로 자아를 돌아서게 해야 한다. 도덕적 피조물로서의 본성을 지닌 인간의 그러한 측면들은 그리스도의 사역이 효과를 미치는 측면들이다. 회개, 기도, 자기 점검, 훈련, 그리고 성례를 통하여 사람들은 새로운 삶을 받아들이고, 새로운 삶 안에서 살아가고, 성숙해진다.

웨슬리와 다른 사람들의 주장은 상식에 호소하는 기준을 갖고 있다. 그 주장들은 새로운 삶을 제공하는 그리스도의 능력과 완전하라는 그리스도의 계명에 대한 성경의 언급들을 가지고 있다. 예컨대 사도 바울이 복잡하게 해석하는 미묘한 변증법은 무시된다. 사실 웨슬리는 바울을 오히려 지나치게 단순화시켰다. 웨슬리는 '이해하기 매우 어렵고' 결국에는 역설적인 것, 즉 사람은 똑같은 시간에 전체적으로 의롭게 되고, 구속 받으며, 그리고 전체적으로 죄인이 되고 정죄함을 받는다는 사실을 보여 주지 않는다. 그리고 웨슬리는 그의 로마서 해석에서 니그렌(Nygren) 주교처럼 사람들은 동시에 두 시대, 즉 새 세대와 옛 세대 안에서 살고 있다고 생각하지 않는다. 확실히 웨슬리는 바르트, 니그렌, 다른 사람들처럼 성서뿐만이 아니라 경험에 대해서도 또한 이해하지 않으면 안 되었다.

그리하여 이미 살펴보았듯이, 그는 은혜 안에 있지만 은혜로부터 떨어져 나가는 문제를 다루는 또다른 나름의 방식을 갖게 되었다. 그는 그리스도 안에서 인간들이 가질 수 있는 완전의 본질에 대해서 설득력 있는 설명을 하지 못하고, 또한 그는 한편으로는 성서 및 그리스도인의 경험의 주장과 또다른 한편으로는 회개한 인간의 경험적인 도덕적, 종교적 실존에 일치하게 하는 그러한 방식의 말들을 사용하였다. 상식에 대한 호소는 웨슬리가 회개한 사람과 또다른 주변의 사람들이 관찰할 수 있는 그리스도인의 삶 속에서 발생하는 어떤 것을 가정하는 사실 때문에 그렇다. 만약 그리스도가 사람들의 결과에 영향을 끼칠 수 있다고 믿는다면, 그 사람은 '그리스도인'이라고 평가할 수 있다. 적어도 웨슬리의 경우에 경험적 주장과 기독교 신앙의 진리 주장은 행동적인 준거점들을 가지고 있으며, 사람들은 역설에 의존하지 않고서도 그 유효성에 대해서 판단할 수 있다.

웨슬리적인 그리고 경건주의적인 입장은 그것의 단순함이나 종교적 인간에 대한 병적인 집착에도 불구하고 한 가지 자산을 지니고 있다. 즉, 그것은 합법적이고 유효한 중요한 무제를 가정한다. 다시 말하면, 그리스도의 사역이 세상의 사람들에게 효력을 갖는 것일 경우에 그의 사역이 일어날 수 있도록 사람들이 그리스도와 관계를 맺게 되는 것을 가능한 한 정의하지 않으면 안 된다는 것이다.[39] '그리스도의 임재', '하나님의 사역', '성령의 능력' 등은 경험적인 효과 내지 좌표 안에서 무엇을 의미하는가? 그것들은 인간의 행동과 새로운 삶의 존재라는 관점에서는 무엇을 뜻하는가? 더구나 웨슬리주의자들은 그리스도의 사역이 효력을 미치는 인격, 즉 그 존재에 대해서 생각해야 한다고 옳게 가정하고 있다. 인간은 하나님의 사랑(agape)이 흘러가는 단순한 배관이 아니고, 단순히 하나님의 행동 뒤에 있는 가면도 아니다. 그는 구체적인 인간, 동기, 욕망, 생각,

---

39) 이 문제에 대한 라인홀드 니부어의 논의는 이 문제의 성서적인 측면과 경험적이고 역사적인 측면 양자에 대한 인식이라는 의미에서 가장 실제적인 것 가운데 하나로 남는다. *Nature and Destiny of Man*, vol. II, pp. 107-126을 보라. 많은 신학자들이 관련된 쟁점을 지나친다. 예컨대 아울렌(Gustaf Aulen)은 그의 책 *The Faith of the Christian Church*(Philadelphia, 1948), p. 164에서 이렇게 쓰고 있다. "기독교 신앙에 관한 한 구원의 가능성은 전적으로 하나님의 의지에 있지, 인간의 어떤 자질에 있는 것이 아니다. 따라서 신앙의 관점에서 볼 때, 구원이 어떻게 일어나는지를 합리적 수단들에 의해 설명하려고 시도하는 것은 게으른 짓이다. 신앙에 있어서는 하나님의 직접적이고 능동적이고 불가해한, 그러면서도 사랑의 의지를 언급하는 것 이외의 다른 설명은 존재하지 않는다." 이 주장은 부분적으로는 옳다. 구원은 궁극적으로는 하나님의 일이다. 그러나 하나님의 일은 인간을 위한 결과들을 지닌다. 즉, 구원을 받은 인간들은 이해하려고 애쓴다. 만일 신학자들이 그들의 기본적인 신앙적 헌신으로부터 이 쟁점을 분명히 밝히지 않으면, 그들은 꽤나 다른 기본적인 관점을 지닌 심리학적인 설명에로 나아가는 넓은 영역을 남기게 된다.

의지, 목적을 지닌 사람이다. 인간의 실존에 미치는 그리스도의 영향력은 무엇인가? 그 질문은 아마도 명료하고 자세하게 답하기에는 어려운 질문이며, 그 질문에 답하려고 노력하는 것은 어쩌면 윤리의 영역이라기보다는 오히려 그리스도인의 도덕심리의 영역에 속한 것이라고 할 수 있다.

그러나 윤리학에 의해서 그것이 무시될 수 없고, 무시되지도 않는다. 그리스도의 칭의 사역에 대한 논의에서 우리가 알게 되듯이, 사람들은 흔히 은혜와 용서로 말미암는 내적인 자유에 대해서 말하고 있는데, 이것은 하나의 대답이다. 그러나 성화를 강조하는 사람들은 광범위한 인간의 경험의 관점에서 그리스도 안에서의 새로운 삶이 갖는 의미에 대해서 자세하게 말하려고 한다. 이 시도는 필요한 것이지만 위험한 생각이다. 어떤 사람들은 그것의 위험이 너무 크고 또한 그 신비가 너무 깊어서 그것을 그냥 그대로 남겨 두는 것이 더 낫다고 생각한다. 다른 사람들의 경우에 성화는 주관적인 문제가 아니라 객관적인 문제이며, 인간과 인간의 삶의 문제가 아니라 하나님과 하나님의 실재에 관한 문제이다. 그러면 웨슬리주의자들의 답변에는 어떤 어려움들이 있는가?

우선 웨슬리가 성경을 바로 해석하고 있는가에 대한 문제가 있다. 예컨대 그리스도와 성령 안에서의 삶이 논의되고 있는 로마서 8장과 관련된 여러 설교 속에서 웨슬리는 육신 안에서의 삶과 율법 아래에서의 삶에 대한 성령의 임재와 그리스도 안에서의 삶의 관계를 바울이 심도 있게 고려하는 바를 공정하게 다루고 있는가? 확실히 웨슬리는 그 본문들이 어려우며, 다양한 해석을 갖고 있다는 것을 인정한다. 그러나 대체로 그는 삶의 정도와 단계의 관점에서, 예컨대 자연인, 율법 아래 있는 자, 성령 안에 있는 자를 생각한다. 그는 성경과 경험 위에 지나치게 단순하고 지나치게 진보적인 형태들을 부과한다. 예컨대 의인인 동시에 죄인이라고 하는 미묘한 문제는 실제로는 매우 단순한데, 그것을 복잡하고 심오하게 만드는 경향이 있는 신학자들이 그렇게 복잡하게 만든 것이 아니다. 그 미묘함들은 성경 그 자체와 기독교의 경험 안에 존재한다. 그러나 우리의 주요 관심은 성서 해석자로서의 웨슬리가 아니다.

웨슬리와 그가 대표한 운동은 적어도 옛 삶과 새로운 삶의 문제를 다루는 장점이 있음을 우리는 말하였다. 인간은 단순히 하나님의 신비로운 행동을 위한 전선에 서 있지 않다. 그러나 이 장점은 윤리가로서의 웨슬리에 대한 주요한 문제를 야기시킨다. 물론 그는 조직신학적 상황 속에 놓인 지적 문제로써 그리스도와 세상 사이에 있는 인간의 위상에 대해서는 관심을 가지지 않았다. 오히려 그는 설교가이며, 그의 신학의 전제는 대체로 개인주의적인 주관적 방식으로 인간경험 그 자체에 초점을 맞추게 되었다. 행위-의(義)에 빠지지만 않는다면(왜냐하면 그는 인간의 완전을 그리스도가 행하신 사역의 결과라고 생각했기 때문에) 그는 그리스도께서 자신을 위하여 이루신 사역과 자신을 어떤 사람으로 되게 하시는 그리스도에 우선적인 관심을 기울였다. 인간은 필요 이상으로 부적당하게 또다른 자신 안으로 돌아서는 경향이 있다. 웨슬리는 초기의 엄격주의를 떠나지 않았으며, 그가 말한 내적인 충동, 자기 평가, 자기 판단은 일반적으로 경건주의 운동의 특징이었다. 그리스도의 의와 칭의 안에서 얻어지는 자유는 상실되고, 자아에 새롭게 속박됨으로써 율법에의 속박을 벗어난다.

그리스도인들은 그리스도의 객관적인 사역이 아닌 또다른 자신의 상태에 너무 집착하게 되었다. 나는 기도의 부족으로 은혜로부터 떨어져 있는 것은 아닌가? 내가 받는 유혹은 정말 심한 것은 아닌가? 만약 내가 더 뜨겁게 기도하지 않으면 안 된다고 한다면, 나의 동기는 순수하며 나의 욕망은 건전한 것인가? 나의 외적인 행위들은 은혜 안에서 자라고 있음을 증명하고 있는가? 그러면 내향성(inwardness)은 그리스도인의 삶의 중심이 되는 경향이 있다. 그러한 사실이 암시하는 기본적인 질문은 적절하다. 다시 말해서 인간의 행위와 행동을 위한 그리스도의 구속사역과 성화사역의 결과는 무엇인가? 그러나 설교가이며 신학자인 웨슬리와 덜 치밀한 개종자들에게 있어서 논의의 초점은 합당한 질문으로부터 인간의 행동에 대한 잘못된 집착에로 전이된다.

이런 집착 속에서 죄와 은혜의 사역은 인간의 특성, 성격, 성질의 관점에 의해 규정되는 경향이 있다. 죄(sin)는 죄악들(sins)과 동등하다. 죄는 인간의 생각, 욕망, 의지, 목적, 일반적으로 주관적인 성향(diposition)에 부착되는 성질이다. 경건주의에 있어서 죄란 처음에는 하나님에 대한 왜곡된 관계였다. 그것은 불신앙의 문제가 아니다. 오히려 그것은 잘못된 어떤 것을 행하는 것이다. 그것은 계명을 어기며 이기적인 욕망을 성취시키는 것이다. 그것은 타인들에게 해가 되는 방식으로 행동하는 것이다. 따라서 도덕적인 삶이란 부족함과 나쁜 습관들을 이겨 내고, 이것들을 의지에 굴복시키는 것이다. 성화는 선한 욕구, 계명에의 순종, 그리고 악한 길을 극복하는 것이다. 이런 능력이 성령으로부터 오는 것은 틀림없지만 그리스도인들은 죄의 길로 다시 빠져들지 않도록 그의 새로운 삶을 가꾸는 일에 주의를 기울여야 한다.

여기에서 우리는 두 가지 점을 알 수 있다. 첫째, 웨슬리 시대나 우리 시대나 단계와 상태에 대한 정의에 집착하는 것은 필연적으로 자아에 대해서 문화 상대주의적인 입장에서 언급하는 현대심리학에 관심을 집중시키게 만든다. 확실히 '욕망', '습관', '의도'와 같은 단어의 사용은 계속되지만, 프로이트를 알고 있는 사람은 윌리엄 제임스가 회개에 대해 연구할 때 사용한 말들 또는 친젠도르프가 독일에서 사용한 말들과는 다른 용어로 인간의 측면에서 성화의 과정을 모조리 언급하려 들 것이다. 스콜라 철학자들은 자아의 독특한 측면들이 서로서로 분명히 구분되기 때문에 그 측면들—가령 식욕, 의지, 그리고 지성—이 거의 자유로운 것처럼 보이는 그러한 심리학을 지니고 있었다. 인간이 죄에 빠져들고 은혜 안에서 자라 가는 단계들을 정확하게 정의하는 데서 오는 위험은 두 가지 사실, 즉 (1) 인간의 삶의 과정은 복잡하고, 그리스도의 사역과 관련하여 규정하기에는 훨씬 더 어렵다는 사실과 (2) 따라서 그것들을 설명하는 데 사용된 언어는 항상 부분적으로만 적절하다는 사실이다.

둘째, 우리 연구에 있어서 가장 중요한 점은 기독교 윤리가 인간에 대해서 지나치게 예리한 조명을 함으로써 왜곡될 수 있다는 것이다. 선으로서의 하나님, 능력과 목적으로서의 하나님은 손상을 당한다. 그 결과 가장 날카롭게 규정된 것은 상황으로부터 벗어나 있고, 그 결과 왜곡되기에 이른다. 기독교 윤리는 올바른 욕망, 순수한 의도, 정직한 목적, 그리고 사랑에 의한 동기를 연구한다. 그것은 인간 삶의 보다 광범위한 영역—하나님과 이 세상에 대한 인간의 관계—으로부터 과도하게 격리되어 있는 인간에 대한 도덕적인 연구가 된다.

하나님께서 그리스도 안에서 세상을 위해서 행하신 일을 지적하기보다, 오히려 윤리는 사람이 그리스도를 믿을 때에 인간의 삶의 상태를 지적한다. 사랑의 행위에서 오는 이웃의 유익에 대해 지적하기보다, 오히려 윤리는 자아 안에 있는 사랑의 동기와 그것이 일어나게 되는 방식을 지적한다. 실체인 자아는 관계성으로부터 거의 동떨어져 있다. 그 관련성들을 묘사할 수 있는 한, 그 관련성들은 실체인 자아를 위해 존재한다. 그리스도와의 관계는 자아를 깨끗하게 한다. 타인들과 세상과의 관계는 최악의 경우에 있어서는 거룩함에 대한 위협이고, 최상의 경우에 있어서는 새로운 내적 상태를 표현하는 수단이 된다. 윤리학은 성향, 동기, 의도, 목적, 그리고 욕망을 분석하는 것이 된다.

이것은 성화에 대한 경건주의적 견해의 문제일 뿐만 아니라 현대 자유주의적 입장의 문제이기도 하다. 비록 과정과 효과들이 다르게 정의되지만, 여전히 어떤 동일한 비판의 문제는 남는다. 우리들의 새로운 분석의 핵심은 인간의 '하나님 의식'을 그리스도와 그의 도덕행동에 관련시키는 것이다.

그리스도와의 교제가 가져오는 효과

도덕적인 지침에 대한 그리스도인의 탐색에 대한 답변은 선을 알게 하고, 선을 행하는 능력이 커지게 하도록 그리스도인 안에서의 예수 그리스도의 영향의 증대라는 방식으로 주어질 수 있다. 이런 성화의 성장을 가져오는 방식은 그리스도를 통한 그리스도와의 교제 안에서 주어진다. 슐라이에르마허 신학은 이런 견해의 한 본보기가 되는데, 그 이유는 그의 신학이 역사적으로 중요하며, 철저한 일관성을 가지고 있기 때문이다. 슐라이에르마허와 그 이후의 신학자들, 예컨대 리츨, 헤르만과의 차이점은 중요하지만 여기서는 살펴보지 않을 것이다.

윤리학에 있어서 중요한 많은 신학자들 이상으로 슐라이에르마허에게는 그의 신학 전 체계를 지배하는 일련의 근본적인 원리들이 있다. 웨슬리는 종교개혁, 경건주의, 그리고 성공회의 교회법과 로마 가톨릭의 훈련 교안과 같은 훈련 및 헌신과 많은 공통점을 지니고 있다. 결론적으로 말해서 우리는 단 하나의 지배적인 동기를 발견하지 않고도 그의 신학적인 설교에 이를 수도 있다. 이와는 대조적으로 슐라이에르마허는 결정적인 관점을 가지고 있다. 그는 실제로 조직신학자였다. 따라서 성화와 그의 윤리적 결론들에 대한 견해를 알아보는 것은 위험한 일이다. 왜냐하면 그의 신학 전체에서는 그것이 일부분이기에 정당한 평가를 내리기 어렵기 때문이다.[40]

슐라이에르마허의 체계는 인간—특별히 그리스도인—의 "종교적 자의식"을 설명하고 있다. 따라서 그것은 경험에 대한 주요한 언급들을 주변적으로 다루지 않고 중심적으로 다루고 있다. 이런 접근은 어느 정도는 은혜의 삶, 죄의 삶, 그리고 교회 안에서의 삶과 세상에서의 삶에 대한 경험적 분석을 암시적으로 요구한다. 기독교적 삶의 이해의 중심에서뿐

---

40) 슐라이에르마허는 윤리학에 관해 상당히 많은 양의 글을 썼다. 그러나 여기서 우리는 단지 「기독교신앙론」(Edinburgh, 1928), 그의 설교 몇 편, 그리고 「기독교 윤리」(*Die Christliche Sitte*)(Berlin, 1843)만을 다룬다. 철학적 윤리학과 방법론적인 문제들에 관한 자료들을 확인하기 위해서는 여러 저작들 가운데서 특별히 *Grundlinien einer Kritik der bisherigen Sittenlehre*(2nd ed., Berlin, 1834)를 보라. 윤리적인 사상가로서의 슐라이에르마허를 다루는 이차적인 자료로는 R. R. Niebuhr의 *Schleiermacher on Christ and Religion*(New York, 1964)의 특별히 pp. 92-116 ; Robert Munro, *Schleiermacher*(Paisley, 1903), pp. 224-286 ; Poul Jorgensen, *Die Ethik Schleiermachers*(Munich, 1959) ; Anders Nygren, *Filosofisk och Kristen Etik*(Stockholm, 1923), pp. 65-84 ; Gunnar Hillerdal, *Teologisk och Filosofisk Etik*(Stockholm, 1958), pp. 105-131 ; John Wallhausser, *Schleiermacher's Early Ethics*, unpublished Ph. D. Dissertation, Yale University, 1965를 보라.

만 아니라 예수 그리스도에 대한 슐라이에르마허의 해석의 중심에서 종교적 의식을 다루면서, 동시에 그는 다소 경험적인 분석적 접근을 사용하여 전통적인 신학적 개념으로 흔히 다루고 있는 문제의 영역들로 계속 접근해 들어간다. 성화에 대한 설명은 뒤로는 그리스도와 하나님 의식을, 그리고 앞으로는 인간의 삶과 행동을 언급하는 은혜 의식을 설명하는 과정에서 당연히 따라온다. 기독교 윤리는 방대한 교의학에서 독립적으로 (per se) 다루어지지 않고 다만 그것의 기초만이 다루어진다.

슐라이에르마허는 제안하기를 기독교 윤리는 하나님의 나라 안에서 인간이 살아가는 방식을 모든 면에서 기술하는 것이어야 한다고 했다. 이것은 기독교 윤리가 "명령법을 떨쳐 버린다면 교의학과의 진정한 관계에 대해, 그리고 그 자체의 직접적인 목적에 대해 훨씬 더 잘 대답할 것이라는 것"을 의미한다.[41] 「기독교 윤리」에서 그는 인간의 구속주인 그리스도와의 교제가 인간의 모든 행동에 대한 동기가 되는 한에서 인간의 구속주이신 그리스도와 나누는 교제를 다루는 것이라고 말한다. 기독교 윤리는 구체적으로 그리스도인들의 종교적 의식이 지배함에 따른 다양한 행동양식들을 기술하는 것이다.[42] 슐라이에르마허는 이런 행동양식들—교회적 삶의 내적 영역과 세상적 삶의 외적 영역에서 모두 일어나는—을 정화시키고, 회복시키고, 고무하거나 확장시키는 활동, 그리고 드러내는 활동으로 설명한다.

슐라이에르마허는 웨슬리의 경우처럼 구속 받은 그리스도인들의 선한 행동을 회개의 효력에 대한 증명으로써 사용하는 것에 대해서는 관심이 없었다. 새로운 삶의 표지는 그와 같은 정확한 도덕적 용어로 묘사되는 것은 아니다. 회개의 결과로서 극복할 수 있다고 여긴 죄의 목록들을 그에게서는 찾을 수 없다. 그러나 그는 인간 경험의 언어로 중생의 효과들을 묘사하는 데 자기 앞의 루터나 자기 뒤의 바르트가 기울인 관심보다 분명하게 더 많은 관심을 기울였다. 전적으로 죄인이면서 동시에 전적으

---

41) *The Christian Faith*, p. 524.
42) *Die Christliche Sitte*, pp. 32-33.

로 성화된 사람이라는 정식이 지닌 미묘함—바르트에 의해서는 변증법적인 기술로, 루터에 의해서는 고난으로 설명되는—은 새로운 삶에 의해 옛 삶이 '대체'되는 것을 강조하고, 예수 그리스도의 인간 의식과 그의 완전한 하나님 의식 사이의 교제에 있어서의 '지속성'을 강조하는 언어를 선호하는 가운데 간과되고 있다. 슐라이에르마허가 회개와 회심을 강조할 때, 그것은 웨슬리가 제안했듯이 결코 일시적인 것이거나 극적인 것이 아니다. 교회에서의 삶은 인간을 무죄한 상태로 이끄는 영향들이 전가되는 자리이다.

『기독교 신앙론』의 100번째 절은 기본이 되는 일반적인 내용을 보여 준다. "즉, 구속주는 하나님 의식의 힘 안으로 들어가는 신자들을 떠맡는다. 이것이 그의 구속의 활동이다."[43] 이것은 슐라이에르마허에게 있어서 인간 자신이 의지의 주체가 되어 그리스도 안에서 주어지는 이상적인 새로운 삶에 그 자신을 스스로 고정시키고 있다고 상정하는 것이 잘못이라는 것을 가르쳐 준다. 그리스도의 활동이 주도적인(initiative) 활동이다. 우리의 삶은 "죄와 불완전 의식"으로 이루어져 있다. 우리들은 우리 자신들의 개인적인 삶을 의식하지 못하는 한에서만 그와의 교제를 알 수 있다. "그로부터 자극들이 우리에게 흘러나올 때 우리는 모든 것의 출처가 되는 그분 안에 우리 행동의 원천 또한 있음을 알게 된다."[44] 사실 슐라이에르마허에게 있어서 우리 안에 거하시는 그리스도, 죄에 대한 죽음, 옛 사람을 벗어 버리고 새사람을 입는 것에 대해 말하고 있는 바울서신과 요한서신에서 잘 알려진 모든 말씀들은 그리스도로부터 신자들에게 흘러가는 이런 자극 혹은 영향들의 실재를 지시한다.[45]

---

43) Schleiermacher, *The Christian Faith*, p. 425.
44) Ibid.
45) Cf. Horace Bushnell의 요한복음 3 : 3을 본문으로 한 설교인 "중생" : "그리고 이것이 정확히 하나님에게서 난다는 것이 의미하는 내용이다. 그것은 영혼 안에 계시된 하나님을 소유한다는 것, 삶의 거대한 자극으로 그 안에서 감동한다는 것으로, 그 결과 의무는 쉬워지고, 그리고 말하자면 자연스럽게 된다. 따라서 우리는 그 안에 자연스럽게 존재하는 것처럼, 혹은 그 안에 태어나는 것처럼 하나님의 나라 안에 있게 된다. 우리의 중생은 우리로 하여금 자유롭게 선을 행하게 한다". "그

그리스도는 인간의 공동체적인 삶 가운데 들어가고 죄—그러나 그리스도께서 이겨 낼 수 있는 어떤 것으로써의 죄—에 대한 인간의 의식을 공감적으로 공유함으로써 그의 하나님 의식을 죄에 대항하게끔 한다. 비록 어떤 신학자들의 경우에 하나님의 은혜의 사역이 인간의 새로운 삶에 영향을 미치는 방식이 논의되지 않거나 신비한 것으로 가려져 있지만, 슐라이에르마허는 그것이 발생하는 방식에 대해 계속해서 말했다. "자신과의 교제에로 우리를 끌어들이는 구속주의 활동은 우리 안에서 구속주가 우리 자신 속으로 들어가려고 하는 창조적인 의지 혹은 오히려—그것은 단지 (신 의식의) 분여에 관여할 때의 그의 활동의 수용성이기 때문에—그의 활동의 영향에 대한 우리의 승낙의 창조적인 창출이다."[46] '자극', '영향'과 같은 단어들이 중요한데 그 이유는 그것들을 슐라이에르마허가 한탄했던 그 어떠한 마법적인 설명과 자아의 변화를 설명하는 신비적인 방식으로써의 성령의 직접적인 사용을 피하면서 신자들의 자아가 어떻게 죄 안에 있는 상태로부터 중생 안에 있는 상태로 변화되었는지를 지시해 주기 때문이다.

사실 슐라이에르마허는 그리스도에 대한 우리의 관계를 그의 교육적인 지적 영향에 우리가 기꺼이 굴복하는 그런 사람들의 '매력적인 능력'에 비유한다. "구속주의 독창적인 활동은 모든 곳에 스며드는 영향으로 가장 잘 인식되는데, 그것은 그 수용자가 그 매력에로 돌아서게 하는 자유로운 운동을 통하여 대상인 수용자에 의해 수용된다. ……그의 모든 활동은 인

는 하나님에게로 거듭나고 죄로 인해 상실한 하나님과의 살아 있는 관계에로 회복되고 신의 성품의 참여자가 된다." *Sermons for the New Life*(New York, 1861), pp. 112, 120. 부쉬넬은 이 변화가 어떻게 인지되는지를 가리킬 때 현저하게 어거스틴적인 방향으로 나아간다. 그것은 우리를 통치하는 사랑 안에서의 변화이다. 우리가 그것으로부터 구원 받은 무질서는 삶의 거짓된 중심, 즉 "거짓된 사랑, 잘못된 사랑, 밑으로 향하는 이기적인 사랑"이다. 인간은 마치 새사람이 옛 사람을 대치하듯이 "재-창조"되지는 않는다. 그리고 그는 단순히 새로운 목적을 발견하는 것이 아니라 그의 삶이 "또다른 사랑, 즉 옳은 사랑, 천상의 신적인 사랑 아래에 속하도록" 변화된다(pp. 118ff).

46) *The Christian Faith*, p. 426.

간의 본성에 대한 인격형성의 능력이 있는 신적인 영향의 연속으로 간주될 수 있을 것이다." 인간의 본성은 이미 예수 그리스도 안에서 하나님의 존재로 그 자신을 확립했다. 이런 영향을 받음으로써, 인격적인 의식 또한 아주 다르게 변하게 된다. 인간의 모든 활동은 그 안에서 일어나는 그리스도의 사역을 통하여 다르게 결정되고, 또 심지어 모든 인상조차 다르게 수용된다.[47] 이런 과정이 한 사람 안에서 일어나듯이 또한 그것은 세상 안에서도 일어난다. 그 영향은 의식에서 의식으로 퍼진다. 이 세상에는 '새로운 중요한 원리'가 존재하게 된다. 그 과정은 지속적이다. 그것은 일종의 유기적 성장이다. 그리스도의 전체적인 효과적 영향은 단지 그리스도의 인격이 솟아나는 창조적인 신적 활동의 연속일 따름이다.[48] 슐라이에르마허는 이렇게 해서 인간을 향한 그의 가르침과 모범의 중요성을 강조하고 또 '신자들의 내적인 경험'에 기초된 그리스도의 구속사역의 '경험적인 관점'에 대한 그의 선호를 성취해 간다.[49]

그는 '다른 개인의 자의식'과 자아의 새로운 결단으로뿐만 아니라 또한 신자들이 이전에는 가지지 못했던 '종교적 인격'을 이루는 것으로 이런 중생의 결과들을 기술한다. "삶은 그것을 새로운 삶이 되게 하는 다른 형식의 지배를 받게 된다. 따라서 '새사람', '새로운 피조물'이란 말들은 '새로운 인격'이란 말과 같은 의미를 가진다."[50] "사랑과 봉사"라는 설교학적 수사로 가득 찬 설교에서 그는 이렇게 외친다. "사랑이 영혼을 사로잡자마자, 구세주에 대한 사랑에 의해 이끌린 사람에게…… 일어나는 변화는 얼마나 큰가? 그것은 그의 전 존재에 퍼지고, 그 안의 모든 것을 변화시키고, 허영심에 도움이 되는 데 사용되는 모든 것을 새로운 방향으로 이끌며, 선을 행하는 살아 있는 힘이 되도록 그것을 해방시킨다. 그 결과 그는 새로운 피조물로 선다. 그의 영혼의 모든 힘은 적극적인 순종 가운데 그

---

47) Ibid., p. 427.
48) Ibid.
49) Ibid., pp. 428-431.
50) Ibid., p. 476.

에게 영감을 주는 동기에 결합되고, 그리고 다른 것에는 복종하지 않는다."[51] 그래서 많은 요구들이 제기된다. '인간으로서의 그리스도인들'에게 요구되는 지상의 일들에 관한 인간적 집착은 만일 우리가 우리의 삶의 모든 순간과 모든 부분에서 그리스도에 대한 바른 사랑에 의해 영감을 받는다면, 우리에게 올바로 자리매김된다.

사실상 그리스도인들의 새로운 삶은 그 전체의 '성격', '방법'과 '방식'에 있어서 그것의 모범과 이상인 그리스도의 부활의 삶과 비슷하다. 그리스도의 부활된 생명이 동일한 인간 예수였듯이 우리도 새로운 삶 가운데서 동일한 그 사람으로 남는다. 즉, 보다 고차적인 삶의 불길이 우리 안에서 일어나면서 또한 우리의 이전 상태에 대한 기억이 우리 안에 현재한다는 점에서 그렇다. 그것은 감정과 정서만이 새로워진 삶이 아니라 그리스도에 의해 '영원한 생명의 음식물'로 공급된 행동의 삶이다. 그러한 행동의 삶 속에서 (변화된) 각 사람은 "그의 새로운 삶(중생)이 다른 사람들에게 납득이 되게 할 뿐만 아니라 그것으로 그들에게 영향을 미치려고" 노력한다.[52]

슐라이에르마허는 때때로 성화를 향한 과정이 자연적인(natural), 즉 단순히 예수의 보편적인 영향과 자극을 수용하는 상태에 놓이는 것이라고 말한다. 그러나 그 문제는 보다 복잡하다. '옛 사람'의 죽음은 필연적이고, 죄에 대항한 투쟁이 존재하고, 그 과정은 천천히 진행될 뿐만 아니라 기껏해야 점차로 개선되고, 또 완전은 하나의 가능성이면서 아주 드물게 이루어진다고 슐라이에르마허가 믿었다는 점을 뒷받침해 줄 충분한 증거가 있다.

교의학에 관한 하나의 방대한 저작에서 예상될 수 있는 것처럼, 「기독교 신앙론」에서의 회심에 대한 슐라이에르마허의 취급은 성경의 언어가

---

51) *Selected Sermons of Schleiermacher*(New York, n. d.), p. 203.
52) Ibid., 로마서 6 : 4~8을 본문으로 한 부활절 설교인 "Christ's Resurrection an Image of our New Life," pp. 266-278의 p. 270과 pp. 272-273으로부터의 인용으로, 이 설교는 중생(new life)에 대한 슐라이에르마허의 관점을 이해하는 데 중요한 자료이다.

그다지 비신화화되지 않은 몇몇 설교에서 나타나고 있는 것보다는 훨씬 덜 극적이다. 그는 그의 교의학에서 "심정의 후회와 변화의 결합"인 회개와 신앙이 중생의 시작이라고 주장한다. 자신의 과거의 죄 된 삶에 대한 후회는 "그리스도의 완전에 대한 비전"으로부터 생겨나서는 "죄 된 삶의 교제를 지속적으로 버리는 노력"과 "그리스도로부터 오는 영향을 받으려는 갈망"으로 이끈다. 신자들 속에서 작용하는 완전하고도 효과적인 신의 은혜를 나타내는 후회와 신앙이 결합되어 있는 심정의 변화(그것은 그리스도의 완전과 복된 상태의 전유이다.)가 존재한다. 그리스도와의 교제 속으로 받아들여질 때, 중생을 야기시키는 "즉각적인 활동"이 일어난다.[53]

1814년에 출판된 요한복음 3 : 1~8을 본문으로 한 삼위일체 주일 설교에서 슐라이에르마허는 '중생'이라는 성경의 용어를 사용한다. 그 어떠한 문화적인 자기 고양이나 자기 정화의 노력도 영적인 삶을 만들어 내지 못할 것이다. 중생과 더불어 시작할 때에야 비로소 완전히 다르고 새로운 삶으로 나아갈 것임에 틀림없다. "우리의 실존의 시작과 우리의 현재의 삶, 그리고 목표들 사이에는 탐욕이 지배했었던 시간이 가로놓여 있다. 그 시간에 탐욕은 죄를 잉태했고 죄를 낳았다. 그 때에 중생한 사람이 지금 사랑하고 순종하는 생명의 영의 법은 아주 멀리 떨어져 있었고 낯선 상태로 존재했다. 중생이 시작되기 위하여 옛 사람은 죽어야 한다. 중생의 시작은 거듭남(new birth)이다. 누구든지 그리스도 안에 있으면 새로운 피조물이라. 보라 옛것은 지나고 새것이 되었도다."[54]

비록 결국에는 이 주제가 예수에게서 오는 선한 영향들을 통한 점차적인 성장의 언어에 종속될지라도 슐라이에르마허는 분명히 한 사람의 삶의 과정에서의 변화, 즉 회심을 해명하려고 했다.

그는 또한 중생과 성화에 대한 방대한 요구들을 지시하는 귀절들에도 불구하고 옛 아담과 새 아담 간의 연속성을 인식하고 있었다. "심지어 성화에 있어서도 성장은 옛 아담과 새 아담 간의 예비적인 갈등 없이는 일어

---

53) *The Christian Faith*, pp. 480-495.
54) *Selected Sermons*, pp. 88-89.

나지 않기 때문에 이 갈등은 그 전체 과정의 그 어떤 한 점에서도 후자(새 아담)의 힘의 증대와 전자(옛 아담)의 힘의 감소로 간주될 수 없다. 우리 주변의 죄악 된 일상의 삶의 영향을 통하여 우리 자신의 죄악성은 항상 다시 발동된다."[55] 그러나 "죄는 완전히 없애 버릴 수 없다."는 사실에도 불구하고, 죄는 사라지는 과정 중에 있는 그 어떤 것으로 여전히 남아 있고 그 어떤 새로운 근거를 지닐 수 없다. 사실상 설교의 언어로 말해서 이전 삶의 남아 있는 흔적은 우리 모두로 하여금 "생명을 주는 하나님의 부름이 우리 안에서 일으킨 위대한 변화를 더욱더 분명하게" 인식하게 하고, 그 결과 우리의 구원에 대한 "진심으로부터 우러나오는 최상의 감사"를 불러일으킨다.[56]

그리스도인의 자아 안에서 일어나는 점진적이면서도 진보적인 변화의 성격은 슐라이에르마허에 의해 계속해서 반복적으로 진술되었다. "그리스도와의 살아 있는 교제 안에서 중생한 자의 본성적인 능력이 그리스도의 뜻대로 주어지는 동안, 그리고 그것에 의해 그리스도의 완전과 복된 상태에 유사한 삶이 잉태되는 동안에도"[57] 변화가 즉시 일어나지는 않는다. 그것에 앞서 거듭남(new birth)이 있게 되는데, 거듭남은 '그리스도가 주신 희생'의 결과이다. "그들은 중생 속에서 실제로 성화될 수 있고, 죄에 대한 양심(의식)과 죄책감이 그들로부터 떨어져 나가고, 그들이 하나님의 자녀들의 자유에의 참여자들이 될 수 있게끔 이 마지막 순간에야 영원히 완전해진다. 즉, 진실로 선한 것 가운데서 진보가 일어날 수 있는 유일한 입장이다."[58]

진보는 인간이 그리스도에 참여함으로써 가능하다. 그러나 이런 교제에는 점진적인 진보가 있다. "정말 오직 주님의 새로운 삶보다 이 지상의 불완전의 흔적을 아직도 경험하면서 그것은 얼마나 점진적으로 우리 안

---

55) *The Christian Faith*, pp. 507-508.
56) *Selected Sermons*, p. 271.
57) The Christian Faith, p. 505.
58) *Selected Sermons*의 성금요일 설교인 "The End of all Sacrifices," p. 264.

에서 능력을 얻고, 성장하며 강해지는가? ……이런 새로운 삶의 현현이 처음에는 얼마나 자주 중단되고, 그것의 활동영역은 얼마나 제한적인가! …… 그러나 그것이 강해지는 것에 비례해서 이런 새로운 삶은 단순히 환영 같은 삶이라는 인상을 덜 주어야 한다…….'' 비록 완전히 지속적인 상태로써의 이런 새로운 삶을 결코 인식할 수 없을 때에도, 그리고 우리 각자가 친구들 가운데서, 그리고 세상에 대한 염려와 집착 가운데서 너무나도 자주 그것을 보지 못할 때에도, 우리는 새로운 삶 가운데서의 이런 성장에 대하여 염려해서는 안 된다. 그 효과는 우리 안에서 계속해서 확대될 것이고, 이런 효과를 인식하는 사람들의 무리도 이 세상 안에서 계속해서 확대될 것이다. 설교자의 언어는 설령 설득적이지 않을지라도, 그것을 매우 생생하게 한다. "그것에 대한 희미한 예감이 그의 영혼 속에서 일어나자마자, 그가 세상의 사멸하는 악한 것들에 더 이상 기뻐하지도 만족하지도 않는 지경에 이르자마자 그의 영혼이 최초의 하늘의 빛줄기를 흡수하자마자 그의 눈은 열려서 이런 삶을 인식하고, 의를 섬기는 삶이 죄의 노예로 사는 삶과 얼마나 다른지를 깨닫게 된다."[59]

「기독교 신앙론」에서 슐라이에르마허는 보다 건조한 산문체로 이 점을 밝힌다. "시간경험의 내용은 중생의 전환점을 기준으로 하여 그러한 위기보다 선행했던 과거로부터 더욱 멀리 벗어나서 그리스도에게서 흘러오는 자극들과 순수하게 조화를 이루는 방향으로 근사하게 접근하는, 따라서 그리스도 자신과 구별될 수 없는 상태에로 접근해 가게 된다."[60] 죄는 한편으로는 완전히 제거될 수 없지만 항상 사라지는 과정에 있는 그 무엇으로 남는다.[61] 그러나 새로운 삶의 맹아는 '모든 선행' 가운데서 자라고 열매 맺는다. "모든 선행은 신앙의 자연적인 결과이고 그 자체로서 하나님이 기쁘게 여기시는 것들이다."[62] 이런 새사람의 삶의 과정은 그

---

59) Ibid에 들어 있는 설교인 "Christ's Resurrection an Image of our New Life"의 pp. 272, 275, 276에서 인용.
60) Schleiermacher, *The Christian Faith*, p. 506.
61) Ibid., p. 507.
62) Ibid., p. 517.

리스도의 영향에 대한 그의 개방 속에서, 그리고 그 나라를 위한 그의 활동 속에서 계속된다.

슐라이에르마허의 새로운 삶에 대한 견해 속에는 그 기저를 이루는 사고양태가 있는 것처럼 보인다. 하나님은 말씀하고 인간은 듣는다. 하나님은 명령하시고 인간은 순종한다. 그 결과 하나님과 인간 간의 불연속성을 강조하는 비유를 사용하는 사고양태와는 대조적으로 슐라이에르마허는 예수의 완전한 신 의식으로부터 그를 받아들일 준비가 되어 있는 사람들의 인격에로 퍼지는 자극과 영향이라는 언어를 사용한다. 슐라이에르마허가 사용하는 열매를 맺는 씨앗이라는 은유는 또한 성장, 연속성, 점진적인 변화를 강조한다. 사실상 그의 설명은 다른 사람들에 대한 어떤 개인들의 영향과 그리스도인들이 서로에 대해 개방적일 때 예수가 그리스도인들에게 미치는 영향을 현저한 수준으로까지 끌어올린다는 의미에서 거의 사회심리적이다. 예수로부터 현재의 우리에게로 이르는 인과관계의 연결고리가 있다는 의미에서 그것은 역사적인 설명이다. 인간의 타고난 능력과 역사의 과정은 구속주의 영향에 의해 바꾸어진다.

이런 구조 안에서 이른바 슐라이에르마허의 '경험' 지향성과 함께 교회는 중심적인 기능을 지닌다. 새로운 삶을 만들어 내는 영향들을 매개하는 것은 인간적 및 역사적 공동체이다. 대부분의 개신교 신학자들에게서 보이는 것 이상으로 슐라이에르마허에게는 교회가 그리스도인의 도덕생활에 있어서 '영향들'의 전달자로서, 그 결과 '새로운 인격', '새로운 공식' 아래 있는 삶의 형성자로서 중심적인 역할을 수행한다. 이런 점에서 슐라이에르마허는 호레이스 부쉬넬(Horace Bushnell)과 뉴만 스미스(Newman Smyth)와 같은 사람들을 통하여 미국 개신교인의 삶과 사고에 영향력을 미친 관점을 만들었다.[63]

---

63) 이런 관심에 대한 최근의 탐구를 알아보기 위해서는 Gustafson의 *Treasure in Earthen Vessels : The Church as a Human Community*(New York, 1961) ; "The Church : a Community of Moral Discourse," *The Crane Review*, vol. 7, pp. 75-85(1964), 그리고 "The Voluntary Church : A Moral Appraisal," in D. B. Robertson, ed., *Voluntary Associations*(Essays in honor of James

새로운 삶의 성장에 대한 슐라이에르마허의 견해에 대한 설명은 교회가 기능하는 방식에 대한 분명한 암시를 준다. 슐라이에르마허는 공동체에서의 '공통의 영'(common spirit)이라는 관념을 중심적으로 사용한다.

그는 인간 집단들의 '집단적인 인격'(corporate personality)이라는 관념주의적인 개념을 사용하는데, 이 개념은 독일에서는 딜타이(Dithey), 트뢸치(Troeltsch), 그리고 기르케(Gierke)에 의해, 프랑스에서는 뒤르껭(Durkheim)에 의해, 그리고 영국에서는 어네스트 바커(Ernest Barker)가 가장 최근에 회원이 된 모임에 의해 다양하게 정제되고 한정된 채 자세히 설명되었다. 사실상 슐라이에르마허에게 있어서 '성령'이란 표현은 도덕인격으로서의 그리스도인의 교제의 생명력 있는 연합이란 뜻으로 이해되어야 한다. 그리고 이것은 엄격하게 법적인 모든 것은 이미 배제되었기 때문에, 우리는 이것을 그것의 공통의 영이란 귀절로 명시할 수 있다.[64] 기독교 공동체에는 보편적인 내면의 영적인 생명, 즉 성령에 대해 슐라이에르마허가 '경험적' 방식으로 설명하게 된 '인격'이 존재한다.

이 공동체는 외적인 원과 내적인 원을 가지는데, 이 두 원은 새로운 삶의 형성 속에서 기능한다. "각 개인의 새로운 삶은 공동체의 삶으로부터 기원하고, 반면에 공동체의 삶은 구속주의 삶과 결코 다르지 않은 개인적 삶으로부터 기원한다."[65] 은혜의 예비사역은 외적인 교제 속에서 작용한다. 세례에서 유아들은 이런 교제 속으로 받아들여지고 그 결과 그들은 보편적인 영에 의해, 성도들과의 동료 시민으로서의 교제에 의해 조건 지

Luther Adams)(Richmond, 1966), pp. 299-322. 또한 United Theological Seminary of the Twin Cities의 James B. Nelson 교수의 훌륭한 미간행 박사학위 논문인 *The Church as Context of the Moral Life*(Yale University, 1962)를 보라. Paul Lehmann의 koinonia 윤리는 교회가 기독교인의 양심의 모체라고 상정하지만, 그는 슐라이에르마허와 다른 사람들에 의해 특징되는 일종의 '경험적' 접근에 대해 언급하면서 그것을 자세히 설명하지는 않는다. 그의 *Ethics in a Christian Context*(New York, 1963), pp. 45-73을 보라.

64) Schleiermacher, *The Christian Faith*, p. 535. "기독교회는 한 국가가 모든 것에 공통적이고 모든 것 가운데 동일한 국가적 성격을 통한 존재인 것과 동일한 방식으로 이런 한 성령을 통한 존재이다"(p. 563).
65) Ibid., p. 525.

워진다. 그것은 그들을 외적인 원으로 끌어들여서는 그들의 신앙이 각성될 때까지 거기에서 머물게 한다.[66] 내적인 원은 성화의 상태 속에서 살아가는 모든 사람들, 즉 "점점 더 그들의 보편적인 협력활동과 상호영향 속에서 하나가 되는 내면적인 자극을 느끼고 그리스도에 의해 세워진 새로운 공동체적 삶의 보편적인 영으로 이것을 의식하는" 모든 사람들로 이루어진다.[67] 그들은 보편적인 영을 나눔으로써 보편적인 삶을 공유한다. 사실상 그들은 그리스도의 구속하는 영향이 말씀의 설교와 성례의 시행을 통해서 퍼지듯이, 그들 서로 간의 상호작용을 통하여 확인가능한 그리스도인의 삶으로서의 그들의 새로운 삶 가운데서 자라 간다.

따라서 슐라이에르마허는 사회심리학적인 교회론을 제시하는데, 이는 도덕적인 생활의 발전에 있어서 중요한 위상을 교회에 부여한다. 교회는 유기체로서 그리스도인의 도덕성은 이 유기체의 삶의 과정의 일부분이다.[68] 기독교 윤리는 매우 논리적으로 기술적인 작업이 된다. 그것은 인간들이 어떻게 그리스도와의 교제, 교회와 세상의 교제 속에서 살아가는지를 기술한다. 그리스도인들은 그들의 공통의 영과 사랑 속에서, 그리고 인간공동체 안에서 정화하고 회복하는 활동 속에서 그들의 인격적인 중생으로 살아간다. 기독교적인 삶에 대한 슐라이에르마허의 모든 견해 속에서, 교회는 그것의 공통의 영이 세상에 속해 있는 그 구성원들의 활동 속에서 자연스런 표현을 발견하는 공동체로 간주된다.

슐라이에르마허의 설명은 그의 해석과 윤리학자들이 피할 수 없는 어떤 신학적인 주제들에 대한 해명에서 모종의 인간의 경험적인 준거를 제시하는 데 관심을 가지고 있는 사람들에게 호소력이 있다. 확실히 신비에 대한 그 어떤 의존도 없다. '경험적인 해석'은 모든 주요한 문제에 관해서 제공된다. 웨슬리처럼, 그러나 매우 다른 방식으로 슐라이에르마허는 인

---

66) Ibid., pp. 626-638.
67) Ibid., p. 560.
68) Holger Samson의 *Die Kirche als Grundbegriff der theologischen Ethik Schleiermachers*(Zollikon, 1958), pp. 15ff를 보라. 이 책은 *Die Christliche Sitte*에 나와 있는 교회의 기능에 대한 매우 유용하고도 철저한 분석을 담고 있다.

간들의 종교적인 경험 가운데서 알려진 그리스도 사역의 도덕적인 효력에 대해 변호한다.

인간에 대한 견해가 슐라이에르마허에 의해 요청되고, 그리고 그가 인간의 견해를 사용한 사실뿐만 아니라 그것의 내용도 최근의 개신교 신학에서 혹독한 비평을 받았다. 그는 인간의 자기 중심성의 깊이를 모르는 19세기의 낙관주의자로, 아니면 죄와 악을 심각하게 받아들이지 않는 신학자로 다양하게 해석되어 왔다. 신학의 일차적인 대상으로서의 하나님, 아니면 보다 정확히는 하나님의 계시로서의 예수 그리스도를 신학의 출발점으로 삼는 바르트의 관심은 슐라이에르마허의 독립적인 인간학을 매우 의도적으로 무시한다. 독립적인 인간학은 하나님의 자유가 타협되고 또 계시가 왜곡되는 방식으로 계시에 대한 인간의 반응을 위한 조건들을 설정한다. 이런 비판을 반복하는 것이 나의 관심사는 아니다. 나는 슐라이에르마허의 사상에서 그것이 보여지는 대로 그리스도인의 도덕적인 자아에 대한 이해를 비판적으로 살펴보는 데 흥미가 있다.

도덕적 자아가 관찰될 수 있는 관점들 가운데 두 가지의 대조적인 관점은 그리스도의 성화하는 사역이 도덕적 삶에 어떠한 영향을 미치는지를 해석하는 데 있어서의 아주 폭넓은 분파(ramifications)를 가지고 있다. 하나의 관점은 슐라이에르마허의 것인데, 그것은 다음과 같이 유형화될 수 있다. 즉, 자아는 그 행위 속에서 그것이 자신의 과거의 경험과 연상들(associations)을 통하여 축적해 온 개인의 역사를 표현한다. 두 번째의 관점은 칸트의 것인데, 내가 보기에 그것은 바르트의 것이고 또 실존주의자들의 것으로 다음과 같이 유형화될 수 있다. 즉, 자아는 그 행위 속에서, 열려 있는 현재와 미래의 정언적인 명령(칸트) 혹은 하나님의 명령(바르트)과 마주하면서, 또 미래를 결정할 이런 자유로부터 행동하면서 그것의 현상적인 역사에 의해 결정되지 않는 자유로운 자아이다.

지금 문제가 되고 있는 내용을 명료하게 하기 위하여 이념적-유형적인 양태를 계속해서 견지하려면, 먼저 시간뿐만 아니라 공간을 가로지르는 자아들 간의 연속성에 대해 강조해야 한다. 나의 가계, 지역문화, 학교들,

그리고 나의 '매력적인 선생님들'(예수가 어떻게 이해될 수 있는지에 대한 슐라이에르마허의 설명 가운데 하나를 언급하는 것)을 통하여 내게 영향을 미치게 한 사회문화사에 의해 나는 조건 지워진다. 나는 동료들과 학생들, 내 아내와 아이들에 의해 조건 지워진다. 이런 모든 것들이 나로 하여금 그들에게서 내게 오는 자극들과 영향들로써 나를 지탱시킨다.[69] 자아와 공동체와의 관계를 유기적인 방식으로 생각하는 것이 적합하다. 파종된 씨는 환경의 조건에 의해 영향을 받으면서 열매를 맺는 식물로 자란다. 이런 것들이 자아에 미치는 영향들이고, 그리고 그 안에 파종된 씨앗들은 열매를 맺는다. 따라서 그 행동은 삶의 과정의 자연적인 결과들이다.

그러므로 이런 유형에서 그리스도 사역의 의미(significance)는 인격을 형성하는 능력을 지닌 씨앗들, 영향들, 자극들 속으로 흡수된다. 이것은 이런 영향들에 대한 자아의 동의 없이는 일어나지 않고, 그리고 확실히 신앙은 그리스도인이 그리스도의 신 의식에 참여하는 특수한 형태의 이런 동의이다. 따라서 공동체, 그리스도인의 경우에 있어서 교회는 사회적이고 또 인격적인 기능을 수행한다.

두 번째 유형에서 자유롭고 규정되지 않는 '본체적'(noumenal) 자아와 인과과정 속에 있는 '현상적'(phenomenal) 자아 간에 모종의 구분이 이루어진다(칸트). 혹은 '참된' 자아와 심리학, 신경학, 그리고 철학이 기술하는 자아 사이에 동일한 구별이 이루어진다(바르트). 이런 유형에 있어서 자아는 그 과거로부터 현재로 나아가는 역사적 삶의 과정의 마지막 산물로 보여지기보다는 계기들, 사건들, 그리고 결단들 간의 불연속성을 지닌 근본적인(radical) 자유를 지닌 존재로 보여진다. 사실상 그것은 그 결단이 그 역사에 의해 미리 결정되지 않는 선택들과 조건들을 지닌 채 현재에

---

69) *Mind, Self, and Society*(Chicago, 1934)의 자아에 대한 George Herbert Mead의 이론은 이런 유형에 속할 것이다. 여기서 나의 관심은 미드의 경우에서 자아의 기원에 관한 분석이다. 만일 그의 입장이 승인된다면 그것은 도덕적 자아를 이해하기 위한 함축들을 지닌다. 이런 문제들에 대한 나의 논의를 확인하기 위해서는 *Treasure in Earthen Vessels*의 부록으로 첨가(pp. 113-137)된 "Time and Community : A Discussion"을 보라.

서 뒤를 향할 때 보여지거나 혹은 아마 앞 혹은 미래로부터 현재를 응시하면서 "나는 도대체 무엇이었지?" 혹은 "나는 뭐지?"라고 묻는 대신 "나는 무엇이 될까?"라고 물을 때 보여진다. 그것의 비결정성의 정도는 오히려 그것의 결정됨의 정도보다 강조된다. 그것은 과거로부터 오는 것을 현실화하기보다는 새로운 것을 창출한다. 그것은 자신을 표현하기보다는 오히려 명령에 순종한다.

이런 유형 속에서 그리스도의 사역의 의미는 복합적인 인과과정 속에서 하나의 원인일 수 없고, 지배적인 원인이 될 수조차 없다. 왜냐하면 자아는 일차적으로는 인과적 및 조건적인 방식으로 생각되지 않기 때문이다. 신앙은 교회를 통하여 역사적으로 매개된 인격을 형성하는 영향에 대한 승인일 수 없다. 교회는 사회화하는 인격형성의 기능을 수행하기보다는 하나님에 대한 신뢰의 반응을 불러일으킬 복음을 선포하는 기능을 수행한다.

그리스도의 성화하는 사역의 인간을 향한 영향에 대한 이해는 각각의 유형마다 필연적으로 다르다. 첫째는, '자연적인 능력들'의 중생 혹은 변화를 설명할 수 있다. 만물에 스며들어 있는 새로운 근본적인 동기부여가 있거나 혹은 부쉬넬의 경우처럼 만물의 방향을 새롭게 설정해 주는 새롭고도 적절한 사랑이 있다. 웨슬리 또한 비록 19세기의 신학자들에 의해 사용된 유기적인 유비는 사용하지 않았지만, 의도와 다른 측면들에 있어서의 변화를 주장했다. 천성적으로 주어진 것은 은혜에 의해 삶의 새로운 힘, 새로운 능력으로 변화된다.

두 번째 유형에서 비록 예수 그리스도에 의해 극복되기는 하지만, 하나님과 인간 사이의 괴리가 여전히 존재해 슐라이에르마허가 자주 사용하는 영향이라는 언어는 완전히 배제된다. 바르트에게 있어서는 슐라이에르마허의 경우와 마찬가지로 그리스도에게 참여한 그리스도인은 그와 연합되지만, 이것은 웨슬리와 슐라이에르마허가 주장하는 도덕적 자아의 상태에 대한 거의 예측 가능한 결과로 나아가지는 않는다. 바르트가 한 말의 분위기를 전해 주기 위하여 내가 상세하게 인용한 생동감 있는 인용문에서 그는 다음과 같이 말한다.

> 자, 정직하자. 신약성서에서 인간의 회개에 대해 말한 것, 그리고 우리가 신약성서를 가지고 말하지 않으면 안 되는 것을 우리 자신, 당신 그리고 나, 이러저러한 그리스도인에게 관련시킨다면 그것은 불가피한 과장과 심지어는 환상을 야기시키게 될 것이고, 또 우리들이 분석하거나 혹은 주장하는 방식에 의해 개별적인 그리스도인들 혹은 그리스도인 일반의 심리학적-물리학적 조건들이나 자극들이나 경험들에 대한 진술의 형식으로, 아니면 그리스도인의 삶에 대한 일반적인 혹은 전문화된 묘사의 형식으로 그것을 도입하려고 우리가 애쓰면 쓸수록 그것은 불가피한 과장과 심지어는 환상을 야기시킬 것이다. 우리의 회심도 거의 없고, 회개도 거의 없고, 회복도 거의 없고, 끝과 새로운 시작도 거의 없으며, 변화된 삶이 거의 없다면, 설사 우리가 광야에서 혹은 수도원에서, 혹은 최소한 콕스(Caux, 스위스에 소재한 도덕재무장 운동본부의 지명)에서 그것들을 경험하는 것이 도대체 무슨 소용인가? 인간의 회개가 신약성경에서 기술되어 있는 커다란 범주들과 우리 자신의 내적, 외적 삶에서의 이에 상응하는 사건 간의 관계는 그 가장 최선의 경우에 있어서조차 얼마나 허약한가![70]

웨슬리와 슐라이에르마허 모두 신약성서의 주장들을 일종의 적극적인 문자주의에 입각하여 받아들이고 있는 데 반하여, 바르트는 그리스도인들 중에서 그것들을 문자적으로 받아들이는 것을 보증하는 그 어떤 경험적인 증거도 발견하지 못한다. 따라서 이런 진술들이 진리인지는 충동적 방식들과 경험적인 방식들과는 다른 방식으로 다루어져야만 한다. 왜냐하면 바르트에게 있어서 인간은 죄인이면서 동시에 의인—전적으로 죄인이면서 동시에 의인이라는 것이지, 약간은 죄인이고 약간은 의인이라는 것이 아니다—이기 때문이요. 부분적으로는 성화와 같은 신학적인 용어들이 직접적으로는 예수 그리스도(그는 성화된 인간이다.)를 가리키고 단

---

70) Barth, *Church Dogmatics*, Ⅳ/2, pp. 582-583.

지 간접적으로만 우리 자신을 가리키기 때문이요, 그리고 부분적으로는 그 가운데 하나님의 은혜와 명령이 주어지고 또 듣고 순종할 자유를 지닌 '참된 인간'에게 들려지지만, 심리학적-물리학적 상태의 변화를 야기시키지는 못한다는 바르트의 자아에 대한 견해 때문이기도 하다. 우리가 회심과 성화에 대해 말하는 내용은 '간접적으로' 그리고 '진정으로' 우리에게 해당된다. 그러나 만일 우리가 더 많은 것을 요구하고 붙잡으려고 한다면, 우리는 틀림없이 훨씬 더 적은 것, 아니 아무것도 얻을 수 없을 것이다.[71] 바르트에게 있어서 변화가 인간적인 방식으로 의미하는 것은 무엇인가?

그는 역설적으로 놀랍게 이런 주장을 한다. 새로운 형식의 인간의 실존은 그가 하나님의 충성스러운 계약의 동반자로 살아갈 때 주어진다. 인간은 특별히 새로운 '방향'을 부여 받음으로써 그리스도의 성화를 반영하고 또 증거한다. 이것은 특별하고도 새로운 상황에 대한 지지와 그가 특별한 태도를 가지게 하는 교훈으로 이루어져 있다. 이런 방향은 말하자면 그것이 주어지는 그 사람들의 삶 속에 수직적으로 떨어지고 그 자체로 신적인 능력을 지닌 채 효력을 발휘한다. 바르트는 '씨앗' 비유 속으로 들어가는데, 내가 보기에 만일 그가 그것을 이용했다면 그는 많은 내용을 변경시켜야만 했을 것이다. 즉, 그것은 파종되고 또 자라나는 새로운 삶의 씨앗이다. 사실상 이런 새로운 방향은 그것이 주어지는 사람들의 존재 전체에 있어서 지배적이고도 규정적인 요인이 된다. 그것은 죄와 위협적인 그것의 모습을 근본적으로 상대화함으로써 '그들의 죄인 됨'에 대한 한계를 설정한다. 이런 방향설정을 가능하게 하는 교훈은 눈을 들어 생명의 주인 예수를 바라볼 때 주어진다. 그것은 새로운 인간이 될 "의지적인 자발성과 기꺼움, 용기와 기쁨"을 준다.[72]

그러면 문제는 새로운 삶에 대한 그러한 놀라운 주장이 바르트에 의해 한편으로는 그에 의해 새로운 삶에 대한 신약성서의 구절들이 과장과 환

---

71) Ibid., p. 583.
72) Ibid., pp. 511-533.

영의 낌새가 보인다고 주장됨에도 불구하고 제시될 수 있는가이다. 한 가지 이유는 바르크의 신학에서는 자연적으로 해석되는 그리스도와 인간 간의 연속적인 관계로써의 자아에 대한 견해를 발견할 수 없다는 것이다. 친교의 관계성이 존재한다는 점이 바르트에 의해 긍정되지만, 그러나 그는 대화, 즉 말하고 듣는 상태에 있는 하나님과 인간에 대한 그의 근본적인 견해를 위반하는 방식으로 그것을 설명하려고 하지 않는다. 듣고 믿는 사람들에게는 새로운 방향설정이 이루어진다. 그리고 이것은 근본적인 새로운 결정이지만, 그렇다고 경험과 삶의 과정의 변화는 아니다. 2장에서 언급된 부분에서처럼 인간의 성화에 대한 바르트의 논의에서, 인간은 그의 삶의 새로운 방향설정에 의해 객관적으로 성화된 자(예수)를 증거하고 반영한다. 그는 예수로부터 오는 영향들을 통한 그의 의도들과 행위들의 회심의 자연적인 결과를 가지고 살아가는 것이 아니다. 새로운 결정이 존재하지만, 그것은 위로부터 수직적으로 임하지 한 사람의 개인적인 역사를 통하여 수평적으로 임하는 것이 아니다.

바르트는 자아에 대한 그의 견해와 계시의 온전성을 보존하려는 그의 관심을 통하여 기독교 신앙의 영향이 도덕적 행위에 미치는 것을 비신학적인 언어로 정확하게 진술하는 과제를 회피한다. 이런 주장은 약간의 제한을 필요로 하는데, 왜냐하면 새로운 방향설정과 태도가 존재하기 때문이다. 그러나 그는 그러한 변화가 '어떻게' 이루어지는지를 설명하려고 애쓰는 데는 관심이 없다. 슐라이에르마허는 그가 사용하는 언어가 그의 시대가 그랬던 것처럼 우리 시대에는 받아들여지지는 않을지라도 적어도 인간의 자아가 어떻게 규정되고 신앙에 의해 변경되는지를 보여 주는 장점을 지니고 있다. 그러한 자아가 존재한다는 사실, 실제로 바르트 자신이 그러한 자아라는 사실을 우리는 충분히 받아들일 수 있다. 기독교 가정, 교회와 그 삶의 영향, 성서적인 메시지에 대한 승인과 개방의 영향은 삶의 방식에 영향을 준다. 바르트는 이런 과정에 '신앙'의 존엄성을 부여하기를 원하지 않을 뿐더러, 그것의 설명에 '신학'의 존엄성을 부여하기를 원하지도 않는다.

슐라이에르마허는 비록 그의 주장들이 과장되어 있기는 하지만, 기독교 신앙에서의 도덕생활에서 일어날 수 있는 것을 우리가 이해하는 데 도움을 준다. 자아에 대한 그의 견해는 기독교적인 도덕생활을 이해하는 데 있어서 결함을 지니고 있다. 성 바울에게서 보여지는 죄와 은혜의 미묘함은 마치 새로운 삶이 시간상으로 옛 생활을 대체하거나 혹은 마치 건강한 혈구가 건강하지 않은 혈구와 싸움에서 이기는 것이 불가피한 것처럼 다루어진다. 신약성서의 메시지는 단순화되어 있지 않다. 인간의 경험을 표현하기 위하여 생동감 있는 긴 문장을 정확하게 인용할 때에 바르트가 옳다. "거의 회심할 줄 모르는 우리는 도대체 무엇인가?" 자아탐구는 웨슬리뿐만 아니라 슐라이에르마허에 의해 제기된 근본적인 주장이 과장이라는 점을 드러낸다. 기독교적인 경험은 이들 신학자들이 주장하는 것처럼 분명하게 연속적이거나 혹은 온전한 변화가 아니다. 우리의 자연적인 행위들은 슐라이에르마허가 그것들이 구속적일 것이라고 인용한 것만큼 그렇게 구속적이지는 않다.

또한 기독교적인 자아를 이식시점(point of implantation)으로부터 열매를 맺을 때까지 발생학적으로 관찰하는 것은 도덕적 경험의 단지 한 면에 대해서만 정당하다. 양심적인 사람은 결단들을 내려야 할 상황에 직면하는데, 그러한 결단들 가운데 선택들이 주어지고, 그 결과 심지어 그들의 축적된 은혜 받은 경험보다 훨씬 그 이상에 대한 의존을 필요로 하는 선택들을 내리게 된다. 이미 형성된 우리들의 삶은 태도와 방향을 바르게 부여해 줄 수도 있지만, 행동하는 순간에 주어지는 자유의 정도에 대한 결정 착수와 통제의 능력은 우리가 형성해 온 것(인격)에 대한 의존보다 훨씬 그 이상을 필요로 한다. 여기서 슐라이에르마허는 우리가 곧 다루게 될 주제인 모범으로서의 그리스도를 지니지만, 다른 요소들이 고려사항 속에 포함될 필요가 있다. 직설법뿐만 아니라 명령법이 개입된다. 무엇이어야 할 그리고 무엇이 되어야 할 당위성, 다른 사람들에 대한 책임성과 순종 또한 경험의 일부분이다. 예수 그리스도는 이런 면들에서도 도덕적 삶에 중요하다.[73]

그리스도와 인간 본성의 회복

그리스도인들은 어떤 사람이 되어야 하고, 또 도덕적 삶에서 어떤 행동을 해야 하는가를 물을 경우에 그들은 그리스도께서 자신들을 위해서 행하신 일과 그 결과, 그리고 자신들이 행해야 하는 일에 대한 상세한 설명을 위해 가톨릭 전통에 기댈 수 있다. 신약성서는 새 인간이 되는 것에 관하여 말하고 있지만, 그 새로움이 새 전망, 새 동기, 새 영, 새 덕, 새 법 아래에서의 삶 또는 다른 어떤 것, 아니면 이것들과 다른 것들의 조화를 언급하고 있는지 아닌지를 성서에서 구별하는 것은 어려운 일이다. 슐라이에르마허는 새 의식(new consciousness)에 관한 다양한 암시 속에서 변화되는 것을 다루고 있고, 발생한 일과 그 일이 일어나는 방식을 '경험적'으로 해석한다. 웨슬리는 도덕언어—새로운 의도, 죄로부터의 해방 등—에 더 분명하게 의존하고, 또 그것이 회개를 통하여 일어난다고 생각한다. 가톨릭은 신약성서 사도바울의 해석자인 어거스틴에 근거한 해석체계서를 생각했다.

은혜의 사역에 관한 토마스 아퀴나스의 주석에서 어거스틴에 대해 많이 언급되는, 특별히 「문자와 영」(*The Letter and the Spirit*)이 많이 언급되는 것을 확인할 수 있다. 전통에 대한 기본적인 텍스트는 그 논문으로부터 돌출될 수 있다. "왜냐하면 본래 우리 안에 있었던 하나님의 형상을 우리 안에서 새롭게 하는 것은 성령의 은혜의 사역이기 때문이다. 이 은

---

73) Paul Lehmann의 설명은 직설법을 기독교윤리학을 위해 적절한 것으로 설정한다. 그리고 그는 양심의 변화에 있어서 교회에서 중요하지만 그러나 잘 설명되지는 않은 역할을 부여한다. 그리스도인들은 "하나님이 이 세상에서 행하시는 것에 대한 상상력 차원에서와 행위적인 차원에서의 예민성"을 가져야 한다고 믿게 된다. 그들은 그들이 해야 할 것의 "환경과 방향에 대한 분명한 이해"를 부여받는다. Lehmann의 *Ethics in a Christian Context*, pp. 116-117. 그는 새로운 '동기부여' 등에 대해 말한다. 그러나 그는 바르트처럼 이것을 '경험적인' 방식으로 이해하려고 하는 데에는 관심이 없다. 적어도 슐라이에르마허는 그가 취하는 길이 만족스럽든지 그렇지 않든지 간에 그러한 위험을 기꺼이 감수하려고 한다.

혜의 성령의 사역으로 '자연에 의해'(by nature) 우리는 만들어지는데……
자연은 은혜의 부정이 아니라 은혜가 자연의 완성이다."[74]

토마스는 아리스토텔레스에게서 물려받은 모든 구분들을 통해서 이것을 설명하지만, 히포의 주교(어거스틴)에게서 물려받은 기본적인 본문을 그렇게 많이 변경시킨 것은 아니다. 물론 현대의 가톨릭 신학자들은 통전적인 전통의 상속자들이다. 여기서 우리는 현대의 두 명의 도덕신학자와 평신도 철학자 한 명의 저작을 살펴볼 것이다. 먼저, 제라르 질르망(Gerard Gilleman, S. J.)은 그의 책 「도덕신학에서 사랑의 우월성」(*The Primacy of Charity in Moral Theology*)에서 토마스주의적인 틀 안에서 "성화하는 은혜는 우리의 실체에 덧붙여진 또다른 실체가 아니라 이런 실체로 하여금 그 자체를 통전적으로 유지하면서도 신성화될 수 있게 하는 우리 존재의 완성과 심화라는 점을 보여 주려고 의식적으로 노력하고 있다."[75]라고 말한다.

사랑은 모든 덕목들의 형식으로, 의지가 모든 도덕행위 속에서 일어나는 일체의 능력들을 명령하듯이 모든 덕목들에게 명령을 내린다. 버나드 해링(Bernard Häring) 신부는 다소 덜 전문적으로 쓰여진, 그러면서도 광범위하게 영향을 미친 책 「그리스도의 법」(*The Law of Christ*)에서 전통적인 토마스주의적 틀을 그리스도 안에 있는 존재에 대한 바울의 강조와 결합시킨다. 그는 그리스도인의 도덕이 어떻게 그리스도의 승리로부터 흘러나오는 삶인지를 보여 준다. "우리의 삶은 무엇보다도 그리스도 안에 있는 삶이어야 한다. 도덕신학의 이런 본질적인 방향설정은…… '하나님의 자녀들의 신비'를 향한다. 그것은 성례들을 통하여 그리스도 안에 있는 우리의 전 존재의 신비적인 확인(identification)이요, 우리 안에서의 신적인 생명의 현현이다."[76] 디트리히 폰 힐데브란트(Dietrich von hildebrand)는 그의 책 「그리스도 안에서의 변화」(*Transformation in*

---

74) "The Letter and the Spirit," 47(27), Later Works, ed. Burnaby, p. 230.
75) Westminster, Md., 1961, p. 155.
76) Westminster, Md., 3 vols. 1963-66. 인용은 Vol. 1, p. vii.

Christ)의 서론을 고린도후서 3 : 18을 인용함으로써 끝맺고 있다. "우리가 다 수건을 벗은 얼굴로 거울을 보는 것같이 주의 영광을 보매 저와 같은 형상으로 화하여 영광으로 영광에 이르니 곧 주의 영으로 말미암음이니라." 그는 서론을 이렇게 시작하고 있다. "하나님이 우리를 불러 그리스도 안에서 새로운 사람이 되게 하였다. 거룩한 세례 속에서 그는 새로운 초자연적 삶을 우리에게 전달하신다. 그는 우리로 하여금 그의 거룩한 삶에 참여하게 하신다. 이 새로운 삶은 단순히 우리 영혼의 감추어진 심연 속에 자리 잡은 신비로써의 휴식(repose)에로 결정된 것이 아니라 오히려 우리의 전 인격의 변화 속에서 성취되어야 한다."[77]

회복된 혹은 치유된 인간의 본성이 가톨릭 신학자들에게는 어떻게 나타나는가? 성 토마스의 저작들을 주석할 때, 그가 은혜 받은 도덕적 실존에 대하여 말한 것의 중요성을 우리가 이해할 수 있기 전에, 인간에 관한 그의 기본적인 견해에 대해 약간 묘사하지 않으면 안 된다(비록 약간의 묘사를 하되, 이 장의 목적을 위해 필요한 최소한의 정도만으로 국한할 것이다). 만일 우리가 인간의 본성의 회복이 무엇인지를 알기 원한다면, 우리는 인간의 본성이 무엇인지에 대한 견해를 가져야 한다.

인간의 본성은 그의 참된 목적, 선, 행복을 추구할 것이다. 죄인인 인간은 두 가지의 이유로 인해서 은혜를 필요로 할 것이다. 즉, 초자연적인 선과 자연적인 선을 행하기 위해서, 우리의 첫 조상이 죄 짓기 전의 천진무구의 상태에서 인간은 자연적인 온전함을 유지하고 있었다. "인간은 그의 자연적인 성품에 따라 의지하고, 그의 본성에 상응하는 선을 행할 수 있다." 그는 적절한 자연적인 질서의 목적과 삶의 행복을 지향하는 경향을 지녔다. 이를 위해 그는 마치 모든 피조물이 하나님에게 의존하듯이 최초의 동자(the Prime Mover)인 하나님의 도움을 필요로 했다. 하지만 우리의 최초의 조상은 죄를 지었다. 즉 "죄를 짓는 것은 그의 본성에 상응하는 그 어떤 존재에게 속하는 선을 행하지 못한 것 이외에 아무것도 아니

---

77) Garden City, N. Y., 1962, pp. 7-8.

다." 그 결과로 생긴 타락의 상태에서 인간은 비록 그가 부여 받은 본성상 수행할 수 있는 약간의 개별적인 선인 "거주지를 만들고 포도원을 경작하는 등의 일"에 관련된 것들을 행할 수 있지만, 그럼에도 불구하고 그가 본성에 의해 할 수 있는 것조차도 할 수 없게 되었다. 따라서 타락된 인간은 초자연적인 선을 의지하고 또 행하고, 완전한 축복의 상태에서 하나님을 명상하게 하기 위해서(아담도 이것을 필요로 했다.) 뿐만 아니라 또한 그의 죄의 결과로부터 치유되기 위하여 자연적인 능력에 초자연적으로 더해진 거저 주시는 능력을 필요로 한다.[78)]

하나님의 성화시키는 은혜에 의해 불경건한 죄인이 의로워진다. 그 결과 그는 자신의 참된 초자연적인 목적, 즉 그의 영원한 행복을 향해 나아갈 수 있다. 그러나 우리의 관심은 일차적으로는 인간의 영원한 축복의 상태에 있지 않다. 우리는 은혜 받은 삶으로써의 인간의 이 지상에서의 삶에 대해 제기된 요구들에 주목하기를 원한다. 만일 인간이 은혜 안에서 타락 이전의 아담이 할 수 있었던 자연적인 선을 비로소 할 수 있다면 도대체 그에게 무엇이 일어나서 그로 하여금 자신의 참된 지상적 목적을 추구할 수 있게 하겠는가? 만일 교황의 교서들과 다른 문서들이 주장하는 것처럼 '의지를 움직이는 것'과 '마음의 변화'가 있다면 이것은 어떻게 일어나고 또 그 결과는 무엇인가? 성 토마스의 저작에서 이런 질문들에 대한 대답을 얻기 위하여 나는 먼저 두 가지의 영역을 고찰할 것이다. 하나는 복음의 새 법과 옛 법과의 관계이고, 다른 하나는 인간의 도덕적 관습들(habits), 덕목들(virtues)에 대한 은혜의 효력이다.

새 법은 성령의 은혜로 마음속 깊이 새겨진다. 사실 새 법은 그리스도를 믿는 사람들에게 주어지는 성령의 은혜 그 자체이다. 토마스는 로마서 8 : 2을 인용한다(이 본문은 우연하게도 버나드 해링이 그의 책 「그리스도의

---

78) Thomas Aquinas, *Summa Theologica*, vol. Ⅱ. Part I, Q. 109. Art. 2 in *Basic Writings of Thomas Aquinas*, 2 vols., ed. Anton Pegis(New York, 1945), vol. Ⅱ, pp. 982-983. 필자는 다른 곳에서 훨씬 더 상세하게 설명되고 또 자주 반복되는 부분의 요약의 역할을 하는 항목(articles)을 의도적으로 인용한다.

법」의 주제를 이끌어 낸 본문이다). "이는 그리스도 예수 안에 있는 생명의 성령의 법이 죄와 사망의 법에서 너를 해방하였음이라." 생명의 성령의 법은 먼저 마음속에 새겨지고, 그 다음 신자들에게는 교훈에 필요한 성문화된 율법이다. 그것은 사람들이 무엇을 해야 하는가를 지시해 주며, 사람이 그것을 성취하는 것을 돕는다.[79] 그것은 사람들을 도와서 죄(즉, 자기의 본성과 일치하는 선을 행하지 못하는 것)를 피하게 만든다. "그러나 그것은 사람들이 죄를 짓지 못할 정도로 사람을 선으로 이끌지는 못한다. 왜냐하면 이것은 영화의 상태에 속하기 때문이다."[80] 두려움의 율법인 구약의 율법과는 대조적으로 영적 은혜는 마음 속에 사랑의 율법을 새긴다. 이런 사랑의 율법은 구약성서의 십계명의 진정한 의미를 설명하고, 아울러 그것에 더해 완전함에 대해 권고해 준다.[81]

새 법은 사람들을 빛의 자녀들로 만들어 빛 가운데 걸어가도록 한다. 이미 살펴본 대로 그것은 성령의 은혜 안에서 주로 이루어지며, 이것은 사랑을 통하여 역사하는 믿음으로 말미암아 오는 것이다.[82] 은혜의 고무시키는 작용에 의해 외적인 행동이 뒤를 따른다. 사랑을 통하여 역사하는 믿음을 분명히 지키는 행동들이 명시되어 있다. 그것에 분명하게 반대되는 행동들은 금지된다. 그러나 이것 이외에도 "법을 주신 분, 즉 그리스도에 의해 개개인들의 분별에 맡겨진" 행동들이 있다. 이런 분별의 영역에서 우리는 자유의 법으로서의 복음의 표지를 보게 된다. 그것은 구원에 필요한 것을 명시하며 단지 구원에 반대되는 것을 막지만, 다른 것들은 개인의 분별에 맡겨진다. 그리고 그것은 우리들이 은혜의 고무적 작용을 통해 그렇게 하는 만큼 우리들로 하여금 이 계명들과 금지에 자유롭게 일

---

79) Ibid., Q. 106, Art. 1, pp. 949-951.
80) Ibid., Q. 106, Art. 2, p. 952.
81) Ibid., Q. 107, Art. 2, p. 961
82) Ibid., Q. 108, Art. 1, p. 968. 나는 기독교 윤리 가운데 분명하게 토마스의 윤리학에 의해 성취된 부분을 정교하게 강조하고 있는 것이다. 이 부분들은 토마스의 윤리학에 대해 논의할 때 자주 간과되어 왔다. 그러나 이 부분의 목적과 또한 에큐메니칼 대화를 위하여 마땅히 강조되어야 한다.

치할 수 있게 한다.[83]

산상수훈은 그리스도인의 전체적인 삶의 형성에 관한 내용을 담고 있다. 왜냐하면 산상수훈 안에서 인간의 내면적인 움직임이 자신과 다른 사람들을 향하도록 명령되기 때문이다. "행해져야 할 것들을 의지하는 것과 그 목적에 대한 의도 모두 영향을 받는다. 마음속에 새겨진 법의 명령은 사람들이 본래 악한 외부의 행동들을 삼갈 것을 지시하며, 또한 악한 행위의 계기들이 되는 내부의 행위도 삼갈 것을 규정한다. 인간의 의도는 선한 행위 속에서 세속적인 찬사를 추구해서는 안 된다는 가르침의 명령을 받는다. 이웃에 대하여 그리스도인들은 성급하게 또 부당하게 판단해서는 안 된다는 명령을 받는다."[84] 사람들에게 사랑의 율법에 대해 내·외적인 행동을 일치하도록 인도하는 십계명 외에도 구속(拘束)하지는 않지만 그리스도인의 완전의 본보기—즉 부, 육체적 쾌락, 오만한 삶의 절제 같은—로 인도하는 완전에 대한 복음적인 권고가 있다.[85]

개신교가 가톨릭에 대해 비판하는 상투적인 문구, 즉 교회의 권위주의적 제도에 의해 신자들에게 부과된 엄격한 율법주의라는 비판에 반대하여, 이 주제를 문제 삼는 것은 적절하다. 신자들에게 있어서 새 법은 은혜이고 그것은 마음속에 기록된 사랑의 법이다. 흔히 루터윤리의 기초로 사용되는 문구인 "사랑으로 역사하는 믿음"은 이것에 낯설지 않다. 사실 토마스도 그것을 사용한다. 은혜가 인간의 의지 안에서 가능하게 하고 의도의 적절한 목적으로써 지시하는 것은 그것에 일치되어야 할 분명한 형태, 즉 명령을 지니고 있다. 그 계명은 예수의 가르침뿐만 아니라 보다 일반화된 "생명의 성령의 법" 안에 주어져 있다.

그 결과 은혜의 사역은 새로운 사랑의 삶을 고무시키고, 그러한 사랑의 삶이 그것을 고무시키는 은혜에 일치할 것을 명령하고, 더 나아가 구세주의 모범에 일치하도록 권면한다. 어거스틴이 그렇게도 자주 지적한

---

83) Ibid., pp. 967-969.
84) Ibid., Q. 108, Art. 3, p. 973.
85) Ibid., Q. 108, Art. 4, p. 977.

것처럼 그것은 율법의 명령을 자유와 기쁨 가운데서 수행하였다는 점에서 또 이런 사랑의 표현은 대부분의 영역에서 개인의 분별에 맡겨져 있다는 의미에서 자유의 삶인 것이다. 이와 같은 새 삶에서 인간은 개인으로서의 그의 자연적 선을 향하여 적절하게 인도 받으며 다른 사람과의 관계에 있어서도 인간이 요구하는 최소한의 것을 넘어서는 새로운 사랑의 삶을 향하여 인도 받고 그의 영혼의 구원과 영원한 복을 향하도록 인도된다.

덕목들과 관련해서 토마스는 병행적인 범례를 제시한다. 덕목에 관한 토마스의 해석은 아리스토텔레스의 「니코마코스 윤리학」에 큰 빚을 지고 있다. 전처럼 우리들은 이 부분의 목적을 위해 원전의 내용을 계속해서 설명하고 분석해 나갈 것이다. 어거스틴의 용어로는 사랑을 지니고 있는 피조물로 이해했다. 인간의 선한 행위는 적절한 대상을 향하는 경향성, 즉 대상에 대한 사랑에서 유래한다. "어떤 사물의 선은 그 사물의 목적에 달려 있다."[86] 지성, 이성의 힘은 인간행위의 적절한 목적을 결정하기 위하여 기능하고, 의지는 그 목적을 향하여 영혼의 모든 힘을 추동한다. 의지는 습관, 즉 인간의 본성과의 일치 또는 그와 같은 일치에서 유래되는 이전의 행동들에 의해 야기되는 자아의 지속적인 성향(disposition)에 종속된다. "좋은 습관은 행위자의 본성에 알맞지 않는 행위를 일으키는 습관이다. 따라서 덕이 있는 행위는 이성에 반대되기 때문에 인간의 본성에 반대된다."[87]

따라서 인간의 덕목은 인간의 본성에 일치하는 성향들이다. 덕의 행위는 자유로운 선택을 선하게 사용하는 것이며, 그것은 본성에 일치하는 목적을 선택하는 것이다. 즉, 덕은 목적에 일치하는 능력의 온전함을 나타낸다.[88] 토마스는 세 가지 유형의 덕, 즉 아리스토텔레스의 분류를 따른 지성의 덕목들과 도덕적 덕목들, 그리고 신학적 덕목들을 구분한다.

---

86) Ibid., Q. 18은 인간의 행위의 선과 악을 다룬다. 인용은 Art. 4, p. 322.
87) Ibid., Q. 54, Art. 3, p. 410.
88) Ibid., Q. 55, Art. 1, p. 413.

도덕적 삶을 논의하는 목적에 있어서 중요한 지성적 덕목들은 신중(prudence)이다. 그는 말하기를 신중이란 인간의 삶에 있어서 가장 필수적인 덕목이라고 한다. 그 이유는 선한 삶은 선한 행위 속에 있기 때문이고 또한 이것을 통해 사람은 중요한 고찰(심사숙고)에 이를 수 있기 때문이다. 즉, 사람은 무엇을 해야 하고 그것을 어떻게 하는가 하는 문제에 이른다. 선한 행동은 열정 혹은 자극으로부터 오는 것이 아니라 바른 선택에서 연유한다. 따라서 수단과 목적에 대한 적절한 반성 모두가 필요하다. 신중은 인간의 의지와 욕구(appetite)를 다스리고, 도덕적으로 적절한 목적을 행하도록 이끄는 이성에서 작용하는 지성적인 덕목이다.[89]

인간의 지성의 힘이 지성적 덕목에 의해 통제되듯이 욕망의 힘은 도덕적 덕목에 의해 제어된다. 여기서 아리스토텔레스에게 있어서와 마찬가지로 세 가지의 기본적인 덕목이 등장한다. 즉, 의지력의 완전함인 정의, 탐욕의 통제인 절제, 그리고 사람의 성급함을 제어하는 용기가 그것이다.

우리의 관심은 하나님의 은혜가 도덕적 자아에 어떤 작용을 일으키고 그것이 자아에 미치는 결과가 무엇인가 하는 것이다. 직접적으로 말해서 은혜는 신중이란 덕과 도덕적 덕에 어느 정도 의미 있는 방식으로 영향을 미치는가? 신학적 덕목들인 믿음, 소망, 사랑의 주입이 기본적인 일반적 덕목들을 부패로부터 해방시키는가? 아니면 이 주입이 인간의 초자연적인 목적에만 효력을 미치는가?

성 어거스틴은 고전적인 덕목의 중생(conversion)에 관해 분명하게 밝혔다. 그는 덕이란 "오직 하나님의 완전한 사랑 이외에 아무것도 아니다."라고 말했다. 네 가지의 기본적 덕목은 사랑의 네 가지의 형식이다. "절제는 사랑의 대상에게 자신을 온전히 주는 사랑이다. 용기는 사랑하는 대상을 위해서 모든 것을 기꺼이 견디는 사랑이다. 정의는 사랑하는 대상만을 위해 섬기는 사랑이다. 따라서 그것은 바르게 다스리는 사랑이다. 신중은 사랑을 방해하거나 도움을 주는 것을 현명하게 구별하는 사랑을 말한다."

---

89) Ibid., Q. 57, Art. 5, pp. 436-437.

그리스도인들은 바른 목적 또는 사랑의 대상, 즉 "최고선, 최고의 지혜, 완전한 조화이신 하나님"을 향해 바르게 방향을 설정하는 것이다. 기본적인 덕목들은 하나님과의 바른 관계를 통해서 새로운 방향으로 나아가는데, 그 결과 절제는 하나님을 위해서 자신을 온전하게, 순결하게 유지하는 사랑이다. 용기는 하나님을 위해 모든 것을 기꺼이 견디는 사랑이다. 정의는 하나님만을 섬기는 사랑이다. 그 결과 사람에게 순종하듯이 다른 것을 잘 다스린다. 신중이란 하나님을 향하도록 돕는 것과 그것을 방해하는 것을 바르게 구별하는 사랑이다.[90] 어거스틴의 경우에 우리가 은혜로 말미암아 사랑의 바른 대상이신 하나님에게로 향하게 될 때, 덕목들이 하나님을 섬기고 이웃과 자아를 바르게 섬기기 위해 작용한다. 인간의 참되고 궁극적인 목적이신 하나님과 인간의 일시적인 목적은 덕목들의 중생을 통하여 적절하게 기능한다.

토마스가 믿음, 소망, 사랑이라는 신학적 덕목들이 인간의 본성으로 이룰 수 없는 행복과 초자연적이고 영원한 복의 목적을 위해 인간 안에 주입되어 있다는 것을 의도적으로 보여 주려고 한 것은 확실하다. 죄로 말미암은 타락 이전과 그 이후에도 인간의 본성의 힘은 인간을 이런 목적에로 이끌어 가는 데 충분하지 못하다. 따라서 오직 하나님만이 인간을 자신에게로 바르게 인도하는 믿음, 소망, 사랑을 인간에게 부어 주신다.[91] 이런 덕목들은 인간의 본성을 초월하는 것이지만, 지성적 덕목과 도덕적 덕목은 인간의 본성을 따른다. 신학적 덕목의 목적은 인간의 이성적 인식을 초월하는 하나님 자신이고, 다른 덕목들은 인간의 본성으로도 이해가 되는 것이다. 신학적 덕목은 영원한 복을 향하도록 인간의 지성과 의지를 인도한다. 즉, 사람들이 믿어야 할 어떤 초자연적인 원리들을 제공하는 것은 소망이다. "어떤 방식으로든 그것에 의해 의지가 그 목적으로 변화

---

90) Augustine, *On the Morals of the Catholic Church*, Chapter 15, in *Basic Writings of St. Augustine*, vol. I, ed. Whitney Oates(New York, 1948), pp. 331-332.
91) Thomas Aquinas, *Summa Theologica*, vol. II, Part I, Q. 62, Art. 1, pp. 475-476.

되는 어떤 영적인 연합"을 제공하는 것은 사랑이다.[92] 발생하는 순서에서는 믿음이 나머지 다른 두 덕목을 앞서지만, 완전의 순서에서는 사랑이 가장 중요한 덕목이다.

따라서 사랑이 신학적 덕목과 기본적인 네 덕들 사이의 연계를 추동하고 완성하는 것은 바로 '영적인 연합' 안에서 이루어진다. "사랑이 다른 모든 덕목의 형식인 만큼 그것은 또한 모든 덕목의 뿌리이자 어머니이다."[93] 사랑은 도덕적 덕목을 필요로 하고, 도덕적 덕목 또한 사랑을 필요로 한다. 제라르 질르망 신부는 그의 책「도덕신학에서의 사랑의 우월성」에서 신학적 덕목들, 특히 기본적인 네 덕으로의 사랑의 침투(penetration)에 대한 주장과 자연적인 목적으로의 초자연적인 목적의 침투에 대한 주장을 전개하고 있다. "초자연적인 궁극성(finality)은 자연적인 궁극성을 억압하지 않고 오히려 그것을 심화하고 또 그것을 하나님과의 접촉으로 이끈다."[94] 신학적인 덕목으로서의 사랑(charity)은 우리의 의지를 고양시키고 그것에 궁극성을 부여할 것이다.

반면에 덕목들은 우리의 능동적인 능력의 다양성에 방향을 부여할 것이다. ……따라서 이런 덕목들의 구체적인 목적들은 모두 사랑의 궁극적인 목적에 종속된다.[95] 그리스도인들은 박애적 사랑(charity-love)에 참여하게 되고, 그 결과 그가 이런 사랑을 분명히 의식하고 있지 못할 때조차도 그는 선행을 통하여 사랑을 실행한다. "우리의 존재가 성화시키는 은혜의 의하여 하나님과의 관계 속으로 들어가는 순간, 우리의 존재는 완전히 고양된다. 은혜에 의해 본질이, 사랑에 의해 그 의지가, 덕에 의해 그 지각능력이 고양된다."[96] 실제로 질르망 신부는 사랑에 대한 인간의 본래적인 경향과 우리가 습득한 덕목들의 신성화(divinization)에 대해 쓸 수 있었다.

---

92) Ibid., Q. 62, Arts. 2 and 3, pp. 476-479.
93) Ibid., Q. 62, Art. 4, p. 480.
94) Gilleman, *Primacy of Charity in the Moral Theology*, p. 184.
95) Ibid., p. 167.
96) Ibid., p. 172.

신학적 덕목들과 도덕적 덕목들에 대한 토마스의 생각을 이해하려면 신학적 덕목들에 대한 논문들에 관심을 기울여야 한다. 그것은 "사랑이 덕목들의 형식(form)"이라는 그의 논의로부터 볼 때 명백하다. 고린도전서 13 : 13은 사랑이 없는 모든 선행은 그 어떤 유익도 없다는 점을 보여주기 위하여 인용된다. 사랑은 인간을 궁극적인 목적, 즉 하나님을 즐거워하는 상태로 이끌고, 궁극적인 목적에 근접하도록 이끄는 인간의 구체적인 행동들을 그 자신에게로 이끌어 간다. 그러나 이것은 일시적 목적을 위한 행동이 신학적인 덕목인 사랑에 의해 규율됨이 없이는 그 어떤 가치도 지니지 못한다고 말하려는 것은 아니다. 사랑이 없이는 개별적인 구체적 행위들이 진정한 것이 될 수 없다. 그래서 사람들은 상태를 보존, 예컨대 일시적인 목적을 위해 일하고, 또 그렇게 하는 가운데 참된 덕에 의해 인도된다. "그럼에도 불구하고 만일 그것이 궁극적이고 완전한 선과 관계되지 않는다면, 그것은 불완전한 것이다. 따라서 절대적으로 참된 덕은 사랑 없이는 불가능하다."[97]

예컨대 혹자는 그의 정의의 행위들과 관련해 많은 점에서 옳을 수 있다. 그러나 인간의 진정한 목적에 적절하게 관계됨—"사랑에 의존하는 그러한 관계"— 이 없는 '절대적인 정의'는 결코 존재할 수 없다. 도덕행위자 속에 있는 덕으로서의 사랑은 다른 모든 덕목들의 행위를 궁극적인 목적으로 향하게 한다. 그것은 다른 모든 행위들에 형식을 부여함으로써 그들의 효율적인 원인으로 작용한다. 다른 모든 덕목은 사랑에 의해 유지되고 양육되기 때문에 사랑은 토대와 뿌리에 비유된다. 사랑은 다른 덕목들의 목적이라고 얘기되는데, 그 이유는 다른 모든 덕목들이 그 목적인 사랑을 섬기기 때문이다. 사랑은 모든 덕들의 어머니라고 얘기되는데, 그 이유는 어머니가 타인으로 말미암아 자기 안에서 잉태하는 것처럼 궁극적인 목적에 대한 바람으로부터 사랑이 덕목들을 통하여 명령하는 그러한 행위들을 잉태하기 때문이다.[98]

---

97) Thomas Aquinas, *Summa Theologica*, II, Q. 23, Art. 7. 인용은 *Aquinas on Nature and Grace*, ed. A. M. Fairweather(Philadelphia, 1964), p. 353.

토마스의 사상에서는 자연법과 후천적으로 습득된 도덕적 성향에 기초된 일시적인 목적들의 윤리가 가능할 수 있다. 그러나 이것은 우리들이 관심을 기울이는 요점은 아니다.

하나님의 은혜를 받을 때 자연적이고 타락한 인간에게 어떤 일이 일어나는가? 그것이 우리의 관심사이다. 인간은 분명히 자신에게 적절한 궁극적인 혹은 초자연적인 목적을 지향한다. 그러나 새 법과 신학적 덕목들에 대한 은혜의 주입은 그의 시간적인(temporal) 도덕적 실존에 영향을 주는가? 우리들이 이미 살펴본 대로 은혜가 도덕적 실존에 영향을 미치는 것은 분명하다. 그리스도인의 마음에 적혀진 새 법이 있고 또 사랑은 사람들의 모든 행동과 다른 덕목들에 형식을 부여한다. 비록 은혜 받은 사람은 죽을 수밖에 없는 가장 심각한 죄로부터 자유로운 사람이지만, 토마스는 포괄적인 도덕적 완전을 결코 주장하지 않는다. 그러나 하나님의 거룩하게 하시는 은혜는 기독교적인 삶을 형성해서 사람들의 행위가 그들이 받은 은혜에 부합하게 되고, 또 특수한 도덕적인 덕목들과 행위들이 이 은혜에 의해 규제되고, 그 방향이 정해지게 된다. 덕목들은 사랑의 은혜에 참여하고, 또 계속해서 역사적인 일시적 영역에서 인간의 도덕적 행위들 가운데 적절하게 표현된다.

교회와 성례전에 대한 토마스의 견해는 비록 그것이 그의 신학에서 동일하게 전문적이고 또 정교하게 설명되어 있지만, 지금까지는 논의에서 생략되었다. 신자들에게 은혜가 주어지는 수단은 바로 교회와 성사라는 것은 확실하다. '중생'을 다루는 몇몇 현대 신학자들은 토마스와 그 외의 다른 신학자들보다 이 문제를 덜 정확하게 다룬다. 그러나 어떤 의미에서 그들의 저작들은 종교적으로 또 성서적으로 더 풍성하다.

"오직 심령으로 새롭게 되어 하나님을 따라 의와 진리의 거룩함으로 지으심을 받은 새사람을 입으라." 에베소서 4 : 23~24의 인용은 가톨릭 평신도 철학자인 디트리히 폰 힐데브란트는 하나님이 인간을 위해 마련

---

98) Ibid., Q. 23, Art. 8, p. 355.

해 놓으신 목표에 이르기 위해 모든 사람들이 통과해야만 하는 문을 지시해 준다. 그것은 변화된 삶의 뿌리에는 변화에 대한 깊은 자발성, 그리스도 안에서 새사람이 되겠다는 타오르는 열정, 그리스도에게 자신을 헌신하겠다는 뜨거운 열정 등이 있다는 것을 말해 준다. 죄로부터의 급격한 변화를 경험해야 하고, 죄악들에 대해 진정으로 회개하지 않으면 안 된다. 자아에 대한 지식과 자아점검을 시행할 때에 "자기 만족의 환영을 제거하고 자신의 구체적인 개별적 악과 연약함을 확인하려고 노력"[99]하지 않으면 안 된다. 그리스도를 닮으려는 즉각적인 결단을 내려야 하고, 그렇게 함으로써 완전히 새로운 의식이 필연적으로 우리 삶에 스며들게 된다.[100]

이것이 사람들에게 새로운 의도를 부여하고 도덕적 성숙에 대한 각성을 일으키며 삶의 내적인 단순함과 일치를 불러일으켜, 그 결과 세상을 다른 관점으로 바라보게 한다. 그리스도인들은 영광스러운 자아, 자유의 남용, 그리고 다른 모든 형태의 자만과 싸우도록 능력을 공급 받는다. 진정한 겸손 가운데 영광스러운 하나님에게 응답하며, 무한한 인격이신 그분과 만나고, 그분과의 교제를 나누는 삶을 살게 된다. 인간의 삶에는 그리스도 안에서의 변화를 이루기 위한 '초자연적인 사명'을 수행하도록 하는 여러 다양한 측면들이 있다. 이런 변화로 인도하는 본질적인 요소들 중의 하나는 앞에서 말한 성부의 완전한 영화에 참여하는 것인데, 이런 영화는 특별히 예전(the Liturgy) 가운데서 일어난다.[101] 사실 그리스도인의 삶은 세례를 통하여 받은 초자연적인 삶을 전개시키는 것이다.

이런 헌신적인 기독교적 경건의 도덕적 열매들은 무엇인가? 그리스도

---

99) D. von Hidebrand, *Transformation in Christ*, p. 47.
100) Ibid., p. 49.
101) Von Hidebrand, *Liturgy and Personality*(New York, 1943), p. 18. 이 책은 그리스도인의 삶을 형성하는 데 있어서 미치는 교회의 예전의 의미를 설득력 있게 해석해 주고 있고, 아울러 저자가 쓴 보다 철학적인 책 *Christian Ethics* (New York, 1953)에서 대단히 상세하게 설명된 "가치에 대한 응답"과 같은 주제들을 체계화하고 있다.

안에서 이루어지는 우리의 변화를 승인하기 위하여 우리 자신을 개방할 때 우리는 또한 우리 자신을 그 요구에 종속시킴으로써 그것과 일치하라는 요청을 받는다. 인간의 중심적인 인격은 하나님의 의지에 순응하고, 또 주어진 구체적인 상황에 따른 우리의 단일한 행위 가운데서 하나님을 기쁘시게 하는 가치에 대한 응답을 나타내는 방향으로 움직여진다. 우리는 바른 정서적인 응답을 위한 여지를 의식적으로 우리 안에 창출할 수 있고 아울러 '습관적인 존재', 즉 덕 안에서 성장한다. 우리를 그리스도 안으로 결합시킬 때 피조물의 세계는 다른 사람들에 대한 우리의 적극적인 사명의 영역이 될 뿐만 아니라 동시에 금욕적인 자기 고행을 위한 영역이 된다. 토마스에게서 보여지는 바와 같이 은혜는 그리스도인의 사명인 '완전을 향한 노력'을 가능하게 할 뿐만 아니라 그것을 요구하기도 한다. "그러나 그리스도 안에서의 우리의 변화의 궁극적이고도 가장 중요한 원천은 우리가 자신의 자유의지에 의해 행하는 내용 혹은 행할 수 있는 내용 속에 있는 것이 아니라 성례들 가운데서 하나님이 우리에게 허용하는 것, 즉 무엇보다도 거룩한 미사의 희생과 거룩한 친교의 수용에의 참여 가운데 있다."[102]

폰 힐데브란트는 기독교적 삶을 죄 된 상태 속에 있는 '자연적인 인간'에게 가능한 도덕적 생활과는 구별되는 것으로 분명하게 부각시킨다. 교회 안에서의 인간의 삶과 그리스도의 변화시키는 현존을 승인하는 그의 내적인 영의 훈련(discipline)은 삶의 새로움을 야기시킨다. 폰 힐데브란트와 마찬가지로, 해링(Häring) 신부도 기독교적인 도덕적 삶에 대한 견해를 성경적인 근거들, 특별히 바울서신들과 요한의 작품들 위에서 세운다. 종교적인 삶은 도덕적인 삶을 지탱하는 원천이고 지침이다. "밖으로부터 초월적으로 부과된" 종교적인 재가를 지닌 윤리관과는 구별하여 해링은 "본질적으로 윤리를 가능케 하는 종교로부터 유래된" 윤리를 설명한다. "종교적인 윤리의 순수한 유형은 응답의 성격을 지니고 있는데, 그러

---

102) Von Hildebrand, *Transformation*, p. 202.

한 윤리에서 도덕적 행위는 거룩하고 절대적인 한 인간의 부름에 대한 응답으로 이해된다."[103] 따라서 하나님과의 교제, 즉 '하나님과 영혼 간의 나-당신의 교제'로 이루어진 종교적 삶은 도덕적 삶의 원천이다. 그리스도인이 도덕적인 창조질서의 완성을 위해 순종해야 할 책임이 있는 대상은 바로 그리스도인들이 교제를 가지는 하나님이다.

그리스도인들은 그리스도와 연합된다. 바울이 말했듯이 그들은 그에게 참여한다. 이런 교제 속에서 참된 제자도, 즉 그리스도의 봉사에 대한 적극적인 참여를 통하여 그리스도를 본받으라는 사명이 존재한다. 계명과 법이 여전히 존재하지만, 그것들이 외적인 형식적 규제라기보다는 오히려 신앙의 삶 속에서 우리에게 들려진 그리스도의 살아 있는 말씀이 된다. 인격적인 삶과 같은 기독교적인 도덕적 가르침은 "은혜로 부여된 하나님과 인간의 교제, 즉 말씀과 응답의 대화, 즉 책임성에" 집중된다.[104]

하나님과의 교제의 삶은 교회 안에서 성례들을 통하여, 그리고 기도를 통하여 생겨나고 양육된다. 자아의 진정한 그리고 계속적인 회심, 즉 회개 가운데서 하나님에게 돌아가고 그의 나라에 들어가는 변화가 존재한다. 이것은 자동적으로 일어나는 어떤 것이 아닐 뿐더러 "지구상에서 성장하려는 욕구와 같이 자발적인 어떤 것도 아니다". 회개시키는 은혜는 인간의 자유의지에 전달된 명령이다. 토마스와 마찬가지로 해링도 마음에 새겨진 새 법이 자격증(license) 부여에로의 초대라기보다는 오히려 그리스도 안에 있는 새로운 존재, 그리스도 안에서의 새로운 삶으로 그를 사로잡고 있는 법이라는 점을 긍정한다.

신적인 생명(zoē, 조에) 자체가 바야흐로 그의 삶의 실제적인 규범이다. 그는 내면으로부터 그리스도의 장성한 분량에 이를 수 있도록 살려는 의무감을 느낀다(엡 4:7, 13 참조). 내적인 법은 외적인 신의 법에 의해 금지된 것에 모순되지 않고 자유롭게 그것에 순종하게 만든다. 그리고 십계명을 넘어서 산상설교는 우리가 도달하려고 애쓰는 이상과 목표

---

103) Haering, *The Law of Christ*, vol. I, p. 35.
104) Ibid., p. 52.

를 결정한다.[105] 삶은 마음의 새 법 아래에 있을 뿐만 아니라 또한 토마스에게서처럼 믿음, 소망, 사랑의 주입은 "후천적으로 습득된 도덕적 덕목들의 근간과 원천 그 자체"를 성화한다. 기독교적인 덕의 기초와 원천은 변화시키고 혁신시키는 그분의 은혜를 지닌 성령이고, 그 목적과 목표는 그리스도와 성부이고, 그의 영의 능력을 통한 그리스도의 영의 본받음이다.[106]

따라서 해링에게 있어서 "기독교적인 덕목들"은 신학적 덕목들을 가리킬 뿐만 아니라 도덕적 덕목들을 가리키기도 한다. 왜냐하면 이런 덕목들이 이런 새로운 삶 속에서 그리스도에 의해 변화된다. 덕목들을 다루는 데 있어서 해링이 더욱더 진척시킨 논의는 그가 토마스에게 의존하고 있다는 점을 강조하려고 할 뿐만 아니라 우리가 사랑의 삶을 살아갈 때 하나님과 그의 이웃에 대한 관계에 대한 보다 성경적이고 인격주의적인 해석에 대한 그 자신의 독특한 강조를 부각시키려고 한다. 해링에게서 나타나는 새로운 중요한 강조점은 종교적이고 성경적인 맥락인데, 그는 이 맥락 속에 전통적인 가톨릭 교회의 도덕의 많은 부분을 위치시킨다. 인간은 그리스도 안에서 새 삶을 부여 받았다. 이 새 삶은 새로운 삶의 법이기도 하다. 직설법적인 은혜를 통하여 인간들에게 전달된 은혜의 명령법에 의해 그들은 그리스도에 대한 충성스러운 순종의 삶으로의 부름을 받는다. 이런 삶으로 이끄는 모습(shape)이 존재한다. 즉 십계명, 산상설교, 그리고 자연법 등이 그것이다. 너무나도 자주 권위주의적인 방식으로 요구되었던 것이 이제는 자유롭고도 유쾌하게 준행된다.

슐라이에르마허와 같이 가톨릭 신학자들은 성서적인 계시 혹은 기독론적인 주장들과는 독립적으로 인간의 자아를 보는 견해를 설명하는 데 그 어떤 주저함도 없었다. 물론 그것은 매우 다른 자아에 대한 견해이다. 슐라이에르마허의 유기적인 성장의 언어는 가톨릭 신학자들의 눈에는 대단히 결정주의적이고 자연주의적인 것처럼 보인다. 그리고 인간관을 제공

---

105) Ibid., p. 403.
106) Ibid., p. 491.

하려는 관심을 기울이는 가운데 가톨릭 신학자들은 바르트가 신개신교신학자들(neo-Protestants)과 느꼈던 동일한 갈등을 느꼈다. 자아를 독립적으로 보는 견해는 은혜가 수용되는 방식과 그것이 작용하는 내용을 결정한다. 만일 철학적 근거에서 인간이 어떤 목적의 실현을 지향하는 경향성을 지닌 피조물로 정의된다면, 하나님의 은혜의 사역은 인간이 추구하는 목적들과 이들 목적들을 실현하는 데 있어서 그들의 행위를 야기시키는 성향(disposition)에 영향을 미친다. 만일 철학적인 근거에서 지성, 의지, 그리고 욕구를 지닌 삼분적인 방식으로 이해된다면, 은혜가 가능하게 하는 그 어떠한 변화도 이런 자아의 요소들(parts / 지성, 의지, 욕구 : 역자 첨부)에 입각하여 설명되어야만 한다.

따라서 개신교 사상가들의 논의에서처럼, 우리는 자아에 대한 견해가 성화에 대한 해석에 있어서 매우 중요하다는 사실을 보게 된다. 이전은 그것을 피하려고 하는 사람들에게서조차 회피할 수 없는 것이다. 우리들의 논의를 위해 특별히 중요하다고 여겨지는 가톨릭 사상가들에게서 확인되는 인간에 대한 견해에는 세 가지의 양상이 있다. 그것은 궁극적이고 또 일시적인 목적들을 지향하는 인간, 성향들 혹은 습관들을 습득하는 피조물로서의 인간, 그리고 창조와 구속의 과정에서 하나님이 가능한 범위에서 그에게 원하는 모습이 되기 위하여 자신의 의지를 다스릴 수 있는 인간이다.

가톨릭의 인간의 견해에 있어서 결정적인 구별점은 자연적인(natural) 목적을 지향하는 인간과 초자연적인 목적을 향해 나아가는 인간 사이에 가로놓여진다. 이런 구별점에 대해 광범위하게 논의하는 것은 우리로 하여금 너무 멀리 나아가게 하지만, 도덕적 삶에 대해 그것이 지니는 중요성은 간과되어서는 안 된다. 대부분의 개신교인들과 마찬가지로 가톨릭교인들에게 있어서 기독교 신앙은 인간을 하나님에 대한 신앙으로 이끌거나 혹은 영원한 축복으로 이끄는 것과 더불어, 일차적으로는 구원과 관련된다.

구원하시며 성화시키는 하나님의 은혜의 사역은 일차적으로는 그 목적을 따라 이루어진다. 우선적인 관심은 도덕적으로 적절하거나 혹은 효과적인 그리스도인의 실존의 발달에 있는 것이 아니다. 확실히 가톨릭교인들에게 있어서 인간의 도덕적 조건은 인간의 구원에 있어서 중요한 관심사이긴 하지만, 그럴 때조차도 그 목적은 은혜의 사역과 관련해서 초자연적인 것이다. 그러나 누군가의 적절한 목적을 안다는 것과 그것을 향하여 적절하게 방향을 정한다는 것은 은혜의 사역이요, 신앙(믿음), 희망, 사랑을 주입하는 성령의 현존의 사역이다.

알려진 대로의 이런 목적과 그것을 향하여 나아가는 삶과 함께 다른 목적들도 완전을 향해서 나아갈 수 있다. 그 목적이 이루어지는 방식에 동의하든지 동의하지 않든지 상관없이 일반적인 요점은 건설적인 중요성을 지닌다. 즉, 그리스도인의 변화는 자신의 궁극적인 목적을 부분적으로 지각하는 것이고, 그 목적을 향하여 방향을 정하는 것은 자신이 되고자 하는 바와 행하는 바 모두에게 영향을 미친다. 하나님을 영화롭게 하심이라는 목적을 향하여 은혜에 의해 인도를 받는 것은 우리 자신의 기본적인 삶의 방향과 목적이 변화되는 것이다.[107]

인간의 본성에 일치하는 성향을 후천적으로 습득하는 존재로 진지하게 다루는 가톨릭의 인간관은 기본적으로 아리스토텔레스의 견해로서, 또한 그 어떤 기독교적 전통에 속한 신학적 윤리학에 의해서도 진지하게 취급될 수 있다. 슐라이에르마허가 은혜에 의해 변화되는 의식의 존재를 가정한 반면에 가톨릭 사상가들은 새로운 의식(힐데브란트)뿐만 아니라 사람들의 '습관적인 성격'의 침투(penetration)도 포함시켰다. 바르트가 어느 곳에서 언급했듯이 자아는 단지 하나님의 명령의 수직적인 운동에 의해서만 결정되도록 하나님 앞에 공허하게 서 있는 전적으로 비결정적인 실체(entity)가 아니다. 혹은 과거 경험의 축적이 새 삶의 존속을 위해 말살

---

[107] 아리스토텔레스와 토마스의 사례에서 보이듯이 인간이 오직 배타적으로 목적추구자인지의 문제를 나는 여기서 논의하지는 않을 것이다. 공작인(maker), 시민, 그리고 책임적인 응답인(responder)로서의 자아관에 대한 여러 유형에 대한 논의를 위해서는 H. Richard Niebuhr의 *The Responsible Self*, pp. 47ff을 보라.

되어서도 안 된다.

은혜의 영향을 받은 것은 인간의 성향이다. 해링과 질르망은 이 점에 대해 많이 언급했는데, 우리들이 살펴본 바와 같이 후자는 성 토마스에 대한 그의 해석 가운데서 일차적으로 그 점을 언급했다(그런데 아마 토마스의 저작의 본문에서 보증된 것 이상으로). 은혜는 적절한 목적을 향하도록 성향들을 인도하고, 은사들 가운데 하나인 사랑은 습관들을 형성하고 재형성하는 능력을 지니고 있다. 게다가 성령의 은사로서 은혜가 주는 것은 세상에서 도덕적으로 영향을 미칠 수 있도록 자아와 자아의 행위를 통해서 특별한 모습과 형식(form)을 취하지 않으면 안 된다. 은혜는 도덕적 목적을 이루기 위해서 자유만이 아니라 자아의 인격(character)을 이용한다. 가톨릭의 덕이론은 그리스도의 사역이 도덕적 삶에 대해 의미하는 바를 설명할 때에 부인할 수 없는 구조화된 매개(agency)인 인간의 구체적인 성격을 설명하는 하나의 방식이다.

이들 사상가들 가운데 현저할 정도로 씨의 비유가 등장하지 않고 있고, 특별히 폰 힐데브란트는 분명하게 그것(씨의 비유)을 거절한다. 왜 그런가? 그 이유는 이 비유가 그리스도인의 성장의 과정을 지나치게 자동적이고도 자발적인(spontaneous) 것으로 상정하는 경향이 있기 때문이다. 슐라이에르마허에게서조차 가톨릭의 관점에서 볼 때 오류인 씨 비유에 대한 수동적인 태도가 엿보인다. 은혜에 의해 이루어지는 것과 의지를 일치시키는 것은 여기서 분석된 가톨릭의 견해에서는 주요한 주제이며, 대부분의 신중한 도덕론자들(moralists)에게 있어서 그것은 자아에 대한 그 어떠한 견해에 있어서도 불가피한 주장이다. 은혜는 그것의 선행하는 형식 속에서 일반적인 방식으로 가능하게 한다. 모든 피조물은 하나님(토마스에게서는 원동자〈原動者, Prime Mover〉)에게 의존한다. 은혜는 의지로 하여금 은혜에 개방적으로 반응하게 하며, 그리고 나서 은혜에 의해 가능해지는 것에 따라 삶을 형성하게 한다. 따라서 그리스도인의 삶은 자동적으로 성장하지 않는다.

기독교 도덕성은 단순히 교회와 그리스도인의 삶의 과정으로부터 떠오르는 표현적인 혹은 정화하는 활동만이 아니다. 기독교 윤리는 하나님의 나라에서 인간이 살아가는 방식을 지시하는 서술적인 방식만이 아니다. 바르트가 긍정하듯이 은혜는 직설법인 동시에 명령법이다. 그러나 바르트와는 다르게 의지는 마음에 기록된 새 법에 일치하는 인간의 '습관적인 성격'과 특별한 행동을 가져올 때에 더 적극적인 그리고 아주 분명한 역할을 한다. 키에르케고르의 표현을 사용해서 인간의 '그 자신에 대한 주권'은 삶에 대한 그 어떤 진지한 도덕적 견해에 있어서 근본적이다. 가톨릭 사상가들은 인간의 본성과 은혜의 관계를 윤리에 대한 이런 주된 논지가 최대한의 주의를 끄는 방식으로 해석한다.

그러나 그리스도인의 자유의 충만성은 루터와 다른 사람들이 상술한 대로 설명되는가? 성 토마스는 그것을 두 가지 형태로 언급한다. 즉 (1) 성 어거스틴에 일치하여 율법이 요구하는 바를 자유롭게 행하는 것, (2) 분명하게 금지되는 내용과 분명하게 명령되는 것 간의 개별적인 분별의 영역을 부여해 주는 것이다. 해링은 선을 행할 수 있는 능력이 신적인 자유에 인간이 참여함으로써 가능한 것이라고 말한다. 자유는 성령의 선물이며, 그리스도인의 삶에서 이런 자유는 실현가능하다. 그러나 토마스와 해링의 경우, 새롭고도 개방적인 방식으로 사랑할 창조적인 자유는 율법에 의해 제약된다. "마치 하나님의 자유가 불가침의 신의 본질의 신성의 법칙에 의해 규제되고 혹은 주권적인 신의 사랑의 법 아래에 놓여 있듯이, 인간의 자유는…… 강제적인 외부 힘의 압력에 굴복하는 것이 아니라 인간 자신의 본성(lex naturalis) 안에 반영된 영원법(lex aeterna)인 신의 거룩성의 모범에 '일치하는 선행'이라는 내적인 사랑으로 말미암는 자기 완성(self-fulfilment)에 복종한다."[108]

우리는 이것을 현대의 개신교 신학자요 윤리학자인 폴 레만과 대조시킬 수 있는데, 그 이유는 그에게 있어서 자유는 하나님의 '인간화를 위한 목표들'(humanizing aims)에 의해 규제되는 하나님의 일차적인 속성과

---

108) Haering, *The Law of Christ*, vol. I, p. 103. ( ) 안의 내용은 필자에 의해 덧붙여진 것임.

인간에게 주는 하나님의 은혜의 일차적인 선물로 나타나기 때문이다. 레만은 "신율적인 양심이란 오직 하나님의 자유에 의해서만 다스림을 받고 인도 받는다."[109]라고 썼다. 은혜의 자유 안에 있는 인간은 인간의 삶을 형성하고 유지하기 위하여 하나님이 당신의 자유 안에서 행하시는 것을 지각한다. 급진적 개신교 신학자요 윤리학자인 레만은 인간화에 대한 명령(order)을 상세하게 설명하지는 않는다. 그 이유는 하나님의 율법에 담겨 있는 명령이 하나님의 자유로운 행동의 역동성의 영향을 받으며 항상 변화하고 있기 때문이다.

그리스도인의 자유는 그리스도인의 삶을 내적으로, 외적으로 영위할 때 극대화된다. 그것의 중요성에 대한 설명이 다음 장에서 이루어지겠지만 대조시키는 것이 중요하다. 가톨릭의 경우 그리스도인의 자유는 인간과 세상 안에 고유하게 존재하는 삶의 명령을 성취할 자유이다. 한편으로 많은 사람들이 갈라디아서와 루터의 몇몇 작품에서 읽고, 그리고 복음서에서 설명하는 근본적인(redical) 자유는 놓치게 된다.

성화의 윤리에 대한 성찰

"나는 무엇을 해야 하는가?" 2장의 주제에서도 그랬듯이 성화의 주제에 대해서도 이것은 중요성의 순서나 발생상의 순서에 있어서 먼저 제기되어야 할 질문은 아니다. "예수 그리스도 안에 나타난 하나님은 그의 은혜의 사역 안에서 인간에게, 인간을 위하여 무슨 일을 행했는가?"라는 질문이 먼저 제기되어야 한다. 우리들이 이 장에서 살펴본 사상가들에게서 나타나는 "당신을 위하여"라는 문구는 법정적인 의미로 해석되어서는 안 된다. 은혜는 자아, 즉 그리스도인의 개인적인 실존에게 무엇을 행하는가?[110]

---

109) Lehmann, *Ethics in a Christian Context*, pp. 358-359.
110) 독자들이 알면 다행스럽게 여길 일이지만 나는 자료들을 이용하는 데 있어서 어떤 경제성을 고려할 필요를 느껴서 George Fox, William Penn의 신학에서

우리는 이 질문에 대한 답변—은혜는 인간을 다양한 형태의 죄로부터 해방시킨다—을 살펴보았다. 은혜는 인간에게 새로운 의도를 부여해 준다. 은혜는 인간의 의지로 하여금 선을 행하도록 동기를 부여한다. 은혜는 인간의 삶을 새로운 사랑의 법 아래로 이끌어 온다. 은혜는 인간에게 자극과 영향을 행사하여 새로운 의식을 부여한다. 은혜는 인간 자신에게 적절한 영원의 목적을 향하도록 방향을 부여한다. 은혜는 법을 따를 수 있도록 인간의 마음에 사랑의 법을 기록한다. 사랑의 형식 안에서 은혜는 모든 덕의 형식이 된다.

바울서신들, 요한서신들, 그리고 베드로서신들을 정당하게 평가한다고 여기는 모든 학자들에 의해 제기되는 주장이 도덕적 삶을 위해서 그리스도가 중요하다고 생각하는 최근의 주장들과 대조적인 것으로 이해될 수 있다. 즉, 리차드 니부어가 그러한 경우다. 니부어는 예수 그리스도가 도덕에 있어서는 "상징적인 형식(a symbolic form)의 역할을 수행한다."고 말한다. 예수 그리스도가 상징적인 형식을 사용함으로써 그리스도인들은 —의식적으로든 무의식적으로든—자기 동료들, 그 자신, 그리고 운명의 결정자나 종국적 목적을 파악하고, 해석하고, 평가한다.[111] 니부어는 제안

나타나는 주제요, 또 Robert Barclay에 의해 신학적으로 해명된 "내적인 빛으로서의 그리스도"에 대한 논의는 생략했다. "퀘이커들이 준거로 하고 있는 본문"은 요한복음 1 : 9이다. "참빛 곧 세상에 와서 각 사람에게 비취는 빛이 있었나니." 예컨대 폭스는 1649년에 그들이 이전에 행한 모든 일들을 스스로 볼 수 있게 하는 진리와 빛에 대하여, 그리고 그들 안에 있는 교사에 대하여, 그리고 주가 그들을 가르치기 위하여 어떻게 왔으며 그들 안에 있는 그리스도의 씨앗, 부연하면 그리스도이신 하나님의 씨앗이 그들 안에 있다는 약속에 주의를 기울일 것에 대하여 설교했다(The Journal of George Fox, rev. ed. by J. L. Nickalls, Cambridge, 1952, p. 48). 펜은 1669년 "No Cross, No Crown"과 다른 글들에서 동일한 에토스를 함축하고 있는 내용을 담았다. 바클레이에게서 이 주제가 어떻게 전개되고 있는지를 요약해 주고 있는 글로는 Lief Ego-Olofsson의 The Conception of the Inner Light in Robert Barclay's Theology(Lund, 1954)를 참고하라. 확실히 이 위대한 주제는 이 각주에서 다루는 것 이상의 가치를 지니고 있다. 특별히 퀘이커들의 도덕적 활동에 비추어 볼 때 더욱 그렇다.

111) H. Richard Niebugr, *The Responsible Self*, pp. 154-159 참조.

하기를 그리스도의 기능은 인간, 세계, 하나님에 대한 매우 다른 이해와 해석을 부여해 주는 것이라고 한다. 이런 다른 이해와 해석이 인간의 활동에 지침을 제공해 준다.

필자의 판단으로는 이 장에서 논의된 모든 학자들은 이러저러한 방식으로 이런 요소를 포함하고 있다. 삶의 의미와 신자들의 행동을 변경시키는 상이한 관점으로부터 삶을 바라보게 된다. 우리의 영원한 목적이 밝혀지고 숙지되어 일시적인 (이 지상에서의) 목적에 대한 우리의 이해를 변경한다. 우리는 다른 의식을 지니게 된다. 우리는 우리 삶의 새로운 법을 안다. 그러나 니부어는 하나님의 은혜가 의지, 성향, 의도, 그리고 죄의 한계에 대해 미치는 영향의 방식에 의거해 이것을 설명하려는 것을 피하는 대신에, 가톨릭과 개신교 모두를 포함하는 다른 학자들은 신약성서에 나타나는 것처럼 이것들에 대해 주장한다. 그들 모두에게 있어서 은혜는 자기 중심적인 의지의 죄, 타성적인 태만, 그리고 인간자아의 인지적 성향과 이상을 대체하거나, 적어도 변화시킨다. 그들 모두에게 있어서 완전으로 향하는 변화의 가능성은 긍정되고 있다.

니부어와 바르트와 같은 현대의 신학자들은 무슨 이유로 이것을 반대하는가? 그 이유는 부분적으로는 자아가 실체론적인(substantialist) 방식(혹은 용어)으로 이해되지 않기 때문이다. 즉, 그것은 일차적으로는 능동적이고 관계적이며, 개방적인 방식(혹은 용어)으로 이해되기 때문이다. 니부어에 따르면 변화는 사람의 의식적인 반응뿐만 아니라 무의식적인 행동에도 영향을 미치고, 또 이것은 비록 성격은 아니지만 자아의 기본적인 방향성(orientation)에 대한 은혜의 사역(영향)에 대한 보다 진척된 탐구를 위한 문을 열어 준다. 그러나 니부어는 마지못해 그리스도 안에서 하나님에 의해 은혜를 받은 존재와 우리의 행위들과 행동들 간의 필연적인 관계를 제안하는 주장을 한다.

그들은 또한 이들 성화론적인(sanctificationist) 학자들에게 포함되어 있는 듯한 죄의 이해에도 반대한다. 그들 각각에게 있어서 어떠한 방식으로든 죄는 사실상 자아 안에 존재하는 '어떤 것'이다. 따라서 죄는 그 밖의

'다른 그 무엇'으로 대치함으로써 잘라 내 버리거나 혹은 제거할 수 있다. 그러나 만일 죄가 하나님에 대한 인간의 신뢰 부족, 하나님에 대한 인간의 불충성과 불신앙—즉 어떤 관계이지 사물이 아닌—이라면 그것은 쉽사리 없애거나 잘라 낼 수 있는 것이 아니다. 분명히 관계는 회복될 수 있다. 바르트는 이것을 인간과 세상을 위해 그리스도가 행하신 일의 부분이라고 분명하게 주장한다. 그러나 새로운 혹은 회복된 관계를 우리가 거절하거나 받아들인다는 것은 주입된 성향 혹은 자라는 씨앗 혹은 단번의 회개의 문제가 아니다. 그것은 매일 또는 매 순간 일어나는 문제이다. 사람들은 언제든지 새로운 삶에 대한 주관적인 이해로 빠져들 수 있다. 이것이 바로 그 경우이다. 타인과의 관련 속에서 일어나는 우리의 행위는 핵심부터 잘못될 수 있다.

이와 같은 죄에 대한 이해는 일부 신학자들이 인간이 주체가 되는 변화를 강하게 주장하지 못하게 하고, 새 능력보다는 새로운 자유가 되게 하는 그리스도의 사역의 중요성, 성화보다는 칭의를 강조하게 하는 그리스도의 사역의 중요성을 이해하게 한다. 다음 장에서 우리는 그러한 신학자들의 일부를 살펴볼 것이다.

신약성서는 이 장에서 논의된 주장들의 확실한 근거가 된다. 한편으로는 옛 사람이 여전히 살아 있다는 사실을 인식하면서도 바울의 윤리는 하나님께서 은혜 가운데서 예수 그리스도 안에서 인간을 위해 행하신 일을 말과 행위로 구체적으로 표현하는 표현윤리(expressive ethic)이다. 요한의 저작들에 나타나는 위대한 사랑의 윤리는 그리스도 안에서 나타난 하나님의 사랑에 의해 강제된 이웃에 대한 인간의 사랑을 포함하고 있다. 신약성서의 주장들이 과장된 것이라면 가톨릭과 개신교의 많은 학자들은 요점을 놓친 격이 되는데, 그 이유는 그들이 신약성서가 주장하는 바를 심도 깊게 다루지 못하고 표면적인 가치의 수준에서 다루었기 때문이다.

그러나 신약성서는 결코 은혜의 효력에 대해 지나치게 단순화하지 않는다. 직설법과 명령법이 함께 나타나고 있다. 신약성서와 여기서 인용된 저자들에게 있어서 기독교 윤리는 성숙에 대해서 뿐만 아니라 새로운 삶이 요구하는 바에 대해서도 다루고 있다.[112] 모범과 교사로서의 그리스도는 그리스도 안에서 알려지는 은혜의 일부분이다.

이런 이유로 해서 이 책의 주제(topic)를 전체적으로 다루는 것 중 이들 주제들도 포함되어야 한다.

---

112) Cf. Lehmann, *Ethics in a Christian Context*, p. 54. "기독교 윤리는 도덕성이 아니라 성숙을 목표로 한다. 성숙한 삶은 기독교 신앙의 열매이다. 도덕성은 성숙함의 부산물이다." 만일 레만이 기독교 신앙(faith)은 도덕성을 그 일차적 관심사로 삼지 않는다고 말했다면, 그의 의도는 특별한 어떤 것을 말하려고 했다기보다는 기독교 윤리가 윤리학(ethics)이라는 단어를 대단히 비구체적(unspecified)이고도 비일상적인 방식으로 사용하지 않는다는 점을 말하려고 한 것이다. 부산물로써의 도덕성은 레만을 은혜의 결과(영향)를 매우 강조하는 사람들 가운데 속하게 한다. 그리고 필자는 그가 이런 부류에 속한다고 믿는다. 그의 윤리학에는 명령법이 결핍되어 있다는 사실이 이런 필자의 판단을 지지해 준다. 우리는 마지막 장에서 레만을 다룰 것이다.

제 4 장

칭의자이신
예수 그리스도

안식일이 사람을 위하여 있는 것이요 사람이 안식일을 위하여 있는 것이 아니니 _마가복음 2 : 27

그러므로 예수께서 자기를 믿은 유대인들에게 이르시되 너희가 내 말에 거하면 참으로 내 제자가 되고 진리를 알지니 진리가 너희를 자유롭게 하리라 _요한복음 8 : 31~32

이제는 율법 외에 하나님의 한 의가 나타났으니 율법과 선지자들에게 증거를 받은 것이라 곧 예수 그리스도를 믿음으로 말미암아 모든 믿는 자에게 미치는 하나님의 의니 차별이 없느니라 모든 사람이 죄를 범하였으매 하나님의 영광에 이르지 못하더니 그리스도 예수 안에 있는 속량으로 말미암아 하나님의 은혜로 값없이 의롭다 하심을 얻은 자 되었느니라 이 예수를 하나님이 그의 피로써 믿음으로 말미암는 화목제물로 세우셨으니 이는 하나님께서 길이 참으시는 중에 전에 지은 죄를 간과하심으로

자기의 의로우심을 나타내려 하심이니 _로마서 3 : 21~25

주는 영이시니 주의 영이 계신 곳에는 자유가 있느니라 _고린도후서 3 : 17

모든 것이 가하나 모든 것이 유익한 것이 아니요 모든 것이 가하나 모든 것이 덕을 세우는 것이 아니니 _고린도전서 10 : 23

그리스도께서 우리를 자유롭게 하려고 자유를 주셨으니 그러므로 굳건하게 서서 다시는 종의 멍에를 메지 말라 _갈라디아서 5 : 1

형제들아 내가 이 말을 하노니 그때가 단축하여진 고로 이후부터 아내 있는 자들은 없는 자 같이 하며 우는 자들은 울지 않는 자 같이 하며 기쁜 자들은 기쁘지 않은 자 같이 하며 매매하는 자들은 없는 자 같이 하며 세상 물건을 쓰는 자들은 다 쓰지 못하는 자 같이 하라 이 세상의 외형은 지나감이니라 _고린도전서 7 : 29~31

피차 사랑의 빚 외에는 아무에게든지 아무 빚도 지지 말라 남을 사랑하는 자는 율법을 다 이루었느니라 _로마서 13 : 8

보라 이것이 참된 그리스도인의 삶이다. 여기서 신앙은 사랑을 통하여 참으로 유효하다. 다시 말해서 신앙은 기쁜 마음 가운데 사랑으로 행해지는 가장 자유로운 봉사의 행위들로부터 나온다. 그것과 함께 사랑은 보상의 기대도 없이 또다른 사람을 기꺼이 섬기고, 아울러 스스로 그의 신앙의 부요함과 완성에 만족하게 된다. _마틴 루터, "기독인의 자유," 「세 논문집」, p. 276.

그가 인간에게 자신의 과거와 그 자신에게서 해방되어 미래 기초 위에서 살고 또 미래를 위해 살 자유를 준다는 의미에서 그리스도는 율법의 마침이다. _루돌프 불트만, "율법의 마침이신 그리스도," 「에세이집」, p. 64.

우리 안에 있는 그리스도는 소유가 아니라 희망이고, 실재가 아니라 의도이며, 우리가 이 삶 속에서 아는 것과 같은 그러한 평화는 순수하게 성취된 평화가 아니라 '완전히 알려지고 모든 것이 용서된' 존재의 평안이라는 것을 이해하는 이 모든 것은 도덕적 열정이나 혹은 책임성을 파괴하는 것이 아니다. 반대로 그것은 삶의 때 이른 완성을 막는 유일한 방법이고, 또는 겸손의 토양에서 교만의 뿌리를 찾는 새롭고도 더욱 두려운 교만을 저지하는 유일한 방법이고, 그리고 자신들이 죄인이라는 것을 잊어버린 성도들의 참을 수 없는 가식으로부터 기독교적 삶을 구하는 유일한 방법이다. _라인홀드 니부어, 「인간의 본성과 운명」 vol. 2, pp. 125-126.

동일한 사랑의 고난, 즉 하나님의 자비를 드러내는 그리스도의 동일한 아가페 역시 새로운 삶의 규범이다. _라인홀드 니부어, 「신앙과 역사」, p. 144.

"나는 무엇을 해야 하는가?"라는 질문에 그리스도인은 "율법주의에서 해방되시오.", "거저 자유롭게 사랑하시오.", "자신의 방식으로 도덕적 문제에 대하여 자유롭게 대하시오.", "장래에 대하여 자유하시오.", "자유롭게 실용적이 되시오."라는 이런 위대한 흐름의 개신교 윤리에 의한 권면을 받는다. 어떻게 이 자유가 획득될 수 있는가? 그것을 얻으려는 노력에 의해 얻어지지 않은 것은 확실하다. 자유는 예수의 십자가와 부활 가운데서 인간을 위해 이미 획득되었다. 그리스도 안에서 인간의 죄는 확실하게 용서함을 받았고, 인간은 하나님의 자비의 깊은 지식으로 자유롭게 살게 된다. 그리스도 안에서 인간은 자신을 구원하는 문제에 관한 염려로부터 자유롭다. 즉, 인간은 도덕적, 종교적 공로를 획득해야 하는 문제로부터 자유롭다. 도덕적 질문은 자아성, 즉 그리스도인의 '도덕 심리학'을 관찰함으로써 다시 대답된다.

이런 방식으로 생각하는 대부분의 신학자들의 관심은 다른 장에서 논의하였던 학자들처럼, 일차적으로는 종교적인 것이고 이차적으로는 윤리적인 것이다. 종교개혁의 흐름을 열었던 위대한 질문은 "내가 도덕적으로 선한 행위를 어떻게 할 수 있는가?" 혹은 "내가 기독교적 삶을 어떻게 실천할 수 있을까?"가 아니었다. 오히려 그 질문은 "내가 어떻게 구원 받을 수 있을까?"였다.

바로 이 질문에 대한 대답이 바울의 대답이다. 하나님은 그의 아들을 십자가 위에서 죽도록 내어 주심으로 인간을 구원하신다. 인간이 아무리 열심히 노력하더라도, 인간은 자신의 구원을 이룰 수 없다. 인간을 구원하기 위해서는 하나님의 은혜를 받아야 하고, 은혜 가운데서 구원은 모든 사람들에게 주어진 선물이다. 구원 받기 위하여 필요한 것은 행위가 아니라 믿음이다. 이 믿음은 하나님이 그리스도를 통하여, 예수 안에서 세상을 구원하셨다는 수동적인 신뢰이다. 구원 받기 위하여 필요한 것은 옳은 교리를 믿거나 적당한 금욕적 실천을 하는 것이 아니라 교회에 의해서 선포된 복음을 신뢰하는 것이다.

3장에서 인용하였던 저작들이 하나님의 은혜에 대한 신앙 안에서 주어진 자유로부터 은혜를 받은 삶의 형성까지를 강조하였다면, 이 장에서는 신앙으로 주어진 인간의 자유를 강조하는 저작들을 고찰할 것이다. 그것들은 무죄성의 모양에 대해 새로운 의식으로써의 성장이나 덕의 주입의 결과들에 대해 많은 것을 말하기보다는 오히려 적게 말한다. 그것들은 도덕적 의미에서의 거룩성을 향한 변화에 대한 관심 같은 것이 아니라 신앙이 불신앙과 죄로 떨어지는 인간의 위험한 상태를 강조한다. 그것들은 신앙의 경험적, 도덕적 결과들을 분명히 설명하는 것에 대해서는 관심이 없다. 그러나 만일 그것들이 그 결과들을 제시한다면, 그것들은 하나님의 은혜에 의해서 시작되었고 의식이나 기질, 의도들을 통하여 수행되는 인과과정의 결과이기보다는 오히려 은혜의 직접적인 선물로써 신앙의 경험적, 도덕적 결과들을 해석하게 된다. 이것은 성화를 강조하는 신학들처럼 자유가 결핍되어 있다고 말하는 것은 아니다. 그것은 종종 있었던 것이지만, 때때로 강제적인 방법이 아닌 사랑의 방법으로 율법에 복종하는 자유로 제한된다.

여기서 우리는 그리스도인의 도덕생활에 속하는 것으로써 의롭게 하는 사역의 중요성을 해석하는 세 가지의 주제들을 다룰 것이다. 하나는 기쁨으로, 자발적으로 가난한 이웃을 만나는 사랑의 자유이다. 신앙 안에서 인간은 하나님으로 말미암아 사랑으로 이웃을 섬기도록 하는 하나님의 구원하시는 사랑에 열려져 있다. 그리스도인은 자신에게 부과된 새로운 형태의 외적인 율법처럼 그리스도를 따르거나 그의 가르침에 복종하도록 강요 받지 않는다. 그리스도인은 순수하게 사랑의 새로운 행위와 사랑의 치유행위에 대한 인격적 관계 안에서 율법이 필요로 하는 것을 자유롭게 행하는 것을 넘어설 수 있다. '사랑 안에서 역사하는 신앙'은 루터의 기독교 윤리의 주제이다(비록 모든 사람들처럼 그리스도인이 보존해야 하는 율법에 대한 윤리학이 있을지라도).

두 번째의 강조는 현대적인 것이다. 그것은 미래에 대해 열려 있어야 한다. 즉, 그것은 어떤 경우의 요구들이 요청될 때, 자유롭게 복종할 자유이다. 기독교적 실존주의 윤리학에서 세상에 대한, 즉 미래에 대한 개방성은 지배적인 주제이다. 하나님의 주권에 의해 결정되어 그리스도인에게 강요되는, 또 세상에 대한 그의 적응을 요구하는 이 세상의 질서에 대한 해석은 거의 존재하지 않거나 혹은 전혀 존재하지 않는다. 도덕전통에서 구할 수 있는 지침이 거의 존재하지 않거나 혹은 전혀 존재하지 않는다. 왜냐하면 그러한 지침을 찾는 것은 율법주의, 공로의(works-righteousness), 그리고 하나님이 허락하신 자유를 부정하는 방향으로 나아가도록 유혹하기 때문이다. 권위 있는 행위 모델들을 찾기 위하여 과거로 돌아가는 것은 불가능하다. 그리스도인이 된다는 것은 현재와 미래를 향해 해방되는 것이다.

우리는 이제 주제의 사례로써 루돌프 불트만의 윤리를 논의할 것이다. 루터는 인간이 '의인인 동시에 죄인'(simul justus et peccator)이라고 주장하면서, 때때로 죄보다는 칭의를 더 강조함에 반하여(비록 아무에게도 죄가 얼마나 깊이 잠복되어 있고 날마다의 회개가 필요한지를 인식할 것을 상기시켜 줄 필요가 없을지라도), 다른 사람들은 그리스도인의 삶에 있어서 죄의 권세와 연속성을 더 깊이 통감했다. 그들은 인간의 사회활동에서 죄와 악이 삶의 주요인이 됨을 우리에게 상기시켜 준다. 그리고 그리스도인의 도덕적 삶이 그것들을 대항하는 투쟁임을 우리에게 상기시켜 준다. 죄를 강조하고 있는 죄인인 동시에 의인은 그리스도인의 자유의 중요성을 손상시키지 않는다. 우리는 하나님이 용서하시고 그의 나라가 역사의 종말에 올 것이라는 확신을 필요로 하는 실제적인 방식으로 죄와 악과 함께 살 수 있고, 그것들에 대항하여 싸울 수 있다. 라인홀드 니부어의 기독교 윤리는 이 주제를 탐구하기 위한 계기를 제공해 줄 것이다.[1]

확실히 루터나 니부어는 자유의 선물이 그리스도를 통한 은혜의 유일한 선물이었다는 점을 믿지 않았다.[2] 우리는 3장에서 새로운 사랑의 삶이 루터에게 있어서 어떻게 칭의와 성화의 주요 열매들 가운데 하나가 되는

---

1) 우리는 종말론을 기독교 윤리사상의 차별화된 형태를 표시하기 위한 개념으로 사용할 수 있다. 이 장과 그리고 이전의 두 장 속에서 그 주제에 대한 다른 강조들이 있다. 여기서 우리가 논의하는 신학자들은 비록 그들이 현재적 의미를 부정하는 것은 아니지만, 미래적 사고의 하나님 나라를 강조하는 경향이 있다. 하나님의 나라는 역사의 끝에 올 것이라고 라인홀드 니부어는 말한다. 그리고 역사 안에서의 투쟁은 여전히 선과 악 사이의 투쟁이다. 이와 유사한 강조가 불트만과 그에게 많이 빚지고 있는 몇몇 신학자들에게서 발견된다. 두 번째 장에서 우리는 그리스도의 현재적인 통치 혹은 주님 되심이 강조된 것을 확인했다. 확실히 역사는 완전히 하나님의 통치하에 있는 것은 아니지만, 부활하신 주님 안에서 그가 통치하신다는 주장은 주요한 주제이다. 비록 특별히 슐라이에르마허와 가톨릭 사상가들이 개인적이고도 역사적인 경험 안에 있는 그리스도 왕국의 효능을 함께 강조하고 있지만, 3장에서 우리는 종말론적 사고에 대한 덜 분명한 합의를 확인했다.
2) 이 책의 여러 장에서 나타나는 표제로 윤리학의 유형을 나누는 것을 피하기 위해 지금 논의되고 있는 주제가 다른 장들에서도 논의되는 다른 저작들 속에서도 확인되어야 한다는 점을 지적하는 것이 중요하다. 우리는 약간의 가톨릭 사상가들에게서 자유가 주장되고 있는 것을 주목했다. 칼뱅의 저작 가운데서도 그리스도인의 자유에 관하여 다루고 있는 부분이 있다는 점을 잊어서는 안 된다. 따라서 독자는 다시 우리가 주제들을 연구하고 있는 것이지, 저자들을 유형화하는 것이 아니라는 점을 회상해야 할 것이다.

지를 지적하였다. 그리고 우리는 그 주제를 여기서 충분히 논의할 것이다. 또한 우리는 니부어가 '항상 은혜의 열매들'인 자아중심 너머에서 삶을 구성하는 무한한 가능성들을 어떻게 주장하였는지를 다루었다. 사실상 자유는 기독교 신학에서 논의되었던 것처럼, 기독교의 삶 속에서 결코 본질적인 목적은 아니다. 그것은 사랑할 자유, 열려질 자유, 삶의 투쟁 속에서 능동적으로 참여할 자유이다.

사랑할 자유

복음은 인간을 율법의 속박으로부터 해방시킨다. 복음은 인간에게 이 세상 권세들의 지배로부터의 내적 자유를 준다. 하나님에 대한 이 신뢰에 의하여 그는 내적으로 자유롭게 된다. 인간은 외적인 강압이 없이도 시민법에 자유롭게 복종한다. 왜냐하면 인간은 시민법과 시민법을 시행하는 행정관들이 지상적인 제도의 통치를 통하여 하나님의 종들이 됨을 알기 때문이다. 그러나 인간은 이웃을 사랑하고, 이웃에 속한 그리스도가 되고, 그리스도의 사랑으로 이웃의 가장 깊은 욕구들을 대가 없이 채워 줄 수 있다. 이것은 부분적으로 기독교적 인간에 대한 루터의 메시지이다. 즉, 당신은 그리스도 안에서 알려진 하나님의 은혜에 대한 당신의 믿음 안에서 자유를 부여 받았다. 그러므로 당신이 받은 사랑을 사방으로 발산하라.

루터 해석의 난맥상 가운데로 감히 들어가려는 시도는 루터에 대한 연구가 자신의 소명의 큰 부분을 차지하지 않는 연구자들에게는 불안하게 해석된다. 혹자는 고가르텐의 연구에서 나타나는 실존주의자 루터, 엘러트와 퀸네트에게서 나타나는 보수주의자 루터, 헬무트 골비쳐의 '바르트적' 루터, 그리고 빙그렌과 다른 스웨덴 학자들에게서 나타나는 또다른 루터 등의 묘사가 복잡성을 너무 단순화시킨 것이라는 점을 발견한다.[3]

---

3) Friedrich Gogarten, *Der Mensch Zwischen Gott und Welt*(Heidelberg, 1952) ;

혹자는 원문을 왜곡시키는 것에 대한 비난과 역비난을 발견하는데, 트뢸취(E. Troeltsch)와 같은 사람에 대한 불신과 에릭 에릭슨(Erik Erikson)은 말할 것도 없고, 베인톤(R. Bainton)에 대해서 쏟아지는 심리화시킨다는 비난이 그 예이다. 그러나 그럼에도 불구하고 혹자는 그리스도인의 자유에 대한 긍정과 그 결과로써의 그리스도인의 사랑의 능력으로 이끈 두 주제, 즉 율법과 복음, 그리고 죄인이면서도 의롭다 여김을 받은 인간을 고찰함으로써 적어도 루터 윤리의 부분들에 대한 꾀나 분명한 상을 찾을 수 있다.

루터가 율법과 복음에 관해 취급했다는 것은 그리스도인의 삶에 대한 그의 입장을 이해하는 데 기본적으로 중요하다. 루터에게 있어서 율법은 인간을 위해 두 가지를 성취하기 위한 하나님의 수단이다.[4] 그 두 가지 가운데 어느 것도 인간을 의롭게 하거나, 바르게 하거나, 하나님 앞에서 받아들여질 만한 존재로 만들 수 없다. 율법은 인간을 구원하고 그를 구속하는 데 있어서 무기력하다. 그러나 그것은 죄를 억제하는, 즉 사악한 자를 억제하는 수단으로 작용한다. 이것이 율법의 첫째 사용 혹은 시민적 사용이다.

둘째 사용은 '신학적인' 혹은 '영적인' 사용인데, 이것은 범죄를 증가시키는, 말하자면 한 사람에게 그의 죄, 무분별, 불행, 불경건, 무지, 하나님에 대한 증오와 경멸, 죽음, 지옥, 심판, 그리고 마땅한 하나님의 분노를 드러내 보이는 것이다.[5] 율법은 인간의 죄악을 고발하고, 그리고 그것

Werner Elert, *The Christian Ethos*(philadelphia, 1957) ; Walter Kueneth, *Politik Zwischen Daemon und Gott*(Berlin, 1954) ; Helmut Gollwitzer, "Zur Einheit von Gesetz und Evangelium," *Antwort*(Zollikon-Zurich, 1956), pp. 287-309 ; Gustaf Wingren, "Evangelium und Gesetz," Ibid, pp. 310-322, *Luther on Vocation*(Philadelphia, 1957). 이들 책들은 루터의 윤리에 직접적으로 속하는 작지만 분명한 자료들의 견본이다.

4) 우리는 비록 그것이 윤리에 대해 중요한 것은 사실이지만, 루터의 율법의 제3사용, 즉 새로운 삶 가운데 있는 그리스도인에게 주는 권면에 대한 논쟁에 빠져들 필요가 없다.

5) Luther, *Commentart on the Episle to the Galatians*(1535 ⟨London, 1953⟩), p. 298. 이 주석과 논문 "Against Latomus"(1521), *Luther's Works*(Philadel-

을 통하여 하나님이 인간을 그에게 돌이켜 고백하고 회개하도록 고무한다. 그러나 그것이 의로워지게 하는 것은 아니다. 왜냐하면 정의는 인간에게 주어지는 하나님의 은혜의 선물이기 때문이다. 여기서 주목해야 할 것은 인간의 구원을 향한 루터의 관심이다. 루터는 비록 율법의 시민적 사용에서 율법이 하나님의 통치 아래에 있는 전체로써 인류를 위한 도덕적 기능을 분명히 가지고 있지만, 기독교적 도덕이 무엇인지에 대해서는 관심이 없다.

그리하여 복음은 죄와 분노와 사망의 법으로부터 인간의 자유를 선포한다. 그러면 인간은 복음에 대한 신앙으로 무엇을 받았는가? "두 종류의 의"(1519)라는 설교에서 루터는 두 종류의 의 모두 하나님에 의해 주어진 것이지만, 낯선 의(alien righteousness)는 본래적 의(proper righteous-ness)와는 다르다고 한다. 낯선 의는 우리의 행위 없이 오직 은혜에 의해 우리 안에 주어지고, 원죄에 대항한다. 그것을 통하여 그리스도는 날마다 믿음과 그리스도의 지식이 성장하는 정도에 따라서 옛 아담을 몰아낸다. 그것이 발전하다가 결국 마지막에 죽음을 통하여 완전하게 된다.[6]

둘째 종류의 의는 첫 번째 의의 산물로써 실제적으로 그것의 열매요 결과이다. 즉, 둘째 의는 바울에 의해 사랑, 희락, 화평, 인내, 그리고 절제라는 용어들로 열거된 성령의 열매이다. 그것은 선행 가운데 유익하게 사용된 삶의 방식인데, 루터는 그것을 여기서 "육신을 죽이고 자아에 관한 욕망을 십자가에 못 박음"으로써, "자신의 이웃을 사랑함"으로써, 그리고 "하나님을 향한 온유와 두려움"으로써 분명하게 설명하고 있다. 그것은 자아를 증오하고 사랑을 통하여 다른 사람의 선을 추구하려고 할 때, 그리스도의 모범을 따르고 또 그의 형상으로 변형된다.[7]

---

phia, 1958), vol. 32, pp. 183-260은 율법과 복음에 관한 루터의 논의의 주요한 자료들이다.
6) Martin Luther, *Selections*, ed. J. Dillenberger(Garden City, N. Y., 1961), p. 88.
7) Ibid., pp. 88-89.

"라토무스에 반대하여"(1521)라는 글에서 그는 이런 의에 대한 신학적인 근거를 보다 도덕적인 방식으로 진술한다. 복음은 두 가지 것, 즉 하나님의 의와 하나님의 은혜를 가르치고 설교한다고 그는 말한다. 의의 선물은 본성의 타락을 치유하고, 원죄에 대항하여 설정된다. 은혜는 의의 동반자이고, 하나님이 자신의 분노에 반하여 신앙 안에서 부여하는 자비요, 선한 호의이다. 하나님의 은혜에 의해 모든 것이 용서되고, 또 죄는 죽는다. 물론 의의 선물을 통하여 모든 것이 치유되는 것은 아니다. 하나님은 은혜에 의해 죄를 "실존하지 않는 것으로, 추방된 것으로" 다룬다. 그러나 인간의 본성 속에서 죄는 여전히 계속되는데, 의의 선물은 이 죄를 정화하고 극복하기 위하여 작용한다.[8]

의도 은혜도 인간이 소유하는 복음의 공로(work)가 아니다. 양자는 하나님에게 속해 있고, 자아에 대하여 객관적인 것으로 존재한다. 의는 혼합되지도 않고, 또한 그 영향력을 확대하는 것은 '자극'(impulse)이 아니다. 그것은 언제나 하나님의 의이지 인간의 의가 아니다. 또 그것에 의해 발생하는 죄의 정복은 하나님의 일(공로)이지, 자연의 일(공로)이라거나 인간의 일(공로)이 아니다. 죄를 죽은 것으로 간주하는 은혜는 하나님의 은혜이다. 인간을 하나님의 분노로부터 자유롭게 하는 것은 하나님의 사랑과 자비를 통한 죄의 치유이지, 인간의 삶의 성질이 아니다.

칼뱅과 다른 사람들과 마찬가지로 루터는 그리스도와 그의 의에 대한 인간의 관계를 설명하기 위하여 시간을 존중하지만(time-honored), 그럼에도 불구하고 모호한 '참여'라는 언어를 사용한다. 우리는 그리스도 안에서 승인된 하나님의 의에 참여한다. 그것은 우리와는 독립적으로 존재하고, 객관적으로 그 자신의 실재를 지니고 있다. 그러나 세례와 신앙을 통하여 우리는 그것에 참여한다. 우리는 그것과 교제의 상태에 있다. 그러므로 이것은 하나님의 의에 대한 외적인 관계라기보다는 내적인 관계로 이해되어야 한다. 하나님의 의와 교제의 상태에 있게 됨으로써 혹은 그것

---

8) *Luther's Works*, vol. 32, pp. 226-229.

에 참여함으로써 하나님의 의는 우리의 삶에 영향을 미친다. 그의 은혜에 의해 우리는 그의 분노로부터 자유롭게 되고, 그의 의에 의해 우리는 사랑의 일을 할 수 있게 된다.

우리가 이미 주목했듯이, 인간은 죄 없는 상태로 만들어지지 않았다. 비록 루터가 우리의 적절한 의의 '진보'(progress)에 대해 말할 수 있을지라도, 그것은 가령 우리가 슐라이에르마허나 로마 가톨릭에서 본 것과 같은 방식으로 이해될 수 없다. 우리는 루터의 사고방식에서 죄라고 불려진 어떤 것을 의라고 불려질 수 있는 그 어떤 것에 의한 의식이나 또는 새로운 형식의 습관의 방식으로 대체되는 것으로 이해할 수 없다. 세례에 대하여 쓰면서 "세례 후에 우리 안에서 발견되는 죄는 사실상 죄이지만, 오직 실체(substance)의 기준에 따르면 죄이지, 죄의 양, 질, 행위에 있어서 죄라는 말은 아니라."라고 루터는 말한다. 왜냐하면 그것은 전적으로 수동적이기 때문이다. 분노와 악한 갈망의 움직임은 경건할 때와 불경건할 때가 정확히 동일하고, 은혜 전에 있어서나 후에 있어서나 동일하다.

그러나 은혜 안에서 분노와 악한 갈망의 움직임은 아무것도 할 수 없지만, 반면에 은혜 밖에서는 그것이 지배하게 된다. 루터는 이것을 뒷받침하기 위하여 로마서 8 : 2을 인용한다. 토마스 아퀴나스, 해링, 그리고 다른 학자들에게서도 새 삶 혹은 새로운 삶의 법에 대한 그들의 해석을 뒷받침하기 위하여 이 구절이 인용되었다. 죄는 '폭군적인 능력'을 잃고 아무것도 할 수 없게 된다. 죽음이 임박해 왔지만, 그 쏘는 능력(sting)을 상실했기 때문에 그것은 해가 될 수도 없고, 두려움을 줄 수도 없다.[9]

비록 하나님의 은혜(자비) 속에서 하나님이 당신에게 대항하는 인간의 죄를 계산하지 않을지라도, 신앙의 사람은 그가 여전히 계속해서 하나님의 진노를 받을 만하다는 의미에서 전적으로 죄인이다. 그러나 하나님이 당신의 은혜 가운데서 마치 인간의 죄가 죽은 것처럼 인간을 다루기 때문에 인간은 또한 전적으로 의롭게 된다. 인간의 '낯선 의'(의의 선물)가 '본

---

9) Ibid., p. 207.

래적인 의'(성령의 열매들)를 수반하는 한에 있어서, 인간은 그리스도의 형상으로 변화된 자로서 죄를 극복하게 된다. 그래서 인간은 부분적으로 의인이면서, 부분적으로 죄인이다. 그 차이를 요약하면 이렇다. 우리는 하나님과 관련하여서는 인간이 객관적으로는 완전히 죄인이고 동시에 완전히 의로워졌다고 말할 수 있지만, 그 자신의 주관성, 그 자신의 영적인, 육적인, 도덕적인 삶과 관련해서는 여전히 그리스도인이 부분적으로 죄인이고 또 부분적으로 의로워졌다고 말할 수 있는 것이다.[10]

비록 인간이 의인인 동시에 죄인일지라도, 우리의 의는 우리 죄보다 훨씬 더 풍성하다. 왜냐하면 우리의 중보자이신 그리스도의 거룩성과 의가 전 세상의 죄를 훨씬 능가하고, 우리가 그리스도를 통해 받은 죄의 용서가 너무나도 크고 넓고 무한한 결과, 만일 우리가 성령을 따라 행하면 그것이 모든 죄악들을 쉽사리 삼켜 버리기 때문이다.[11] 의존의 중심점이 분명해진다. 그리스도 안에 있는 하나님의 역사(work)의 풍성함, 즉 하나님의 의와 은혜의 풍성함이 너무나도 크기 때문에 인간은 자유 가운데서 행할 수 있다. 그리스도인의 자유는 황제가 교황에게 면죄권과 특권을 승인해 주는 그러한 종류의 자유가 아니다. 또한 그것은 원하는 것을 가르치고 행하도록 하는 도덕률 폐기론의 자유도 아니다. 또한 그것은 시민적

---

10) 이것은 루터에게 있어서는 미묘한(tricky) 관념이다. 한 측면에서 볼 때, 인간이 완전히 다른 두 가지 요소(two different things)를 가지고 있어서 상식적으로 그 두 가지의 요소가 서로 배척해야 할 것으로 보이지만, 또다른 측면에서 볼 때 그는 각각을 부분적으로 지니고 있다. 루터가 서로 다른 의미의 차이를 지닌 다른 문맥에서 이런 식의 사고 패턴을 사용하기 때문에, 혼란스러운 어려움이 생겨난다. 예컨대, "그러므로 육의 측면에서 우리는 죄인이지만, 영의 측면에서 우리는 의롭다. 그래서 또 우리는 부분적으로 죄인이면서 부분적으로 의롭다"(*Commentary on Galatians*, p. 499). 필자는 이 주제의 명확한 분석을 수행하는 데 있어서 Georg Hermann Dellbruegge의 미간행 학위 논문인 "Simul Justus et Peccator : A Study in the Theologies of Martin Luther and Reinhold Niebuhr"(Yale University, 1962)의 도움을 받았다. Cf. *Church Dogmatics* IV/2, pp. 57ff에서 바르트가 이 주제를 어떻게 취급하고 있는지를 참고하라. 거기서 그는 그리스도인의 삶의 총체적인 의인, 죄인(total-total) 성격을 강조한다.

11) *Commentary on Galatians*, pp. 499-500.

자유도 아니다. 그것은 하나님의 분노로부터의 자유이고, 율법의 속박 즉 죄, 사망, '악마의 세력'으로부터의 자유이다. 율법은 인간을 절망으로 인도할 힘을 상실한다. 죄는 비록 실재할지라도, 인간에게는 보잘것없는 것이고, 죽음도 그 공포를 상실한다. "왜냐하면 그리스도가 나를 해방시켰기 때문이다."[12] 따라서 그리스도인의 자유는 내적인 자유인데, 그리스도인은 아무것에도 예속되지 않은 완전히 섬기는 종이고, 모든 사람에게 자신을 복종시킨다.[13] 내적인 인간(속사람)은 하나님의 구원하시는 말씀(Word)에 대한 믿음, 그리스도와의 연합에 의해 자유로워진다.

이런 자유는 어떻게 표현되는가? 그리스도인의 자유가 세상에 있는 인간행위들과 어떤 차이가 있는가? 여기서 이 질문에 관한 두 가지의 대답이 관심을 끈다. 첫째, 인간은 율법의 시민적 사용과 사회 가운데서의 그의 사명(vocation)이 한때 행했던 것과는 다른 정신으로 행하라고 그에게 요구하는 내용을 수행하는 경향을 내적으로 지니게 된다. 둘째, 인간은 율법과 명령의 요구들을 능가하는 어떤 정신과 방식으로 이웃을 사랑함으로써 그의 신앙을 실천해 나간다. 양자의 기초는 새로운 성향, 새로운 목적, 그리고 새로운 마음이다. 그러므로 루터에게 있어서 기독교 윤리는 기본적으로 성향의 윤리(Gesinnungsethik)이다. 그것은 무엇보다도 삶의 새로운 외적인 법이 아니다(비록 5장에서 그리스도가 어떻게 기독교적 삶의 양태가 되는지를 확인해 볼 것이지만). 모방으로 이루어지는 것이 아니라 중생과 새로운 피조물로 존재하는 복음에 따라 그리스도를 입으라. 이제 그리스도는 결코 율법, 율법 수여자, 일(work)이 아니다. 이루 평가할 수 없는 신적인 선물이다.[14]

그러나 다른 사람들처럼 그리스도인은 하나님의 사회제도들 가운데 부

---

12) Ibid., pp. 441-444.
13) 루터의 *Three Treatises*(Philadelphia, 1943) 중 "A Treatise on Christian Liverty," p. 251에서 인용.
14) *Commentary on Galatians*, p. 340. 은사와 새로운 생명의 법이 보다 분명하게 통일되어 있어, 그 결과 법의 제3사용이 존재하는 칼뱅의 저작 *Institutes, Book* II, Ch. 7, 특히 section 12를 보라.

여한 질서 속에 자리하고 있는데, 그 사회제도 안에서 그는 이 지상의 직업현장인 직무(office)를 맡는다. 그의 직업을 통해 그에게 주어진 책임성은 브루너가 하나님에 대한 인간의 순종의 영역(sphere)이라고 부른 것을 구성한다. 인간은 하나님의 가면이며, 하나님의 율법을 통하여 하나님의 통치행위의 대리인으로서의 기능을 수행한다. 그래서 모든 사람, 즉 모슬렘이나 그리스도인, 가톨릭 교인이나 루터 교인 모두 이 세상을 보존하기 위한 신적인 경륜 속에 도덕적으로 중요한 기능을 수행한다. 국가와 가족 같은 기관들, 그리고 현대의 일부 사회학자들이 이런 제도들 가운데서의 '역할들'과 '지위들'—가령 법률가와 아버지와 같은—이라고 부른 사회질서 속에서 그에게 주어진 활동으로 주권적인 하나님을 섬긴다. 이들 제도들과 그 제도들 안에서의 인간의 기능들이 지닌 존엄성은 사회학적인 필연성의 범주에 국한되지 않고, 심지어는 도덕적인 필연성에 국한되지도 않는다. 사회적, 도덕적 필연성은 신학적 존엄성과 기능을 지니고 있다. 인간이 그의 의무들과 노동들을 적절하게 성취하는 가운데서 섬기는 분은 바로 하나님이다.

직무를 수행하는 데 있어서 그리스도인을 불신자로부터 차별화시키는 것은 무엇인가? 구스타프 빙그렌(Gustaf Wingren)은 그것을 다음과 같이 말한다. 즉, 직업의 문제에 있어서 하나님은 일차적으로 윤리적이다. 하나님은 직무를 맡은 사람이 육(flesh)적인 데서 영(spirit)적이 될 때 그 직무의 성격을 변화시키신다.[15] 외적인 행위는 변경되지 않을 수도 있다. 그것은 하나님의 법 영역 아래에 있다. 그러나 신앙은 그리스도인의 순종 가운데서 활동한다. "믿음은 계명에 대한 순종 아래에 숨겨진다. 하지만 그것은 활동하고 순종을 야기시킨다."[16] 한편으로 그리스도인은 그를 불러 그의 일 가운데서 순종하게 하는 분은 바로 하나님이고, 아울러 그가 섬기고 또 순종하는 분은 궁극적으로 하나님이라는 점을 안다. 하나님의

---

15) Wingren, *Luther on Vocation*, p. 67.
16) Ibid., p. 74. 필자는 이 문제들에 대한 루터의 견해에 대한 빙그렌의 해석이 매우 통찰력이 있다고 믿는다.

자비에 대한 이런 지식이 인간이 하나님의 법이 요구하는 것을 자유롭게 한다.

그러나 하나님의 의에 대한 참여는 또다른 요소를 끌어들인다. "이런 가변적인 요소는 사랑인데, 그 사랑은 자유롭게 그 길을 갈 수 있다. 그 이유는 하나님은 사랑이기 때문이다. 새사람의 직무의 '사용'을 형성하는 새사람의 사랑은 이 세상 안에서의 하나님의 새로운 피조물의 한 형식이다."[17] 일시적인 지상의 권력에 관한 그의 논문(1523)에서, 루터는 이것이 그리스도인 제후에게 의미할 수 있을 만한 내용을 다음과 같이 묘사한다.

> 그는 그의 신민들을 고려하고, 그들에게 관심을 기울여야 한다. 아울러 그 일에 헌신해야 한다. 그가 자신의 모든 생각을 그 자신을 유익하게 하고, 신민들을 유익하게 하는 방향으로 이끌 때에 그는 이 일을 수행하는 것이다. 즉, 그것은 그리스도인 제후가 "이 나라와 백성들이 나에게 속해 있고, 나를 가장 기쁘게 하는 것을 할 것"이라고 생각하는 대신에, 오히려 "나는 이 나라와 이 백성들에게 속해 있고, 나는 그들에게 유익하고 선한 것을 행할 것"이라고 생각하고, 아울러 "나의 관심은 어떻게 하면 그들 위에 군림하고 그들을 지배할 것인가?"가 아니라 "어떻게 하면 그들을 평화와 풍요로운 상태에서 살도록 만들 수 있는가?"라고 생각할 때이다. 그는 그 자신 가운데 그리스도를 그리면서 말하기를 "보라, 최고의 통치자인 그리스도가 나를 섬기기 위해 왔다. 그는 내게서 권력, 재산, 명예를 얻으려고 하지 않았다. 오직 내 필요를 고려해 주었고, 또 내가 그로부터, 그를 통하여 권력, 재산, 명예를 얻어야만 하는 목표로 만물을 방향 짓게 했다. 나도 마찬가지로 내 신민들에게서 나 자신의 이익을

---

17) Ibid., p. 150. Cf. "Christian Liberty," in *Three Treatises*, p. 271 : "그러므로 이 두 마디의 말은 참되다. '선행들은 선한 사람을 만들지 않는다. 오직 선한 사람이 선행들을 할 뿐이다. 악행들은 악한 사람을 만들지 않는다. 다만 악한 사람이 악행들을 행할 뿐이다.' 그래서 '실체'(substance) 혹은 인격 그 자체는 어떤 선행들이 존재할 수 있기 이전에 선하다는 사실, 그리고 선행들은 선한 사람을 따르고 또 선한 사람으로부터 나온다는 사실은 언제나 필연적이다."

추구하지 않고 그들의 이익을 추구할 것이다. 나는 내 직무를 통해 그들을 섬기고 보호하고, 그들의 문제들을 듣고, 그들을 지키고, 그리고 나의 통치자로부터 나의 유익과 이익이 아니라 그들의 이익과 유익을 가져다 줄 유일한 목적을 이룰 수 있도록 통치할 것이다."라고 했다.

그러한 방식으로 제후는 그의 마음에서 스스로 자신의 권력과 권위를 비우고, 그의 신민들의 필요가 마치 그 자신의 필요들인 것처럼 다루면서 그의 신민들의 필요를 그 자신이 떠맡아야 한다. 왜냐하면 바로 이것이 그리스도가 우리에게 행하신 것이다(빌 2 : 7). 그리고 이런 것들이 그리스도인의 사랑의 적절한 일들인 것이다.[18]

따라서 그리스도인의 사랑, 즉 그리스도인의 내적인 중생은 제후가 직무를 통하여 일하는 방식을 바꾼다. 하나님이 그의 창조 속에서 하나의 '직무'로써 제공한 것은 그리스도인의 사역에 의해 그 목적이 바뀌게 되는데, 그리스도인은 하나님의 구속의 결과로 지니게 되는 새로운 의도를 가지고 자신의 직무를 수행한다. 그리스도인 제후에 의해 주어진 정의는 아마 이교도에 의해 주어진 것과 결코 다르지 않을 것이다. 다만 그것은 그리스도인의 사랑에 의해 내적으로 움직여진다. 강력한 제후들에게 발생하는 것은 평범한 부모들과 군인들에게도 발생한다. 그리스도 안에 있는 새사람은 자신의 의무들을 통하여 하나님과 이웃을 섬기는 것이다.

한편으로는 많은 새로운 삶이 자연적인 사회세계의 질서들 안에서 그것들을 통하여 표현되는 동안 사랑은 율법을 극복하는데, 이 사랑은 신앙의 자유 안에서 행해진, 이웃을 향한 순수한 기쁨을 야기시키는 자발적인 활동이다. "그리스도 안에 있는 새사람은 자발적이고, 자유롭게 밖으로 향한다. 그의 자유는 지배로부터의 하나님 자신의 자유이다. 그의 사랑은 그를 통하여 역사하는 그리스도이다. 그의 즐거움은 그의 마음속에 거주하고 있는 성령이다."[19] 새사람은 항상 또한 옛 사람을 자유롭게 사랑한

---

18) "Temporal Authority : To What Extent It Should Be Obeyed," in *Luther's Works*, vol. 45(Philadelphia, 1962), p. 120.
19) Wingren, op. cit., p. 204.

다. "그러므로 그의 모든 행위들 가운데서…… 오직 이 한 가지를 주목해야 하는데, 그렇게 함으로써 그는 그의 이웃의 필요와 유익 외에는 그 어떤 것도 고려함이 없이 그가 하는 모든 것 속에서 다른 사람들을 섬기고 또 그들에게 유익을 끼칠 수 있다."[20]

봉사를 하는 데 있어서 구체적인 필요가 존재한다. 이것은 예상될 수도 없고, 율법 아래 있는 규범적인 의무들로 세워질 수도 없다. 그리스도인의 사랑은 이 필요를 채워 준다. 그리스도인들은 필요한 사람들을 도울 수 있는 기금을 얻을 수 있을 것이다. 보다 강한 사람이 보다 약한 사람들을 섬길 것이다. 모든 사람이 서로의 짐을 함께 지면서 다른 사람들을 돌볼 것이다. "보라, 이것이 진정한 그리스도인의 삶이고, 바로 여기서 믿음은 사랑을 통하여 참으로 효력을 발휘한다. 즉, 그것은 즐겁고 사랑스러운 마음으로 행하는 가장 자유로운 봉사의 사역 속에서 발생하는데, 이런 삶과 함께 그리스도인은 보상에 대한 기대 없이 기꺼이 다른 사람들을 섬기고, 또 그 자신에게 있어서는 그의 신앙의 온전함과 풍요함에 만족하게 된다."[21]

루터의 윤리에 대한 연구는 몇 가지 점에 있어서 인상적이다. 첫째, 신앙 안에서 주어진 내적인 자유, 즉 자비로운 하나님에 관한 지식과 함께 생기는 자유가 자발성과 기쁨의 음조를 지니고 있지만, 그렇다고 그것이 방향 없는 자유는 아니다. 어떤 점에서 그것은 우리가 예상할 수 있는 바와 같이 어거스틴과 후기 가톨릭 사상가들과 그다지 다르지 않다. 그리스도 안에서 인간은 어떠한 경우에서도 자유롭게 율법이 그에게 요구하는 것을 할 수 있게 된다. 인간은 하나님이 그에게 부여한 자리에서 그의 의무들을 성취한다. 그리고 지금은 그에게 주어진 하나님의 의의 표현으로써 그 의무들을 성취한다. 그리스도인의 자유 안에서 정상적으로 위반되거나 혹은 파괴되지 않은 외적 의무들의 차례가 세상 안에 존재한다.

하나님의 은혜와 의에 대한 해석과 인간이 그것들에 참여하는 방법은

---

20) "Christian Liverty," in *Three Treatises*, pp. 275-276.
21) Ibid., p. 276.

매우 다르지만, 창조와 율법이 인간의 보존이나 인간의 일시적인 목적들을 위해 요구하는 것에 순응할 자유에 입각해 볼 때, 그 유사점들이 인상적이라는 것은 틀림없다. 루터의 저작들을 읽을 때, 어느 정도 그의 생동감 넘치는 수사기법을 통하여 그러한 자유의 보다 명료한 의미를 얻게 된다. 이것은 속사람과 겉사람에 대한 그의 구별에 의해 촉진된다. 그러나 이 구별은 성 토마스와 다른 가톨릭 사상가들에게서는 발견되지 않는다. 따라서 하나님의 사역이 결국에는 인간의 행위들 안에서, 그리고 그 행위들을 통하여 야기시키는 방식에 대한 해명은 루터에게서는 정제된 형태로 나타나지도 않고, 정확하게 나타나지도 않는다. 그러나 심지어 루터에게서조차도 그가 인간에게 사회의 필요에 일치하는 행동을 요구할 때에 하나님에게 복종하는 것은 자유이다.

루터에게 있어서 자유는 사랑의 사역 가운데서 솟아난다. 하나님의 사랑은 자유를 존재케 하고, 또 그리스도인들의 행위들 가운데서 자유롭게 발산된다. 이미 살펴본 가톨릭 사상가들에게서 사랑 또한 새로운 삶의 표현이다. 우리가 이미 주목했듯이, 로마서 8 : 2은 가톨릭 사상가들과 루터 모두에게 핵심적인 성경본문으로 통한다. 가톨릭 사상가들은 사랑을 새 법으로 삼은 것이 틀림없다. 여기서 새 법은 성경에 나오는 법일 뿐만 아니라 마음에 쓰여진 법이기도 하다. 이 사랑은 일반적으로 "자유롭게 사랑하라"는 말씀을 회피한다. 그럼에도 불구하고 사랑, 즉 신앙을 지닌 인간 안에 있는 인간을 통한 하나님의 사랑은 그리스도인의 도덕적 행위의 목적과 형태를 부여해 준다.

루터는 사랑이 자아 속에서 형성된 방식들이나 사랑을 구체화하는 수단인 방식들을 설계하기 위하여 아리스토텔레스적인 방식을 사용하지 않았다. 선한 인간은 선한 행동들을 한다. 인간의 본질(substance)이 갱신되어야만 한다. 그러나 루터는 그 본질에 대한 상세한 설명을 정제된 형태나 명확한 형태로 제시하지 않는다. 사랑을 올바른 방향으로 인도할 기준이 되는 장치에 대한 정의가 분명하지 않은데, 이 사실이 보다 위대한 의미의 자발성과 자유를 확실하게 해 준다. 이 사실이 궁극적으로 루터의 관심의 결핍에서 기인하는지, 자아를 그러한 복잡한 용어들로 묘사하는 과정에서 생겨나는 신학적인 잘못에 대한 지각에서 기인하는지, 혹은 루터가 지닌 엄청난 느낌의 새로운 삶에서 기인하는지의 문제는 우리가 결정할 수 없다.

 루터는 인간의 두 가지의 목적, 즉 초자연적인 것과 일시적인 자연적인 목적을 가르치는 가톨릭의 견해로부터 완전히 자유롭지는 못했다. 적어도 그 역시 일종의 이중의 가능성들과 필요조건들, 즉 하나님의 복음과 율법을 가지고 씨름하고 있다. 하나님의 법은 그 폭넓은 시민적 사용 속에서 보존되어야 하는데, 사실상 그것은 하나님의 주권하에서 보존될 것이다. 하나님의 법을 성취하는 사람이 그리스도의 의에 참여하든지, 우리가 이미 보았듯이 요구된 실제적인 행위들에 대해 그 어떤 필연적인 차이를 가져다주지 않든지 간에, 신자의 의도는 바뀌고 그 결과 의의 행위가 변화된다. 바로 이 점이 가톨릭 견해와의 차이인가? 가톨릭의 견해로는 은혜가 인간의 자연적 삶을 근본적으로 변경하지는 않지만, 자연적인 삶의 필요조건들을 충족시키도록 인간들을 변화시킨다. 유사점들은 강조할 가치가 있다. 의나 성화하는 은혜가 인간의 도덕적 의도들과 목적들 속으로 침투한 후의 도덕적 결과들에 대한 약간의 주장들이 있다. 가톨릭 신학자들이 보기에 이것은 공로(merit)의 증대로 연결되는데, 공로의 증대는 영원한 축복의 목적 성취를 풍성하게 한다. 루터가 보기에 구원을 위해서는 오직 신앙만으로 충분하다.

 그러나 루터에게 있어서 그리스도인들의 도덕적 삶은 자유와 사랑이 함께 어울리면서 이루어진다. 이것은 이웃의 필요를 충족시켜 줄 목적을 추구한다는 점에서만 목적의 윤리라고 말할 수 있다. 그것은 인간 자신의 자연적인 목적의 성취와 결합되지 않는다. 그것은 일차적으로는 의도, 성향의 윤리이다. 그리스도인은 하나님의 사랑이 그에게 주어지고 그를 통해서 흘러넘칠 때 사랑의 성향을 지닌다. 그리스도는 확실히 그리스도인의 삶의 모범이고, 예수의 가르침들은 신앙 안에서의 새로운 삶을 안내하지만, 중생이 그리스도인의 삶의 일차적인 사실이다.

후대의 루터교의 윤리에서 이런 (사랑할) 내적인 의도의 윤리는 기독교 윤리로 거의 거부되지 않았다. 그리스도인의 삶은 무엇보다도 먼저 율법주의(legalism)로 빠져 들어서는 안 된다.[22] 따라서 비록 그리스도인들이 자신들의 직업적인 또 시민적인 의무들을 수행할 의무가 있지만, 그들은 그리스도 안에 나타난 하나님의 계시를 도덕적인 자아형성이나 사회윤리의 틀로 사용해서는 안 된다.[23] 하나님이 그리스도 안에서 행한 사역으로 인해 인간은 이웃을 자유롭게 사랑할 수 있게 되었다. 현대적인 용어를 사용하자면, 바로 이것이 그리스도인들의 윤리를 개인적인 영역에서 (즉, 인격 대 인격의 관계에서) 지극히 '상황적' 혹은 '맥락적'이 되게 한다. 결의론과 이웃의 상황과 그 원인들에 대한 주의 깊은 분석은 생략될 수 있다.[24]

그러나 확실히 루터에게 있어서 사랑은 의도와 방향성을 지닌 힘이다. 자유는 이런 사랑 안에서 솟아난다. 그리스도는 선물일 뿐만 아니라 모범

---

[22] 필자는 저명한 성서학자가 국가민족교회인 스웨덴의 루터교를 비판하는 강의를 시작하면서, 다음과 같이 그럴 듯하게 비평하는 것을 들었다. "과거 50년 동안 스웨덴의 교회가 수행한 가장 성공적인 일은 스웨덴 국민들이 바리새인이 되어서는 안 된다는 점을 그들에게 확신시키는 것이었다."

[23] 복음(율법이 아니라)에서 사회윤리로 나아가려고 하는 가장 최근의 루터교의 논문 가운데서 내가 확인한 것은 군나르 힐러달(Gunnar Hillerdal)의 Kyrka och Socialetik(Lund, 1960)이다. 이 글은 각별한 노력을 기울인 글이다.

[24] 필자가 보기에, 브루너의 중요한 책인 *The Divine Imperative*(Philadelphia, 1947)는 그 구조를 살펴볼 때 기본적으로 루터교 전통에 속한다. 한편으로 우리는 창조의 질서들, 창조주 하나님의 사역을 확인하고, 다른 한편으로는 은사와 사랑의 명령을 확인한다. 영역들 혹은 질서들은 개인 상호간의 사랑이 일어나는 구조를 제공한다. 예컨대, "창조주로서 하나님은 우리가 창조질서를 인식하고 창조질서에 적응하는 것을 일차적인 의무로 삼기를 요구한다. 구속주로서 하나님은 우리의 두 번째 의무로써, 우리가 현존하는 질서를 무시하고 도래하는 하나님 나라의 관점에서 새로운 행위를 하기를 바란다"(p. 208). 브루너의 주장을 분석해 볼 때, 여기서 새로운 행위란 결국은 나-너의 사랑의 관계이다. 신론, 특히 창조주와 구속주의 '양손'이라는 가르침이 지닌 함축된 의미들에 대한 논의는 생략한다. 하지만 두 개혁자인 루터와 칼뱅 간에 패인 깊은 간격은 하나님이 구속주-창조주라는 바르트의 윤리, 그리고 창조와 구속은 시간과 공간 차원에서 사실상 분명하게 다른 행위로 보인다는 브루너와 루터교 신학자들 간의 구별 가운데 여전히 존재하고 있다.

이다. 이것과는 대조적으로, 불트만이나 뢱스트룹(Knud Løgstrup)과 같은 현대 루터교 실존주의 신학자들은 강조점을 달리하는 방식으로 현재와 미래를 향해 열려질 자유를 선택한다.

현재와 미래를 위한 자유

"그리스도인은 무엇을 해야 하는가?" 미래와 현재에 대해 자유로워지는 것이다. 즉, 단순히 "율법이 요구하는 것을 자유롭게 하라."는 것뿐만 아니라 "신앙에 의해 가능하게 된 대로 자유를 가지라."는 것이다. 우리는 순종해야 한다. 그러나 순종은 현재의 구체적인 상황에서 철저해진다. 그것은 순간이나 계기에 요구되는 것을 행하는 것이다. 구체적인 삶의 모범이 그리스도인들의 삶 속에서 실현된다는 의미에서 기독교 윤리가 존재하는가? 존재하지 않는다. 심지어 사랑의 명령에서조차 예수는 "사랑을 위한 구체적인 윤리의 강령"[25]을 세우려고 하지 않았다.

루돌프 불트만의 글에서 인용한 문장은 개신교 윤리에서 이 주제에 대한 텍스트를 제공한다. "그리스도는 인간에게 미래를 기초로 해서 살고 또 미래를 향해 살 자유를 부여해 주고, 그의 과거로부터 또 그 자신으로부터 인간을 해방시켰다는 의미에서 율법의 마침이다."[26] 도덕적 삶이 아니라 '순수한 가르침'을 위한 그의 교회에 대한 관심을 논의하는 맥락에서, 불트만은 이런 자유에 대한 또다른 진술을 제시한다. "과거에 참된 것

---

25) Bultmann, *Jesus and the World*(New York, 1934), p. 110. 아울러 Knud Logstrup, *Den Etiske Fordring*(Copenhagen, 1958), 5장 "Gives der en kristelig etik?," pp. 122-132을 보라. 이 글에서 그는 "존재하지 않는다."고 대답한다. 물론 예수가 알고 있는 근본적인 명령이 존재한다. 그러나 중요한 점은 순종을 명령하고, 이 명령은 구체적인 기독교 윤리를 통해서 오는 것이 아니라 세상에서의 인간의 삶을 통해 온다는 것이다. 뢱스트룹은 고가르텐과 불트만에게 진 빚을 인정한다. 오늘날 세속성(secularity)에 대한 강조의 주요한 두 가지의 원천은 고가르텐과 불트만이다.
26) R. Bultmann의 *Essays*(New York, 1955)에 들어 있는 "Christ the End of the Law," p. 64.

으로 여겨지는 유일한 사람은 미래에 대해 자유를 보존하는 사람, 즉 하나님의 자유에 자신을 개방하는 사람이다."[27] 루터에 비견되는 방식으로 그리스도인의 자유는 사랑 안에서 역사하지만, 어떤 면에서는 루터와 대조적으로 사랑의 도덕적 내용은 완전히 상황적인 용어로 기술되고 있다. "신앙인은 사랑에 대해 자유롭다. 사랑은 신앙인으로 하여금 한순간에 하나님이 신앙인에게 요구하는 것을 보게 한다."[28]

이런 전망에서 볼 때 도덕적 삶에 대해 그리스도의 사역이 지니는 의미는 신앙 안에서 실재하게 되는 새로운 성향, 즉 세상을 향한 새로운 자세나 입장 속에서 분명하게 자리하게 된다. 그것은 자유의 태도, 소유하고 소유하지 않을 태도, 그리고 사랑의 태도이다. 트뢸치(E. Troeltsch)의 구분을 따르자면, 그것은 도덕적인 행위의 규범들이나 모범들을 제공하는 객관윤리(Objectivethik)라기보다는 성향윤리(Gesinnungsetik)이다.[29]

그것은 윤리로 하여금 추구되어야 할 행동의 목적, 다시 말해 성취를 위해 요청되는 목표들과 적절한 수단들의 명료화를 가리키게 한다. 그것은 여러 가지의 다양한 근거 위에서 모든 형식의 구체적인 혹은 상세한 명령법적 주장들을 삼가한다. 구체적인 혹은 상세한 명령법적 주장들은 성경의 구속의 말씀에 낯선 것으로 보인다. 그것들은 사람들을 과거에 묶이게 하는 새로운 법이 된다. 그것들은 자유와 사랑에 위배된다. 신앙은 인간을 자유롭게 하고, 사랑할 수 있게 한다. 불트만에 대한 이런 해석을 뒷받침해 주는 증거본문을 수집하는 것은 어렵지 않다.

인간이 행해야 하는 것은 이상(an ideal)에 의해서가 아니라 그의 이웃을 사랑하라는 명령에 의해 그에게 계시된다. 그러나 사랑의 명령은 규칙

---

27) Bultmann, *Existence and Faith : Shorter Writings of R. Bultmann*, ed. Schubert Ogdedn(New York, 1960)에 들어 있는 "On Behalf of Christian Freedom," p. 245.
28) Ibid., "Faith in God the Creator," p. 182.
29) Geammelte Schriften, vol. 2(Tübingen, 1913)에 들어 있는 "윤리학의 기초 문제"(Grundproblem der Ethik)의 pp. 621ff와 그 밖의 다른 곳 참조.

들을 이끌어 낼 수 있는 윤리적인 원리가 아니다. 나는 주어진 시간마다 사랑의 명령이 요구하는 것을 주어진 시간마다 인지한다. 선의 요구는 내게는 하나의 체계로나 이상적인 표상으로 명백하게 나타나는 것이 아니라 내 이웃과의 만남 속에서 구체적으로 나를 대면한다. 내 이웃이 누구이고 또 그를 위해서 내가 해야 할 것을 나는 스스로 주어진 시간마다 인지해야만 하는데, 사랑 안에서만 나는 그렇게 할 수 있다. 예리하고 확실한 시각을 가지고 사랑은 마땅히 행해야 할 것을 발견한다. 사랑은 그다지 맹목적이지 않기 때문에, 사랑은 주어진 상황에서 행위의 모든 가능성들과 결과들을 신중하게 심사숙고할 것이다. 그러나 이런 가능성들과 결과들에 비추어 어떤 주어진 순간에 행해야 할 것은 그 어떤 이론에 의해서 주어지지 않는다. 반대로 그것을 계시하는 것은 바로 사랑이다. 그래서 우리는 결단할 때 안전하지 않은 상태에 처하게 된다.[30]

이 인용문은 이상들이나 원리들, 이론들을 형성하려는 모든 시도들, 혹은 인간의 행위를 합리적으로 인도하는 가능성들과 결과들에 대한 신중한 심사숙고를 분명히 무시한다. 우리가 활동의 객관적인 결과들과 목표들에 관하여 그렇게도 심사숙고한 모든 고려들이 붕괴되고, 미래에 대해 개방적인 신앙은 사랑을 통하여 스스로를 표현한다. 도저히 설명할 도리가 없지만, 사랑은 '객관적인 윤리'로부터 그 어떤 도움도 받을 필요가 없다. 우리는 심지어 이웃의 필요에 대한 우리의 응답에 모양과 형식을 부여하여 그리스도를 우리의 모범으로 삼은 루터의 단순한 시도를 헛되게 추구한다. 그리스도 안에 나타난 하나님의 선물은 순종을 요구하는 근본

---

30) *Essays Philosophical and Theological*(New York, 1955)에 들어 있는 "The Understanding of Man and the World in the New Testament and Greek World," pp. 70-80에서 인용. 자유와 사랑에 대한 이런 종류의 확신은 로빈슨 (J. A. T. Robinson) 감독의 *Honest to God*(Philadelphia, 1963)의 "The New Morality"에 반영되어 있다. 예컨대 115쪽에서는 다음과 같이 말한다. "말하자면 사랑은 본유적인(built-in) 도덕적 나침반—이 본유적인 도덕적 나침반이 이웃의 가장 깊은 필요를 직관적으로 '정통'하게 한다—을 지니고 있기 때문에, 오직 사랑만이 방향을 설정하는 데 있어서 *그 상황을* 완전하게 인도할 수 있다. 오직 그것만이 철저히 그 상황에 개방적일 수 있게 한다"(이탤릭은 역자 첨가).

적인 자유의 선물이다.

그러나 행위들을 결정하는 것은 신앙과 사랑만으로 충분하다. "신앙인은 그의 현재의 상태를 죄 된 과거로부터 나온 것으로, 그 결과 하나님의 심판 아래 있는 것으로 이해한다. 아울러 말씀 속에서 그를 만나는 은혜에 의해 이 과거로부터 자유로운 존재로 이해한다. 신앙은 신앙인이 하나님에게서 부여 받은 자유 안에서 그 자신을 붙잡은 순간적인 행위이다."[31] 이런 자유 안에서 우리는 사랑 가운데서 그리스도를 섬길 수 있다. 그러나 "본래 사랑 안에 서 있는 사람에게 있어서, 가령 바울 스스로가 보여 주듯이 이웃에 대한 그의 책임성을 지적하고 마땅히 행할 지침들을 보여 주는 형제적 권면이 아무리 많더라도, '윤리'는 이제 더 이상 필요하지 않다."[32]고 한다.

"신앙인은 사랑을 향해(for) 자유롭다. 사랑은 하나님이 주어진 순간에 그에게 요구하는 것을 그에게 보여 준다."[33] 그는 세상에서 마치 세상에 있지 않는 것처럼 산다. 슈버트 옥덴(Schuber Ogden)은 불트만이 고린도전서 7:29~31 본문을 얼마나 광범위하게 사용했는지를 바르게 지적한다.[34] 하나님은 신앙 안에서 "세상에 존재하는 모든 것을 향할 권리를 지닌 자유를 승인한다. 그러나 세속적인(worldly) 모든 것은 그 자유에 대한 동기부여의 능력을 상실한다. ……이제 행위의 유일한 동기는 사랑이다. 여기서 완전한 순종으로써의 사랑은 세계로부터의 자유를 전제한다."[35]는 것이다.

불트만의 윤리는 성향적(dispositional)이다. 우리는 3장에서 로마 가톨릭 신학자들이 인격의 이런 지속적인 경향을 기술하기 위하여 성향이라

---

31) Existence and Faith의 "The Concept of Revelation in the New Testament," p. 87.
32) Ibid., "Paul," p. 145에서 인용.
33) Ibid., "Faith in God the Creator," p. 182.
34) Ibid., "Introduction," pp. 19-20.
35) Ibid., "Man between the Times according to the New Testament," pp. 260-261.

는 단어를 어떻게 사용하고 있는지를 보았다. 성품의 지속적인 경향은 자아가 그 자신의 참된 목적에 일치시킬 때 생겨난다. 덕들이 성향들이다. '도덕습관들'이라는 단어는 '도덕성향들'이라는 단어와 거의 동일하게 사용될 수 있다. 그러나 불트만은 그러한 일체의 가능성을 분명하게 거부한다. 불트만에게 있어서 자유와 사랑은 도덕습관들이나 도덕적 삶의 특질들이 아닌 것은 틀림없다.

실제로 그리스도의 사역의 결과들은 자아의 도덕적 특질들이 아닌 것으로 명시적으로 기술되고 있다. 표면적으로 일차적인 중요성은 죄의 용서됨이지, 새로운 의식, 그리스도인의 덕목들이라는 의미에서의 새로운 삶, 혹은 죄들로부터의 자유가 아니다. 그리스도인의 실존은 '행위'에서 일어나는 것이 아니라 '신앙' 안에서 일어난다.[36] 기독교적인 덕목이 존재하지 않듯이, 기독교적인 도덕도 존재하지 않는다. 기독교의 메시지는 이렇다. "하나님이 그리스도의 '십자가'에서 용서하시는 은혜의 하나님으로 자신을 계시하셨다. 그리스도는 용서하시는 은혜의 말씀이다. …… 이 말씀이 들려지고 그 말씀에 인간이 응답할 때 인간은 완전히 깨끗해지고, 아울러 그의 죄에서 자유롭게 된다. 즉, 완전히 의롭거나 혹은 의로워진다."

이것은 도덕적인 방식으로 무엇을 의미하는가? "그것은 도덕적 특질이 향상된다거나 이상에 보다 더 가깝게 다가서는 것을 의미하는 것이 아니라 이미 그 목표에 도달했다는 것을 의미한다. 이는 도덕적 성숙을 확증하는 증명서를 얻었다는 것도 아니고, 어떤 신비한 방식으로 이런 성숙을 자신의 것으로 삼았다는 것도 아니다."[37] 이것은 하나님의 의의 선물에의 참여 결과라는 루터의 주장조차 배제하는 것처럼 보인다. 대신에 그리스도의 사역은 은혜의 선물, 죄 용서 받음의 선물에 국한된다. 그것은 그리스도인의 삶이 지향하는 목표는 '성숙한 인간 됨'이라는 폴 레만의 주장을 배제한다. "성숙한 삶은 기독교 신앙의 열매이다."[38]

---

36) *Essays*, "Humanism and Christianity," p. 156.
37) Ibid., p. 160.

미래의 개방성에 대한 레만의 주장은 신앙이 인간의 성숙을 낳는다고 상정한다. 인간의 성숙은 하나님이 행하시는 것에 대한 인간의 순응 가운데 표현될 수 있다. 불트만은 이런 주장이 지나치다고 본다. 그 부분적인 이유는 복음의 메시지는 레만의 주장처럼 그리스도의 현재적이고 실재적인 왕적, 제사장적, 그리고 예언자적 통치가 아니라 그리스도의 십자가의 메시지가 그 중심이기 때문이다. 아울러 불트만의 견해는 가령 로마 가톨릭교회의 윤리에서처럼 전형적인 새로운 도덕적 습성화같이 사랑을 "덕목들의 형식으로서 고려함"을 철저하게 배제한다. 칭의는 도덕적인 특질도 아니고, 신앙인에게 그 어떤 것도 주입하지 않는다.[39] 새로운 삶의 표지는 모호하다. "이런 그리스도인의 삶 자체는 우리의 눈앞에 놓여 있는 사실이 아니고, 우리가 호소할 수 있고 우리 스스로를 재확신할 수 있게 하는 그러한 삶이 아니다."[40]

그리스도인의 도덕활동은 결코 인격, 의식, 또는 은혜에 의해 야기된 행위의 목적 변화의 연장이 아니다. 오히려 그것은 희망의 삶이고, 상황 속에서 사랑의 당위적인 명령에 순종하는 삶이다. 우리는 이 점을 이미 다룬 바 있다. 그것은 이런 희망에 대해 보다 많은 해명을 요청한다. "그러나 오직 신앙에 의해 주어지는 이런 현재의 삶이 신자들의 구체적인 실존 가운데 어떻게 효력을 발휘하는가? 그것은 희망으로 효력을 발휘한다. 이 희망은 신자들의 실존을 규정하는 힘이다." 이 점이 로마서 5:2~4에 표현되어 있다. 이 본문은 다음과 같은 기억할 만한 구절들을 담고 있다. "우리가 하나님의 영광을 바라고 즐거워하느니라", "우리가 환난 중에도 즐거워하나니 이는 환난은 인내를 인내는 연단을 연단은 소망을 이루는 줄 앎이니라".

불트만은 이 구절을 이렇게 주석한다. "소망으로부터 소망이 생겨나고,

---

38) *Ethics in a Christian Context*, pp. 53-54.
39) *Essays*, "Grace and Freedom," p. 170.
40) *Existence and Faith*, "The Concept of Revelation in the New Testament," p. 73.

소망은 환난과 인내 속에서 영향을 받아 그 자신에 대해 의식하게 되는, 말하자면 그 자신에게 이르고 그 자신의 '실존의'(existential) 의미를 발견하는 활력이다."⁴¹⁾ 그리스도인들은 새로운 시대(aeon)에 속해 있다. 그러나 이것은 오직 소망 안에서 주어진 삶을 사는 것이다. 그것은 사랑과 소망으로부터 나오는 하나님의 명령에 순종적으로 행하는 것이다.

확실히 불트만의 종말론은 그리스도인의 도덕적 삶에 대한 그의 견해에 결정적인 영향을 미친다. 아울러 그의 종말론과 그리스도인의 도덕적 삶에 대한 그의 견해는 십자가의 그리스도의 죽음에 대한 순종을 통한 죄의 용서로써, 일차적으로 기독교의 메시지에 부여하는 초점으로 기능한다. 우리는 살아 통치하는 그리스도 안에 현재하는 선의 실재에 대한 맹세나 순응의 윤리를 지닐 수도 없고, 모범인 예수 그리스도의 삶에의 순응의 삶을 영위할 수도 없다. 불트만의 바울주의와 바울에 대한 그의 해석은 그가 그리스도인의 도덕적 삶에 대해 말한 것의 지침이 된다.

그러나 그의 인간관 또한 결정적인 요인이 된다. 불트만의 자아관은 칸트의 유산을 광범위하게 공유하고 있는 것처럼 보인다. 가령 불트만의 자아의 두 측면, 즉 도덕적 결단들의 자리가 되는 무조건적인 예지적(叡智的) 자아(noumenal, undetermined self)와 인과과정으로부터 생겨나는 조건적인 현상적 자아(conditioned self) 간의 구별은 칸트의 영향이다. 예수 그리스도에 대한 신앙에서 생겨나는 삶의 도덕적 특질에 대해 말하려는 어떤 시도도 도덕적 자아가 그 지속적인 현상적 특성들로부터 야기되는 제한에 영향을 받기 쉽다는 점을 상정한다. 이 점이 인간의 참된 목적에 일치하는 방향으로 이끌 수 있는 성향이나 습관으로 보는 가톨릭의 견해와 은혜가 덕목들을 바른 목적에 일치하는 방향으로 재정위시킬 수 있다는 어거스틴 전통의 견해에서 분명하게 드러난다.

도덕활동에서 그 자신을 표현하는 의식과 정서에 미치는 영향에 대한 슐라이에르마허의 사상 또한 일종의 형성과정에 민감한 자아의 연속성을

---

41) Ibid., "Man between the Times," p. 263.

강조한다. 가톨릭전통과 슐라이에르마허 모두 의지의 자유로운 행위에 대한 여지를 마련하고 있고, 이런 행위는 은혜 받은 자연적 자아와 일관성을 지니고 있다. 그것은 불트만이 이해했던 것처럼 결코 극단적으로 우인론적(偶因論的, occasionalistic)이지 않다. 불트만의 상황윤리는 인간의 용서를 위한 그리스도의 사역(성화에 대한 보다 적극적인 견해의 생략에 대한)에 대한 그의 강조와 일관성을 지닐 뿐만 아니라 도덕적 행위의 본질이 모든 개별적인 행위에서의 자아의 자유로운 결정이라는 자아관과도 일관성을 지니고 있다. 이런 자유로운 자아는 칸트에서처럼 이성의 도덕법형성에 순종할 의무 아래에 있는 것이 아니라 사랑의 명령을 통한 하나님의 말씀에 순종할 근본적인 의무 아래에 있다.

그러나 이것은 사랑에 대한 지나치게 형식적인 견해이다. 폴 렘지의 표현을 쓰자면, 그것은 "원칙화된 사랑"(in principled love)이 아니다. 불트만은 자아를 항상 변화하면서도, 그럼에도 불구하고 순간에서 순간으로 지속적이고 연속적인 삶의 특질을 지닌 인격으로서보다는 불연속적인 순종의 순간에 존재하는 '비구조화된 것'으로 본다. 은혜 혹은 긍휼은 이 '현상적' 자아를 자유롭게 하고, 아울러 현상적 자아에게 명령한다. 그것은 습관 혹은 의식에 영향을 미치지 않는다.

이것은 한 인간이 순종하는 세상이 어떤 형태도 지니고 있지 않다는 것을 의미하는 것이 아니다. 행위는 무(nothing)로부터 무엇을 창출하지 않는다. "그러나 이런 구체적인 순간은 일상적으로…… '창조의 규례들'(ordinances of creation)이라고 불리는 것에 의해 규정된다." 불트만의 이 말은 영원한 법들이나 혹은 인간공동체의 예정된 질서(configuration)를 가리키는 것이 아니다. 그것은 "단순히 내가 속해 있는 세계와 상황을 구체적으로 만들고 나 자신과 인간 일반으로서의 이웃들을 이해하지 못하게 하는 것들, 예컨대 우리가 서로서로를 인간 정신의 영원한 본성과 관련해서만 간주해야 한다고 생각하지 못하게 하는 조건들"을 의미한다.[42] 창조의 질서들은 일반적인 행위규칙들로 기능하는 정언적인 혹은 가언적인 도덕명령법의 기초가 될 수 없다. 그것들은 인간들을 구체적으로 순종의 자리에 위치시킨다.

뢱스트룹은 이런 동일한 접근을 공유한다. 그리고 보다 미묘하고도 문학적으로 도덕적 삶이 서로에 대한 신뢰와 확신에 의해 수행되고, 우리의 자연적인 인간관계에 의해 우리에게 부과되는 명료하지 않은 명령들이 존재하는 실제적인 조건들을 분석한다.[43] 그러나 이런 것들이 일반적인 도덕명령들의 근거가 되지는 않는다. 고가르텐에 따르면 도덕적 명령은 하나님이 인간을 근본적인 순종으로 부르는 데 이용하는 구체적인 도덕적 명령의 계기들이다.

우리는 한 저자의 지성적인 체계와 그의 전기 사이의 관계에 대해 고찰하기를 주저한다. 그리고 확실히 그러한 고찰을 영감을 주는 것으로 과대평가하려고 해서는 안 된다. 그러나 불트만은 그의 "자서전적인 성찰"에서 "나는 결코 정치적인 사항에 직접적이고도 적극적으로 참여하지 않았다."라고 단언한다.[44] 명백하게 독일의 정치적 사건을 다루고 있는 1933년에 나온 논문인 "현재의 상황에서의 신학의 과제"에서 그는 자신이 좋아하는 고린도전서 7:29~31을 주석하면서 이렇게 썼다. "이것은 신앙이 세상에 대해 부정적인 관계를 지니고 있고, 비판적인(critical) 관계를 지니고 있다는 것을 의미한다. 그러므로 우리가 발견하는 모든 규례들은 모호하다. 그것들은 오직 우리로 하여금 구체적인 과제들을 통하여 봉사하도록 하는 한에서만 하나님의 규례들이다. 그것들이 단순히 소여되어 있다는 점에서 볼 때, 그것들은 죄의 규례들이다."[45]

불트만에게 있어서 신앙의 비판적인 능력은 사랑의 표준에 따라 행사된다. "우리들 각 사람의 표준은 우리 각자가 삶 속에서 진실로 사랑에

---

42) Ibid., "The Meaning of the Christian Faith in Creation," pp. 222-223과 pp. 159ff를 보라. Thomas Oden의 *Radical Obedience, the Ethics of Rudolf Bultmann*에 들어 있는 "The Existential Analysis of Human Obligation," pp. 46-76을 보라.
43) Løgstrup, *Den Etiske Fordering*, pp. 17-39.
44) Bultmann, *Existence and Faith*, p. 286.
45) Ibid., p. 160.

의해, 다시 말하면 이상을 실현하기를 소망하는 미래를 바라볼 뿐만 아니라 삶의 모든 일상적인 유대관계를 통해 현재 우리가 얽혀 있는 구체적인 이웃을 살피는 그 사랑에 의해 유지되느냐, 아니면 그렇지 않느냐에 있다."[46] 불트만에게 있어서 이것은 구체적인 응답을 의미했다. 그 결과 그는 다음과 같이 강력하게 주장할 수 있었다. "한 명의 그리스도인으로서 나는 독일의 유대인들에게 행해지는 부정의를 한탄해야 한다."[47] 그러한 윤리는 비판적인 태도를 부여해 준다. 그러나 우리는 그리스도의 칭의 사역 위에 세워진 윤리, 즉 우인주의(偶因主義) 윤리가 잠정적인 규정적(prescriptive) 사회윤리를 제시하는 것은 아닌지를 물을 수 있다.

그것은 본래 비정치적인가? 아니면 하나님의 율법에 대한 루터교적 이해방식 가운데 정치적인 함의를 지니고 있는가? 그것의 유일한 적극적 기능은 비판적인 것이고, 자유와 사랑으로부터의 비평을 표현하는 것이다. 그러나 그것은 사회윤리가 아니고, 그것의 신학적이고 철학적인 근거에서 볼 때 사회윤리일 수도 없다. 기독교의 메시지는 일차적으로는 용서이다(세상의 현실적인 새로운 질서화가 아니라 이것은 소망사항이다). 사랑은 공동체의 규율하는 원리들이 형성되어 나오는 규정적인 윤리가 아니다. 그리스도인의 삶은 소유하고 소유하지 않을 자유이다. 사랑은 장기적인 범위의 정치적인 고려 가운데 표현되는 것이 아니라 좁은 시공의 범위 가운데 표현된다. 그리스도는 사랑의 선물이지, 루터에게서처럼 통치자의 범례가 아니다.

따라서 도덕적 삶에 대해 그리스도의 사역이 미치는 중요성은 도덕적 활동에 하나의 모범을 제시하는 것이 아니라, 즉 사회적 혹은 개인적 관계에 적용 가능한 도덕적 가르침의 원천이 아니라 현재에 하나님의 명령에 순종할 자유와 개방성을 제공하는 것이다. 어떤 의미에서 이것은 윤리를 부정하는 윤리(an ethics of no-ethics)이다. 사랑은 마땅히 해야 할 것을 안다. 그것은 소망과 신앙의 윤리이다. 용서에 대한 확신을 가지고 인

---

46) Ibid., p. 163.
47) Ibid., p. 165.

간은 신앙의 삶을 산다. 그는 미래에 대해 자유롭지만, 그는 죄인이고 아울러 다가오는 하나님 나라의 소망 속에서 산다. 그리스도인의 삶에서 도덕적 의에 대한 보장은 결코 존재하지 않는다. 그러나 그리스도인들은 상황에 의해 인도되는 데서 자유롭다. "그리스도는 인간에게 과거와 그 자신에게서 해방된 채 미래의 기초에 입각하여, 그리고 미래를 향해 살아갈 자유를 준다는 의미에서 율법의 마침이다."

현실주의적이고 실용주의적일 자유

그리스도인은 무엇을 해야 하는가? 그는 도덕적 갈등 가운데서 사랑에 의해 계도되고 판단된 대의인 정의를 자유롭게 추구한다. 그는 자신의 행위를 결정하는 과정에서나 여러 제도들의 행위에 영향을 미치는 과정에서 기독교의 사랑의 규범에 의해 자유롭게 인도된다. 그의 자유와 확신은 그의 본래적인 유한성과 죄로 인한 편견에 입각하여 고려되어야 한다. 그럼에도 불구하고 그는 자비로운 하나님의 용서하심을 신뢰할 수 있고, 또 도래할 하나님 나라에 대한 확신을 지닐 수 있다. 따라서 그는 (모든 문제들을) 예측할 뿐만 아니라 신중하고 용기 있고 실용적인 태도를 자유롭게 견지할 수 있다.

이 주제는 라인홀드 니부어의 윤리를 해석할 때 확인된다. 불트만과 루터와 대조적으로 니부어에게서 두드러진 하나의 특징은 예수의 도덕적 가르침과 십자가 위에서 알려진 자기 희생적인 사랑이 도덕적 활동 속에서 그리스도인의 자유와 소망을 안내하는 보다 적극적인 역할을 수행한다는 점이다. 니부어가 단순히 그리스도의 성화하는 사역이라는 기독론적 틀 안에서의 의도의 윤리가 아닌 '객관적인 윤리학'을 견지할 수 있는 서너 가지의 이유들을 살펴볼 것이다. 그러나 가장 중요한 이유가 먼저 제시되어야 한다는 것은 너무나도 분명하다. 니부어는 일차적으로 도덕적 질문들, 즉 역사 안에서 인간과 제도의 활동에 지침을 주는 기독교 윤리의 체계화에 관심이 있다. 니부어가 그리스도의 사역과 의미로부터 적극적인 혹은 건설적인 윤리학, 그리고 특별히 사회 윤리학을 향해 나아간 다는 점을 주목하는 것이 중요하다. 이런 점에서 니부어는 사회 윤리학에 내용과 방향을 제공하기 위하여 창조의 계명들에 주로 의존하는 불트만과 루터와 대조적이다. 또한 이런 점에서 니부어는 미국의 위대한 전통의 계승자이다. 그는 그리스도의 구속사역이나 죄와 굴레로부터의 인간의 구원에 배타적으로 관심을 집중하지 않는다. 어떤 의미에서 그는 하나님이 예수 그리스도 안에서 인간의 구원을 알리심으로써, 그 결과 사회에서의 그리스도인의 도덕적 책임의 의미를 설명할 과제를 계속해서 수행할 수 있게 되었다는 사실을 상정하고 해명한다. 니부어는 일차적으로 윤리적인 사상가이다.

뢱스트룹과 불트만, 심지어 루터에게서 발견하는 것 이상의 보다 실증적인 윤리(positive ethic)로 나아가는 방식을 해석하기 위해 그리스도인의 도덕적 경험에 대해 그리스도 사역의 의미가 지니는 세 국면을 분리할 수 있다. 이것들이 자비와 용서하심으로써의 은혜의 사역이고, 니부어의 말로 하면, "인간에게 주어진 하나님의 권능"이다. 즉, 우리가 저절로 지닐 수는 없지만, 참되고 마땅한 우리의 존재됨을 가능하게 하는 "원천들의 취득" 혹은 "인간에게 나타난 하나님의 능력"으로써의 은혜의 사역이다. 아울러 공동체의 삶에서 근사치에 도달할 규범의 계시요, 삶의 법이 되는 사랑의 법의 계시이다.[48] 그것이 바로 규범에 대한 적극적인 긍정이고, 아울러 단순한 자유의 선포나 제한되고 미계발된 사랑의 긍정을 넘어 니부어가 나아가는 복잡한 도덕적 상황에서의 규범의 실행이다.

니부어가 기독교 신앙의 "원천들의 취득"에 대해 주장하고 또 주장하지 않는 것은 무엇인가? 웨슬리가 중생의 단계들을 어떻게 계획했고, 또 슐라이에르마허가 하나님의 의식의 확장을 어떻게 양적화(quantified)했는

---

48) 이것은 *The Nature and Destiny of Man*, vol. Ⅱ의 중요한 장인 "지혜, 은혜, 그리고 능력," p. 99에서 인용한 것이다. Kegley와 Bretall이 함께 편집한 *Reinhold Niebuhr*(New York, 1956)의 pp. 252-280에 들어 있는 라인홀드 니부어의 기독론에 대한 폴 레만의 연구를 보라.

지를 회상해 볼 때, 니부어의 주장은 온건하고도 제한적이다. 이런 온건함과 제한의 두 근거가 특히 중요하다.

첫째, 그는 슐라이에르마허의 유기체 비유나 웨슬리의 도덕심리학에 동조하지 않는 자아의 모델을 사용한다. 인간의 자기 초월의 능력에 대한 강조는 인간의 도덕적 본성을 습관, 욕구, 그리고 의식에 두기보다는 자유에 둔다. 실제로 니부어는 사랑을 통해 적절한 목표를 향하도록 형성되고 성장해 갈 수 있는 씨앗 혹은 성향으로부터의 성장의 비유와 관련된 용어들로 인간의 도덕적 본성의 문제를 공식화하는 데 관심이 있지 않다. 인간의 자기 초월에 대한 강조는 행위가 이전의 경험들에 의해 결정되는 방식들에 주목하지 않고, 아울러 연속적인 인간의 삶을 통한 은혜와 사랑의 누적적인 결과들에도 주목하지 않는다. 오히려 그것은 인간의 삶의 비결정성, 불연속성, 혹은 니부어의 언어로 하면, 몸이나 마음(mind)에 의해 구속되지 않는 인간정신의 삶을 주목한다.

이것이 종교개혁이 주목했던 특징이다. 그리고 이런 면에서 니부어가 말하는 것은 도덕적인 삶을 이해하는 데 있어서 불트만이 말한 것과 근본적으로 다른 결과를 야기시키는 것은 아니다. 인간은 자기 초월의 능력을 지니고 있기 때문에, 인간은 근본적으로 자유롭기 때문에 은혜가 삶의 지속적인 양태들을 어떻게 변경시키는지에 대해 감히 예상할 수 없다. 가령 우리가 몇몇 다른 신학자들에게서 확인하는 것과 같은 주장들은 인간이 어떤 심리-육체적인 과정에 의해 결정되고, 은혜의 효과들이 거의 예측가능하고 측정가능하다는 가정이다. 따라서 니부어의 주장들은 제약된다.

신앙 안에서 그리스도인의 '유일한 동기'는 사랑이라고 주장할 수 있는 불트만과는 대조적으로, 니부어는 그러한 종류의 주장을 거절한다. 불트만은 근본적인 자유를 지니고 있고, 또 여전히 동기의 변화에 대해 근본적인 주장을 한다. '원천들의 도래'의 효과들에 대한 제한된 주장에 관한 니부어의 두 번째의 근거는 이 점에서 분명해진다. 즉, 그리스도인들의 도덕적 행위들 혹은 역사상의 기독교회의 영향들 가운데 심지어 새로운 동기에 입각한 중생에 대한 위대한 주장들을 보증할 어떤 증거도 발견되지 않는다. 확실히 불트만은 죄가 넘친다는, 즉 인간은 의인이면서 동시에 죄인(simul justus et peccator)이라는 점에 동의할 것이지만, 니부어에게 있어서 특징적인 것은 역사적이고 행위적인 증거들에 대한 그의 호소이다. 인간과 인간을 위한 하나님 사이의 모순은 내적인 것이다. 그것은 인간의 의식적인 의지활동 속에 자리하고 있다.[49]

니부어가 보기에 인간의 죄는 궁극적으로 그의 불신앙 속에 자리하고 있는 것이 확실하지만, 그러나 그 증거는 우리가 아는 선을 의지할 수 없는 무능력으로 그리스도인의 삶 속에 현재한다. "문제는 새로운 삶의 전개과정에서 인간의 자아의지와 신의 목적 사이에 어떤 모순이 여전히 남아 있는지의 여부이다. ……그 문제에 대한 해답은 한편으로는 논리 속에서 발견되는 것처럼 보이고, 다른 한편으로는 경험 속에서 발견되는 것처럼 보인다." 중생의 논리는 자기 사랑의 성격에 대한 인식과 그것의 신의 의지와의 양립 불가에 대한 인식을 통한 이런 모순의 극복을 함축한다고 니부어는 말한다. 계속해서 니부어는 말한다. "이 논리는 적어도 부분적으로는 경험에 의해 타당성을 얻는다. 회개는 새로운 삶(중생)을 촉발시킨다. 그러나 그리스도인의 경험은 이런 논리를 제한 없이 따르는 사람들을 반박한다."[50] 반드시 성경주석이 아니더라도, 중생의 효과들이 제한적

---

49) 로마서 7:13 이하는 다양한 방식으로 해석된다. 그리고 우리는 중생에 대하여 주장된 견해들에 대한 하나의 역사를 이 본문이 인용된 방식에 입각하여 쓸 수 있을 것이다. 따라서 니부어는 로마서 7:18에 관하여 다음과 같이 쓴다. "자아의 불행은 바로 자신이 의도하는 선을 행할 수 없다는 점이다"(*Nature and Destiny of Man*, vol. Ⅱ, p. 108). 불트만의 다음과 같은 주장과 비교해 보라. "이런 비(非)바울적인 인간학—그것은 간단히 주관주의적인 인간학이라고 말할 수 있을 것이다—은 바울이 말한 '의지활동'(willing)이 그의 주관성의 주인인 주체 편에서의 개별적인 의지 행위 속에서 실현되는 의지활동이라는 점을 전제한다. 간단히 말해서, 그것은 의지활동이 의식적이라는 점을 전제한다. (그러나) 이런 전제는 거짓이다. 왜냐하면 바울이 보기에 인간은 일차적으로는 의식적인 주체가 아니기 때문이다. 인간의 인격을 형성하는 의지와 행위의 기호들은 결코 그의 주관성의 욕구들이 아니다"(*Existence and Faith*, p. 150). 두 신학자가 이 구절의 바른 사용에 관하여 일치하고 있지 않다는 점은 분명하다.

50) Niebuhr, *Nature and Destiny of Man*, vol. Ⅱ, pp. 121-122.

이라는 판단의 증거로써 경험에 호소할 수 있다. 경험은 그리스도인의 겸손한 주장들을 규정한다.

만일 은혜의 효과가 제한되고 또 정확히 예상되지 않는다면, 니부어가 말한 것은 도대체 무엇인가? 원천적 접근으로부터, 즉 인간 안의 하나님의 능력으로부터 오는 것은 무엇인가? "회개는 새로운 삶을 촉발시킨다."라고 그는 썼다. 분명히 우리가 확인하듯이, 그는 인간 '안에'(in)보다는 인간 '위에(over) 임하는' 하나님의 능력에 대하여 보다 많은 것을 말하려고 했다. 그는 경험과 역사 안에서의 새로운 삶의 실현보다는 용서와 소망에 대해 보다 많은 것을 말하려고 했다. 그러나 우리 안에 있는 그리스도가 도덕적인 삶을 위해 의미하는 것이 무엇인지를 암시하는 내용들이 있다. 그럼에도 불구하고 성도들은 죄인으로 남는다는 사실을 정당화하는 신학들을 비판하면서, 니부어는 그러한 신학들이 "개인과 집단의 삶에서 선의 실현의 무한한 가능성들을 모호하게 한다."[51]고 비난한다.

이런 니부어의 비판은 우리 안의 하나님의 은혜로우신 사랑이 우리로 하여금 그러한 가능성들에 민감하게 할 것이라는 사실을 암시한다. 또다른 곳에서 니부어는 "개인의 삶과 역사에 대한 탐구가 삶의 중심을 넘어선 지점으로부터 삶을 조직할 무한한 가능성들이 존재한다는 점은 명백하다."고 말한다. 이런 가능성들은 항상 은혜의 열매들이다(비록 자주 기적을 촉발시키는 것은 충분히 알려지지 않은 '숨겨진 그리스도'와 은혜일지라도). 그럼에도 불구하고 각각을 적극적으로 긍정하면서 니부어는 독자들에게 자기 사랑, 즉 새로운 악의 무한한 가능성들을 상기시킨다. "그러나 새로운 악의 가능성들은 은혜에 의해 회피될 수 없다."[52]

그러므로 은혜는 그것을 가장 적극적으로 요구할 때조차도, 새로운 가능성들을 제공하거나 알려지게 한다. 그것은 삶의 관찰자로 하여금 "보라, 여기에 은혜가 실현된다."라고 말하는 것을 허용하지 않는다. "우리는 우리 안의 그리스도가 소유가 아니라 소망이고, 완전은 실재가 아니라 의

---

51) Ibid., p. 125.
52) Ibid., p. 123.

도일 뿐이라는 점을 이해해야 한다. 우리가 이런 삶 속에서 아는 그러한 평화는 결코 순수하게 성취할 평화가 아니라 완전히 알려지고 모든 것이 용서되는 경지의 평온(serenity)이다."[53]

완전히 알려지고 모든 것이 용서되는 것, 그리스도를 소망으로 소유하는 것은 도덕적 삶을 위해 매우 중요하다. 인간 위에 임하는 하나님의 능력은 분명히 용서와 소망의 기초이고, 그리스도인들에게 두려움으로부터의 자유, 자비의 확신, 그리고 그들 자신의 도덕적으로 모호한 방식으로 우연적인 사건들을 다룰 능력이다. 인간의 확신을 흔드는 사건들에서조차도 인간 실존의 충만한 의미에 대한 확신이 존재한다. 십자가의 고난당하는 사랑 속에 신앙에 의해 분별될 수 있는 계시가 있다. "이 사랑은 인간의 삶의 모순을 극복하는 신적인 사랑의 계시이다."[54] "그것은 신앙의 안목에 의해 하늘이 열리고, 하나님의 신비가 알려지고, 인간을 향한 하나님의 사랑이 계시되는 지점으로 인식된다. 비록 그 자신이 십자가의 고난에 참여하고 있음을 인식할 때조차도 인간은 더 이상 두려워하지 않는다."[55] 그리스도인의 부활신앙의 중요성은 소망의 삶을 지시한다. "왜냐하면 인간이 완성할 수 없는 것을 완성하고, 아울러 인간 자신의 지혜와 능력을 통하여 그의 삶을 완전히 하기 위한 인간의 치명적인 결과로 인간의 삶과 역사에 들어온 악을 극복할 하나님의 능력과 사랑이 그리스도 안에서 계시되었기 때문이다."[56]

이 인용문들은 니부어의 신학적 윤리학의 중심주제이다. 은혜에도 불구하고 도덕적 모호성은 역사 속에 여전히 남아 있다. 개인들은 하나님의 의지와 자기 사랑 간의 궁극적인 모순을 극복하지 못한다. 그러나 십자가 위에서 계시된 하나님의 사랑은 궁극적인 능력은 사랑이고, 그것은 선하다는 확신의 근거를 제공한다. 아울러 이 사랑은 인내하고, 자비롭고, 용

---

53) Ibid., p. 125.
54) Reinhold Niebuhr, *Faith and History*, p. 135.
55) Ibid., p. 144.
56) Ibid., p. 150.

서하는 사랑이라는 확신의 근거를 제공한다. 그리고 결국 인간의 삶의 악은 그의 나라에서 하나님의 사랑에 의해 극복될 것이라는 확신의 근거를 제공한다. 하나님의 사랑에 대한 이 믿음이나 계시된 이해는 우연적인 사건들을 그 자체로 다룰 내면적인 자유를 제공한다. 그리고 우연적인 사건들이 절대적인 영원한 지상적 선을 가지고 극복될 수 있다는 가정을 하지 않게 한다.

그것은 그리스도인들이 환상을 가지지 않고 역사적인 악들을 볼 수 있는, 그리고 역사적인 악들을 억제하거나 혹은 극복할 적절한 수단들을 사용할 분명한 시각들을 제공한다. 그것은 자기 정당화, 자아 혹은 타자에게 완전하게 보이려는 욕구로부터의 해방을 제공한다. 하나님의 은혜의 계시, 즉 그분의 사랑은 세상을 향한 인간의 내적인 입장이나 기본적 성향에 영향을 미치는 지식을 부여해 준다. 그는 현실적이면서도 동시에 소망적인 태도를 지닐 수 있다. 그는 그의 상대적이고 일시적인 노력을 통해 궁극적인 선을 이루는 문제에 대해서도 환상을 가지지 않고 실용적인 태도를 지닐 수 있다. 은혜는 인간들의 도덕적 행동들을 야기시키는 세상을 향한 성향을 제공한다.

그러나 니부어가 계속해서 반복적으로 말하는 하나님의 사랑의 계시는 또다른 중요성을 지니고 있다. "하나님의 자비를 계시하는 그 고난당하는 사랑, 즉 동일한 그리스도의 '아가페'는 또한 새로운 '삶의 규범'이라는 것이 중요하다."[57] 바로 이 점이 니부어의 윤리가 루터의 윤리, 뢰스트룹의 윤리, 그리고 불트만의 윤리를 넘어서게 하는 점이다. 불트만은 사랑을 지니고 있다. 그러나 그 사랑은 규범 이상의 일종의 성향, 즉 이웃을 향한 자아 내부로부터 신앙을 통해 역사하는 자기 충분적인 통찰력을 부여하는 능력으로 상정된다. 객관적이고 규범적인 윤리라는 의미에서 "기독교 윤리가 존재하는가?"라는 뢰스트룹의 질문에 대해 니부어는 "존재한다."라고 긍정적으로 대답한다. 삶의 법이 되는 사랑의 법인 하나의 규범이

---

57) Ibid., p. 144. 작은따옴표는 첨가된 것임. 이 점에 대해 보다 많은 인용을 끌어낼 수 있다.

계시된다.[58] 루터는 니부어처럼 사랑의 계명이 우리를 회개로 초대하고, 그리스도는 선물일 뿐만 아니라 모범이기도 하다는 점을 안다. 그러나 니부어는 이 종교개혁자(루터)보다 기독교적인 사랑의 규범적 성격을 사용하는 데 있어서 보다 주의 깊고 노련하다. 니부어에게 있어서는 사랑이 개인 간의 관계뿐만 아니라 사회윤리를 위한 기초가 된다.

라인홀드 니부어의 윤리학은 여기서 또다시 상세하게 다룰 필요가 없을 만큼의 많은 연구와 평가의 주제가 되어 왔다. 다만 여기서 반복되어야 할 필요가 있는 점은 그리스도의 사역이 내면적인 상태, 즉 자아의 성향과 의도를 제공하는 것에 국한되지 않을 뿐만 아니라 우리의 단점을 알고 회개하게 하는 표준의 제공이나 개인적인 행위 모범의 제공에 국한되지 않는다는 점이다. 오히려 은혜는 개인들과 인간공동체가 어떠해야 하는지에 대한 지식을 제공한다. 그것은 삶이 나아가야 할 목표, 즉 행위의 결과들이 근접해야 할 규범이요, 보다 근사치적인 도덕적 원리들이 그것에 의해 판단 받고 계도되어야 하는 보편적인 원리를 제공한다. 니부어에게 있어서 기독교윤리학은 객관적인 윤리학이다. 기독교 신앙은 구원뿐만 아니라 도덕과도 관련된다. 계시는 신앙의 회복뿐만 아니라 도덕적 지식을 제공한다. 죄는 하나님에 대한 인간의 신뢰 결핍일 뿐만 아니라 삶의 법, 즉 인간공동체 안에서의 바른 사랑의 질서로부터의 그의 고립이다.

니부어의 저작에 대한 이런 일반화는 그가 기꺼이 '자연'과 '은혜'와 같은 신학적인 용어들을 사회 도덕적인 용어들로 번역하려던 시도 속에서 확인될 수 있다. "은혜는 자아 안의 모든 내적인 모순들과 자아와 타자 간의 모든 갈등들이 하나님의 의지에 대한 완전한 순종을 통하여 극복되게 하는 이상적인 완전한 사랑의 가능성(ideal possibility of perfect love)

---

58) 삶의 법으로 사랑을 보는 관점을 위해서는 George Lindbeck의 "Revelation, Natural Law and the Thought of Reinhold Niebuhr," *Natural Law Forum*, vol. 4(1959), pp. 146-151과 Paul Ramsey의 "Love and Law," in *Kegley and Bretall*, eds., op. cit., pp. 80-123을 보라. 두 논자 모두 니부어와 자연법 사상가들 사이에는 니부어가 의도하는 것 이상의 유사성이 있다고 믿는다.

에 상응할 것이다."라고 니부어는 쓰고 있다. "이 경우에 있어서 '자연'은 정의의 역사적인 가능성을 나타낸다."[59] 따라서 자연은 죄 된 본성을 가리키고, 은혜는 죄로부터의 해방을 가리킨다. 이런 구절들 가운데 자연, 은혜, 그리고 죄는 일차적으로 도덕적인 의미를 함축한다는 점에 현저한 강조점이 부여되고 있다. "이상적인 완전한 사랑의 가능성"이 존재하는데, 이런 사랑의 가능성의 내용(실체)은 자아 안의, 자아 간의 조화의 상태이다. 그것은 모든 의지들의 하나님의 의지에의 순종을 통해서만 성취될 수 있다. 이런 성취는 삶의 도덕적 모호성에 의해 역사 안에 국한된다. 오직 역사적인 가능성들만이 정의를 성취될 수 있게 한다. 사랑 혹은 조화는 변증법의 한 축인 규범이 되고, 다른 축은 정의의 역사적 가능성들이 된다.[60]

윤리학, 특별히 사회윤리학에 대한 니부어적인 관점의 가능성은 니부어 그 자신에 의해 매우 놀라운 결실을 거두었고, 또 훌륭하게 수행되었다. 도덕적 의사결정의 과정은 객관적인 것이고, 실제로 고도로 자의식적이고 지적인 것이다. 그리스도인 혹은 그 이외의 다른 사람도 마찬가지로 행위의 기초로써 오직 자유한 채 사랑의 성향을 지니는 것은 아니다. 오직 사랑만이 도덕적 목표에 정확하게 도달될 것이라고 간주되지는 않는다. 어느 정도 우리의 의식이 새로워지고, 아울러 이렇게 새로워진 의식이 도덕적 선택에 어느 정도 영향을 미칠 것이라고 상정하지도 않는다.

그와는 반대로, 두려움으로부터 자유를 가져다주는 계시와 새로운 가능성에 대한 깨달음은 어떤 도덕적 과제에 있어서 심사숙고할 수 있는 규범을 제공한다. 의심할 여지없이 변증법적인 과정은 독립적인 것이다. 다시 말하면, 그것은 그 자체가 계시의 일부분이 아닌 사유의 한 방식이다. 따라서 그것은 그 자신의 철학적인 엄밀한 비판을 받게 된다. 그러나 그

---

59) *Nature and Destiny of Man*, vol. Ⅱ, p. 246.
60) 이 변증법에 대한 니부어의 가장 집중적 논의는 Ibid., vol. Ⅱ, pp. 244-286에 들어 있는 "The Kingdom of God and the Struggle for Justice"라는 제목을 달고 있는 장에서 이루어지고 있다. 훌륭한 이차적인 논의를 위해서는 Gordin Harland의 *The Thought of Reinhold Niebuhr*(New York, 1960)의 1부를 보라.

것은 우리가 마땅히 해야 할 것이 무엇인지를 결정할 합리적인 절차를 제공한다. 사용될 정보는 다양하다. 즉, 사회분석, 정의와 같은 이념들, 사물과 사건들에 대한 사실들과 통계들, 그리고 가장 권위 있는 자기 희생적 사랑이 그것이다.

비록 규범은 보편적인 삶의 법을 가리키지만, 그것은 어떤 면에서는 본질적으로 기독교적인 특성을 지닌다. 그것은 예수 그리스도의 십자가 사건에서 분명하게 알려진 규범이지만, 그러나 그것이 삶의 법이라는 확신 때문에 도덕적인 의미로는 보편적으로 적용 가능하다. 니부어는 사회적인 윤리적 결단의 기초로써 독자적인 창조질서나 자연법의 윤리를 제시하지는 않는다. 그리스도의 사역은 유럽의 많은 개신교 학자들의 경우와 같이 구원론적인 영역에 국한되지 않는다. 니부어에게 있어서 그것은 우리의 구원을 위해 중요한 의미를 지니지만, 동시에 삶의 내용의 당위성(ought)에 대한 계시이기도 하다. 사회복음운동의 신학자들과 마찬가지로, 니부어는 이 당위성에 대한 이해를 그리스도 안에 근거시킨다.

그러나 바르트가 하듯이 일반적인 말씀의 신학(logos theology)에 근거시키는 것은 아니다. 그리스도 중심적인 당위는 "모든 만물이 그 안에서, 그를 통하여 만들어졌다."는 주장에서 오는 것이 아니다. 사실상 이런 흥미 있는 바르트적인 본문은 거의 언급되지 않는다. 당위성은 (*An Interpretation of Christian Ethics*, 1935에서 제시된) 예수의 절대적 명령과 예수의 십자가 사건에 기초하고 있다. 그 준거는 역사적이지, 사변적이고 형이상학적이거나 교리적이고 신조적이지 않다. 예수의 십자가 사건과 그 의미 속에 구체적이고도 내용이 충만한 삶의 규범이 들어 있다.

그러나 그것은 또한 삶의 법이기도 하다. 니부어는 규범의 권위의 근거를 역사적 계시 안에 설정할 뿐만 아니라 삶 그 자체 안에도 설정한다. 그가 이 주장을 어떻게 해명하는지는 분명하지 않을 뿐더러 또 충분히 개진되지도 않았다. 그는 일반적으로 자연법을 인간들이 역사 안에서 무조건적인 것의 요지(要地)를 추구하는 방식으로, 그리고 이성의 순수성에 대한 유지될 수 없는 신앙으로 이해하기 때문에, 몇몇 구절에서 가톨릭적인 자연법 이해를 통렬하게 비판한다.[61] 그는 그 자신의 참된 목적의 실현을 향하는 자아 안의 근본적인 경향으로써의 사랑의 관념을 아마도 거절할 것이다. 왜냐하면 이런 사랑의 관념은 그의 자기 초월에 대한 견해와 잘 들어맞지 않는 것처럼 보이기 때문이다.

한 존재의 경향 혹은 관계성 속에 있는 존재들 간의 경향성들이라는 의미에서의 '법'은 자유로운 상태에서 행하는 인간의 결정적인 행위들에 의존하기보다는 오히려 연속성과 발달에 더 의존할 것이다. 그러나 조화는 사랑이 성취하고자 하는 것—자아 안에서, 자아들 간에, 그리고 공동체 간에—처럼 보인다. 만일 니부어가 기꺼이 그러한 견해를 해명하고자 한다면, 그리스도 안에서 계시된 내용은 인간들이 자신의 피조된 본성들 가운데서 지향하는 바를 분명하게 해 줄 것이다.

자아 안의 경향성들에 대한 보다 정교한 견해가 필요하다는 사실만이 니부어로 하여금 이것에 대한 상세한 해명을 추구하지 못하게 한 것은 아니다. 죄의 포로 되어 있는 인간의 상황 또한 너무 심각해서 자연적인 경향성들은 도덕적으로 신뢰를 둘 수가 없다. 따라서 인간이 본능적으로 경향하는 바를 계몽하고 활성화하는 것보다는 의무적인 자기 희생적 사랑을 강조하게 된다. 인간은 이미 알려진 사랑의 법을 소유해야만 할 뿐만 아니라 그것에 의지적으로 순종해야 한다. 가톨릭 신학자들 또한 우리가 본성적으로 의도하는 바를 강조하지만, 자연적인 경향과 의지 모두 은혜에 의해 영향을 받는다. 니부어는 계시에 의해 도움을 받지 않고, 그의 참된 목적을 알 수 있는 인간의 합리적인 능력을 신뢰하지 않는다. 따라서 은혜는 자아의 경향성의 재조정(reorientation)을 통하여 작용하지 않고, 자아에 대해 새롭게 계시된 규범을 부여함으로써 작용한다.

왜 어떤 개신교 신학자들이나 윤리학자들은 하나님의 사랑이 규범으로 계시되었다는 니부어의 제안을 피하는가? 주석적이고도 신학적인 많은 이유들이 있다. 우리는 불트만의 윤리학에 대한 논의에서 그가 주석적인

---

61) *Nature and Destiny of Man*, vol. Ⅱ, p. 253.

근거에서 사랑을 외적인 의무적 규범, 즉 명령법적인 '당위'의 법으로 만들기를 얼마나 계속해서 거부했는지를 확인했다. 이런 종류의 움직임을 막는 신학적 관심이 보다 중요하다. 아주 단순하게 말해서 하나의 '당위성'으로 간주된 하나님의 사랑의 계시가 새로운 형태의 율법주의, 즉 자기 의를 위한 근거요, 하나님의 은혜의 자유에 대한 부정이 될지도 모른다는 두려움이 있다. 그것은 윤리학이 기독교의 복음의 심장부에서 신앙을 대체할 것이라는 두려움이다. 따라서 이 책에서 우리는 삶 속에서는 신앙과 도덕의 관계, 이론에 있어서는 신학과 윤리학의 관계에 대한 문제를 다시 한번 마주하게 된다.

기독교는 '계시된 도덕'인가? 아니면 기독교는 인간을 위한 구원의 계시인가? 후자라고 말한 루터와 불트만과 같은 사람들도 있지만, 새로운 삶은 다른 사람들에 대한 행위 안에서 사랑을 통하여 일어난다고 계속해서 말하는 사람들도 있다. 사랑의 행위들은 신앙의 실천적인 결과들일 것이다. 루터에게서처럼 어떤 규범이 있다면, 그것은 신앙을 야기시키는 모범이다. 니부어는 이것과 완전히 어울리지 않는 것은 아니다. 즉, 율법으로써의 사랑은 십자가 위에서의 예수 그리스도의 자기 희생적인 사랑 속에서 계시되었다. 그러나 그는 이것을 넘어 아가페가 삶의 객관적인 규범이고, 아가페가 없을 경우보다 아가페를 전제할 경우에 도덕적으로 더 나은 결과들을 가져올 판단과정의 논리 속에서 기능할 수 있다는 사실을 인정한다.

이 견해에 대한 하나의 기초가 그리스도 안에 나타난 계시는 자비, 새로운 삶, 그리고 소망에 국한되는 것이 아니라 인간실존의 도덕법의 계시라는 확신이다. 또다른 근거는 니부어가 무엇보다도 신학적 윤리학자라는 점이다. 그는 인간의 현세적인 선, 역사적 인간공동체 내의 그리고 역사적 인간공동체 간의 존재의 특질과 가능성들에 매우 관심이 많았다. 그에게 있어서 기독교의 메시지는 일차적으로는 구원이고, 다음으로 도덕에 대한 것이 아니다. 그것은 철저하게 구원과 도덕에 대한 동시적인 메시지이다.

칭의의 윤리에 관한 성찰

 이 장에서 우리가 논의한 신학자들은 그리스도인들의 도덕적 삶, 즉 그리스도인들이 하나님의 은혜 안에서 영위하는 삶에 대해 어떤 주장들은 제기될 수 있고 또 어떤 주장들은 제기될 수 없는지에 대한 논의에서도 계속 대두된다. 우리는 그들이 앞 장에서 논의된 학자들과는 다른 것들을 주장한다는 점을 주목했다. 그들 가운데 그 누구도 그리스도인의 '변화'의 중요성을 해석하기 위한 틀이 되는 덕이나 의식에 대한 이론을 제시하지는 않는다. 그들 가운데 어느 누구도 죄들의 등급과 유형을 구분하고, 또 기독교 신앙이 어떻게 습관적인 죄들과 다른 종류의 죄들을 변경시키는지를 말하려고 하지 않는다. 그러나 그들 가운데 어느 누구도 그리스도인에 의해 신앙으로 받은 하나님의 은혜가 도덕적 삶에서 그 어떤 차이도 만들어 내지 못한다고 말하지 않는다.
 사실상 불트만의 주장들은 그 성격상 슐라이에르마허의 주장들만큼 급진적이다. 불트만은 그 실재를 미묘하게 긍정하면서 새로운 자유와 사랑에 대하여 쓸 수 있다. 그것은 너무나도 압도적인 것이어서 그리스도인은 전통적인 의미에 있어서의 윤리학을 필요로 하지 않는다. 루터는 신자들에게 있어서의 삶의 갱신을 확실하게 선포한다. 삶의 갱신이란 삶의 갱신을 부여하는 분의 새로운 모범뿐만 아니라 새로운 자유와 새로운 사랑을 말한다. 그러나 우리가 이미 보았듯이, 그는 칭의와 죄, 두 종류의 의, 삶의 갱신에 의한 죄의 '대체'(replacement)라는 언어, 사랑에 의해 형성된 습관들에 의한 잘못 형성된 습관들의 '대체'라는 언어를 피하는 내적인 인간과 외적인 인간 간의 미묘한 변증법을 주장한다. 비록 라인홀드 니부어가 감추어진 은혜의 실재와 능력에 대해 많은 것을 상정하는 것처럼 보일지라도, 그는 감추어진 은혜에 대해 신중하게 쓴다. 그리고 하나님의 자비에 대한 지식이 인간공동체의 삶을 위한 규범의 갱신뿐만 아니라 삶의 갱신을 제공한다는 점은 확실하다.
 도대체 무슨 근거 위에서 이런 차이들이 존재하는가? 예수 그리스도의 사역이 도덕적 삶에 서로 다른 영향을 미친다고 주장하는 신학자들 간의 쟁점들은 도대체 어디에 가로놓여 있는가? 우리는 이 문제들의 진상을 비판적인 분석을 다루는 앞 장에서 살펴보았다. 앞 장에서의 논의처럼, 여기서 쟁점들 가운데 하나는 성경이다. 그리고 도덕적 삶을 비추어 볼 때 다양한 본문들은 어떻게 해석되는가? 혹자는 여러 신학자들이 그들의 성경해석으로부터 이끌어 낸 신학적인 추론들 속으로 즉각적으로 끌려 들어간다.

만일 우리가 이 장에서 논의한 신학자들을 한데 묶는 데 기여하는 것으로 보이는 본문이 있다면, 아마도 그것은 "가졌으나, 그럼에도 불구하고 가지지 않는 것처럼"(having, and yet not having)의 구조를 지닌 본문들, 그리고 그리스도인의 자유를 선포하는 본문들일 것이다. '나를 위한 그리스도'와 '내 안의 그리스도' 간의 전통적인 구분에서, 강조점은 전자에 있는 것으로 이해된다. 신약성서를 읽어 보면, 그리스도는 소유라기보다는 소망이고, 완전은 인간의 경험의 현실이 아니라 그리스도 자신의 의의 현실이다. 그럼에도 불구하고 인간의 경험 가운데 실재하는 한 가지는 바로 자유이다. 어느 정도 사랑도 이런 경험적 실재에 첨가될 수 있다. 아내가 있는 사람들은 마치 아내가 없는 것처럼 자유롭게 살아야 한다. 율법의 굴레로부터의 자유, 사랑할 자유, 현실적이고 실용적일 자유가 있다.

우리가 바르트와 모리스의 신학적 윤리학에서 그렇게 중심적인 것으로 발견하게 되는 말씀(logos) 본문들은 불트만, 뤽스트룹, 그리고 라인홀드 니부어에게서는 바르트와 모리스가 부여하는 그러한 중심적인 지위를 지니고 있지 않고, 우리가 여기서 다룬 루터 사상의 여러 측면 속에서도 마찬가지이다. 만일 만물이 그리스도 안에서 그리고 그리스도를 통하여 지음을 받았다면, 그것은 구원 받은 피조물의 보편적 현실을 증거하는 도덕적 삶의 근거가 되지 못한다. 만일 만물이 그의 발아래 놓여 있다면, 그것은 만물에 대한 그리스도의 주권이나 만물이 이미 그 가운데 구원 받은 그리스도의 현실에 대해 증거하는 도덕적 삶의 근거가 되지 못한다.

웨슬리, 슐라이에르마허, 그리고 부쉬넬이 의지, 의식, 그리고 사랑의 변화의 가능성에 관해 설교하기 위해 사용한 본문들은 루터와 불트만과 같은 사람들의 손에서 보다 변증법적으로 다뤄진다. 혹자는 비록 인간이 항상 하나님의 은혜에 의존할지라도, 앞의 세 사람에게 있어서 그리스도의 의의 공로는 인간의 의가 된다고 말할 수 있다. 비록 인간이 그리스도의 의에 참여할지라도, 우리가 이미 확인했듯이 루터에게 있어서는 그것은 인간이 사실상 소유하는 그 어떤 것이 아니다. 웨슬리와 다른 사상가들에게 있어서 그리스도인의 도덕적 경험 안에서 실재가 되는 것은 불트만에게 있어서는 아직 소망에 불과하다. 바울의 인간론에 대한 불트만의 해석은 그로 하여금 로마서 6~8장에 대해 웨슬리와 다른 사상가들이 주장한 내용들을 언급하지 못하게 했다. 논쟁점은 바울의 인간론에 대한 해석에 놓여져 있을 뿐만 아니라 바울적인 종말론에 대한 해석에도 놓여져 있다.

또다른 논쟁점들은 반드시 바울적인 용어라기보다는 더욱 일반적인 철학적 및 윤리적인 용어로 도덕적 자아의 본성에 대한 이해에 관계되어 나타난다. 그러나 약간의 논쟁점들이 바로 앞 장에 제시되었지만, 여기서 한번 더 언급될 필요가 있다. 앞에서 언급된 사상가들 가운데 어느 누구도 교회 안에서의 자아에 대한 슐라이에르마허의 견해처럼 자아와 공동체 간의 연속성을 강조하는 자아관을 지니고 있지는 않다. 어느 누구도 하나님의 은혜의 결과들에 대한 가톨릭 해석의 근거가 되는 습관론(the view of habits)을 강조하는 견해를 지니고 있지 않다. 오히려 자신을 초월할 수 있는 자아의 능력, 그것의 예측불가능성과 자유에 관심이 집중되고 있다. 그 자신을 의식과 습관들을 통하여 구체화시키는 자아관의 부재 속에서, 은혜는 필연적으로 자유와 자아의 자기 초월에 영향을 미친다.

그러나 보다 많은 주장들이 필요하다. 그리스도 안에 있는 자아는 사랑할 수 있다. 사랑할 능력은 지속적인 반란과 인간의 죄에 의해 제한을 받고, 그 결과 라인홀드 니부어가 보기에는 사랑의 규범을 제시하는 것이 필요하다. 그러나 특별히 불트만에게 있어서는 조직적인 성찰과 결의론의 절차를 행할 수 없는 상황에서도 옳은 것을 할 수 있는 사랑의 능력으로 인해, 사랑의 능력을 인식할 수 있다는 근본적인 주장이 제시된다. 이런 사랑이 무엇인지는—그것이 새로운 의도인지, 성향인지, 아니면 삶이 지향하는 목표인지—불트만에게 있어서 매우 분명하지 않다. 그것은 기본적으로는 성향인 것으로 보이지만, 그러나 사랑에 대한 불트만의 확신은 사랑이 필요를 성취하는 방향으로 의지를 추동할 뿐만 아니라 이웃의 필요가 무엇인지를 적절하게 판단하도록 마음을 추동하는 것이라고 암시하는 것처럼 보인다.

자유와 사랑은 세상과 이웃을 향한 그리스도인의 기본적 성향의 일부인 것으로 볼 수 있다. 그리스도인은 세상에 속박되어 있지 않다. 그는 타인의 유익을 추구할 능력을 지니고 있다. 그러나 하나님이 인간을 구원하기 위해 행한 지식에 대한 도덕적 상대로서의 그러한 성향은 그리스도인의 삶 속에서 반드시 윤리학을 위한 충분한 기초는 아니다.

우리는 루터가 그리스도를 은사(선물)와 모범자로서 이해했지만, 불트만은 윤리학을 위해서는 은사만으로 충분하다고 생각한 것으로 보인다는 점을 이미 주목했다. 우리는 라인홀드 니부어에게 있어서 용서와 삶의 갱신을 알리는 사건(그리스도의 십자가의 사건)이 또한 행위들을 규율하는 규범이 된다는 점을 주목했다. 니부어는 윤리학에 대한 일차적인 관심을 지닌 채, 도덕적 인간의 필요를 그의 신학적 윤리학을 위한 자료로 기꺼이 보려 하면서, 그리스도의 사역으로부터 오는 객관적 윤리학의 가능성으로 나아가는 중요한 행보를 내딛었다.

이 점에서 그는 결코 혁신자는 아니었다. 왜냐하면 이미 그러한 전통은 신약성서와 함께 시작하기 때문이다. 즉, 예수의 가르침은 어떤 의미에서 그리스도인에게는 규범적이다.

제 5 장

모범자이신
예수 그리스도

예수께서 그곳을 떠나 지나가시다가 마태라 하는 사람이 세관에 앉아 있는 것을 보시고 이르시되 나를 따르라 하시니 일어나 따르니라 _마태복음 9 : 9

또 자기 십자가를 지고 나를 따르지 않는 자도 내게 합당하지 아니하니라 _마태복음 10 : 38

너희 중에는 그렇지 않아야 하나니 너희 중에 누구든지 크고자 하는 자는 너희를 섬기는 자가 되고 너희 중에 누구든지 으뜸이 되고자 하는 자는 너희의 종이 되어야 하리라 _마태복음 20 : 26~27

내가 너희에게 행한 것 같이 너희도 행하게 하려 하여 본을 보였노라 _요한복음 13 : 15

너희 안에 이 마음을 품으라 곧 그리스도 예수의 마음이니 _빌립보서

2:5

그리스도께서 너희를 사랑하신 것 같이 너희도 사랑 가운데서 행하라 그는 우리를 위하여 자신을 버리사 향기로운 제물과 희생제물로 하나님께 드리셨느니라   _에베소서 5:2

내가 그리스도를 본받는 자 된 것같이 너희는 나를 본받는 자 되라   _고린도전서 11:1

이를 위하여 너희가 부르심을 받았으니 그리스도 너희를 위하여 고난을 받으사 너희에게 본을 끼쳐 그 자취를 따라오게 하려 하셨느니라 그는 죄를 범하지 아니하시고 그 입에 거짓도 없으시며 욕을 당하시되 맞대어 욕하지 아니하시고 고난을 당하시되 위협하지 아니하시고 오직 공의로 심판하시는 이에게 부탁하시며   _베드로전서 2:21~23

이러므로 우리에게 구름 같이 둘러싼 허다한 증인들이 있으니 모든 무거운 것과 얽매이기 쉬운 죄를 벗어 버리고 인내로써 우리 앞에 당한 경주를 하며 믿음의 주요 또 온전하게 하시는 이인 예수를 바라보자 그는 그 앞에 있는 기쁨을 위하여 십자가를 참으사 부끄러움을 개의치 아니하시더니 하나님 보좌 우편에 앉으셨느니라   _히브리서 12:1~2

그러므로 예수의 삶을 명상하는 것이 우리의 주된 노력이 되어야만 한다.   _토마스 아 켐피스, 「그리스도를 본받아」, 1권, 1장.

도덕주의자는 이상(ideal)과 함께하는 자이다. ……그 이상은 그리스도의 인격 안에서 인간에게 주어지며, 그리스도는 이상에 대한 진정한 모범이었다. 그리고 그리스도의 영은 다른 인간들의 삶에 있어 이상에 대한 창조적 힘에 영향을 주고 있다. ……우리는 복음 안에서 경이로운 도덕적 인격에 대한 분명하고도 찬란한 반영을 발견하고 있다.   _뉴만 스미스, 「기독교윤리학」, pp. 49, 52, 53.

그러나 경건한 마음은 더 높은 곳으로, 즉 그리스도께서 그의 제자들에게 요구하신 높이까지 올라가야 할 필요가 있다. 그것은 바로 각자가 자신의 십자가를 지는 경지이다. 그리스도에게 부응하는 것이 모든 하나님 자녀의 목적이다.   _존 칼뱅, 「기독교 강요」, 3권, 8장, 1절.

이런 낮아짐과 수치가 웬 말인가? 그것은 진리 안에서 '모범'이 되고, 오직 제자들에게 관심이 있는 그가 한편 인간들 뒤에서 그들을 주동해야만 하고, 또다른 한편 그들 앞에서 서서 그들을 손짓하며 불러야 하기 때문이다.   _죄렌 키에르케고르, 「기독교의 경건」, p. 232.

예수는 선생이나 선한 삶의 모범으로서가 아닌 하나님의 아들 그리스도로서 그를 따르도록 사람들을 불러 모은다. ······제자 됨은 고난당하는 그리스도에 대한 충성을 의미한다.   _디트리히 본회퍼, 「제자도에로의 부름」(1948년 판), pp. 50, 75.

그리스도인의 삶은 예수 그리스도 안에 있는 하나님의 거룩한 의지의 계시적 드라마의 형태가 인간의 편에서 아래로부터의 법규의 재제정으로 이해되어진다. ······고통, 죽음, 장사 지냄, 부활, 새 생명, 이런 것들은 그리스도의 겸비, 죽음, 승귀 안에서 이루어진 하나님의 자기 희생 행위를 구성하는 현 실태들이다. 그리고 신앙인과 신앙공동체의 삶 가운데 반복적으로 나타나는 이 같은 은혜의 형태는 그리스도인의 삶의 터전과 그 전개의 중심적 모체가 된다.   _조셉 지틀러, 「기독교윤리학의 구조」, p. 36.

"도덕적 인간, 즉 도덕적으로 진지한 인간인 나는 무엇을 행해야만 하는가?" "예수의 제자가 되어라. 예수 그리스도에 부합하라. 예수 그리스도를 따르라." 나는 두 가지 면에 있어 이것을 행하도록 초청 받고 있다.

즉, 하나는 그의 가르침을 따르는 것(다음 장의 주제)이고, 다른 하나는 그의 인격에 부합하는 것이다. "창녀의 친구였던 자, 몸과 마음을 치유했던 자, 악에 대해 노를 발했을 때에도 사랑을 간직했던 자, 사람들에 의해 멸시 받고 거부되었던 자, 질고와 고독과 의심으로 아파했던 자, 그러나 하나님께 순종하여 십자가에 못 박혔던 자, 바로 그를 따르라. 복음서들 가운데 묘사되고 있는 자, 바로 그 예수 그리스도를 따르라. 그는 그리스도인의 삶의 모범이며, 본보기이며, 이상이며, 형상이다."

예수 그리스도에 부합하라. 그럼 우리가 따라야 할 예수 그리스도는 누구인가? 그는 어떤 의미를 지니고 있고, 우리는 어떤 행태로 부합해야만 하는가? 이런저런 대답이 주어질 것이다.

예수에게 부합하라. 머리 둘 곳 없었던, 멸시 받는 세리의 친구이며 인간의 눈으로 보기에 보잘것없는 지위에 있었던 '땅의 사람들'의 친구였던 바로 나사렛 목수가 모범이다. 예수께 부합하라. 그는 용서하고 치유하고 회복시키고 사랑하는 자였다. 또한 그는 하나님 나라의 비전을 갖고 마치 하나님 나라의 법칙이 지금 존재하고 있는 것같이 살았던 자였다. 예수가 당신의 상황 가운데 행할 것이라 기대되는 그것을 행하라. 어떤 이들은 예수의 지고한 도덕적 이상을 중요한 포인트로 만들고 있지만, 그가 모범이 되는 것은 단지 그의 도덕적 이상 때문만은 아니다. 예수는 그가 참인간으로서 하나님의 계시이기 때문에 모범이 된다. 슐라이에르마허가 말했듯이, 예수는 참된 인간의 '원상'(Urbild)이기 때문에 '모범'(Vorbild)이 될 수 있다.

예수 그리스도에 부합하라. 그는 순종하는 자였기 때문에 모범이 된다. 참된 순종의 모범에 부합하라. 이것은 그의 특별한 행동들을 따르는 것을 의미하지 않는다. 이는 삶의 실체와 동떨어진 우상, 즉 죽은 원칙을 만들 뿐이다. 모욕과 고통과 죽음에 이르기까지 순종한 그에게 부합하라. 그리스도가 자신의 환경 속에서 순종했던 것같이 당신의 환경 가운데 순종하라. 우리가 행하도록 요청 받고 있는 것은 예수의 주목할 만한 행동의 특이성을 재현하는 것이 아니라 하나님과 인간에 대한 그의 관계의 특이성을 구체화하는 것이다. 삶의 각각의 계기에서 예수께서 보여 주셨던 대로 당신의 상황에 적절하게 대응하라. 그와 같이 구체적이고 단호하라. 겸손하며 사랑을 가지라. 모범은 그의 행동이 아니라 하나님과 인간에 대한 관계성으로써의 그의 존재 자체이다.

예수 그리스도에 부합하라. 이는 어떤 면에서 도덕적이라기보다는 신비적이다. 타자에 대한 증거라기보다 심판날에 대비한 공적의 육성 방법이다. 그러므로 가톨릭과 개신교의 경건은 종종 원상(image)인 그리스도에 호소하고 있다. 그러면 이런 그리스도는 누구인가? 그는 육체의 욕구를 정복한 자이며, 열심은 있으되 경솔하지 아니하며 진지한 자이다. 그는 이 세상의 것들에 의해 영향을 받지 않는다. 그의 사상은 보다 높은 것 위에 고정되어 있다. 그는 십자가에 못 박힌 자이다. 그의 육체의 고통은 우리 육체의 매일의 못 박음에 대한 모델이다. 그렇게 함으로 우리의 영혼은 평화를 얻을 수 있고, 유혹에 대항하는 강한 투구를 갖게 된다. 그를 사랑하라. 그에 부합하라. 그리고 악한 생각과 욕구에 대항함에 있어 그의 도움을 받으라.

예수 그리스도에 부합하라. 그리스도 안에서 하나님의 활동인 하나님의 행위, 즉 "소생케 하는 행위의 형체"에 부합하라. 당신의 참예하고 있는 실재에 부합하라. 그리스도는 우리를 위하여 인간이 되었고, 죽었고, 부활하였다. 우리의 옛 자아는 그리스도 안에서 죽었고, 우리의 새 자아가 그리스도 안에서 살아 있다. 그리스도 안에서 하나님의 행동에 부합한다는 것은 어떤 의미에 있어 그리스도가 우리에게, 우리를 위하여 행해 왔고 존재하였던 대로, 우리도 타자를 위하여 행하고 존재하는 것이다. 그리스도에 부합하라. 다시 말해 이것은 하나님의 행동인 사건 전체로서의 예수 그리스도를 재연하는 것이다.

그리스도에 부합하도록 권고함에 있어 그 강조점들을 여럿으로 나누어 생각해 볼 수 있다. 바로 앞 장의 경우에서와 같이, 각각에 있어 그리스도와 그의 의미에 대한 정의는 보다 포괄적인 기독론으로부터 격리된다. 도덕적 이상으로서의 그리스도가 로고스라는 그리스도에 대한 보다 넓은 맥락 안에서 설정될 수 있듯이, 진정한 복종에 대한 모범으로서의 그리스도는 그의 주 되심과 의로우심의 맥락 안에서 설정될 수 있다. 모범으로서, 그리고 교사로서의 그리스도에 대한 관련은 제자 됨(discipleship)에 있다. 그것은 모방(imitation)과 '따라감'(Nachfolge)을 포함한다. 이 장에서 제자 됨은 인간으로서의 예수 그리스도의 행동과 삶과 관련하여 말하고 있다.

모범으로서의 그리스도는 네 가지 면으로 구분되어져 왔다. 그는 도덕적 모범과 이상이며, 그의 삶의 방식은 당시대의 삶에 대한 모방과 적응에 대한 거부이다. 그는 복종, 고통, 겸손의 형상이다. 내향적 그리스도와 하나님 아버지(the Father)에 대한 그의 관계는 우리의 모범이 된다. 그는 하나님의 성육신, 죽음, 부활, 승천을 통해 나타난 하나님의 행동의 계시이다. 우리는 기독교의 도덕적 삶에 있어 이것의 함축적 의미들을 요약, 설명해야만 한다. 결국 우리는 그의 고난과 고행을 모방하는 권면을 받는다. 즉, 우리는 우리의 육체적 욕망들을 십자가에 못 박아야만 한다. 이런 그리스도 모방 신비주의는 신학적인 전문적 의미에서 에로틱하다. 그것은 우리의 영혼을 구하는 방법과 하나님과 인격적 축복에 이르는 길을 찾는 방법을 다룬다. 각각의 이런 강조들이 차례로 소개될 것이다.

도덕적 이상인 그리스도

도덕적으로 진지한 그리스도인은 예수 그리스도 안에서 설정된 삶에 대한 도덕적 이상을 갖고 있다. 그리스도 안에 따르고 본받아야만 할 모범이 있다. 그 안에 모방되어져야 할 모델이 있다. 또 그 안에 도덕적으로 매력을 갖는, 그리고 시공을 초월하여 모든 인간들에게 타당한 삶의 방식이 있다. 그리스도는 우리에게 어떤 삶을 살아야 하는가를 보여 준다.

도덕적 이상으로서의 그리스도는 많은 추론의 근간이 된다. 그는 자아 부정과 자기 희생의 삶의 모형이다. 즉, 우리가 우리 자신의 십자가를 지고 그를 따를 때에만 우리는 그리스도인으로서 행동하는 것이다. 그는 악에 대한 무저항주의의 모형이다. 모든 면에서 자신에 대적하는 것에 부당함에도 불구하고 그는 온순히 십자가의 길을 따랐다. 그는 타자에 대한 사랑과 봉사의 삶, 내적 통일과 일치의 삶, 죄 없는 삶 등 온전한 삶에 대한 최고의 이상을 드러낸다. 만일 삶이 절대적으로 정직하고 순수하고 사랑이 가득하다면 어떤 삶이 될 수 있겠는가를 그는 보여 준다. 그가 가르쳤고 살았던 것 사이에는 일관성이 있다. 그리고 이 둘의 도덕적 이상은 결코 분리될 수 있는 것이 아니다.

그러나 삶이 이상을 나타내고 행위가 가르침의 타당성을 보여 주었다는 사실은 모든 세대에 시사하는 바가 있다. 우리는 일련의 도덕적 명령 내지는 생명력 없는 상황과 마주하고 있는 것이 아니다. 우리는 보다 살아 있는 인격과 마주하고 있다. 그리고 그 살아 있는 인격의 삶은 우리의 영혼으로 하여금 그를 따르도록 불붙이는 영(spirit)을 발산하고 있다. 그는 우리의 실패를 통하여 그의 이미지가 형성되기까지 우리를 겸손하게 만들고 있으며, 또 그가 그의 인격과 행동 안에서 삶을 구체화시켰듯이 우리로 하여금 삶의 실현에로 나아오도록 서서 부르고 있다.

그러나 과거 50년에 걸쳐 신학적 윤리학은 그것의 다양한 학설 가운데서 "예수는 인간 이상에 대해 전혀 말하지 않는다."는 주제보다 더 지속적으로 주장된 그 어떤 주제를 지니지 못했다.[1] 도덕적 이상으로서의 예수는 다양한 기저로부터 철저히 공격을 받아 왔다. 신약 주석가들은 다른 사람들과 예수와의 유사성, 그리고 그 가르침의 유사성을 보아 왔고 또 인격으로서의 예수의 독특성의 어떤 양상들을 지적하는 기록들에 대한 신뢰성에 의심을 가져 왔다. 신학자들은 예수의 삶에 있어 계시적 능력과 그 의미의 맥락 안에서 예수의 삶을 평가해 왔다. 말하자면 우리가 기억하듯이 예수가 십자가에 못 박히고 죽음에서 부활함이 없었다면, 예수는 하나님의 아들이 아니었을 것이다. 신약성서 메시지의 중심은 그리스도 안에서 그를 통하여 우리를 위해 행하여진 그것이다. 윤리학자들은 이상

---

1) Bultmann, *Jesus and the Word*(New York, 1934), p. 53.

으로서의 그리스도에 대한 생각이 대부분의 도덕적 상황들을 위해서는 지나치게 단순한 것이 아닐까에 주목해 왔다. 그러나 대중적 경건을 위한 그리스도의 도덕적 이미지가 부분적으로 여전히 존재한다. 말하자면 개혁주의자들같이 이상을 일차적인 것으로 생각하지 않았던 사람들조차도 이상의 유용성은 인정하였다. 신약의 증거는 존재한다. 그러나 그것에 대한 해석의 방법은 시대와 장소에 따라 다르다.

어떤 중요한 신학자들도 예수 그리스도를 단지 도덕적 이상이나 추구해야 할 목표로 축소시키지 않았다. 자유주의 전통은 그 정교한 전형 가운데 목표로서의 도덕적 이상을 실재에 대한 이상 혹은 형태로서의 도덕적 이상에 관련시킴에 항상 관심을 가졌다. 그리고 기독교적 삶에 능력을 부여하는 자로서의 그리스도에 관심을 가졌다. 확실히 슐라이에르마허에 있어 하나님과의 교제를 확립하기 위한 방편으로써의 구속자의 중요성은 모범으로서의 그리스도에 대한 중요성보다 크다. 참으로 모범과 모방의 그것과 같이 교사와 제자의 관계는 항상 외적인 관계로 남아 있음에 틀림없다. 반면 기독교인으로서의 우리의 자각은 '우리 안에 있는 그리스도'라는 준거(reference)에 의해서만 분명해질 수 있다.[2] 참으로 그리스도의 모범적 기능은 이상성(ideality)에 있다. 즉, 그리스도는 인간의 이상(idea)을 나타내고 있다.[3]

그러나 그는 그의 지속적인 신인식(God-consciousness)의 능력에 의해 인간과 구별되고 있다. 슐라이에르마허에 따르면 자유주의 전통은 도덕적 모범으로서의 그리스도보다 용서, 새로운 삶, 능력의 방편으로서의 그리스도에 더 관심을 가졌다. 스승(the Master)에 대한 제자도(discipleship)의 관념이 다른 기독론적 주제들에 비하여 결코 지배적인 것이 못되었다. 이것은 빌헬름 헤르만(Wilhelm Herrmann)의 「그리스도와의 친교」(*The Christian's Communion with Christ*)와 「윤리학」(*Ethik*)뿐만 아니라 리츨(Ritschl)의 사상 속에서도 그러하다. 예수의 삶과 가르침들은

---

2) F. Schleidrmacher, *The Christian Faith*, p. 438.
3) Ibid., p. 384.

헤르만에게 있어 일차적으로는 삶과 능력의 방편이다. 그리고 리츨에게 그리스도는 우리로 하여금 세상에 대한 지배를 가능케 하는 자이다.

도덕적 이상의 이미지는 대중적인 도덕적 경건 속에 있는 그것의 가장 명료하고 단순화된 형태 안에서 발견된다. 아마도 이에 대한 전 시대에 걸친 고전은 「그의 발자취를 따라」(*In His Steps*)이다. 켄자스의 토페카(Topeka) 출신인 회중교회목사 쉘던(Charles Sheldon)은 이 책으로 최소한 22개 언어권의 독자의 상상력과 열광을 사로잡았다. 이 책은 인간들이 그들의 사상들을 예수에 고정시키고, 예수가 하고자 했던 것을 매일의 결정에 있어서 따르고자 했을 때 일어나게 될 삶의 변화에 대한 열정적 증거이다. 그리고 그것은 그 당시의 도덕적 이상주의에 자양분을 제공하였다.

쉘던의 오랜 동년배인 스미스(Newman Smyth, 1843-1925)의 「기독교윤리학」(*The Christian Ethics*)에서 도덕적 이상으로서의 그리스도에 대한 신학적으로 더욱 정교한 해석을 보게 된다. 이 주제는 하나님 나라에 대한 예수의 가르침뿐만 아니라 우리로 하여금 신 의식(God-consciousness)을 갖게 하는 그런 살아 있는 영으로서의 그의 사역이라는 맥락 속에서 설정되고 있다.[4] 그러나 스미스에 있어 윤리학은 일차적으로 '이상'에 의해 정의되기 때문에 탁월하게 도덕적 이상인 예수 그리스도는 지속적인 주제가 된다.

윤리학은 근본적으로 최고선(summum bonum)에 대한 연구이다. 개인

---

[4] "그리스도가 도덕적 이상이다."라고 생각하는 사상가로 뉴헤이븐(New Haven)의 목사 스미스를 선택함은 정도에 벗어난 것이 아니다. 그는 미국적 배경에서 자유주의 전통의 전성기를 대표한다. 그의 핵심적 개념들과 Schleiermacher, Rothe, Dorner, Martensen, 그리고 성서 비평가들과 같은 신학자들로부터 온 그의 많은 참고와 인용들이 보여 주듯이 그는 자유주의 신학과 윤리학에 대한 독일의 원천에 대해 철저히 연구하였다. 그의 이 같은 박식함이 19세기 영국 도덕철학에 있어서도 보이고 있다. 그는 뉴잉글랜드 회중전통(New England Congregational treadition)의 목사 신학자(pastor-theologian)의 최후 세대 중 한 사람이다. 윤리적 관심들은 계속 진보되는 역사과학과 자연과학의 빛 안에서 변증학과 연결되고 있다. 그는 또한 에큐메니칼 운동 초창기에 브렌트 주교(Bishop Brent)와 연합했다. 스미스는 역사적 중요성은 없지만 중요한 전통의 흥미 있는 대표이다.

의 윤리적 질문은 "삶에 대한 당신의 이상은 무엇인가?"가 된다. 참으로 인간과 삶의 보다 낮은 형태들 사이의 구별은 인간의 "이상을 형성함을 위한 도덕적 능력"에 있다.[5] 기독교적 이상은 철학자들의 새로운 사색은 아니며, 지혜자의 꿈도 아니며, 최고자의 영광에 대한 예언적 상상도 아니다. 기독교적 이상은 역사적 구체화 안에서, 즉 예수 그리스도 안에서 인간에게 주어졌다. "우리는 구름 위를 걷지 않기 위하여 기독교윤리학 안에서 시작한다. 즉, 우리는 나사렛 예수의 인격 안에 있는 인간의 신적 이상에 대한 역사적 실현에 발판을 둠으로 견고하게 됨을 발견한다."[6] "우리는 예수 안에서 원천적이고 독창적인 도덕적 힘을 동시에 지니게 된다. 우리가 예수 안에서 발견한 도덕적 이상은 그 안에 원천적으로 존재했다. 그리고 그 원천은 그의 이름 안에서 새로운 도덕성을 창조해 왔다."[7] 기독교윤리학의 도덕적 독특성은 그것의 독특한 역사상의 근거(cause)인 주 그리스도 안에 있는 이상의 성육신에 있다. "그러므로 기독교윤리학은 역사적으로 그리스도 안에서 주어져 왔던 신적인 인간 이상에 대한 기독교윤리학의 모든 영역과 관련성 안에서 인간의 삶에 대한 전개와 적용이다."[8]

기독교 윤리는 목적의 윤리가 지배적인 것이 되고 있으며, 이런 관점에서 목적론적 윤리가 된다. 능력을 주는 영으로서의 그리스도와 하나님 계시로서의 그리스도는 놓치지 않으려 하는 반면, 기독교적 삶이 우리의 칭의를 표현해 내는 것이 실재이신 그리스도를 증거하는 것이라는 관점에서는 덜 묘사되고 있다. 기독교적 삶이 최고선(summum bonum)의 성취라는 관점에서 더 많이 묘사되고 있다. 그리스도는 이상의 내용이다. 그러나 이는 인간의 역사적 목표들 안에 나타나는 상관함들을 통하여, 혹은 역사적 목표들을 위해 그것으로부터 유추될 수 있는 유추함들을 통

---

5) Smyth, *Christian Ethics*(New York, 1892), p. 50.
6) Ibid., pp. 51-52.
7) Ibid., pp. 53-54.
8) Ibid., p. 57.

하여 언급되어져야 한다. 스미스는 기독교 이상이 "일반적으로 삶의 최고 목표로써 요구되는 기독교적인 선"[9]을 의미한다고 쓰고 있다. 최고선이라는 이상을 기독교화함[10]이 과제이다. 최고선이라는 기독교 이상은 개인과 사회 모두를 위해 기술될 수 있다. 그리고 그것의 점진적 실현을 위한 수단들이 규정될 수 있다.

그것의 내용은 예수 그리스도의 인격과 가르침 둘 다로부터 파생된다. 예수의 하나님 나라라는 교의는 그리스도의 삶에서 이미 시작되어진 이상적 선을 의미한다. 즉, 그것은 영적인 확신, 그리스도 닮은 인격으로의 개인적 발전, 기독교적 인도주의, 삶의 점진적 영성화(spiritualization)를 함축한다. 하늘에 계신 아버지같이 온전하여질 것에 대한 예수의 권고는 완전하다. 그리고 영원한 삶에 대한 그의 가르침이 이상의 내용에 더하여진다. 인간은 '도덕적 사랑'을 가져야만 하며, 전적이며 완전한 인격적 관계성, 거룩함, 의로움, 박애, 사랑, 축복 받음이 있어야만 한다. 그러나 어떤 정의들도 완전하지는 않다. 왜냐하면 이상은 인격적이기 때문이다. 그것은 그리스도 안에서 인격적으로 실현되어지고, 그리스도의 영 안에서 인격적으로 작용한다.

우리의 도덕적 본성은 그리스도에 대한 신뢰와 충성이라는 인격적 관계 속에서 고양되고 새로운 에너지를 발한다. 그러나 악에 저항하고 선으로 악을 극복함에 있어서 그리스도의 모방에 대한 질서 있는 훈련은 "도덕적 이상을 향해 전진하기 위한 열린 방법"[11]을 제공한다. 이것은 모든 영역—개인, 가족, 국가, 교회—에 있어 본성과 보편적 삶의 영적 사용을 증가시키는 가운데 악과의 '투쟁'을 의미하고, 타자에 대한 협력적 봉사를 의미한다.

그리스도를 따름은 양심을 잉태시킨다. 즉, 그리스도는 '개인적 책임감'에 대한 우리의 모범이며, '의무감'으로부터의 자유와 '기쁨의 봉사'에로

---

9) Ibid., p. 83.
10) Ibid., p. 88.
11) Ibid., p. 241.

의 자유에 대한 모범이다. 그리스도는 사랑과 진리추구에 대한 모범이고, 삶과 개인적 절대 가치의 완전한 통합에 대한 모범이며, 존귀에 대한 모범이다. 그가 세상을 향해 자신의 생명을 주었음은 "도덕적이며 영웅적인 행위 능력"[12]의 한 모범이다.

그리스도가 도덕적으로 민감하며, 많은 성스러운 사람들의 도덕적 모델이었다는 사실은 부정될 수가 없다. 이 사실이 기독교윤리학에 있어 적절한 강조였는지, 참으로 그것이 전적으로 기독교윤리학에 속한 것인지에 대한 논의가 있다. 당대의 대부분의 신학자들은 그것을 생략하든지, 보다 넓은 기독론적 구조 속에 그것을 설정하든지 하였다. 그러한 여론이 어떤 권위를 가질지에 관계없이 도덕적 이상으로서 그리스도에 대해 우리는 무엇을 말해야만 하는가? 진지한 그리스도인이 여기에서 그의 도덕적 의문에 대한 해결책은 아니더라도 어떤 도움을 발견할 수 있겠는가?

자신이 따라야 할 모델을 찾고 있는 사람들에게 도덕적 이상으로서의 그리스도는 하나의 선택대상이다. 예수의 삶을 그린 모든 영감을 주는 책들에도 불구하고, 예수에 대한 초상(portrait)은 분명하게 그려 낼 수 없지만, 복음서의 이야기에 나타난 인자(the Son of Man)의 모습은 많은 사람들의 양심에 호소하고 있다. 만일 인간이 이상과 모범을 가져야만 한다면, 그의 사랑의 행위, 온유함, 불의에 대한 울분, 대단히 카리스마적이며 도덕적인 힘은 경쟁력을 갖는 모델로 나타난다. 많은 사람들에게 그리스도는 이상적 인간으로 나타나고 있다. 예컨대 성 프란시스와 제퍼슨과 같이 과거 그에 의해 고무되었던 많은 사람들과 간디, 슈바이처 같은 현대

---

[12] 스미스 계통에 있어 이런 선택은 그의 저서 전체의 균형을 벗어나는 것이다. 그러나 이는 주제들을 다루기 위한 우리의 노력을 유지하기 위한 일환이며, 저자들의 전체 신학은 아니다. 스미스는 의무의 분화에 있어 자유주의 신학의 기풍(ethos)이 우위를 차지하고 있음을 말하는 것이 공정하다고 생각함에도 불구하고, 죄의 실체를 알고 있으며 정의의 형태를 취하는 사랑에 대한 요구를 알고 있다. 인간들은 "숭배할 만한 하나님에 대한 그리스도적 닮음"(the adorable Christlikeness of God)에 관해 더 이상 쓸 수 없다.

의 사람들이 그리스도의 삶과 사랑의 절대성에 대한 증거가 된다.

왜 그리스도는 모델로서 받아들여지는 반면, 레닌과 부처는 그렇지 않을까? 그 질문에 대한 대답은 다양할 것이다. 그리스도는 사랑과 선한 의지를 통한 세상의 긍정을 나타내는 반면, 레닌은 폭력을 통한 세상의 긍정을 말하고 있으며 부처는 세상을 긍정하지 않고 있다. 그리스도는 사랑을 나타내고 있으며, 사랑은 최고의 선이다. 그리고 그리스도는 우리 전통의 부분이며, 교회의 머리이다. 또한 십자가를 통해 나를 구원하는 그리스도는 새로운 삶의 모델로서 그를 따르도록 한다. 논쟁이 될 수 있겠지만, 모델로서 그리스도를 갖는 것은 약함의 흔적이 아닌 용기와 강함의 흔적이다. 왜냐하면 그를 따른다는 것은 다수가 갖는 도덕을 따름이 아니기 때문이다.

그리스도는 삶의 모델이다. 칸트의 정언명령(the imperative)이나 마르크스의 역사이론의 정의들과 같은 창백한 추상이 아니다. 여러 인물들은 카리스마적일 수 있다. 반면 이상에 대한 추상과 상상적 그림들은 냉냉함과 비현실성을 갖고 있다. 링컨의 장대한 자서전은 그의 '삶의 철학'을 몇 페이지로 환원하기보다 그의 위대함과 약함을 그림으로써 더욱 강력한 이미지를 주고 있다. 그래서 산상수훈과 사랑에 대한 두 개의 계명을 가르쳤을 뿐만 아니라 그것들을 몸소 삶 가운데 실천했던 그리스도는 더욱 힘을 갖게 된다. 그는 사람들을 겸손하게 한다. 참으로 그들의 약함과 이중성을 고백케 한다. 예수 그리스도가 인격이라는 사실은 우리로 하여금 그와 인격적 관계를 갖는 것을 가능케 한다. 이것은 지적이고 도덕적 원리들에 헌신되는 삶보다 상당히 의미 있는 삶의 방식이 된다.

도덕적 삶을 위한 이상으로서의 그리스도는 그를 따름에 예견되어지는 현실적인 도덕 결과 때문에 몇몇 사람들에게 설득력을 갖는다. 이것은 쉘던의 소설에 영감을 주었고, 또 그것은 몇몇 평화주의에도 영감을 주었다. "예수는 평화주의자인가?"는 많은 사람들에게 위협적인 질문이 되고 있다. 왜냐하면 그들은 예수가 그렇다고 추정하고 있으며, 그들의 증거가 그의 삶에 의하여 만들어졌음을 주장하고 있기 때문이다. 이상으로서의 그리스도(Christ-ideal)에 의해 제시된 "보다 높은 방법"(higher way)은 국가 정책의 방편이 되도록 희망적으로 주장될 수 있다. (1920년 대와 1930년대에 많은 사람들이 희망했듯이) 또한 그것은 평화와 사랑의 공동체가 갖는 비전의 결과에 대한 개인적 증거일 수도 있다. 비교적 다른 영역에서도 예수가 했던 것을 행함으로 최상의 윤리적 동기가 출현할 것이 기대될 뿐 아니라 또한 현세적인 참된 선이 실현될 것이 기대된다. 어떤 도덕적 고상함도 행동 가운데 부정될 수 없고, 또 인간의 도덕적 삶의 최고 이상으로서의 예수를 따르는 사람들 중 몇몇 사람의 결과들 가운데서도 부정될 수 없다.

그러나 이것이 그리스도에 대한 의미인가? 이것이 제자들이 도덕적 이상으로서의 그를 보았던 그것인가? 그것이 그의 존재 이유인가? 이런 질문에 의거하여 다시금 사람들은 해석과 신조의 일에 일차적으로 그 관심의 방향을 돌리게 된다. 분명히 단지 모범으로서의 그리스도에 대한 축소는 신약성서와 교회생활 속에서의 그리스도에 대한 의미 모두에 대해 불충분하다. 그러나 그것이 신앙과 교회생활의 적합한 부분이 되고 있는가? 아마도 '본보기'(example)로서 그리스도는 적절하다. 반면 도덕적 이상으로서의 그리스도는 부적절하다. 이상(ideals)의 어감은 복음과 어울리지 않는다. 그것은 당연히 인간 홀로의 의지력과 힘에서 나오는 완전을 향한 노력을 의미한다. 그리고 그것은 인간들 안에, 그들 사이에 있는 하나님의 은혜로운 현존과 능력을 부정하는 경향을 갖고 있다. 우리가 보아 왔고 또 좀더 살펴보겠지만, 보다 온전한 기독론 안에서 설정된 모범으로서의 예수 그리스도에 대한 사고가 이상이라는 말에 반감을 갖는 많은 사람들에 의해 계속 존재할 수 있다고 본다. 그러나 우리의 초점은 기독론 자체에 있는 것이 아니라 도덕적 삶에 있다.

도덕적으로 아주 진지한 사람은 "예수 그리스도의 어느 면이 이상인가?", "그의 어느 모습에 내가 관심을 보여야만 되는가?"라고 아주 적절히 물을 수 있다. 예수 그리스도에 대한 회화적 이미지가 살만(Sallman)의 유명한 인자(Son of Man)로부터 코펜하겐 성당 안에 있는 "내게로 오라"

라고 말하는 토르발젠(Thorvaldsen)의 손짓하는 예수와 루올(Rouault)의 미제레레(Miserere) 그림들 중 고문당하고 고통당하는 그리스도에 이르기까지 다양하듯이, 이상에 대한 이미지도 다양하다. 아마 이상으로서의 예수에 관심의 초점을 갖는 사람들 중 대부분은 마음속에 지상적 임무를 갖고 있을 것이다. 예수가 숭고한 도덕적 영웅이었다는 것 이상으로 그에 관해 더 많은 어떤 것을 믿든지 그렇지 않든지 간에, 참으로 많은 사람들은 예수 그리스도를 모든 사람들이 따라야 할 모델로 여기곤 한다.

전통적 의미에서 '계시'(revelation)와 '믿음'(faith)이라는 언어는 보편적 가치를 지닌 소크라테스와 슈바이처와 견주는 한 인물에 대한 소박한 묘사를 단지 왜곡시키는 교회에 의한 부가물일 뿐이다(그러므로 버나드 〈George Bernard Show〉는 이른바 기독교〈Christianity〉는 찬양하면서도 교회주의〈Churchianity〉에 대해서는 조롱했다). 그러나 예수의 자기 존재 의미에 대한 자의식(self-consciousness)이라는 한층 어려운 문제는 말할 것도 없이, 예수의 지상적 삶에 대한 재건이 역사적으로 문제가 되어 왔다. 신화와 전설은 사실을 감싸고 있다. 일반적으로 인본적 도덕의 투사(projections)는 복음서 이야기를 침해한다. 그리고 그 결과는 종종 고무적이기는 하지만 왜곡적이다.

복음서의 이야기 안에서조차 우리는 다양한 면을 가진 인물을 보게 된다. 그의 행동들은 참으로 놀랄 만하다. 예수가 귀신 들린 딸에 대해 도움을 간청하는 수로보니게 여인에게 "자녀의 떡을 취하여 개들에게 던짐이 마땅치 아니하니라"(막 7:27)고 하신 경멸 찬 언어는 예수의 의도에 대한 완곡한 해석에 의해서만 온화하고 친절한 소리가 될 수 있다. 이상적 예수는 일반적으로 아이들을 무릎에 앉히는 자로서 그려진다. 반면 공격적 예수는 배제되고 자세하게 설명되지 않는다.

도대체 변호 가능한 초상이 그려질 가능성을 추정한다면 도덕적 행동을 위한 그것의 함의들은 무엇인가? 1세기로부터 기원하는 도덕적 이상이 19세기 후에도 얼마나 효과적일 수 있는가? 예수 생애의 여러 양상들이 경우에 따른 적합성을 지니고 있는가? 우리는 그리스도라는 이상적 인물을 현시대적 상황에 적용하는가? 하나의 율법주의 형식이라고 볼 수 있는 도덕적 이상주의인 "양심의 윤리"를 어떻게 피할 수 있는가? "양심의 윤리"에 따르면 우리는 이상에 대한 충성에 의해 구체적인 시공의 맥락에 속한 실제의 문제들로부터 분리된다. 도덕적 이상인 예수 그리스도가 우리 시대에 의미가 있는가?

순수정의(pure justice)와 같은 많은 도덕적 이상들은 성격에 있어 거의 완전히 형식적이다. 우리는 그 이상들 속으로 주어진 상황의 의미들과 자료들을 쏟아 넣지 않을 수 없다. 참으로 우리는 이것을 마땅히 해야 한다. 예수도 그 당시의 구체적인 상황적 요소들과 전혀 무관하지 않다. 예수의 이상적 삶의 이야기는 복음서들로부터 파생된다. 당시의 구체적인 상황 속에서 주어진 삶의 이상(a life ideal)은 그것이 파생된 시대의 보다 사소한 특성들을 반드시 반영하며, 그 특수한 쟁점규정들로부터 나타나는 보다 중요한 결정적 정형들을 반영한다.

예컨대 도덕적 이상으로서의 예수를 따름은 유대와 갈릴리에서 그 당시에 사람들이 입었던 옷과 동일한 옷을 입을 것을 요구하는가? 분명 아니다. 예수의 모습은 그 추종자들에게 사치스런 장식이 없는 소박한 옷을 입을 것을 요구하지 않는가? 삶의 양식에 있어 소박성(simplicity)이 머리 둘 곳 없는 자, 그리고 제자들로 하여금 그들의 사역에 있어 단지 한 벌 옷을 갖도록 말하는 자를 따르는 사람들에게 적절한 지침인가? 만일 그렇다면 우리 시대의 기독교적 도덕이상은 자기 부정은 말할 것도 없이 소박성과는 무관하게 생활 속에서 더 많은 상품을 소비하도록 압력을 가하는 그런 문화적 경제적 흐름과는 강하게 배치하는 것이 될 것이다.

우리는 중요한 도덕적 종교적 이슈가 관계된 경우를 제외하고는 의복과 음식의 문제에 있어 예수께서 지배적인 관습을 따랐음을 주장하면서, 예수의 도덕적 이상과 현재의 삶의 관계를 현재의 방식에 더 친화적인 것으로 설정할 수도 있다. 그러므로 지금 이런 이상을 실현한다는 것은 어떤 문제들이 도덕적으로 중요한가, 그리고 삶의 어떤 영역들이 도덕적으로 대수롭지 않은가에 대한 정의를 요구한다. 그렇게 함으로 그것들에 대한 수용이 결정될 수 있다. 예컨대 그리스도는 관습적으로 지켜 왔던 안식일을 어겼다. 이것은 일요일이 휴식(recreation)을 위하여 만들어졌음을 의미하는가? 현재적 안식일 관습에 적용된 삶의 이상이 교회 출석과 경건의 날 등 지금 기독교인들에게 아주 다른 결과를 제시하고 있는가? 예수가 안식일을 어긴 것은 하나님에 대한 인간의 관계 핵심이 안식일 규정을 지킴에 있다고 믿는 것 같은 율법주의(legalism)에 대항하는 증거였다.

예수는 분명히 일요일을 보내는 이상적 방법이 알곡을 타작하는 것임을 보여 주고 있지 않다. 중요한 문제는 관습이 아니라 그 의미이다. 그러므로 현재에 적용된 이상은 모호한 내용을 제공해 주고 있다. 만일 안식일 준수가 행위의 의(works righteousness)에 대한 엄격한 표현이라면 그것을 어겨라. 그것은 본질적으로 그 자체로 중요성을 갖는 것이 아니라, 다만 그것을 지키고 어기는 사람들에 대해 그것이 지니는 종교적 취지 안에서 그 중요성을 갖는다. 그러나 일요일의 휴식과 사역이 예배를 대신하게 될 때, 이상(the ideal)은 어떤 의미를 갖게 되는가? 교회 가는 것은 율법적인 것이 될 수 있다. 그리고 일요일 사역과 휴식은 기독교적 직업(vocation)이 될 수도 있다.[13]

그리스도를 도덕적 이상이라는 방식으로 해석할 때 이상이라는 언어가 잠재적으로 지니고 있는 율법주의 경향과 덜 이상적인 상황에 대한 그 이상들의 적용은 분명해진다. 기독교적 삶은 주어진 상황에서, 혹은 우리가 '그리스도 형상'에 매우 근접하는 삶을 형성할 수 있는 구도 속에서 이상을 실현하기 위한 정확한 방도들을 계측하는 문제에 빠져들게 한다. 예수 자신이 보여 준 바로 그 자유가 이 과정에서 상실된다. 그리스도인은 성취의 정도에 의해 분류될 수 있다. 우리는 확연하게 성공하고, 확연하게

---

13) 나는 음주에 대한 완전한 금욕이 행위의 의(works-righteousness)와 바리새주의로 이끌었다고 믿는 스웨덴의 경건주의자들을 기억하고 있다. 그러므로 그들은 바리새인들을 괴롭히기 위해 한 잔의 술을 마셨으나, 악마를 괴롭힐 정도로 많이 마시지는 않았다.

실패한 사람들에 대한 판단을 거의 피할 수 없다.

그리스도적 이상(Christ-ideal)이라는 언어는 비록 그것이 그리스도의 구속사역의 구도 속에 설정된다고 해도 불만족스럽다. 하나님의 은혜의 능력 혹은 나의 '신 의식'의 능력이 이상을 성취하는 것을 가능하게 하는가? 나를 돕기 위해 주입된 은혜가 이상이신 그리스도만큼 완전해지는가? 이상이라는 언어들은 인간의 도덕적이고 종교적인 완전의 성취가 그 목적을 향하게 한다. 물론 그것들을 따라 돕는 은혜에 의존할 때조차도 그렇다. 목표인 그리스도의 형상을 이루기 위해 자신의 인생을 연단하는 것과 단순, 사랑, 그리고 자유의 삶, 즉 그리스도에 대한 신앙과 신뢰의 삶을 통해 표현하는 것은 별개의 문제이다. 적어도 두 가지의 문제가 항상 관계된다.

하나는 그리스도라는 인물이 지니고 있는 의미―한편으로는 실현되어야 할 이상으로, 다른 한편으로는 신앙의 삶을 적절하게 나타내 주는 인물로서의―이다. 다른 하나는 예수 그리스도에 대한 우리 관계의 특성이다. 부연하면 그를 이상으로 묘사하는 것은 대체로 자기 중심적이고, 미묘한 형태의 편견과 죄로 빠져들 유혹의 소재가 있다.

우리는 예수 그리스도에 대한 신앙과 신뢰를 통해 우리가 용서 받았고 자유롭다는 사실과 그리스도와 같은 단순, 사랑, 그리고 순종을 통하여 표현될 새로운 삶을 부여 받았다는 사실을 안다. 한편으로 적절한 이상을 지닌다는 것이 영원한 축복뿐 아니라 일시적인 선을 성취하는 수단이고, 다른 한편으로 인간은 하나님의 의지에 따라 살기 위하여 자의식, 자인식, 자기 영광으로부터 자유로워진 존재라고 상정한다면 인간의 필요에 대한 이해는 상당히 달라지게 된다.

전자는 인간이 추구하는 도덕적 삶을 묘사하고, 후자는 하나님이 인간을 위해 행하신 내용을 나타내는 도덕적 삶을 묘사한다. 따라서 예수 그리스도가 인간 삶의 도덕적 이상이라는 점을 부인하면서도 최상의 진지한 태도를 지니고 그를 모범(pattern)이나 본보기(example)로 간주하려는 신학자들이 있는 것이다.

순종하고, 고난당하고, 낮아지신 그리스도

"내가 무엇을 해야만 하는가?"라고 기독교인들은 묻고 있다. 예수 그리스도를 따르라. 이상으로서가 아닌, 인간이 그렇게 되기를 원하는 영웅적 이미지로가 아니라 낮아짐과 겸손 가운데 온, 그리고 죽기까지 순종하며 세상의 손에 의해 고초를 겪은 하나님의 아들(the Son of God) 예수 그리스도를 따르라. 당신을 제자로 불러 따르게 하는 자는 바로 순종하는 자인 고통당하는 그리스도, 낮아지신 그리스도이다.

"내게로 오라"고 온유한 말로 우리를 초청하며 우리의 신뢰와 신앙을 요구하는 자는 바로 하나님이며, 인간(God-man)인 자이다. 수치 가운데 기쁨을, 외적 낮아짐 가운데 내적 고양을 우리에게 제공해 주는 자가 바로 그이다. 또한 그는 우리에게 그를 따르며 그에게 복종하는 십자가의 길을 제시한다. 어떤 세속적 선(earthly good)도 보장되지 않는다. 또 윤리적 평가자에 의해 측정될 수 있는 어떤 개인적, 사회적인 높은 의(higher righteousness)가 곧 다가올 것이라는 보장도 없다. 참으로 값싼 은혜와 기독교 문화를 가진 교회와 세상의 시간으로는 분열과 조롱과 고통만이 다가올지도 모른다. 그러나 우리에게 그를 따르도록 명령하는 자는 순종하는, 고통당하는, 낮아지신 그리스도 바로 이분이다.

신앙생활을 위한 모범이신 그리스도와 도덕적 이상이신 그리스도의 구별은 실제적 기능에서보다 그 정의에 있어 이따금 더 선명하게 드러난다. 그리스도에 대한 인간의 관계가 주요한 구별점이다. 즉, 이상이신 그리스도는 우리의 실천적 노력에 의존하면서 어느 정도의 거리에 떨어져 서 있다. 그러나 이것은 기독교의 도덕적 이상이라는 관점에서 생각하는 사람들의 묘사이다. 왜냐하면 그들은 종종 생명을 주는 그리스도의 영의 실재에 대한 견고하면서도 열정적인 고백자들이기 때문이다.

우리가 슐라이에르마허의 사상에서 알 수 있듯이, 이상의 언어와 성화의 언어가 때때로 함께 사용된다. 그러나 이런 성격부여에도 불구하고 이상이신 그리스도는 여전히 대체로 신약의 증거에 적합하지 않은 것처럼 들린다. 특히 이런 이상이 일시적인 세속적 완성과 선에 대한 성취가 되고 있을 때, 그리스도에 대한 증거는 왜곡된다. 어떤 현대의 학자들에 의하면 모범으로서, 모델로서 그리스도는 인간에 대한 용서와 구속이라는 하나님의 행동이라는 우선적 실재 안에 설정되어진다. 인간의 삶은 그리스도의 삶과 똑같은 특징을 어느 정도 갖고 있다. 하나님은 인간의 삶을 심판하시고, 구원하시며, 주장하신다. 우리는 인간을 변화시키는 그리스도의 능력에 의해 그리스도를 따를 수 있다. 그리스도의 삶은 신앙 안에서의 삶의 모범이다.

이상의 언어와 본보기의 언어에서 보여질 수 있는 그리스도에 대한 관계에 있어서의 차이와 더불어, 그리스도에 대한 묘사에 있어 차이를 빚어내는 경향이 있다. 우리가 주목하였다시피 도덕적 이상주의자들은 원칙적으로 인간 사이의 선의 증대나 세상적 삶의 개선에 맨 먼저 관심을 두기 때문에 예수의 지상적 행동을 강조하는 경향이 있다. 그들은 예수를 이런 보다 포괄적인 관심 속에 위치시킨다. 그러므로 십자가는 이상에 대한 절대적인 충성과 도덕적 영웅주의, 자기 부정의 이상이 되고 있다. 본보기(example) 혹은 모범(pattern)의 언어는 성부(the Father)에 대한 예수 그리스도의 내적 관계를 강조하는 경향이 있다. 그러므로 순종이 핵심어이다. 그리스도에 부합함은 순종의 삶이다. 고통과 낮아짐은 또다른 핵심어들이다. 자기 부정은 우리 이상의 성취에 대한 표현이 아닌 예수 그리스도에 대한 순종의 표현이다. 그것은 십자가의 길이다.[14]

키에르케고르가 주목했다시피 모범으로서의 그리스도는 인간 앞에 손짓하며 또 인간의 뒤에서 채근하며 서 있다. 그는 인간의 이상이 아니라 인간과 마주 서서 우리의 행동을 판단하고 이끌며 특성을 부여해 주는 살아 있는 실재이다. 그를 따르는 명령이 근본적으로 허락(permission)이고

---

14) 우리는 비(非)대중적 이상에 고집스럽게 집착하기 때문에, 철저한 도덕적 비순응주의자가 되기 때문에 십자가에 못 박힐 수 있다. 기독교에 있어 도덕적 이상주의를 강조하는 사람들은 '양심의 윤리'에 있어서의 도덕적 고집 때문에 십자가에 못 박힘을 하나님의 능력과 의지에의 순종과 종종 동등한 것으로 여긴다. 이 둘의 관계와 의미는 근본적으로 아주 다르다.

그에 대한 우리의 순응은 낮아짐과 고통에 대한 순응이지만, 그는 우리가 따를 자로 서 있다. 기독교적 삶은 인격이신 예수 그리스도의 흔적을 간직하는 것이다.

칼뱅은 기독교적 삶에 관한 글을 쓰면서 '그리스도를 본받음'(imita-tion of Christ)[15]이라는 중세적 언어를 사용하기를 주저하지 않았다. 그리스도의 제자인 신자는 자기 부정의 삶, 십자가를 짊어지는 삶으로 부름 받았다. 하나님의 은혜로운 법칙이 우리의 삶을 지배한다. 기독교적 삶에 대해 논하는 칼뱅의 책 첫 단락에는 "우리는 우리 자신의 것이 아니다."라는 감동적인 구절이 있다. 제자 됨은 "우리는 하나님의 것"임에 대한 확신과 함께 시작한다. 그러므로 그에게 우리의 삶과 죽음을 맡긴다. 우리는 하나님의 것이다. 그러므로 그의 지혜와 의지가 우리의 모든 행동을 주재하도록 해야 한다. 우리는 하나님의 것이다. 그러므로 우리의 유일하고 정당한 목적인 그를 향하여 우리 삶의 모든 부분이 향할 수 있도록 해야 한다.[16]

자기 부정의 의미를 구체화시킴에 있어서 방대한 신학적 맥락에서 나온 칼뱅의 언급들은 중세적 경건을 반영한다. 예컨대 진정한 온유는 자기 겸비와 타자에 대한 존경을 자신의 마음에 불어넣음으로 달성될 수 있다. 그러나 자기 부정의 행동인 타자에 대한 존경과 봉사의 사상은 공적 있는 자기 고행을 떠나서 사랑을 증거하고, 하나님께 영광을 드리는 행동으로 나아가는 것을 확실히 나타내 준다. 참으로 자기 부정의 행동들은 이런 유일한 이유 때문에 추구되어야만 한다. 왜냐하면 그것들이 하나님을 기쁘시게 하기 때문이다.[17]

그리스도에 대한 그리스도인의 부합은 그리스도 자신의 삶의 깊은 흔적을 갖는 것, 즉 십자가를 지는 것이다. 하나님께서 부른 사람들은 어렵

---

15) 이 내용을 담고 있는 칼뱅의 주석으로부터의 인용 구절은 니젤의 칼뱅 연구서에서 재인용한 것이다(W. Niesel, *The Theology of Calvin*⟨LonDon, 1956⟩, pp. 143-151).
16) Calvin, Institutes, Ⅲ, 7, 1(Allen trans.), vol. I, p. 752.
17) Ibid., Ⅲ, 7, 2, p. 753.

고, 고되고, 분주한 삶에 대해 스스로 준비해야만 한다. 그리고 수많은 여러 가지 재난으로 가득 찬 삶을 준비해야 한다.[18] 우리는 그리스도의 영광에 참여할 것이지만 그의 고통에도 참여한다. 그리스도의 십자가가 그의 순종을 증거하듯이, 우리는 계속되는 십자가 아래서 하나님에 대한 우리의 순종을 보여 주기 위해 살아야만 한다. 고통과 순종은 자아의존의 어리석음을 보여 주며, 하나님에 대한 의존과 신뢰를 창조한다. 신앙인들에게 있어서 모든 고통들은 그로 하여금 어떤 것도 하나님의 약속과 섭리 없이 참으로 그의 "체계적 정의(systematic justice)"[19]를 보여 줌 없이 발생하지 않는다는 것을 환기시켜 준다. 그러나 신앙에 있어 십자가 짐의 삶은 고통과 괴로움으로 억압 받기도 하지만, 영적 기쁨도 더욱 누리게 된다.

모범자인 그리스도의 제자 됨의 이중적 성격에 대한 증언이 이 주제를 강조하는 사람들의 작품을 통해 다양한 방법으로 지속되고 있다. 칼뱅과 같이 키에르케고르도 감춰진 고양은 신앙적 삶의 낮아짐과 겸손을 수반하는 것임을 지적하고 있다. 물론 그는 칼뱅처럼 기쁨의 증대를 보증하지도, 그리스도의 영광에 참여한다는 약속으로 제자 됨의 대가를 보상하려고 하지도 않는다.[20] 사실상 키에르케고르는 우리의 모범으로서의 예수 그리스도의 의미와 그를 따름으로 인해 우리가 지불해야 할 대가에 대해 묘사하는 현대의 신학 저술 가운데 가장 오싹하고 매몰찬 모습 가운데 하나를 그의 여러 저작을 통해 보여 주고 있다. 그는 기독교적 삶의 요구들을 약화시키는 자들에 대한 풍자와 통렬한 혹평에 그의 재능을 사용했다.

우리에게 "내게로 오라"고 명령하는 자, 우리의 모범이 되는 자는 그의 아버지가 목수인 자, 경멸당하는 여인에게서 태어난 자, 최하위층의 친척을 가진 자, 동시에 그가 하나님임을 선언한(불에 기름을 끼얹는 것같이)

---

18) Ibid., Ⅲ, 8, 1, p. 765.
19) Ibid., Ⅲ, 8, 11, p. 775.
20) Kierkegaard, *Training in Christianity*(Princeton, 1941), pp. 195-196, 232.

낮은 자이다.[21] 그를 따른다는 것은 세상의 관점에서 모욕 받는 것이며, 그를 본받음으로 인해 고통 받는 것이며, 진리대로 살아감으로 인해 경멸 당하고 거부되는 것이다. 모범자에 비추어 자신을 검토한다는 것은 진리에 대한 자신의 순종을 숙고해 보는 것이다. 그리스도는 찬미자들을 부르는 것이 아니라 따르는 자들을 부르고 있다.

그리스도를 따른다는 것은 고통을 겪는 것이다. 그리스도를 닮아 감에 있어서 고통을 겪는 것은 단순히 피할 수 없는 사건에 직면하여 참는 인내가 아니다. 그것은 금욕주의가 아니다. 그리스도는 그가 진리였기 때문에, 그리고 그가 소위 진리였다는 것 이외에 다른 어떤 것도 아니었기 때문에 고통을 겪었다.[22] 우리가 진리이신 그리스도를 따라 살아갈 때, 그리고 선을 따르려고 노력할 때 우리의 고통은 사람들의 손에 있게 된다. 우리가 그리스도의 심오한 겸비 속에서 그를 따르고자 할 때 냉혹한 명령을 듣게 된다. "당신은 그와 함께 고통을 당할 것이다." 그리스도 따르기를 그만둘 때, 그리고 선을 의지하지 않을 때에만 비로소 고통을 피할 수 있다. 그리스도는 길이요 진리요 생명이시다. 그러므로 우리는 찬미자가 아닌 따르는 자가 되어야만 한다.

따른다는 것은 "그가 지속적으로 자신에 관해 말한 것이나 자신의 존재 당위성에 대해 말한 것에 대한 아주 깊이 있는 내적 동의"[23]를 의미한다. 그는 교의를 수용하는 청취자들에게 만족할 정도로 단지 교의만을 전하지는 않는다. 비록 그들이 교의를 삶에 있어 별것 아닌 것으로 취급하거나 다섯이 짝수가 되도록 하더라도 그는 숭배자들과 찬양하는 신봉자들을 원하지 않는다. 제자 됨은 교의에 충실함을 의미하지 않는다. 그것은 겸손과 낮아짐의 삶을 따르는 것이다.[24] 기독교적 의미의 자기 부정은 이 신앙을 위하여, 즉 그리스도 안에 있는 자신의 신앙 때문에 겪는 고통이

---

21) Ibid., p. 40.
22) Ibid., p. 173 : pp. 172ff, 200ff, et passim.
23) Ibid., p. 231.
24) Ibid., pp. 183, 186-189, et passim ; also *For Self Examination*(Minneapolis, 1940), *passim*.

다. 자신을 거부하는 세상과 교회 속에서도 온유함과 사랑이 있는 자가 따르는 것이다.

그를 따른다는 것은 세상에 의해 멸시 받는 것이고, 목사, 의회 의원, 사업가, 법률가 등 존경할 만한 문화인들 눈에 경솔하고 어리석게 보이는 것이다. 그들은 모두 그리스도를 찬양한다. 그러나 그를 진지하게 따르는 것은 단지 광신적 행위로 돌린다. 잘 알다시피 키에르케고르에게 있어 삶의 투쟁은 기독교 세계(Christendom) 안에서 그리스도인이 되는 것이다. 다시 말해 진리를 대중에게 호소력을 갖는 합리적 일관성으로 함몰시키고 희석시키는 사회 속에서 진리인 예수 그리스도에 순종하는 것이다.[25]

키에르케고르가 모범자에 대해 대단히 강렬하게 묘사하는 내용에는 개인적, 사회적 도덕성에 대한 어떤 프로그램도 포함되지 않고 있다. 참으로 그리스도가 진리이고, 우리 또한 이 진리에 따라 살아야 하기 때문에 인간의 한시적 선에 대한 관심은 부적절하다. 그리스도를 진지하게 따름에 적의를 표하는 문화 속에서 진리는 수난을 당한다. 이는 그것의 간접적이며 중대한 도덕적 귀결이다. 다시 말해 도덕성, 기독교세계, 편리적 방편으로 진리를 축소시키는 모든 것들에 대한 부정할 수 없는 비난이다. 그리스도는 그를 따름으로 인해 인간의 복지가 향상되기 때문에, 어떤 이익이 그리스도인에게 발생하기 때문에 모범자가 되지 않는다.

---

25) 기독교 문헌에 있어 가장 풍자적(ironic) 글귀 중의 하나는 *Training*(pp. 40-56)의 "The Inviter" 편에 있다. 여기에서 키에르케고르는 세상의 현명하고 빈틈없는 사람들이 예수를 진지하게 고려함에 있어 보이는 다양한 유형의 반응들을 제시하고 있다. 루터의 모범으로서의 예수의 사용은 겸손(humility)과 고통(suffering)을 강조한다. 거의 모든 다른 사항(point)에서와 마찬가지로 루터의 전체 조망을 위한 개념의 중요성에 대하여 루터계 학자들 사이에 많은 논쟁이 있다. 그의 예수 강림주간과 크리스마스 설교들, 초기 시편 강해들은 빈번히 모범(vorbild)와 따름(Nachfolge)의 이상(the ideas)들을 사용하고 있다. 다른 문헌 중에는 다음을 참고하라. E. Vogelsang, *Der angefochtene Christi bei Luther unt Heiligung*(Uppsala, 1952), pp. 42f ; H. Ivarsson, *Predikans Uppgift*(Lund, 1956), pp. 113ff. 루터의 작품 속에 있는 모범과 제자 됨(discipleship)의 이상들(the ideas)에 대한 주요 언급들이 이런 사람들에 의해 인용되고 있다.

그리스도는 그가 신인이며 진리이기 때문에 모범자가 된다. 한시적 도덕 결과는 부적절하다. 그리고 그 결과를 계산하려는 바로 그 관심은 진리에 대한 부정의 시작이다. 예표인 그리스도를 따른다는 것은 도덕적 의무가 아니다. 도덕적 목적에 대한 방편도 아니다. 그러나 그것은 소위 독선, 자기 만족, 인간이 '선한 삶'이라고 생각하는 모든 것에 대한 만족을 제거하기 위해 일시적인 영향을 미친다. 그리고 기독교세계를 옹호하고 묵종하는 교회의 태도의 깊은 뿌리를 절단하기 위해 영향을 미친다. 그리스도는 "내게로 오라"고 우리를 초청한다. 그리고 결국 우리는 "그러면 너는 고통을 겪게 될 것이다."라는 말을 듣게 된다.

모범자에 대한 키에르케고르의 증거는 그의 글뿐만 아니라 삶을 통하여 이루어졌다. 하지만 후자는 지나치게 간접적으로 전달되어 많은 사람들에 의해 시시한 것으로 받아들여졌다. 20세기는 말과 인격에 있어서의 또 다른 증인인 디트리히 본회퍼를 통하여 제자 됨의 진지성에 대한 기록을 갖게 되었다.[26] 그리스도인의 삶은 성육신한 분에 대응하는 삶이다. 즉, 그것은 본회퍼에게 있어서는 제자 됨의 삶이며, 값비싼 은혜의 삶이다.

그러나 그리스도를 따른다는 것이 무엇을 의미하는가? 그의 발자취를 따른다는 것은 텅 비어 있는 상태를 말한다. 그것은 우리에게 삶의 방식을 위한 지적 프로그램도, 애써 추구해야만 할 목표와 이상도 부여하지 않는다. 그것은 새로운 삶을 향한 부름이다. 제자 됨은 예수 그리스도를 의미하며 오직 그를 의미한다. 우리는 그의 인격에만 오로지 붙어 있도록 부름 받았다. 그는 중재자이며 신인인 살아 있는 그리스도이다.[27] 우리는 그에게만 속해 있어야 한다. 그리고 지상의 모든 속박으로부터 자유로워

---

26) 바르트는 제자 됨(discipleship)에 대한 그의 가장 최근의 논의에 주목하고 있다. "이 주제에 대해 쓰인 것 가운데 최선의 것이 디트리히 본회퍼가 쓴 *The Cost of Discipleship*에서 쉽게 발견될 수 있다. 왜냐하면 제자 됨에 대해 쓴 후 그것을 자신의 삶 속에서 기꺼이 성취하고 또 자신의 방법 안에서 그것을 죽기까지 실행했던 그 사람에 의해 여기에서 서술된 것보다 내가 그 주제에 대해 더 좋은 어떤 것을 말할 가능성이 없기 때문이다(*Church Dogmatics*, IV/2, pp. 553-534).

27) D. Bonhoeffer, *The Cost of Discipleship*(1948 ed.), p. 51.

야 한다. 부르심은 믿음과 순종에 대한 것이다. 왜냐하면 "믿는 사람만이 순종하며, 순종하는 사람만이 믿는 것"[28]이기 때문이다. 삶의 모범은 그리스도에 대한 순종이다. 즉, 그것은 그의 고난과 거부됨을 나누는 것이다. 그것은 십자가를 의미한다. 옛 사람은 죽어야만 한다. 그리고 세상에 대한 집착을 포기해야 한다. "그러므로 고난은 진정한 그리스도인의 표지이다."[29]

기독교적 삶은 부모와 형제, 사회와 국가와의 단절을 요구한다. 그 단절은 외적이며 공개적인 것일 수도 있고, 감추어지고 비밀스런 것일 수도 있다. 그러나 단절이 있을 때에만 우리는 그리스도에게 순종하게 된다. 이런 삶이 의미하는 내용이 살아 있는 그리스도 안에서뿐만 아니라 산상수훈에서도 보이고 있다.

본회퍼와 바르트에게 있어서 우리를 부르시는 그리스도는 하나의 그림, 이야기, 법 혹은 이상이 아니다. 그는 살아 계신 그리스도로 순종하며 순종했던 자이다. 그러므로 제자 됨의 삶은 순종하는 자에 대한 순종하는 삶이다. 우리의 순종은 '단순한 순종'이다. 우리의 순종은 단지 들은 것—더한 것도 없고 덜한 것도 없으며, 다른 것도 없는—만을 우리가 행할 때 단순한 것이 된다.[30] 그리스도는 스스로 권위를 부여하는 모든 가상의 자연 질서들과 역사상의 권력들을 멸한다. 우리는 예수와 그의 명령에 부합해야만 한다.

본회퍼가 키에르케고르만큼 인간 예수의 낮아짐을 받아들이지는 않았다는 점은 분명하다. 그리스도는 살아 계신 주님이다. 그럼에도 불구하고 그를 따르도록 부름 받음의 결과는 똑같다. 즉, 고난, 순종, 십자가, 또 많은 도덕적 삶의 내용을 유추해 낼 수 있는 예수의 가르침과 더불어 이 살아 계신 그리스도는 명령하고 요구하는 인격으로서 자신을 나타낸다. 그를 통한 하나님의 은혜는 값비싼 것이다. 순종하는 제자 됨이 없는 기

---

28) Ibid., p. 56.
29) Ibid., p. 74.
30) Barth, *Church Dogmatics*, IV/2, pp. 540ff, II/2, pp. 569ff.

독교는 그리스도 없는 기독교이다. 은혜와 제자 됨은 그리스도 안에서 함께 주어지는 것이다. 기독교적 삶은 예수를 따르는 것이다. 그러나 이 따름은 키에르케고르보다 본회퍼의 함의가 분명 더 도덕적이다.

낮은 자, 고난당하는 자, 순종하는 자인 예수를 따르는 사람의 도덕적 삶에 관해 무엇을 말할 수 있겠는가? 도덕적으로 진지한 신앙인에게 여기서 어떤 도움의 말을 해 줄 수 있겠는가? 아마도 힘 있고 중요한 첫 번째 의미는 앞 장에서 부각되었던 것, 즉 그리스도에 대한 믿음과 신뢰가 한시적이고 지상적인 선에 대한 관심보다 우선한다는 것이다. 우리가 주목해 왔던 도덕적 이상으로서의 예수 그리스도와 모범으로서의 예수 그리스도 사이의 예리한 구별이 여기에 있다. 도덕적 이상으로서의 그리스도는 예수 그리스도 안에 살아 계신 하나님의 현존보다 그 중요성에 있어 앞서거나 동등한 정도로 윤리적 기능을 한다.

키에르케고르와 본회퍼에 있어 그리스도에 부합함이란 바로 그의 순종, 낮아짐, 겸손, 고난이 하나님의 현존과 능력으로 나타나는 자에 대한 부합이다. 그리스도의 낮아짐은 현세적 고양과 도덕적 생활양식의 증거에 우선적으로 관심을 갖지 않는다. 키에르케고르가 낮아짐에 대해 말한 것은 시간 안으로 들어온 영원자, 즉 인간이 됨으로 찬양 받는 자와의 관계 속에서 이해되어져만 한다. 그를 따른다는 것은 타산적이거나 지나치게 사려 깊은 눈으로 본다면 어리석은 것이 되기 때문에, 그리고 신앙 아니면 불신앙을 초래하는 스캔들(scandal)이기 때문에 도전적이다.

그렇다면 그리스도에 부합한다는 것은 세상의 가치에 대한 확신과 덕의 발달을 의미하는 것이 아니라 그것이 진리이기 때문에 그 진리대로 살아감을 의미한다. 진리에 따른 삶이 세상 지혜에 의해 멸시 받는 그런 진리이다. 참으로 이 진리가 도덕에 대한 수단이 되거나 기독교 세계에 대한 수단이 된다면, 진리로서의 그것의 본질을 왜곡하는 것이다. 그러므로 모범자를 따르는 삶의 요소가 될 수 있는 도덕적 증거는 무엇보다도 먼저 거짓 신자들과 거짓 권위를 갖는 상대성, 그리고 이런 삶에 관심을 두는 기독교 세계에 대항하는 것이다. 기독교적 삶은 도덕 그 자체에 대항하여 증거한다. 그리고 그것은 어떤 찬미도, 도덕적 딜레마들에 대한 해결도, 행동규칙도, 세속적 선의 증가도 약속하지 않는다. 숨겨진 고양이 있을 수 있다. 그리고 영원한 축복과 행복이 있다. 그러나 이런 것들이 우리의 노력과 의도의 대상이어서는 안 된다. 모범자에 대한 증거는 중요하다. 왜냐하면 진리는 중요하기 때문이다. 그러나 그것의 결과들은 윤리적 방식으로 평가되지 않는다.

본회퍼는 우리의 제자 됨의 목적이 모든 도덕적 내용을 채우지 않는 빈 상태임을 암시했다. 그는 어떤 계획도 이상도 희망도 제공하지 않는다. 차라리 그리스도는 우리에게 순종과 고난을 요청한다. 그것의 도덕적 함의들은 부분적으로는 예수의 가르침으로부터 이끌어 낼 수 있다. 예컨대 그것은 영원한 훈련의 삶을 의미한다. "자기 절제를 연습함으로 우리는 세상에서 기독교적 삶이 어떻게 다른지를 보여 준다. 만일 우리의 삶에 금욕주의의 요소가 없다면…… 우리는 그리스도의 섬김을 위하여 훈련하는 것이 어렵다는 것을 알게 될 것이다."[31]

기독교적 삶은 악에 대한 무저항을 의미한다. "악을 극복하는 유일한 길은 그것을 그대로 놔두는 것이다. 그렇게 함으로 그것이 찾고 있는 저항을 발견하지 못한다."[32] 그러나 금욕주의와 무저항으로서의 기독교적 삶에 대한 그러한 표현들은 세속적인 도덕적 삶을 위한 일반적 원리들이 될 수는 없다. 그것들은 살아 계신 예수 그리스도의 현존에 대한 신뢰와 그의 제자 됨 가운데서만 그 타당성과 능력을 갖는다. 원수에 대한 사랑과 마찬가지로 도덕, 일시적 선, 덕을 고양하기 위하여 금욕주의와 무저항의 실천이 이루어지지 않는다. 오히려 그것들은 단지 그리스도인들이 행하는 것들이다.

따라서 그리스도인은 그리스도의 진리대로 살기 위해 그에게로 다가와 그를 믿고 믿음과 삶 속에서 그를 따르도록 초청 받는다. 그렇다면 도덕적 충고는 무슨 의미가 있는가? 그것은 오로지 믿음 안에서, 믿음을 통하

---

31) Bonhoeffer, *The Cost of Discipleship*, p. 146.
32) Ibid., p. 122.

여, 믿음을 좇아서만 오게 된다. 그리고 그리스도 안에서의 하나님의 현존, 즉 그리스도 안에서 하나님의 계시라는 배경 안에서 예수에 부합하는 것이 적절한 것이 된다. 그는 길이고 진리이며 생명이다. 그러나 우리는 그에게서 행동의 유용성, 즉 선과 세상적 가치 증진에 대한 계산을 요구하지 않는다. 그보다 우리는 단순히 그를 따른다. 다시 말해 낮아짐 속에 순종한다. 그것은 자기 부정적이다. 그것은 고난을 겪는 것이다. 기독교적 삶에 대한 요청은 이런 요청이다. 도덕적 결과는 그리스도에게 순종하는 데서 오는 부수적 열매들이다. 도덕적 긍지와 당혹 속에서도 단지 그리스도를 따라야 한다.

이것은 공허한 것으로 들릴지도 모른다. 그러나 중요한 점은 (구속자이며 창조자인 주, 즉 그리스도의 실재에 대한 우리의 논의에서와 같이) 본회퍼에게 있어서는 살아 있는 그리스도의 실재이고, 키에르케고르에게 있어서는 신인이신 예수 그리스도를 수용하는 것이다. 믿음은 기독교적 삶에 있어 결정적인 요소이다. 여기서 믿음은 역사적 인물인 예수 그리스도에 대한 믿음이다. 그가 모범으로서 가지고 있는 권위는 자연법 입장에서의 우주적, 도덕적 권위가 아니다. 그것은 믿음 안에서 삶의 권위이다. 그것은 우리의 신앙과 신뢰 속에서 주어진다. 다시 말해서 그것의 내용은 순종, 고난, 낮아짐의 형태 안에 있는 하나님의 현존 형태이다. 그것의 함축적 의미는 자기 부정이며, 세상에 의해 거부된 진리와 삶을 증거하면서 세상과 외적이지 않지만 내적인 분리이다. 참으로 그것은 십자가를 지는 것이다.

이런 삶이 매 순간 의미하는 것은 다른 사람을 위해 결단하는 것이 아니라는 점이다. 행동을 결정해야 하는 자는 살아 계신 하나님을 믿으며, 예수 그리스도 안에 있는 그의 역사적 현존에 부합하는 살아 있는 신앙적 자아(believing self)이다.

그러나 외적 형태는 예수와의 관계 즉 낮아짐, 고난, 십자가와의 관계에 의해 결정될 것이다. 예수는 "내게로 오라"라고 말한다. 그러나 그때 우리는 "너는 고통을 겪을 것이다."라고 듣는다. 토르빌젠(Thorvaldsen)의 따

뜻하게 손짓하는 예수조차도 그의 양손에 못자국을 갖고 있다. 고난은 그리스도인의 표지이다.

하나님의 행동의 형식인 그리스도

그리스도인들은 묻는다. "내가 무엇을 해야 하는가?" 그들은 대답한다. "예수 그리스도를 따르라." 이웃에게 그리스도가 되라는 것이 이 대답의 의미이다. 예수 그리스도 안에서 나타난 하나님의 행동의 형식을 네 삶을 통해 모방하라. 그리스도를 따르는 것은 그와 연합하고 그에게 참여하는 것을 의미한다. 그는 하나님의 삶의 유형(a life-type)이 아닐 뿐더러 경건한 성향을 지닌 고난과 겸손의 형식도 아니다. 그는 하나님의 선택과 은혜의 선물인 분이요, 인간이 되신 분이요, 죽으신 분이요, 부활하신 분이다. 우리는 창조적인 행위이신 그분에게 참여해야 하고 우리 자신의 관계들을 통해 그리스도 안에 나타난 하나님의 행동을 보여 주어야 한다. 그리스도가 죽고 부활했듯이, 그리스도 안에서 우리의 옛 사람은 죽고 새로운 피조물이 태어난다. 그러므로 그리스도인의 삶은 제자의 삶이다. 제자의 삶은 타자와의 관계를 통해 그리스도 안에 나타난 새로운 피조물로 사는 것을 의미한다.[33]

그리스도를 따름에 대한 이러한 견해를 담고 있는 영감 넘치는 본문은 그리스도인의 자유에 관한 루터의 열정적인 논문 속에서 확인된다. "우리

---

[33] 우리는 제자의 삶에 대한 본회퍼의 견해가 살아 계신 그리스도에 대한 순종도 포함한다는 점을 확인했다. 그러나 그 의미를 고찰해 볼 때 본회퍼에게 있어서 제자의 삶은 키에르케고르와 칼뱅과 마찬가지로 개신교회와 가톨릭 교회의 경건주의에 나타나는 많은 특성들을 공유하고 있다. 고난, 겸손, 그리고 죽음이 주목할 만한 특성들이다. 십자가 짐은 표지(sign)이다. 그리스도에 의한 죽음의 극복에는 어떤 기쁨도 없고, 부활을 통한 활력도 없고, 부활하신 그리스도와 고양에 대한 어떤 참여도 없다. 그리스도 안에 나타난 새로운 피조물을 통해 그리스도를 따르는 것은 도덕적 삶에 관한 관점을 변화시키는 것을 포함한다. 본회퍼가 그의 후기 저작인 「윤리학」에서 한 대로 바르트는 십자가 짐을 그리스도 안에 있는 새로운 즐거운 삶 속에 포함시킬 수가 있었다.

의 이웃이 우리가 넉넉하게 가지고 있는 것이 부족하여 필요로 하듯이 우리도 언제나 하나님 앞에서 그의 자비를 필요로 한다. 그러므로 우리의 하늘 아버지가 그리스도 안에서 우리를 도우시려고 값없이 오셨듯이 우리도 우리의 몸과 사역을 통해 이웃을 값없이 도와야 한다. 말하자면 서로가 서로에게 그리스도가 되어야 한다. 그래서 우리가 서로서로에게 그리스도가 되고, 그리스도는 모든 사람에게 동일한 분이 되는 것이다. 다시 말하면 우리는 참된 그리스도인이 될 것이다."[34] 그리스도인이 된다는 것은 그리스도가 우리를 위해 행하신 그대로 이웃에게 행하는 것이다. 바로 이것이 그리스도를 따른다는 것의 의미이다.

순종과 자기부인의 예수의 삶과 도덕적 이상인 예수의 삶이 아닌 그리스도 안에서, 그리고 그리스도를 통하여 나타난 하나님의 행동의 '모습'(shape)이 모델이다. 그러나 그것은 외적인 모델도 아니고 우리의 모방을 위해 도출된 객관적인 삶의 유형도 아니다. 오히려 우리가 따르는 그분과의 친숙하고 인격적인 관계를 우리는 지니고 있다. 우리 사이에는 분명히 공통적인 제3의 요소가 있다. 우리는 그리스도의 삶의 모습에 의해 살아야 한다. 왜냐하면 우리가 참여하고 있는 그분과의 행동과 사랑이 우리의 삶을 모양 짓기 때문이다. 그리스도인의 삶의 정언 명령은 그리스도 안에 나타난 하나님의 행동으로부터 파생되고, 그것을 통해 능력을 받고, 규제되며 형성된다. "사랑하는 자들아 하나님이 이같이 우리를 사랑하셨은즉 우리도 서로 사랑하는 것이 마땅하도다"(요일 4 : 11)라는 요한일서의 구절과 그 구절이 속해 있는 단락은 그 의미를 가르쳐 준다.

우리의 삶은 그리스도의 모범을 따라 조형된다. 왜냐하면 하나님이 그리스도 안에서 우리를 사랑하셨기 때문이요, 하나님의 사랑이 우리의 삶을 통해 능력을 주시고 흐르기 때문이요, 하나님의 사랑이 우리의 행동들을 모양 짓기 때문에 그리스도 안에 나타난 신적 활동의 모범에 따라 형성되어야 한다. 에베소서의 저자는 이렇게 쓴다. "그리스도께서 너희를 사

---

34) *Three Treaties*(Philadelphia, 1943), p. 279.

랑하신 것 같이 너희도 사랑 가운데 행하라"(엡 5 : 2).

예수 그리스도는 우리의 표본이다. 우리는 그가 우리를 위해 행하신 것을 이웃에게 행하여야 한다. 우리는 그가 우리를 위해 행하신 것을 정확히 이웃을 위해 행할 수 있다. 왜냐하면 그가 우리를 위해 그것을 행했기 때문이다. 그리스도는 용서하셨다. 우리는 마땅히 용서해야 한다. 우리는 용서할 수 있다. 왜냐하면 그리스도 안에서 우리가 용서 받았기 때문이다.

그리스도는 사랑의 보살핌이 필요한 사람들에게 그것을 주신다. 우리는 그런 필요를 지닌 사람들을 사랑해야 한다. 우리는 사랑의 필요를 지닌 사람들을 사랑할 수 있다. 왜냐하면 그리스도가 이미 사랑이 필요한 우리를 사랑하셨기 때문이다.

빙그렌 교수는 간결하지만 포괄적인 한 논문에서 이러한 보편적인 관점을 개진했다.[35] 나를 따르라는 명령은 이신칭의를 강조하면서 가톨릭교회와 개신교의 경건주의에서 나타나는 행위의(work-righteousness)의 잠재적인 위험에 예민한 전통에 불필요한 군더더기가 아니다. 오히려 그것은 그리스도와 우리의 '연합' 혹은 우리의 그리스도에 대한 '참여'의 맥락 안에서 설정된다. 우리는 하나의 사건, 즉 그리스도의 죽음과 부활에 참여한다. 우리는 그리스도 안에서 죽고, 부활한 그리스도는 나아가 죽음을 경유해 새로운 생명을 세운다.

우리는 우리의 주님을 따른다. 예수 그리스도를 따르는 것은 이러한 의미에서 일차적으로 삶의 종교적 혹은 교의적 표현, 예컨대 거기에서 발생하는 성례와 죽음과 부활로 인도할 수 있다. 그러나 그것은 의도의 측면에서 볼 때 분명히 윤리적이다. 그것은 희생을 의미한다. 세족식조차도 희생의 삶의 의미 있는 사례일 수 있다. 자기 의지와 배려는 이웃을 위하

---

35) "Was bedeutet die Forderung der Nachfolge Christi in evangelische Ethik?" *Theologische Literaturzeitung*, vol. 75(1950), pp. 385-391. 또한 Helumut Thielicke, *Theologische Ethik*, vol. I(Tüebingen, 1958), pp. 309ff을 보라. 그는 그리스도에 대한 모방을 그리스도가 인간성에 참여(성육신)했듯이 그분에게 참여하는 것으로 해석한다.

여 희생되어야만 한다. 그리스도를 따르는 것은 순종을 의미한다. 그리스도의 죽음은 순종이다. 그래서 우리의 삶이 그의 삶에 부응하려면 우리는 순종해야 한다. 옛 사람은 죽어야 한다. 그것은 이웃에 대한 봉사를 의미한다. 예수님의 입장에서 내가 네 발을 씻은 것처럼 너도 이웃의 발을 씻어야 한다.

따라서 제자의 삶의 우선은 그리스도와 우리의 연합의 선물이다. 그것은 그리스도의 죽음과 부활에 대한 우리의 참여와 표현을 통한 삶의 전체적 변화를 포함한다. 그것은 이웃에 대한 사랑의 행위들을 통하여 표현된다. 그 형태의 중점(the center of the conformation)은 성격상 윤리적이라기보다는 종교적이다. 죽음과 부활이라는 포괄적인(그러나 구체적인) 용어로 기술된 그리스도 안에서 나타난 하나님의 행동의 모습과 순서는 모범이다. 그러나 어떤 의미에서 모범이라는 개념은 이 시점에서 부정확하다. 왜냐하면 우리는 그리스도의 죽음과 부활에 참여하기 때문이다. 우리는 그와 연합한다.

우리의 연합은 보다 분명한 윤리적인 태도와 행동들, 즉 순종과 사랑의 행위들을 인도한다. 그러나 우리는 우리의 제자의 삶 혹은 그리스도에 대한 순응에 착수하기보다는 그의 순종에 대한 공유, 하나님의 사랑에 참여함으로 그에게 부합하게 된다. 제자의 삶의 선물이 기본적으로 중요한 사실이다. 그 결과로 오는 삶의 모범은 이상의 적절한 표현이 아니라 그리스도에게 참여하는 삶의 표현이다.

교훈적인 문학적 암시로 가득 차 있는 윤리학에 관한 그의 짧은 논문에서 조셉 시틀러(Joseph Sittler)는 그리스도의 모방 혹은 제자의 삶이라는 전통적인 언어에 대한 구체적인 언급 없이 동일한 관점을 발전시킨다.[36] 성서는 하나님의 행동, 그의 활동의 이야기이다. 성서의 언어는 정적인 실체 혹은 속성의 언어가 아니라 관계의 언어이다. 시틀러는 루터를 생각나게 하는 말을 한다. "윤리는 신앙행동(faith-doing)이다." 그리고 그것

---

36) Sitter, *The Structure of Christian Ethics*(Baton Rouge, 1958).

은 "하나님 안에 있는 인간(man-in-God)과 인간들 가운데 있는 인간(man-among-men) 사이의 살아 있는 연속성"의 기능이다. 그리스도인의 삶은 "신실한 순종의 살아 있는 통일성"이지 추상적인 조언과 의무가 아니다.[37] 이러한 삶은 하나님의 행위에 의해 능력을 공급 받는다. 이러한 행위의 모습은 성서의 설명에서 도출된다. 하나님의 "사랑하시는 회복의 의지"는 그리스도 안에서 종의 모습을 취했고, "시공 속에서 인간상황의 최저점 속으로 내려가서는 그 상황의 최저점을 통과하고 극복"했다.[38]

이러한 행위의 모습은 그리스도 안에 나타난 그의 행동을 통해 하나님이 행하신 것과 아울러 이 하나님의 행동이 신자들 속에서 이룩한 것을 가리킨다. 따라서 그리스도인의 삶은 예수 그리스도 안에 나타난 하나님의 거룩한 의지의 계시적 드라마를 인간의 편에서 밑으로부터 재연하는 것이다. 그것은 '동일한 모습의 은혜', 즉 신자와 공동체의 삶 속에서의 회복이요, 고난, 죽음, 안장, 부활의 삶, 즉 새로운 삶 속에서의 회복이다. 이러한 내용들은 그리스도의 성육신과 죽음, 그리고 승천을 통해 나타난 하나님의 자기수여 행위를 구성하는 현실들이다.[39] '재연'과 '회복' 등의 용어는 '부응'(conformity)이라는 개념과 등가인 것처럼 보인다. 그리스도인의 삶은 능력을 부여하는 행위에 부응하는 것이요, 그것의 재연이요, 형성이다. 그러나 재연된 모습은 우리의 재연을 가능하도록 능력을 주는 행위의 모습이다. 따라서 그것은 우리의 행위가 가능하도록 능력을 부여해 준다.

우리는 우리를 모양 짓는 그것에 부응하게 된다. 우리는 우리를 행동하게 하고 가능하게 하는 그것에 따라 행동한다. 이러한 의미에서 기독교

---

37) Ibid., p. 15.
38) Ibid., p. 31.
39) Ibid., p. 36. Cf. Augustine, *The Enchiridion*, p. 53. "그러므로 그리스도의 십자가의 죽음, 안장, 삼일 만의 부활, 승천, 하나님의 보좌 우편에 앉으심으로 이어지는 전체 사건은 너무나도 질서정연해서 그리스도인들이 지상에서 영위하는 삶은 단순히 신비적인 의미에서뿐 아니라 실재적으로 그 사건들을 모델로 삼을 수 있다"(Chicago, 1961), pp. 63-64.

윤리는 기독론적이다. 예수의 윤리적 가르침들과 삶은 그리스도의 행위와 그리스도인의 삶 위에 있는 연속성 안에서 확인되어야 한다. 예수의 가르침들과 삶은 삶의 '스타일'의 패러다임이다. 우리의 응답과 재연의 내용은 "우리의 실제상황이 그리스도 안에 나타난 하나님의 계시를 마주할 때처럼 신선한 방식"으로 전개된다.[40] 도덕적 결단은 "신앙과 삶의 사실이라는 두 축"[41] 사이에서 이루어진다. 모든 결단은 정당성의 구체적 실현이고 위험요소들, 즉 가장 바람직한 것의 근사치를 포함하고 또 신앙도 포함한다. 따라서 모든 행동은 회개, 신앙, 그리고 믿음 안에서 행해진다. 그러나 이것 또한 능력 주시는 하나님의 행동 때문에 가능하다. 우리의 상황의 주어진 사실들과 함께 우리는 그리스도 안에 나타난 하나님의 행동의 모습, 즉 그의 사랑과 회복의 의지를 삶을 통해 펼친다.

도덕적 이상으로서의 그리스도는 도덕적으로 진지한 그리스도인들에게 율법주의와 결의론의 딜레마를 야기시킨다. 그리고 그리스도를 도덕적 이상으로 보는 관점은 때때로 도덕이 그리스도인의 삶의 주된 목적인 것처럼 상정한다. 그리스도를 '능력을 부여해 주는 행위'로 보는 관점이 야기시키는 또다른 딜레마는 "무엇이 옳은 행위인가?"라는 질문에서 온다. 순종과 사랑은 하나님의 의에 의해 신앙을 지니게 된 우리 존재의 표현이다.

그러나 구체적인 상황에서의 결단은 미리 판단될 수 없고, 심지어는 외적인 조언에 의해 이루어진다. 심지어 자기부인조차도 세족과 그 외의 다른 사랑의 행위들처럼 기껏해야 하나의 패러다임일 뿐이다. 그리스도와 우리의 관계는 그 도덕적 가능성을 위해 세워지는 것이 아니라 그 단계의 도덕적 표현은 그 관계의 결과요 아울러 필요조건이다.

하나님의 행동에 대한 일치를 바르게 이해하는 것은 하나님의 의혹은 칭의와의 관계 속에서 확인되는 것임에 틀림없다. 하나님의 구원의 열매는 인간의 관습과 도덕법전의 굴레에서의 자유요, 죄악 된 행위들과 덕목

---

40) *The Structure of Christian Ethics*, p. 69.
41) Ibid., p. 74.

들에 대한 억압적인 자기 감시와 계산에서의 자유요, 사랑과 순종으로 새로운 삶을 영위할 자유이다. 하나님의 행동의 결과인 우리의 내적인 자유의 본성은 모든 처방적인 기독교 윤리들에 반대가 된다. 처방적인 기독교 윤리들이 도덕적 이상들의 모방에 의거하든지, 자기부인에 대한 열정적인 권유에 의거하든지, 아니면 예수의 가르침들에 대한 문자적인 순종에 의거하든지 그것들은 하나님의 행동의 결과인 우리의 내적인 자유의 본성에 반한다. 그러므로 도덕적 삶의 적극적인 본성은 구원적이고, 그에 따른 도덕적으로 창조적인 특성을 지닌다. 우리는 하나님의 구원하시는 의에 참여하고, 우리 안의 옛 사람의 죽음을 통하여 새로운 생명, 즉 새로운 피조물이 된다.

이제 우리는 자유롭게 사랑하고, 우리의 현재의 상황이 우리의 구원의 모습에 일치하는 사실을 발견할 수 있다. 그리스도는 무엇보다도 우리의 견해, 태도, 스타일에 영향을 미친다. 그러므로 우리는 칭의와 새로운 삶이라는 주제와 밀접하게 관련된 윤리를 지니게 된다. 그러나 그의 영향은 우리를 빚은 (하나님의) 행위에 따라 우리의 행위를 조형(造形)하는 것이다.

그리스도가 우리를 사랑했듯이 우리도 사랑할 수 있다. 우리의 행위들이 그분의 행위들을 통해 충족되었듯이 우리도 다른 사람들의 필요를 충족시킬 수 있다. 우리는 값없이 도움을 받았다. 그러므로 우리는 값없이 도와야 한다. 우리의 결단의 내용은 우리가 속해 있는 시공 속에서 일어나는 사건들을 통해 이루어진다. 우리는 성서와 삶 속에서 얻을 수 있는 조언들이 무엇인지를 구하면서 순종과 사랑 가운데, 그리고 신앙과 희망 속에서 결단을 모색할 수 있다. 그러나 우리의 행위들은 일차적으로는 어떤 권면들, 원칙들, 목표들, 심지어는 겸손과 고난의 삶의 모습을 보여 주었던 역사적 인물들을 따르는 것은 아니다. 오히려 우리의 행위들은 그것들을 형성하는 것, 즉 예수 그리스도 안에 나타난 하나님의 행동을 따르는 것이다.

자기 금욕의 모범인 그리스도

우리가 주목했듯이 예수를 따르라는 부름은 겸손, 자기부인, 그리고 고난으로의 부름으로 이해되곤 한다. 칼뱅, 키에르케고르, 본회퍼와 여러 다른 기독교 사상가들도 이러한 이해를 보여 준다. 예컨대 자기부인과 같은 동일한 유형의 해석은 가톨릭교회와 개신교 일부의 경건형식의 맥락 속에 설정된다. 물론 그 의미는 상당히 다르다. 예컨대 칼뱅의 경우에 자기부인의 목적은 하나님을 기쁘시게 하는 일, 즉 구원을 얻기 위한 것이 아니라 하나님의 영광을 선양하는 일에 자기의 힘을 쏟는 것이었다. 그러나 교회 안에서 폭넓게 영향을 미친 실제적인 경건문학의 맥락 속에서 볼 때 공로를 얻기 위한 자기금욕이 가장 주목할 만한 점으로 부각된다. 예수를 따르는 것은 육체의 욕구를 억제하고 감각의 쾌락들을 떠나 '영적인' 인간이 되는 것이다.

하나의 윤리가 그리스도인의 삶에 관한 이러한 관점을 통해 명시적이고 동시에 암시적으로 부각된다. 그리고 많은 근거들에 기초해 볼 때 논의의 여지가 있는 하나의 신학이 그것을 잉태한다. 윤리, 즉 우리의 주된 관심이 어떤 행위가 그리스도인에게 바람직하고 바람직하지 않은지를 결정하는 데 있어서 상세한 지침이 된다. 그것은 육체의 욕구를 억제하는 규율실행을 통한 개인적인 특정 덕목들을 함양하는 윤리이다. 다른 사람들을 향한 봉사조차도 자기향상의 수단으로, 공로를 축적하는 방법으로 간주되는 경향이 있다. 그리스도 안에서의 거듭남과 십자가의 희생이 결코 상실되는 것은 아니지만, 그러한 경향이 지닌 함축들은 '육체'를 억제하기 위한 구체적인 훈련을 강조하는 것이다. 육체적, 감각적 삶은 악으로 간주되는데, 인간은 스스로의 노력이나 하나님의 은혜와의 협력을 통해 그러한 악에서 벗어나야 한다. 그리스도에 대한 모방은 육체의 욕구를 억제하는 삶이다. 그리스도인의 삶은 우리가 웨슬리와 다른 사상가들을 다룰 때 확인한 것처럼, 성화의 훈련이다.

이러한 헌신과 훈련에 대해 가장 폭넓게 알려진 가톨릭교회의 교본은 토마스 아 켐피스의 「그리스도를 본받아」(*On the Imitation of Christ*)이다. 이 책이 수많은 판본과 번역을 통해 가톨릭 교회뿐 아니라 개신교에서도 사용되어 왔다는 사실이 이 책의 대중적 인기를 보여 준다. 그리스도를 따르는 자는 고통을 감내하면서 그리스도를 본받기 위해 그의 전 삶을 바친다(1. 1. 2.). 그는 보이는 것에서 떠나 보이지 않는 영원한 것에 애정을 쏟기 위해 애쓸 것이다. 왜냐하면 감각적 기호를 따르는 것이 양심을 때로 물들게 하는 일이기 때문이다(1. 1. 5.). 그는 참된 내적 평화를 얻기 위해 육체적 정념에 저항할 것이다(1. 1., 1. 2.).

우리가 우리 자신에 대해 더 엄격하고 외적인 일에 빠지지 않으면 않을 수록 우리는 신적인 것들을 맛볼 수 있다(1. 2. 3.). 고난과 슬픔이 우리에게 유익하다. 그 이유는 고난과 슬픔이 우리를 지켜 공허한 영광에 빠지지 않게 하고 우리를 가르쳐 세속적인 일에 희망을 두지 않게 하기 때문이다(2. 12. 1.). 자기절제는 요청되는 덕목이다. 해마다 악습을 뿌리 뽑아야 한다(1. 2. 5.). "먼저 네 시선을 네 자신에게 두라. 그리고 특별히 네 모든 친구를 권면하는 일에 우선을 두도록 노력하라"(1. 21. 3.).[42] 우리는 우리 자신에 대해 염려해야 한다. 우리 죄에 대해 슬퍼해야 한다. 그래야 심판 날에 무사할 것이다(1. 24. 4.). "네가 네 자신에게 더 가혹하면 할수록 은혜 안에서의 너의 성장은 더욱 증진될 것이다"(1. 25. 10.).

우리는 예수의 고난을 명상하고 그의 거룩한 상처에 즐겁게 참여하는 가운데 예수를 진정으로 사랑해야 한다(2. 1. 4.). 우리는 예수를 사랑함으로써 우리 자신을 넘어 영 안으로 고양될 수 있다(2. 1. 6.). 그리스도에 대한 모방은 십자가의 길이다. 우리는 영생으로 들어가기 위해 십자가를 지고 예수를 따라야 한다(2. 12. 여러 곳). "거룩한 십자가와 날마다의 금욕의 길 이외에 생명과 참된 내적 평화를 얻을 다른 길은 없다"(2. 12. 3.).

확실히 우리가 그리스도를 본받아 살도록 돕는 하나님의 은혜에 대해 말하는 많은 구절이 있다. 웨슬리의 설교에도 완전을 권면하는 내용이 들

---

42) 이 인용은 W. H. Hutchings가 번역하고 편집한 판본(London, 1884)에서 한 것이다.

어 있다. 구원은 십자가 안에 있다. 우리의 훈련에 객관적으로 작용하는 구원의 능력에 대한 긍정을 보여 주는 아퀴나스의 한 구절만을 단지 인용하자면 "순종케 하는 그리스도의 능력"(1. 14. 3.)에 의지해야 한다. 우리는 기독교회의 성례전과 목회사역을 열렬하게 사모해야 한다. 그러나 무슨 목적을 위해 할 것인가? 첫째, 육체의 욕구들을 떠남으로써 삶의 내적인 평화와 기쁨의 목적을 위해 해야 한다. 둘째, 우리의 영원한 행복이라는 목적을 위해 해야 한다.[43] 우리가 권면하는 사랑은 그리스도에 대한 (to) 사랑이다. 그것은 인간에 대한 선행적인 그리스도의 사랑이 아니다. 니그렌은 사랑의 유형을 분류하면서 올바르게도 토마스 아 켐피스를 에로스(eros) 유형에 포함시켰다.[44] 예수는 자기금욕의 모범이다. 그리스도인의 삶은 그의 금욕, 즉 그의 금욕적이고 수도원적인 훈련, 감각세계를 떠나 영의 세계로의 그의 비상을 본받는다.

영국 성공회 전통은 가톨릭 교회의 "그리스도를 본받아" 식의 경건에 비견되는 인물들을 보유하고 있다. 특별히 앨더스게이트에서의 회심(물론 이 사건으로 그 영향이 끝난 것은 아니지만) 전에 웨슬리에게 커다란 영향을 미친 윌리엄 로(William Law)가 그들 가운데 주요한 인물이다.[45] 로의 두 저작은 그리스도를 본받음에 대한 중요한 권면의 내용을 담고 있다. 널리 재출판되었던 「헌신과 거룩한 삶으로의 진지한 부름」(*A Serious Call to a Devout and Holy Life*)과 그보다는 덜 널리 읽혔던 「그리스도인의 완전에 대한 실제론」(*A Practical Treatise on Christian Perfection*, 1726)이 그것이다.

로는 그리스도인의 삶의 복음적인 기초를 소홀히 하지 않았다. 우리는 회심해야 한다. 회심은 "성령으로 거듭나서 하나님을 향유하는 가운데 완

---

43) 키에르케고르는 이러한 관점과 매우 가깝다. 그는 자기부인의 내적 고양과 영원한 행복의 기대를 소중하게 여겼다.
44) Anders Nygren, *Agape and Eros*(London, 1953), pp. 662-664.
45) 웨슬리에게 미친 로의 영향에 대해서는 여러 책들 가운데 Harold Lindströem의 *Wesley and Sanctification*(Stockholm, 1946), pp. 161ff과 N. Flew의 *The Idea of Perfection*(London, 1934), pp. 293ff을 보라.

전한 행복에로 온전하게 기울어지는 경향을 지니는"[46] 정신이다. 그리스도의 희생은 그 이상 더 완전할 수 없을 정도로 충분하다. "그러나 우리는 그리스도가 우리의 거룩함이기 때문에 우리는 우리 자신을 거룩하게 하려고 애쓸 필요가 없다는 식으로 성서를 대단히 잘못 이해하고 있다. ……자기부인과 고난의 상태는 이러한 삶의 적절한 상태이다."[47] 우리는 "성결과 순결을 통해 하나님에게 나아가듯이, 자기부인과 고난을 통해 하나님에게 나아가게 된다."[48] "이것이 바로 모든 그리스도인들이 도달하도록 부름을 받은 자기부인, 거룩한 훈련, 매일의 십자가이다. 자신의 생명을 잃음으로써, 즉 이 세상의 삶을 마침으로써 그리스도인들은 또다른 상태에 속한 영원한 행복의 삶을 살 수 있는 것이다."[49]

사실상 자기부인은 그리스도의 활동 가운데 나타나는 그리스도인의 소명의 표현만은 아니다. 그것은 은혜의 직접적 수단이 된다. 우리는 "절대적으로 필연적인 이 신적인 도움", 즉 은혜를 부여 받았다. 자기부인, 절제, 온유, 겸손 이 모든 덕목들을 통해 "우리의 마음을 적합하게 준비시켜 하나님의 영으로부터 오는 교훈들과 교리들을 듣고 받아들이며, 이해하고 즐거움을 누리게 된다. ……그러므로 지금까지 가슴과 지성의 변화를 위해 우리가 자기부인에 의해 우리 자신을 준비시켰듯이, 지금까지 우리는 또한 하나님의 도움을 초대하고 성령의 영감에 동의해 왔다."[50] 여기서 자기부인은 미리 은혜를 준비한다.

그리스도를 본받는 것은 "그분의 영과 기질의 위대함"[51]과 그의 온유와 겸손의 위대함을 본받는 것이다. "우리는 가슴과 머리로 그를 닮아야 하고, 동일한 규율에 의해 행동해야 하고, 동일한 목적을 지향해야 하며, 동

---

46) *A Practical Treatise*, in *The Works of William Law*, vol. Ⅲ(London, 1893), p. 35.
47) Ibid., p. 81.
48) Ibid., p. 84.
49) Ibid., p. 91. 또한 헌신과 자기부인의 삶으로부터 파생되는 평화와 행복의 보상에 대해 묘사하는 내용을 위해서는 A Serious Call의 11장과 12장을 보라.
50) Law, *A Practical Treatise*, pp. 134ff, 138, 142.
51) Ibid., p. 224.

일한 성령에 의해 우리의 삶을 조절해야 한다. 바로 이것이 구원을 위해 그분의 이름을 믿는 것만큼 필수적인 예수 그리스도를 본받는다는 것의 의미이다."[52] 우리는 "최상의 완전"을 추구해야 하는데, 그 이유는 기독교는 약하고 불완전한 인간들을 위한 자비로운 계약이기는 하지만, 우리가 우리의 불완전함 가운데서도 가능한 최선의 노력을 다할 때까지 우리가 이러한 자비 안에 있다고 말할 수 없기 때문이다. 하나님은 "가능한 한 완전해지려고 애쓰지 않는 사람"[53]은 결코 좋아하지 않는다.

자기부인에 대한 권면은 그 의도와 목적만큼 중요한 것으로 여겨지지 않는다. 우리는 자기부인이 어떻게 우리를 구속하신 은혜로우신 하나님의 선물이면서 동시에 명령인 삶의 방식이 되는지를 여러 다른 사상가들의 저작을 통해서 확인했다. 그것은 신앙생활의 표현이다. 하나님의 주도권에 의해 주어진 은혜와 사랑이라는 신학적 수원(水源)은 자기부인의 삶의 향기와 색채에 영향을 미친다. 본회퍼의 저작들 가운데 어떤 구절들이 보여 주듯이, 권면들이 상세한 조언과 유사해질 때, 하나님의 능력이 인간의 규칙들과 모델들보다 더 중요하다는 인식은 그리스도인의 삶의 이념을 율법주의와 공로의 축적으로부터 자유롭게 해 준다. '완전'이라는 언어가 도덕적 맥락 가운데 쓰일 때 어느 정도는 이러한 보다 복음적인 해석에 낯선 것이 된다.

은혜를 얻는 수단으로서의 자기부인은 은혜의 표현으로서의 자기부인에 정반대된다. 가톨릭교회의 경건과 그에 비견되는 개신교의 경건은 자주 이러한 가정을 가능하게 하는 것처럼 보인다. 그러나 그것은 너무나도 비성서적이고, 또 하나님이 예수 그리스도 안에서 인간의 구원을 위해 행동하셨다는 사실의 인정을 결하고 있기 때문에 그것의 가장 대담한 형식은 신학적으로나 심지어 경건의 실천상으로도 변호될 수 없다. 혹자는 하나님의 은혜스런 주도권의 중요성을 완전히 모르고, 인간의 완전과 구원을 오로지 그리스도를 인간적으로 본받는 것에 의해서만 성취할 수 있는

---

52) Ibid., p. 216.
53) Ibid., pp. 240-241 참조.

것으로 보는 사상가를 서둘러서 찾으려고 한다.

그렇다면 "그리스도를 본받아"라는 주제로 저술된 문헌들에 대해 제기되는 하나의 질문은 그 근원과 자기부인의 목표에 대한 것이다. 혹자는 토마스 아 켐피스와 윌리엄 로우로부터, 비록 배타적인 원천을 아닐지라도 그리스도인의 삶의 근본적인 원천은 완전의 모델을 향한 인간의 노력이라는 압도적인 인상을 가지게 된다. 따라서 목표는 성취될 수 있는 인간의 도덕적이고 종교적인 완전의 가장 완전한 근사치이다. 십자가에서의 하나님의 사역은 '도움'(assistance)이고, 또 우리의 성취를 가능하게 한다. 왜냐하면 십자가의 사역은 그 이상 완전할 수 없기 때문이다. 그리고 우리는 그리스도의 복종하게 하는 능력에 의존해야 한다.

그러나 이러한 사실의 인정이 함축하는 것이 지닌 진지함은 크지 않다. 우리 자신의 노력이 하나님의 지원에 선행한다. 그분은 그의 도움을 얻기 위해 애쓰는 사람들을 돕는다. 따라서 그리스도인의 삶은 자기금욕을 통해 평화와 행복을 얻기 위한 엄숙한 결단을 수행한다. 우리가 그리스도 안에서 참여하는 하나님의 구원하시고 자유롭게 하시는 사랑과 의에 대한 모방과 대조적으로 설정될 때, 모습은 점점 더 어두워진다. 우리는 "당신은 값없이 받았으니 값없이 주시오."가 아니라 "당신이 하나님의 사랑과 평화를 얻도록 십자가를 지고 고난을 당함으로써 육신의 정욕으로부터 스스로 자유로워지도록 열심히 노력하시오."라고 말한다. 따라서 어떻게 하는 것이 이러한 목표를 얻는 데 최선일지에 대한 상세한 조언은 적절하다. 즉, 기도할 때가 언제이고, 악한 생각과 습관을 뿌리 뽑는 방법이 무엇인지 등의 상세한 조언이 적절하다는 말이다.

목표는 자기중심적이 되고, 모호한 도덕적 가치를 지닌다. 우리는 이같은 도덕적 결과나 함의(implication)를 내세우며 모든 사람들을 위해 하나님의 사랑과 의지를 기쁘게 증거하지 않는다. 이웃사랑은 중요한 주제가 아니다. 우리는 개인적인 선뿐만 아니라 가장 고차적인 사회적 선인 이상을 얻기 위해 추구하지 않는다. 겉으로 보기에 완전은 평화와 의의 보편적인 왕국이 아니라 자아의 평화와 행복이다. 우리의 자기부인은 우리를 봉사에로 부르는 그리스도에 대한 순종의 증거가 아니다. 우리의 고난은 이 세상에서 우리가 진리의 삶을 산 결과가 아니다. 오히려 자기부인과 고난은 참된 삶으로 나아가기 위한 기술이요, 수단이 된다. 우리는 이 세상에서 분리되어야만 하지만, 그러한 분리는 세상의 우상들을 대항한 증거라기보다는 우리 자신의 개인적인 완전과 구원의 방도이다.

모방된 그리스도는 우리가 복음서에서나 신약성서의 다른 부분에서 거의 인식할 수 없는 것이다. 오히려 영적인 예술가들은 그들 자신의 완전의 이미지를 그리스도의 기본적인 노선과 특징들에 투영했다. 하나님이 지으신 만물을 구원하는 것은 완전이 아니라 육신과 세상으로부터의 분리이다.

완전은 고상한 도덕적 이상의 언어처럼 신약성서에서 발견하기 어려운 세상에 대한 견해에 의존한다. 이것은 영의 영역—평화, 참된 기쁨, 영혼, 선한 모든 것—과 육신의 영역—정욕, 감각, 세상적인 것, 악한 모든 것—사이를 깊이 분리하는 견해이다. 따라서 모방의 대상인 예수 그리스도에 대한 그것의 묘사는 이러한 종류의 사람의 묘사이다. 즉, 육신에 대한 그의 금욕은 특별히 십자가의 피의 수난에서 완전을 위한 성공적인 투쟁의 최고의 본보기이다.

이상주의의 윤리처럼 이러한 경건한 모방의 윤리는 결국 목적의 윤리이다. 그러나 최고선(summum bonum)은 심히 자기중심적이다. 하나님의 영광을 드러내거나 또는 바른 사회를 세우는 것은 완전의 성취가 아니다. 오히려 최고선은 지금, 영원히 나의 평화요 행복이다. 그리스도인의 삶에 대한 이러한 견해가 지닌 함의는 신학적 및 도덕적인 두 관점에서 볼 때 좀더 바람직한 것과 멀다. 따라서 이러한 경향에 대한 계속적인 저항은 당연히 교회사를 통하여 계속될 수밖에 없었다.

모범인 그리스도에 관한 약간의 성찰

모범자인 그리스도에 대한 논의는 몇 가지의 질문에 의해 전개되었다.

두 가지의 질문이 이 주제를 평가하는 데 관련된다. 첫째로, 그리스도에 대한 어떤 묘사 혹은 이야기가 적절하고, 보다 중요하고 타당한가? 둘째로, 신자와 모범의 관계는 무엇인가? 예컨대 그것은 목표의 성취인가? 아니면 그것은 모범에 대한 증거인가? 이러한 두 가지의 질문 주위에 또다른 부수적인 질문들이 생겨난다.

만일 그리스도를 배타적으로 모범을 삼는다면 도덕적 삶에 대한 그리스도의 충분한 의미를 우리는 포착할 수 없다. 그것은 마치 그리스도가 배타적으로 구속자와 성화자, 혹은 칭의자가 될 때에 일어나는 결과와 같다. 이것은 자명할 것이다. 그러나 그 의미는 예상되는 것과 같이 그렇게 쉽게 피할 수 있는 것이 아니다. 모든 문제들에 대한 도덕적인 해결의 본이신 예수 그리스도에게로 사람들을 인도하려는 대중적인 노력은 이러한 배타주의를 수반한다고 의심하는 사람이 있다. 예수가 기능상으로나 혹은 훈계상으로나, 일차적으로 보편적으로 타당한 도덕적 삶의 방식의 모범이 되면, 반드시 그의 의미는 왜곡된다. 한 가지 이유 때문에 일차적으로 도덕적 모범을 공표하려는 것이 복음의 의도는 아니었다.

예수는 새로운 도덕적 삶을 성취하는 것에 관심이 있었던 것 이상으로 죄의 용서와 하나님의 은혜로우신 구속의 사랑에 관심이 있었다. 교회는 일시적인 선을 확고히 세우는 문제에 대해 관심을 가지는 것 이상으로 예수 그리스도 안에 나타난 계시로 인해 인간이 지니게 된 하나님과의 새로운 연합에 관심을 두었다. 그러나 이것의 다른 측면은 무시될 수 없다. 다시 말하면 예수의 추종자들에 의해 주장되고 경험된 도덕적인 보편성이 존재한다. 만일 이러한 주장이 그리스도가 나타내고 명령한 사랑의 방식에 의해 규정될 때는 특별히 이 주장이 더욱더 설득력을 지닌다. 많은 사람들은 그리스도의 도덕적 설득력으로 인해 그의 인격과 그의 가르침에 매료되었다. 본회퍼와 키에르케고르뿐만 아니라 제퍼슨과 링컨과 간디, 그리고 마틴 루터 킹 목사 등이 예수의 인격에 매료되었다. 도덕적 삶에 대한 하나의 결정적인 질문은 예수가 하나의 모범 이상으로 그에 대한 신앙과는 동떨어진 채 이러한 보편적인 도덕적 중요성을 지니고 있는지의 여부이다. 또다른 질문은 그를 도덕적 모범으로 경배하고 따르는 사람들이 그의 인격의 도덕적 의미를 충분히 알고 있었느냐 하는 것이다.

모두가 따라야 할 모범으로 많은 사람들이 예수를 경배하지만, 그를 따를 능력의 요소는 그에 대한 그 어떤 다른 형태의 확신을 지니지 못한 사람들에게는 결여되어 있다는 주장이 계속해서 점잖게 제기되었다. 그는 과거와 현재의 역사상의 다른 인물들처럼 본받으려고 애쓰는 또 하나의 도덕적 영웅이 된다. 회개와 은혜는 실종된다. 도덕적 모범으로서의 그리스도는 결국에는 단지 우리의 심판자, 즉 우리가 우리의 불완전을 죄로 고백하든지 하지 않든지 간에 우리의 불완전을 인식하기 위해 비추어 보는 규범이 될 뿐이다.

예수를 그들의 삶의 모델로 간주하고 또 그를 통해 영감을 받는 많은 사람들의 행위들로부터 파생되는 중요한 도덕적 결과들은 부인될 수 없다. 인간사회에서의 사회적 변화의 수단으로써의 수동적인 저항은 하나의 예이다. 이러한 수동적인 저항은 인도와 미국에서 좋은 결실을 많이 거두었다. 그러나 신약성서에 나오는 인물들과 역사상의 기독교회, 그리스도, 그리스도인의 경험의 증거는 그리스도가 보편적인 도덕적 이상을 넘어서는 존재임을 말한다.

그리스도는 이상을 넘어서는 존재이다. 그를 통하여 기독교회와 그 교제에 참여했던 사람들은 이 책의 전반부의 주제인 삶을 창조하시고 질서를 부여하시고 구원하시는 하나님을 알고 경험한다. 그를 통하여 기독교회와 그 구성원들은 이 책의 후반부의 주제인 죄와 율법과 죽음의 굴레로부터의 자유, 그리고 구원하고 창조하는 도덕적 가능성을 펼쳐 보이는 중생을 경험한다. 그리스도는 도덕적 본질, 참으로 하나님과 관련된 모든 삶의 본질을 계시한다. 그리스도는 도덕적으로 표현하는 삶의 수단이다. 따라서 기독교윤리는 온전한 의미에서 예수 그리스도를 자신의 신앙의 중심으로 삼는 사람들의 삶의 방도요 모범이다. 그것은 무엇보다도 보편적으로 타당한 도덕성의 객관적인 모델이 아니다. 물론 기독교윤리가 보편적으로 타당한 도덕성의 객관적인 모델을 제공할 수도 있지만, 그럴 때조차 예수 그리스도 안에 나타난 인간에 대한 하나님의 방도의 표현으로서의 도덕성을 표현한다.

만일 이것이 사실이라면, 모범이신 예수 그리스도에 대하여 무엇을 말할 수 있을까? 이 장에서 언급한 중요한 점은 하나의 대답을 중심으로 전개되었다. 도덕적 이상으로서의 그리스도는 보다 나은 자아와 세상을 이루는 목표라는 의미로 혹은 금욕과 그로 인한 내적인 평화와 영원한 행복의 모범이라는 의미로 설득력 있게 설명하기가 어렵다. 뉴먼 스미스의 이상은 보편적인 의미에서의 최상의 선에 관심을 가지게 하는 윤리적인 장점이 있다. 토마스 아 캠피스와 윌리엄 로우는 지나치게 자기중심적인 의도를 지닌 삶의 양태를 추천하는 것처럼 보인다. 그러나 정말로 곤혹스러운 점은 묘사한 전체내용(물론 여기에도 많은 문제점들이 있는 것이 사실이지만)에 있는 것이 아니라, 그리스도인의 삶의 목표와 목적이 도덕적 혹은 영적 완전성(perfection)이라는 사실에 있다. 하나님과의 연합 상태와 성례전과 십자가에 대한 명상에서 그분과 우리의 관계는 이러한 도덕적이고 영적인 목적에 대한 하나의 수단으로 전락된다.

물론 도덕적 삶은 항상 인간의 도덕적 목표들을 다룬다. 그러나 그리스도인의 삶은 하나님과의 관계 속에서 그 통전성을 지니고, 도덕적 관심사들은 하나님과의 관계 속에서 기초하고 있다. 그리스도인의 삶은, 그것이 일차적으로 도덕적이지 않다고 해서 덜 도덕적일 수는 없다. 그리스도인의 삶은 예배를 통해서 뿐만 아니라 도덕적인 삶을 통해서도 하나님이 그리스도 안에서 인간에게 주신 것—사랑과 용서의 선물, 그리고 계명과 가르침의 선물들—을 포함한다. 그리스도인의 삶의 '인격적 중심'은 개인의 평화와 행복도 아니고, 최상의 도덕적 선도 아니다. 인격적 중심은 하나님과 예수 그리스도 안에서 나타난 그의 사역과 의지, 그리고 사랑 안에 있다.

그러면 어떤 의미에서 그리스도가 모범인가? 자기를 부인하고 십자가를 지고 그리고 하나님의 구원하는 사랑의 모습을 이루어 간다는 의미에서 그리스도는 모범이다. 그러나 구원하는 사랑과 마찬가지로 자기부인은 하나님의 선하심과 자비에 대한 확신의 결과이지, 예수를 모방하고 심지어는 그 뒤를 따르는 것의 결과가 아니다.

다른 사람의 고통을 자신이 짊어지는 자기부인은 세상으로부터의 외적인 분리는 아닐지라도 내적인 분리이다. 모든 것이 그리스도인의 삶의 부분이다. 왜냐하면 그리스도인의 삶은 세상에 국한되지 않는 중심을 지니고 있고, 아울러 인격적 진리와 충성의 삶을 살도록 자아에게 권면하고 능력을 부여해 주는 중심을 지니고 있다. 예수 그리스도의 자기부인이 하나님에 대한 그의 순종의 표현이요, 그리스도 안에서 나타난 인간을 향한 하나님의 사랑의 표현이요, 그의 신성의 표현이듯이 우리의 자기부인도 예수 그리스도 안에서의 하나님에 대한 순종의 표현이요, 우리의 구체적이고 영화롭고 이웃지향적인 세상에서의 제자 됨과 증거의 표현이다.

우리는 육신을 억제하기 위하여 세상으로부터 자신을 분리하지 않는다. 그리고 육신의 제어로부터 오는 약속에 대한 자기 나름의 평화와 즐거움을 얻는다. 우리는 겸비, 고난, 그리고 낮아짐의 외적인 모범에 일치시켜 우리를 부인하지도 않는다. 예수 그리스도는 모범이다. 그러나 그는 객관적인 외적 방식에서의 모범이 아니다. 우리가 그를 통하여, 그리고 그 안에서 세상과 우리 자신을 이해하고 살아가고 행동하는 중심이라는 의미에서 그는 우리의 모범이다.

자기부인이 없고, 십자가를 지지 않고, 낮아짐과 고난이 없는 그리스도인의 삶은 허약하고 병들었음을 의미한다. 그러한 삶은 하나님 이외의, 예수 그리스도 이외의 다른 중심을 지니고 있음을 의미한다. 내적으로 또는 외적으로 세상과 연합하고, 세상의 병과 번영과 교만에 참여하는 것은 결국에는 문화 중심적이고 자기 중심적인 세계관을 가지고 있다는 증거가 된다. 세상에 대한 우리의 관계의 성격, 달리 표현하면 우리의 삶 속에서의 세상의 기능이 중요하다. 세상은 하나님의 창조와 보존과 구원의 선한 선물들을 포함하고 있다. 하나님의 사랑과 돌보심은 세상이 제공하는 것, 즉 세상의 아름다움뿐만 아니라 기술공학, 그 질서뿐만 아니라 혁명적인 단절, 존재의 즐거움뿐만 아니라 쓰라림과 괴로움을 통하여 나타난다.

만일 이러한 것들―예컨대 아름다움과 기술공학―에 대한 우리의 관계 속에서 이러한 것들이 마치 우리의 구원에 대한 기대와 소망의 최종적인 원천인양 궁극적인 신뢰와 충성의 대상으로 기능하면, 사실상 우리가 허약하고 병들었다는 증거이다. 자기부인은 항상 반드시 외적인 태도만은 아니다. 우리는 교향악과 자동차를 통해서 얻는 즐거움을 획일적으로 부인해서는 안 된다. 그것은 내적인 태도이다. 자기부인은 세상과의 관계방식으로, 그것은 우리가 세상을 돌보면서도 그것에 대해 무관심한 태도를 견지하는 그러한 관계방식이다. 우리는 세상의 선한 청지기이다. 우리는 인간의 유익을 위해 주어진 것을 사용하면서도, 삶의 근본적인 문제들이 육체의 보존이나 외적인 공간에로의 인간의 확장에 의해 해결되지 않는다는 점을 인식하고 있다.

세상, 즉 사람들과 사물들, 자연과 문화로부터의 이러한 내적인 분리는 그리스도인의 삶의 한 양상이다. 그것은 우리가 예수 그리스도 안에서 얻은 진리의 일부분이다. 여기서 진리는 사회적인 조직관계들을 규율하는 진리도 아니고, 소비성향의 경제의 확장과 극단의 정책적 외교에 대한 믿음도 아니다. 예수 그리스도 안에 있는 인격적인 진리의 표현은 세상에 대한 부인뿐만 아니라 이 세상에서 안전과 힘을 추구하는 자아의 내적인 부인으로 이해할 수 있다.

그러나 외적이고 가시적인 자기부인과 관련하여 중요한 것이 무엇인가? 핵심적인 것은 자기부인이 어떤 기능을 하는가와 자기부인에 대한 우리의 관계이다. 자기부인은 교만의 수단일 수 있고, 심리학적인 마조히즘의 표현일 수도 있다. 이 점은 심층적인 진실의 차원에서 인정되지 않으면 안 된다. 그것은 또한 그러한 삶으로 부름을 받은 사람들을 통하여 겸비와 단순이 신앙의 삶의 충분하고도 적절한 양태라는 점을 보여 줄 수 있을 것이다. 많은 재산과 높은 지위를 지니지 못한 땅의 사람들에 대한 예수의 끌림과 그의 단순한 지상생애, 특권과 존경의식 등의 외적인 표지에 대한 그의 무관심이 그의 신성, 즉 그가 성부에게서 왔다는 증거의 적합한 표현이다. 성부와 성자에 대한 우리의 관계에 기초한 동일한 영의 현재적인 표현도 마찬가지로 적합하다. 그리스도는 외적인 권위에 의해 모범이 되는 것이 아니다. 그는 하나님의 아들로서의 순종과 신앙의 통전성과 정합성으로, 그리고 특별히 시간과 공간에 속한 인간들 가운데서의 그의 삶으로 인해 모범이 된다. 그는 그의 삶의 놀라운 주관적인 진리의 덕—그의 충성된 순종과 그 외적인 표현—을 통하여 우리의 모범이 된다.

그러나 자기 부인은 십자가를 지는 것을 포함한다. 비록 고통이 십자가일 수는 있을지라도, 이것은 육체적인 고통에 대해 보이는 스토아주의자들의 인내는 아니다. 그것은 세상에 대해 무관심한 진리의 표현으로서의 자신을 부정하는 것만이 아니라 세상의 염려와 영감, 고통과 치유, 부정의와 승리를 스스로 지는 것이기도 하다. 그것은 정의와 보다 나은 삶을 위한 투쟁에는 억압당하는 사람들과 특권을 가지지 못한 사람들과의 내적인 동일시요, 복음과 인간의 자유를 위하여 투옥되는 고통을 당하는 사람들과의 동일시요, 자살이나 술, 그 외 다른 수단들로 도피하는 외롭고 공허한 사람들과의 동일시이다.

십자가를 지는 것은 이웃의 구체적인 고통과 필요와의 내적인 연합을 통한 이웃사랑이다. 그것은 다양한 형태의 고통의 원인들과 고통의 해소를 위해 스스로 책임을 지는 것이다. 그러나 그것은 단지 내적인 태도만은 아니다. 그것은 외적인 태도이기도 하다. 내적인 통일성에 적합한 행동이 적절하고도 정상적이다. 그러므로 그리스도인의 삶은 세상의 질병들과 그것들을 치유하기에 적합한 운동들과 행동들과 힘들을 공유하는 것이다. 그것은 고통과 슬픔의 공유를 통하여 내적으로 비싼 대가를 지불할 뿐만 아니라 외적으로도 자기만족과 전제의 목소리들에 대항하고 자신의 현실적인 안전과 특권의 상실의 위험을 감수하면서까지 인기 없는 대의를 지지하고 그것을 위한 운동에 헌신적으로 참여하는 가운데 비싼 대가를 지불한다.

다시 한번 강조하는데, 그리스도는 외적인 권위에 의해서 모범이 된다. 우리가 따르도록 주어진 자신의 삶과 고통, 그리고 죽음의 주관적인 진리에 의해서 모범이 된다. 우리가 따르도록 주어진 모범 때문에 십자가를 지는 것이 아니다. 십자가를 지는 것이 사랑과 삶의 길이라는 점을 하나님이 예수 그리스도 안에서 알려 주셨기 때문에 우리는 십자가를 진다. 십자가를 지는 것은 일종의 교만이나 마조히즘이 아니다. 그것은 사랑의 삶의 외적인 측면으로 도덕적 힘과 아름다움을 지니고 있다.

그러므로 어떤 의미에서 십자가를 지는 것은 자기부인을 삶의 모범에 연결시킨다. 시틀러는 이것을 가리켜 "(예수의) 근원적인 행위의 모양"의 재연(reenactment)이라고 했다. 자기부인과 십자가를 지는 것은 그것의 인격적인 중심인 그리스도와 관련된 삶의 열매들이요, 예수 그리스도 안에서 주어지고 나타난 모든 것과 관련된 삶의 열매들이다. 어떤 의미에서 그러한 삶의 열매들은 우리의 삶을 통하여 하나님의 구원하시고 계시하시는 행동의 재연이나 모방(reduplication)으로 나타난다. 그러나 그 행위가 고통과 죽음을 멈추게 하지는 못한다. 많은 경건한 개신교인들과 가톨릭교인들은 이러한 재연과 모방의 행위가 고통과 죽음을 멈춘다고 믿었던 것으로 보인다.

우리는 또한 죄와 죽음을 극복하는 승리의 삶을 산다. 그리스도는 새로운 삶의 모범이요, 소망과 구원하는 사랑과 갱신의 삶의 모범이요, 이웃의 선과 사회적 선을 구하는 삶의 모범이다. 그리스도는 죄와 죽음을 극복하는 승리하는 삶의 모범이요, 구원하고 창조적인 도덕적 가능성들의 모범이다.

승리하고 소망에 찬 새로운 삶은 우리의 마땅한 행동과 존재의 모습이 무엇인지를 상세하게 말한다기보다는 자기부인과 십자가를 지는 일반적인 것을 말한다. 우리의 모방의 대상은 우리를 형성하고, 우리의 행동 안에서, 또 행동을 통하여 나타나는 사랑이다. 칭의자와 성화자인 그리스도에 관한 논의에서 우리가 이미 확인했듯이, 그것은 완고한 도덕과 관습으로부터의 자유요, 예상치 않았던 것을 행하고, 관행적인 집단도덕을 위반하고, 새로운 형식의 선을 창출할 자유이다. 우리가 따라야 할 모범은 행동의 모범이라기보다는 견해와 성향의 모범이다. 그것은 행위의 구체적인 역사적 목표가 무엇인지를 정확하게 규정하지는 않는다. 그것은 따라야 할 정치적인 해법을 제공해 주지 않는다.

그리스도에 중심을 둔 새로운 삶의 본성은 베르그송의 표현을 빌자면 "열려진 도덕"이라고 할 수 있고, 베르자에프의 표현을 빌자면 "창조의 윤리학"이라고 할 수 있다.

그리스도인의 죽음의 극복은 인간들의 일상적인 기대를 넘어서는 능력과 삶과 소망을 증거한다. 그것은 인간의 도덕률과 신념들과 행위와 관련해 전례가 없던 삶을 증거한다. 그 어떤 보편적인 흐름의 사회도덕도 구성되거나 연역될 수 없다. 사회윤리학은 매우 실용적인 성격을 지니게 된다. 그러나 폐쇄된 성격을 지닌 사회에 사는 사람은 통상적으로 받아들여지는 관습과 사회적인 관행을 깨뜨리고 새로운 가능성과 삶으로 나아갈 용기와 삶과 희망을 부여 받는다.

예수 그리스도 안에서 새로운 삶을 형성할 완전한 도덕적 청사진이나 보다 나은 인간 공동체에 이르게 할 상세한 도덕지도를 발견하려고 하는 사람들은 그들이 구하는 것을 발견하지 못할 것이다. 그리스도인의 삶은 철학, 사회학과 정치학, 그리고 모든 시대와 장소에서 발견되는 일반적인 지혜라는 청사진과 지도에 입각하여 영위되어야 한다. 그리스도는 모든 것을 충족하는 도덕적 지침의 원천이 아니다. 그는 모든 것을 충족하는 도덕적 지침이기를 의도하지도 않았고, 또 의도하지도 않는다.

그러나 그는 그의 삶이 그의 신성의 현현과 표현이요, 이 사람 예수 그리스도를 통해 나타난 하나님의 계시라는 의미에서 모범이다. 우리의 신앙의 삶은 그의 신성에 참여하고, 그를 본받아 하나님의 사역의 열매들인 도덕적인 진지함과 도덕적 행위, 자기부인, 십자가를 지는 것, 그리고 사랑을 표현하고 현시한다. 그는 우리가 본받는 모범이다. 도덕적 삶과 행동을 영위하기 위해 필요한 모든 것이 예수 그리스도 안에서 발견되지는 않는다. 그러나 그리스도인들은 그리스도 안에서 도덕적 삶을 포함하는 삶의 근원인 중심을 발견한다.

그럼에도 불구하고 하나님이 그리스도 안에서 행하신 것이 그것의 적합한 역사적 현현의 이야기, 즉 복음 설화들에서 발견되는 이야기를 지니고 있다면, 그 이야기는 그리스도의 삶을 공유하는 그리스도인의 삶의 적합한 표현이 되는 그리스도인의 목적과 행위와 질서들이 무엇인지를 구체적으로 알려 준다. 그러므로 우리는 다음 장에서 예수의 가르침을 다룰 것이다.

제 6 장

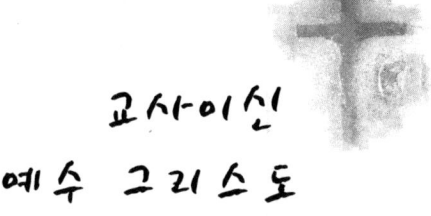

교사이신
예수 그리스도

　예수께서 이 말씀을 마치시매 무리들이 그의 가르치심에 놀라니 이는 그 가르치시는 것이 권위 있는 자와 같고 그들의 서기관들과 같지 아니함일러라　_마태복음 7 : 28~29

　그가 밤에 예수께 와서 이르되 랍비여 우리가 당신은 하나님께로부터 오신 선생인 줄 아나이다 하나님이 함께하시지 아니하시면 당신이 행하시는 이 표적을 아무도 할 수 없음이니이다　_요한복음 11 : 29

　나의 멍에를 메고 내게 배우라　_마태복음 11 : 29

　두 길이 있는데 하나는 생명의 길이요 하나는 사망의 길이다. 이 두 길의 차이는 엄청나다. 생명의 길은 다음과 같다. "먼저 너를 지으신 하나님을 사랑하라. 둘째로, 네 몸처럼 네 이웃을 사랑하고, 네가 하기를

좋아하지 않는 것은 남에게 시키지 말라." _디다케 1 : 1~2

예수가 도덕에 대하여 말해야만 한 내용 속에서 그가 도출한 인간 삶의 이상적 그림은 지상에서 하나님 나라의 삶, 즉 그 마음속에 최고의 열정을 태우고 있는 최상의 충성을 인정한 사람들에 의해 영위되는 그러한 삶의 그림이다. 그리고 우리가 예수의 도덕적 가르침이 점차 빛을 발하는 열정을 느끼고, 충성으로의 부름을 들을 때이다. _T. W. Manson, 「예수의 가르침」, p. 286.

우리는 복음서 저자들의 단순한 보고(복음서)만을 고찰해야 한다. 종종 망각에 의해, 아니면 오해로 인해 그 가르침이 빠져 들어간 애매한 어법론들(amphibologisms)을 제거함으로써, 또는 예수의 선포(dicta)에 대해 그들 자신의 잘못된 생각을 부여하고 그들 자신도 이해하지 못했던 내용을 다른 사람들에게 도대체 이해할 수 없게 표현함으로 인해 예수의 본래적 말씀으로부터 떨어지게 했던 내용들을 제거함으로써, 심지어 복음서 저자들의 단순한 내용으로부터도 예수의 유일한 바로 그 말씀을 선별해야 한다. 그러면 사람들에게 제공되어 왔던 가장 장엄하고도 친절한 도덕 법전이 남게 됨을 발견하게 될 것이다. _토마스 제퍼슨, 존 아담스에게 보내는 편지에서(1813).

선은 하나님의 뜻이지, 인간의 자기 실현도 아니고 인간이 부여 받는 것도 아니다. 그것은 하나님의 뜻이다. ……또한 그분의 윤리는 엄격하게 모든 인간주의적인 윤리, 가치윤리에 반대된다. 그것은 순종의 윤리이다. 그분은 인간정신에 기초한 인간의 이상을 향한 발전 속에 있는, 인간행위를 통한 이상적인 인간사회의 실현 속에 있는 인간의 행위의 의미를 보시는 것이 아니다. 그분은 소위 어떤 개인 윤리나 사회 윤리도 갖고 있지 않다. 이상이나 목적은 그분에게 낯선 것이다. ……더구나 품행은 별 의미가 없다. 왜냐하면 가치는 행위를 통하여 성취되거나 실현되기 때문이다. 이런 행동은 순종이냐 불순종이냐이다. 그래서 예수는 어떤 가치 체계도 갖고 있지 않다. 실로 이것은 무엇이 행해져야 하고 또 행해져서는 안 되는지에 관해 모든 인간에게 타당한 이론이라는 의미에서 예수는 어떤 윤리도 가르치지 않으신다는 것을 의미한다.
_루돌프 불트만, 「예수와 말씀」, p. 84.

예수의 윤리는 예언 종교의 완전한 열매이다. 사랑에 대한 예수 윤리의 이상은 예언적 신앙의 하나님이 세상과 맺고 있는 관계처럼, 인간 경험의 사실과 필요에 대해 동일한 관계를 맺고 있다. 그것은 모든 도덕 경험으로부터 도출될 뿐만 아니라 밀접하게 연관되어 있기도 하다. 그것은 하나님이 이 세상에 내재하시는 것처럼 삶에도 내재한다. 그것은 하나님이 이 세상을 초월하시듯이 그것의 종국적인 정점(pinnacle)에서 인간의 삶의 가능성들을 초월한다. _라인홀드 니부어, 「기독교윤리학 해석」, p. 37.

산상설교는…… 일차적으로 그리고 결정적으로 통지(notification)이고, 선포이고, 기술(description)이고, 강령(program)이다. 또한 그것의 명령법(imperatives)은 일차적으로 또 결정적으로 어떤 입장을 지시하고 기초를 놓는 특성을 지니고 있다. 지시된 입장과 설정된 기초는 왕국, 예수, 새로운 인간이다. 산상설교는 은혜계약의 성취(consum-mation)와 따라서 율법과 십계명의 목적(telos)을 선포한다. _칼 바르트, 「교회교의학」, II/2, p. 688.

우리 주님이 산에서 전하신 설교는 그리스도인의 모든 삶의 형성(formation)을 포함한다. 그 안에서 내적 동기들이 질서 있게 배열된다.
_토마스 아퀴나스, 「신학대전」, II/1, Q. 108, Art 3.

우리는 앞 장에서 "나는 무엇을 해야 하는가?"라는 물음에 대한 답으로 그리스도인이 어떻게 예수를 따라야 하는지를 보았다. 참으로 제자도의 윤리학(the ethics of discipleship)은 예수를 따르는 것과 예수의 가르침을 따르는 것 사이를 단지 인위적으로 나눌 수 있다. 만약 누군가가 앞 장에서 확대되어 언급된 두 권의 매우 다른 책들을 보다 깊이 연구한다면 이것을 볼 수 있을 것이다. 뉴만 스미스(Newman Smyth)는 예수의 가르침에 관해 언급하면서 도덕 이상에 대한 내용을 부풀린다. 디트리히 본회퍼(Dietrich Bonhoeffer)의 「제자의 길」(Cost of Discipleship)은 그리스도가 인간들을 부르심에 대한 본질적인 순종의 내용을 구체화하는 방법으로써 마태복음 5~7장에 대한 감동적인 주석을 포함한다. 사실상 이런 의미에서 본 장은 단지 앞 장의 세목(稅目)에 불과하다.

도덕적 질문에 대한 답을 찾음에 있어, 그리스도인들은 예수의 가르침을 따를 것을 충고 받곤 한다. 본 장 서두에 인용한 내용들은 그리스도인들이 왜 그러한 조언을 받아야 하는지에 대한 몇 가지 이유와 그 조언이 그들을 위해 성취할 것이 무엇인지를 가르쳐 준다. 교회의 초기 생활이 적혀 있는 「디다케」나 「12사도의 가르침들」에는 생명의 길과 죽음의 길이 대조되어 있다. 생명의 길로 가는 것은 예수의 가르침을 따라 사는 것이고, 죽음의 길로 가는 것은 기독교 신앙과는 동떨어진 우상숭배, 자기중심성 등과 같은 모든 악들을 행하는 사람들의 삶을 사는 것이다. 생명의 길에 거한다는 것은 예수의 가르침을 따른다는 것이다.[1]

신약성경에 대한 토마스 제퍼슨의 개인 요약—그는 그것을 "나사렛 예수의 생애와 도덕"이라고 불렀는데—은 18세기 기독교 신앙에 대한 계몽된 사람들의 전형적인 응답이었다. 어떤 구원의 문제도, 어떤 생명이나 죽음의 문제도 심각하게 고려되지 않았다. 또한 성경의 문자적 영감에 기초한 가르침에 대해서도 그 어떤 신뢰도 부여하기를 원하지 않았다. 그가 성경적 영감에 관한 논증으로 가르침들의 중요성을 입증할 수 없듯이, 예수 그리스도의 인격 안에 있는 하나님의 계시에 대한 해석을 제공하려는 것도 할 수가 없다. 게다가 가르침이 담고 있는 내용은 제퍼슨에게는 거의 자명했다. 그것은 "사람들에게 제공된…… 가장 장엄하고도 자비로운

---

1) 「디다케」의 1~6장을 보라. 「교회의 교부들, 사도적 교부들」(New York, 1947), pp. 171-176 참조.

도덕 법전"[2]이었다. '법전' 그 자체의 장엄성은 합리적인 사람에게 설득력이 있었다. 한 세기 후에 톨스토이(Tolstoy)는 제퍼슨보다도 종교적인 의미를 더 잘 이해했다. 그러나 그가 어린이들의 교화를 위해 편집하고 보충한 「예수의 가르침」과 「기독교의 가르침」에서 중요한 것은 기본적인 평화와 행복으로 안내하는 최고의 도덕적 삶에 대한 계시였다. 안녕(well-being)의 의미를 찾는 데 있어 절망적인 투쟁을 한 이후에, 톨스토이는 교회에 의해 가르쳐진 것과는 다른 진리, 즉 복음의 가르침 속에 있는 '진리의 현존'(presence of truth)을 발견했다.

마침내 이런 해결책은 아주 분명하게 되었을 뿐만 아니라 보다 논쟁의 여지가 없게 되었다. 첫 번째 이유는 이것이 나의 이성과 마음의 요구와 전적으로 조화를 이루었기 때문이다. 그리고 두 번째 이유는 내가 그것을 이해하게 되었을 때, 나는 이것이 복음(보여지는 대로의)에 대한 나의 배타적인 해석도 아니고, 심지어는 그리스도의 배타적인 계시도 아닌, 복음이 주어지기 전과 그 후의 사람들 가운데 최상의 사람에 의해 어느 정도 확실하게 주어진 문제의 해결이라는 사실을 알았다.

이런 사람들은 누구인가? 모세, 이사야, 공자, 초기 그리스도인들, 부처, 파스칼, 스피노자, 피히테, 포이에르바하, 그리고 "신뢰에 대한 그 어떤 가르침도 취하지 않은 채 삶의 의미에 관해 성실하게 생각하고 말한 사람들"[3]이 그들이다. 제퍼슨과 마찬가지로 톨스토이에게 있어서도 예수의 가르침 안에는 자명하면서도 설득적인 힘이 있었다.

근본적으로 다른 권위부여가 동시대의 보수적인 복음적 저자인 칼 헨리(Carl F. H. Henry)에 의해 주장된다. 예수의 가르침에 대해서만 쓰지 않는 가운데, 그는 이렇게 쓴다. "유대-기독교 윤리의 첫 번째 강조점은 항

---

2) 제퍼슨의 *The Life and Morals of Jesus of Nazareth*(New York, 1940)의 vii쪽에 나오는 편집자의 "서문"에서 인용된 존 아담스에게 보낸 편지로부터.
3) Leo Tolstoi, *The Christian Teaching*(New York, 1898), pp. xi–xii과 아울러 Tolstoi, *The Teaching of Jesus*(New York, 1908).

상 그것의 계시된 특성의 절대적인 독특성임에 틀림없다. 기독교 윤리를 단순히 일반 윤리의 통찰들에 대한 보다 복잡한 발전으로 설명하려고 하는 모든 시도는 기독교 윤리가 특별 계시 안에 지니고 있는 기초를 감추거나 혹은 최소화하려고 한다."[4] 기독교 윤리는 단순히 종교 윤리가 아니라 특별히 계시된 도덕이다. "그것은 초자연적인 계시 속에서 또한 그것을 통해서 실재(reality)한다."[5] 따라서 이런 특별계시의 관점에서 산상설교는 하나님의 뜻의 특수화(particularization)이다. 혹자는 말할지도 모른다. 헨리와 다른 사람들에게 있어서 예수의 가르침들은 그것들이 단지 성경에 있다는 이유 때문에 윤리적 중요성을 갖는 것이라고, 만일 그것들이 그리스에서 새롭게 발견된 사본집 가운데서 발견된다면, 그것들은 어떤 권위도 갖지 못할 것이라고 말이다. 성경에 부여된 권위는 그들의 중요성을 위한 기초이다.

도덕 일반, 그리고 심지어는 기독교 도덕에 대한 예수의 가르침들의 권위에 대한 문제는 지난 수십 년 동안에 수많은 이유들로 인해 훨씬 더 복잡하게 되었다. 그 가운데 세 가지가 가장 중요한 것처럼 보인다.

첫째로, 성서학자들은 예수의 가르침들이 영원히 적용 가능한 것(timeless applicability)이라는 윤리학자들의 가정에 대해 심각한 의문을 제기하였다. 하나님의 나라 사상이 사회복음주의자들에게 미친 심오한 영향은 이 점에 있어서 잘 알려진 사례이다. 예수의 가르침 속에 나타나는 하나님 나라의 사상은 미국적인 생활의 민주화, 협동, 사회화의 성장을 추인하기 위하여 어느 정도 적합한 용어로 해석되었다. "당신의 나라가 임하옵소서"라는 기원(祈願)은 사람들을 움직여 지상에다 그 왕국을 세우거나 이루려는 보다 위대한 노력을 이끌어 냈다.

그러나 그 왕국은 지상에서의 정의롭고 사랑으로 가득 찬 사회질서를 세우는 것을 언급하는 것이 아니라면 도대체 어찌 될 것인가? 마가복음 13장과 같은 장에 비추어 볼 때, 하나님이 묵시적인 사건 속에서 신적인

---

4) C. F. H. Henry, *Christian Personal Ethics*(Grand Rapids, 1957), p. 146.
5) Ibid., p. 193.

개입을 통하여 당신의 나라를 가져올 것이라고 예수가 기대했다면 어찌 될 것인가? 예수의 이런 강경한 어조의 말씀들(hard saying)이 미국 사회에 대해서는 적합하지 않지만, 역사적 책임이 하나님의 임박한 강력한 통치에 의해 변경되어야 하기 때문에 살아야만 하는 그런 종류의 삶에 적합한 중간기 윤리(interim ethic)를 언급하는 것이라면 어찌 될 것인가? 슈바이처(Schweitzer)와 여러 다른 사람들에 의해 제기된 이런 질문들은 윤리학자들이 결코 해결하지 못한 불확실성을 야기시켰다.[6]

둘째로, 어떤 의미에서 선배들의 연구작업을 계속 지속시키고 있는 양식비평가들(form-critical scholars)은 나아가 그 말씀들이 참으로 예수의 말씀인지, 그리고 어떤 것이 예수의 말씀이 아닌지를 결정하려고 하였다. 이런 노력이 새로운 것은 아니었다. 여러 사람들 가운데 토마스 제퍼슨 같은 이들은 편집 작업을 하면서, 신빙성 있는 그의 말씀과 거름더미 속에 있는 다이아몬드처럼 쉽사리 구별되는 그런 말씀들을 배열하였다.[7] "역사적 예수에 대한 새로운 탐구"로 현재 발전해 온 디벨리우스와 불트만의 연구는 검증 가능한 역사적 진정성이 비과학적인 복음설화들의 저자들에 의해 예수에게 돌려진 많은 내용들의 권위를 뒷받침해 주는 근거가 될 수 있는 것인지의 문제를 근본적으로 제기하였다.

윤리학자들에게 제기된 질문은 "예수의 가르침들이 지닐 수 있는 믿음과 권위는 도대체 어떻게 되는 것인가?"이다. 적어도 우리가 가지고 있는 텍스트가 사도적 공동체의 기억에 돌려질 수 있거나 그것과 조화될 만한 그 어떤 것에 대한 사도적 공동체의 합의를 표상하고 있다고 말하는 것은 기독교공동체 내의 신앙과 윤리가 입증할 만한 역사적 증거에 근거해야 하는지 어떤지를 묻는 물음에 대한 정답을 추구하는 노력을 만족시키지 못한다. 다시 말해서 윤리학자들은 그 불확실성으로부터 벗어

---

6) 이런 논의에 대한 설명과 도대체 어떤 지점에서 예수의 윤리를 사용할 것인지 하는 문제에 대한 설명을 보기 위해서는 Amos Wilder의 *Eschatology and Ethic in the Teaching of Jesus*(New york, 1950)를 참조하라.
7) Jefferson, op. cit., pp. vii-viii.

나지 못한다. 아울러 그들은 신약성경 학자들의 만장일치를 기다릴 수도 없다.[8]

셋째로, 1920년대부터 1960년대의 신학부흥기에 다양한 이유들로 인해 성경에 주어진 계시가 도덕이 아니라 기본적으로 하나님의 행위들이라는 점이 개신교 신학자들에 의해 긍정되었다. 인간과 함께하는 하나님의 방법들에 대한 설명은 인간에 대한 지속적인 돌봄과 그의 구속뿐만 아니라 인간 창조와 심판으로 들려진 이야기였다. 그래서 예수 그리스도는 이상적인 삶의 모범자나 장엄한 도덕 법전의 수여자가 아니라 하나님이 그 안에서, 그를 통하여 당신을 알리시는 분으로 일차적으로 보일 수 있다. 성경은 사건의 의미 해석을 위한 기초 혹은 위대한 신학적 주제들을 발전시키기 위한 기초가 되었다.

우리는 앞 장에서 성경은 항상 신학적인 중요성을 지니고 있고, 또 대부분의 신학자들을 위해 신학적인 중요성을 지녔다는 점과 아울러, 신학에 의존하고 있는 그것의 윤리적 중요성은 그 안에 포함되어 있는 도덕적 가르침 그 이상을 언급하고 있음을 확인했다. 예수의 가르침은 예수에 대한 신학적 중요성과의 관련성 가운데서 보여져야만 한다. 최근 몇십 년 동안 이것이 윤리학자들의 인식을 예리하게 만들었다. 이 분야에서의 그들 직전의 선배들은 예수의 가르침의 기초 위에 그처럼 커다란 체계를 세웠던 것이다.[9]

나는 무엇을 해야 하는가? 예수의 가르침들을 따르라. 그러나 이것은 신앙의 경험을 떠나서는 무의미하다. 참으로 예수의 메시지는 하나님의 선하심과 자비에 대한 신앙과 신뢰의 메시지이다. 이것은 예수의 가르침의 메시지일 뿐 아니라 그의 삶의 메시지이기도 하다. 이 가르침들은 그것들 자체가 하나님에 대한 완벽하고도 완전한 신뢰에로의 부름이다. 그

---

[8] 예컨대 Rudolf Bultman, *The History of the Synoptic Tradition*(New York, 1963)을 보라.
[9] 이런 내용이 미국 기독교윤리학에 대해 가지는 중요성에 대한 논의를 위해서는 Paul Ramsey가 편집한 *Religion*(Englewood Cliffs, 1965)에 들어 있는 필자의 글 "Christian Ethic"을 보라.

가르침들의 중요성은 이른바 도덕적으로 중요한 것처럼 보이는 점에 있지 않고, 오히려 그 가르침들이 하나님과의 적절한 관계로써 지시하고 아울러 야기시키는 그러한 관계 가운데에 있다. 혹은 예수 안에서 하나님은 인간들과 가지고 싶어하는 관계, 즉 사랑과 돌봄의 관계가 무엇인지를 보여 주신다.

따라서 이 메시지는 인간들이 하나님과 이웃들에게 그런 사랑과 돌봄의 관계로 관련되어져야만 한다는 것이다. 전체 계시(whole revelation)의 부분으로써, 예수의 가르침 안에서 우리에게 주어진 것은 기본적인 태도나 혹은 성향을 환기시키는 것이요, 손짓이다. 우리는 순종과 신뢰, 그리고 사랑의 태도를 가지라는 부름을 받고 있다. 우리는 하나님을 향한 순종의 성향을 지녀야 하고, 타인들과의 관계 안에서 그분께 순종해야만 한다. 우리는 하나님을 향한 사랑의 성향을 지녀야 하고, 나아가 다른 사람들을 사랑 가운데서 인정해야 한다. 왜냐하면 하나님이 먼저 우리를 사랑하셨기 때문이다. 예수의 가르침들이 신앙을 지니고 있는 사람들에게 분명히 가르쳐 주는 것은 무엇인가? 그들은 예수 그리스도 안에 나타난 하나님의 은사에 일치하는 순종과 사랑과 기본적인 성향을 지녀야 한다는 것이다.

나는 무엇을 해야 하는가? 나는 예수의 가르침에 부합하는 기본적인 목적이나 의도를 지녀야 한다. 왜냐하면 그의 가르침은 복음 안에 계시된 인간을 위한 하나님의 목적과 의도에 부합하기 때문이다. 그 가르침들은 우리에게 목적(telos), 즉 하나님의 뜻과 율법의 궁극적인 목적을 준다. 그것들은 우리에게 그리스도 안에서의 새로운 삶을 위한 기본 방향을 제시한다. 그것들이 구체적인 도덕과 규칙들과 교훈이기 때문에 중요한 것이 아니라 그리스도인들이 가야 할 방향을 보여 주기 때문에 중요한 것이다. 삶에 대한 우리의 의도와 방향은 예수의 가르침의 기본 방향과 부합되어야만 한다.

나는 무엇을 해야 하는가? 어떤 이들은 예수의 가르침들을 새로운 도덕 법전으로써 따라야 한다고 말한다. 이 도덕 법전은 우리가 앞서 살펴보았듯이, 그 명백한 타당성(reasonableness)과 그 본유적인 도덕적 호소의 기초 위에서 어떤 사람들에게는 권위가 있다. 이 도덕 법전을 따르는 것은 평화와 선이 우리의 일상생활 속에서 일어나는 방식으로 개인적이고 사회적인 삶을 질서화시키는 것이다.

도덕 법전은 또한 마음에 기록된 삶과 사랑의 새로운 법과 조화되는 외적인 성문화된 교훈들인 새로운 법의 계시적 권위를 지닌다. 회심한 사람들을 위한 가르침들은 하나님의 뜻에 관한 설명을 제공한다. 어떤 사람들에게 있어서 이런 회심은 설교와 극적인 회개와 경험들을 통한 성령의 사역이다. 또 어떤 사람들에게 있어서 이런 회심은 교회의 성례와 그 이외의 다른 사역들을 통해 그리스도 안으로 이끌림을 받는 사역이다. 우리는 교훈의 형식으로 된 새로운 법에 순종해야 하는데, 그 이유는 새로운 법이 마음에 기록되어 있기 때문이다. 새로운 법에 순종한다는 것은 새로운 삶을 지향하는 것이요, 자신의 최종 목적으로 이르는 길로 인도하는 것이다.

나는 무엇을 해야 하는가? 예수의 가르침들 안에 주어진 이상들을 성취하려고 노력하라. 율법의 언어에서처럼, 이상의 언어에서도 그 이상들은 오직 인간들이 그것들을 따르려고 할 때만, 그것들이 야기시킬 수 있는 그런 종류의 인간적 결과의 성취에 근거하여 드러나는 것들에 의해 판단될 수 있을 것이다. 예수의 가르침들은 어떤 사람들의 양심에는 본래적인 도덕적 호소력을 지니고 있다. 그러나 또다른 사람들에게 있어서는 이런 이상들이 예수 자신의 생애와 사역으로부터 생겨난 그러한 종류의 충성과 신앙과 신뢰를 떠나서는 아무런 의미가 없다는 점이 분명하게 나타난다. 예수의 이상들은 예수가 지녔던 종류의 하나님에 대한 열정과 충성을 지닌 사람들에 의해 성취될 수 있다.

나는 무엇을 해야 하는가? 진지하게 도덕적 판단들을 하는 가운데 예수의 가르침은 선택들을 조망해 주는 규범으로 간주되고, 또 여러 선택 가운데서 결정하는 데 권위를 발휘하게 한다. 예수의 가르침들은 하나의 규범으로 쉽사리 적용되는 것이 아니고, 우리가 결단할 때에 도출해야 하는 다른 고려사항들과 원리들과 함께 적용되어야만 한다. 그것들은 그리스도인들이 판단하고 행동할 때 순종해야 할 혹은 적용해야 할 새로운 법이다.

따라서 우리는 그 가르침들이 다양한 종류의 종교적이고 윤리적인 요점들을 확인하는 데 사용되는 것을 본다. 그 명령들과 금지조항들은 기본적인 태도나 성향을 지니라는 요청을 강화한다. 그리고 그것들은 신실한 공동체의 도덕적 삶의 기본적인 방향을 지시하는 것으로 보인다. 그리고 그것들은 새로운 법 혹은 새로운 이상들, 즉 도덕적 호소에 기초한 자아적 권고(self-recommending)나 어떤 면에서는 하나님의 계시의 일부분으로 여겨진다.

예수의 가르침들 – 태도

어떤 신학자들은 예수의 가르침들을 통해 가르쳐지고 환기된 것은 기본적으로 태도나 의지의 결정이라고 해석한다. 이런 점을 밝히기 위해 루돌프 불트만은 예수의 가르침 안에서 모든 이상주의, 발달, 그리고 권위적인 도덕적 규범들의 윤리를 배제하는 견해를 발견한다. 혹은 예수의 가르침들에 모든 이상주의, 발달, 그리고 권위적인 도덕적 규범들의 윤리를 배제하는 견해를 부과한다. 이른바 예수의 윤리적 가르침만을 가리키는 것이 아니라면, 근본적인 순종에로의 부름, 자기 희생에로의 부름, 그리고 의지의 태도로써의 사랑에로의 부름이라는 점이 주된 내용이라는 것을 그는 분명하게 밝히고 싶어하는 것으로 보인다.

불트만은 "어떻게 하면 자기 희생에의 순종과 자원(自願)이 지속적인 성향(성 토마스에 따르면 habitus)처럼 될 수 있을까?"에 대해서 정밀하게 연구해 놓은 많은 저작들에 대해 불편한 심기를 가지는 것이 틀림없다. 왜냐하면 그것은 순종에의 결단, 사랑에의 결단에 놓여 있는 일차적 강조점을 파괴시키는 것이기 때문이다. 그러한 해석은 예수의 가르침들이 성격특성의 형성과 삶의 특질들의 발달—불트만이 명시적으로 거절하는 해석—과 관계가 있다는 점을 가정하려고 한다. 그러나 우리는 '태도'라는 단어가 불트만에게 있어서 예수의 가르침들이 특별히 만일 이것이 약간의 다른 신학자들이 거기에서 발견하는 도덕적 목적들과 이상들과 대조될 수 있다면, 순종과 사랑과 자기 희생에의 성향을 불러일으킨다는 점을 지나치게 제시하는 것으로 지나치게 강조해서는 안 된다. 이런 가르침들은 목적, 이상이나 도덕법과 관련되어 있는 것이 아니라 신자들의 기본적인 입장과 자원(自願)적인 순종과 관련되어 있다.

분명히 불트만은 예수에 의해 형성되고 가르쳐진 삶의 특성이나 성향에 관해 정밀하게 연구하고자 하는 다른 신학자들을 지나치게 비판하는 측면이 있다. 린제이 듀워(Lindsay Dewar)가 가령 스캔들을 야기하기를 기꺼워하지 않는 것과 같은 어떤 특정한 삶의 특성들이 예수에 의해 우리에게 권면되었다고 말할 때, 그는 불트만과는 근본적으로 다른 방식으로 앵글리컨들(Anglicans)이 즐겨 부르는 '우리 주님'(our Lord)의 가르침들에 접근한 것이다. 혹은 마샬(L. H. Mashall)이 그 가르침에 대한 일상적인 해석, 즉 예수에게 있어서 "행위는 성격에 의해 결정되는 것이지, 성격이 행위에 의해 결정되는 것이 아니다."라는 해석을 설명할 때, 불트만은 아마 전율했을 것이다.

우리에게 불트만과 이들 다른 신학자들 사이의 차이는 심대하다. 왜냐하면 그들은 복음서를 서로 상이한 관점의 주석적이고 철학적인 원리들을 가지고 읽기 때문이다. 실제로, 듀워와 마샬은 예수가 그 단어의 일상적인 용례로 윤리를 가르쳤을 것이며, 그 윤리의 한 측면(유일한 측면은 아니다.)은 인간이 어떤 선한 삶의 특성들과 선한 성향들을 지녀야 한다는 것이다. 무엇이 가르쳐졌고, 무엇이 환기되었는지, 그것이 어떻게 존재하게 되었는지, 그리고 그것에 대한 성서적 역사적 권위부여가 무엇인지에 대한 불트만과 다른 저자들 사이의 차이들에도 불구하고, 그들 모두는 인간 자아의 입장 혹은 태도를 강조한다.

"그래서 그 열매로 너는 그들을 알게 될 것이다." 예수의 이 말씀은 뜻을 행할 때 그의 행위가 선하다는 의미이다.[10] 마샬이 보기에, 습성에 의한 덕의 형성을 주장하는 아리스토텔레스의 이론은 선한 행위를 하는 것이 인간의 성품을 선하게 만든다고 주장하는 반면, 칸트가 그랬듯이 예수는 의지의 성향은 도덕의 핵심에 속한다는 점을 분명하게 이해했다. 이것은 예수가 행한 도덕의 내면화(internalization)—외적인 법전에 대한 순종으로부터 마음의 기꺼움(willingness)에로의—가 밝혀 주는 내용이다. 행동은 "선한 성향의 자연적이고도 불가피한 표현"이다.[11] 마샬에게 있어서 하나님의 법은 마음에 기록된 것이고, 그래서 유쾌하게 또 자발적으로 따를 내면화된 규범이 있을 뿐이다. 이것이 바로 깨끗하지 못한 영혼의 비유에 대한 마태복음 12장 설명의 요점이다. 그것은 깨끗하게 소제된 집처럼 보일 것이다.

그러나 선이 그 집을 채우지 않는다면, 더러운 일곱 다른 영들이 거기에 거하게 될 것이다. 예수의 가르침을 따르는 그리스도인들은 "도덕적 천재"가 된다. 마샬이 존셜리(Sir John Seeley) 경의 글에서 인용하듯이, 그리스도인들은 "……고유한 기질(temperament)을 염원해야 한다. 그 결과 도덕적 고려들과 관련된 환경들의 모든 조합은 즉석에서 특별한 방식으로 그리스도인에게 영향을 끼칠 것이며, 그 사람 안에서 특별한 감정을 자극시킬 것이다." 그는 즉각적인 충동에 의해 바른 실제적 결론에 다다를 수 있다. 마샬은 이것을 "그리스도인의 도덕의식이 최선의 상태에서 작용하는 방식에 대해 완전한 묘사이고 ……그것이 진정한 도덕적 천재성"이라고 한다.[12]

이 선한 성향의 특징은 예수에 의해 팔복(the Beatitudes)을 통해서 묘사되었다. 그것들은 그들 안에 하나님의 나라를 가지고 있는 사람들의 "영의 음(音)과 기질과 특성"을 설명한다. 예수의 가르침들을 해석하는 해

---

10) L. H. Marshall, *The Challenge of New Testament Ethics*(London, 1946), p. 68.
11) Ibid., p. 70.
12) 첫 번째 문장은 마샬에 의해 op. cit., pp. 71-72에서 인용된 존 셜리 경의 *Ecce Homo*(Boston, 1900), p. 344에 들어 있는 것을 재인용한 것이다. 또한 두 번째 문장은 p. 72에서 재인용한 것이다.

석자가 그 가르침들의 도전을 어떻게 가시화했는지를 보기 위하여 그것들에 대한 마샬의 해석에 약간의 주의를 집중할 필요가 있다. "가난한 자들은 복이 있다"(누가복음의 형태)는 것은 "열심히 일하는 가난한 자들은 그들의 영적 선들 가운데서 가장 가치 있는 소유들을 발견할 수 있을 것이라는 의미이고, 타인에게 봉사하면서 그들은 시간을 보내고, 겸손한 마음과 자기희생과 공감과 친절과 애정 ……을 보여 줄 수 있을 것"이라는 사실을 말해 준다.[13] "애통하는 자들은 복이 있다"는 것은 만일 우리들이 고통을 당하지 않으면, 고상하고 강한 성격을 이룰 수 없다는 사실을 우리에게 상기시켜 준다. "온유한 자가 복이 있다"는 말씀은 타인에 대한 인내와 배려의 중요성, 타인을 위해 자신의 이익을 기꺼이 포기하는 것의 중요성, 교만과 폭력과 지배와 반대되는 특성들의 중요성을 지시한다. 자비, 순수한 마음, 화평과 인간성에 대한 열정, 인내력 있게 덕을 견고하게 붙잡는 태도, 겸손, 용서하기를 좋아하는 것 등은 새로운 인간성을 특징지을 수 있는 선한 성향에 속하는 모든 자질들이다.

마샬이 선한 성향의 '자질들'이라고 부르는 것을 린제이 듀워는 그의 책 「신약성서윤리 개론」에서 "그리스도에 의해 권면된 자질들"이라고 부른다.[14] 그것들 가운데는 신뢰로서의 신앙이 있다. 듀워는 갈릴리 바다에서 폭풍이 일어났을 때 제자들이 두려워하자 그들의 믿음 없음에 대한 예수의 꾸짖음과 (제자들이 가지고 있지 않았던) 신앙은 그 안에 용기라는 덕을 함축하고 있음을 긍정하기 위한 근거로써 마가복음 4 : 20에서 보인 비겁함에 대한 예수의 꾸짖음 모두를 주목한다. 듀워에 따르면 예수에 의해 권면된 또다른 자질은 '용서'의 자질이다. "사실상 아가페라는 말의 경우처럼, 여기서 우리는 새로운 덕에 대한 새로운 단어를 갖게 된다."[15]

이런 덕의 중요성에 대한 예수의 강조는 용서 받음(forgiveness)과 용서

---

13) Marshall, op. cit., pp. 76, 77.
14) Lindsay Dewar, *An Outline of New Testament Ethics*(London, 1949), pp. 62ff.
15) Ibid., p. 65.

해 줌(forgivingness)이 연결되어 있는 주님의 기도와 수많은 비유들 가운데서 확인될 수 있다. 이것은 예수가 복수심으로부터의 해방에 대해 말한 것 가운데서 확인될 수 있다. 또한 마가복음 9 : 42에서 보여 주듯이, 예수는 우리에게 스캔들의 원인이 되는 것을 의지하지 말 것을 가르치신다. "누구든지 나를 믿는 이 소자 중 하나를 실족케 하면 차라리 연자맷돌을 그 목에 달리우고 바다에 던지움이 나으리라." 어떤 특정한 자질들이 권면되듯이 다른 자질들, 가령 색욕, 탐욕, 위선, 다양한 형태의 어리석음 등은 예수에 의해 특별히 정죄된다.

    예수가 명령한 것이라고 믿어지는 태도들과 성향들과 '성품의 특성들'에 대한 기술(記述)들을 상세히 설명하는 것은 어려운 일이다. 우리는 단지 그러한 것을 추구하는 복음서들을 읽을 필요가 있다. 그리고 기독교의 종교적 의식(意識)이 어떻게 그러한 성향들이 성화하는 은혜의 열매일 뿐 아니라 예수의 가르침에 의해 권면되어진 것이라는 점을 믿었는지를 지시하기 위하여 그가 읽고, 설교하고, 듣고, 전했던 수십 편의 설교들을 기억하는 것이 필요하다. 분노로부터의 자유, 화해의 정신, 정직, 기꺼이 다른 뺨을 돌려 대고 십 리를 더 가 주는 것, 먹고 마시는 문제에 대한 근심으로부터의 자유, 그리고 판단하지 않는 태도 등은 신자들이 지녀야 할 적절한 성향의 양상들로서 산상설교에서 추출될 수 있다. 확실히 사랑은 예수에 의해 권면된 모든 태도들과 성향들 가운데 가장 탁월한 것으로 간주되어 왔다.

    실제로 많은 그리스도인들에게 있어서 그들 공동체 윤리의 현저한 특성은 도덕이 '마음'의 문제가 된다는 것이지, 밖으로부터(타율적으로) 부과된 규칙들과 율법들은 아니라는 관념이었다. 그리스도인들은 다른 사람들과의 관계를 규율하는 내면적인 성향에 의해 특징지어지는 것으로 여겨진다. 그들은 사랑하는 존재여야 한다. 대중적인 경건에 있어서 아직도 가장 잘 기억되고 있는 몇몇 인물들은 예수가 체현한 것으로 보이는 태도를 자신의 것으로 체현한 사람들—타인의 필요를 위한 관심으로 인해 자신의 염려로부터 자유로웠고, 겸손과 기쁨과 어린애 같은 신뢰를 지

녔던 성 프란시스, '생명에의 경외'를 지녔던 슈바이처 등과 같은 사람들
—이다. 그리스도인들의 말과 행동이 성향의 표현이 되게 하는 어떤 특정
한 가치들의 내면화는 많은 기독교공동체 속에서 잘 받아들여진다.

    예수에 대한 경건한 감상주의에 대해 거의 정죄하지 않던 칼 바르트조
차도 그리스도인이 하나님의 은혜로운 행위에 부응할 때 발견되어질 수
있는 구체적인 태도들과 행동들이 있음을 분명하게 말한다. 이런 것들은
마태복음 5 : 48과 완전히 일치하는 것이다. "그러므로 너희는 하늘에 계
신 너희 아버지의 온전하심 같이 온전하라." 대담하게 말하자면 그것들을
표현하는 이런 태도들과 행동들은 기꺼이 용서하려는 태도요, 기꺼이 공
감하려는 태도요, 기꺼이 서로의 짐을 져 주려는 태도요, 기꺼이 도움을
주려는 태도인 것이다. 일관적인 친절, 겸손, 그리고 사랑이 적절하다. 바
르트는 태도들, 행동들, 요구들, 그리고 명령들을 구별하는 것에는 개의
치 않는데, 그러나 하나님의 은혜로운 능력이 삶 가운데서 이 은총을 인
정하는 사람들에게 적절한 구체적인 태도들을 명령한다고 말하는 것이
타당하다. 예수의 가르침은 이런 것들이 무엇이고, 또 무엇이어야 하는지
를 구체화한다.[16]

    비록 불트만은 예수의 가르침이 일차적으로는 이 세상에서 일상적으
로 사용하는 의미에서 윤리적이 아니라는 점을 보여 주는 데 관심이 있
지만, 그럼에도 불구하고 내가 보기에 그는 예수의 가르침의 특성을 성
향적 윤리로 규정하는 것으로 끝내고 있다. 4장에서 주목했듯이 그에 따
르면 예수의 메시지는 일차적으로나 중요한 의미에서조차 윤리적이지
않다. 개신교 자유주의에서 의로운 사회질서를 위한 이상과 패러다임이
된 "하나님의 나라"는 종말론적 구원의 메시지로써 모든 지상적인 것들
을 종식시키는 것이지, 도덕적 메시지는 아니다. 따라서 만일 하나님의
나라가 인간들이 선으로 여기는 모든 것들의 성취를 의미하는 것이라
면, 하나님의 나라를 '최상의 가치'라고 부르는 것은 무의미하다. "그것

---

16) Karl Barth, *Church Dogmatics*, II/2, p. 578.

은 결코 윤리적 의미에서의 '최고선'은 아니다. 그것은 인간의 의지와 행위가 지향하는 선이 아니고, 어떤 의미에서 인간의 행위를 통하여 실현되는 선도 아니다."[17]

이런 방식의 해석은 예수의 가르침 일반에 대한 준거와 더불어 그것들의 특수한 측면들에 대한 준거와 함께 계속된다. 예수는 그 어떤 인간적 이상에 대한 개념도, 인간 능력의 발전에 대한 사상도, 마찬가지로 인간 안에 있는 가치 있는 그 무엇에 대한 생각도 현대적 의미에서 정신의 개념을 표현하는 것이 결코 아니다. 예수는 우리가 이해하는 대로의 그 삶과 경험에 대한 정신에 대해서 말하는 것이 결코 아니다. 예수는 …… 그 자신의 생각을 이상주의적 윤리(idealistic ethic)와 날카롭게 구별한다. 그는 선 그 자체를 위해 선을 행하는 것에 대해 아무것도 알지 못한다. …… 그의 윤리는 모든 인간주의적 윤리와 가치 윤리에 엄격하게 반대된다. 또한 이런 견해는 인간의 도덕 판단이 발달하거나 인간 자신이 스스로 발전하고 또 온전하게 된다는 '발달의 사상'(idea of development)과 부분적으로 부합한다. ……예수의 도덕적 가르침을 행위의 윤리(ethic of works)와는 대조되는 '의도의 윤리'(ethic of intention)로 규정하는 것은 잘못이다. 비록 그것이 의도의 윤리처럼 보인다고 할지라도, 순종의 의미는 인간에게 도덕적 자질을 부여해 주는 인간의 속성, 즉 인간의 내적인 삶의 습관이라는 것은 아니다.[18]

분명히 불트만은 인간의 내적인 삶 속에 있는 성향의 윤리를 포함하는 보통의 유형이나 스타일의 윤리이론으로부터 예수의 윤리적 가르침에 들어 있는 문제의 핵심을 차별화시키기를 원한다. 이것은 그가 인간을 습관들이나 내면화된 가치들, 이상들의 추종으로부터 스스로 결단하고 헌신하는 것이 아니라 그의 근본적인 자유 가운데서 스스로 결단하고 헌신하는, 근본적으로 자유로운 존재로 보기 때문이다. 예수의 가르침에서 요구되는 바는 결단이다.

---

17) Bultmann, *Jesus and the Word*, pp. 35-36.
18) Ibid., pp. 53, 79, 84, 85, 86.

하나님 나라의 메시지는 인간에게는 궁극적 양자택일(the ultimate Either-Or)을 나타낸다. 그것은 그로 하여금 결단하도록 강제한다.[19] "예수는 인간을 지금 여기서 자신의 자유로운 행위를 통한 결단의 가능성을 지니고 있는 결단의 필연성 아래 서 있는 존재로 본다. 오직 인간이 지금 행하는 것이 그에게 가치를 부여해 준다." 인간의 가치는 그의 생활의 자질들에 의해 결정되거나 그의 영적 삶의 성격에 의해서 결정되는 것이 아니라 자신의 결단에 의해 결정된다.[20]

이와 유사하게 불트만이 사랑에 대해 말할 때 그것은 행위들의 성질, 규칙이나 이상이 아니라 그 자신의 요구를 부인하고 순종하라는 명령이다. "예수는 인간으로서의 다른 인간들의 가치를 언급함으로써 사랑하라는 그의 요구를 지지하지 않고, 아울러 적에 대한 사랑도 최고의 보편적인 인간의 사랑이 아니라 자기를 극복하고 자신의 요구를 굴복시키는 사랑이 최상의 사랑이다."[21] 만일 예수의 윤리적 가르침에 대한 불트만의 견해가 태도나 성향을 지칭하는 것이라면, 이것은 마샬과 듀워가 거기 있다고 본 '선한 성향'이나 '자질들'과는 다르다는 점을 이런 인용문들은 분명하게 밝혀 준다.

그러나 불트만 해석의 결과는 결국 그 가르침들이 요구하는 것은 기본적으로 성격상 태도적, 성향적이라는 것을 지적하는 것이다. 예수의 가르침들이 요구하는 것은 의지에 대한 태도이다. 혹자는 이 점에서 불트만에 의해 부수적으로 사용된 '태도'라는 말을 발견할 수 있다. "예수는 단지 하나님을 향한 한 가지 태도, 즉 순종만을 알고 있다. 그는 인간이 결단의 시점에 서 있는 것을 보기 때문에, 그에게 있어서 인간의 본질적인 부분은 의지요, 자유로운 행위이다."[22]

사실상 위대한 사랑의 계명은 불트만이 해석하듯이, 하나님을 향한 인

---

19) Ibid., pp. 40-41.
20) Ibid., p. 54.
21) Ibid., p. 112.
22) Ibid., p. 48.

간의 태도와 이웃을 향한 인간의 태도 사이의 관계를 암시한다. "주된 계명은 이것이다. 즉, 하나님을 사랑하고, 하나님의 의지에 너 자신의 의지를 순종하게 하라. 그리고 이 첫 계명은 두 번째 계명의 의미를 규정한다. 즉, 내가 하나님 앞에서 취하는 태도가 이웃을 향한 나의 태도를 결정한다는 것이다. 하나님께 순종하고 나의 이기적인 의지를 제쳐 놓고 나의 요구를 포기할 때, 나는 하나님께 헌신하듯 내 이웃을 위해 헌신할 준비가 된 상태로 이웃 앞에 선다."[23] 사랑은 소외된 자의 재결합에 대한 감정도, 욕구도 아니다. 그것은 '의지의 태도'이고, 따라서 명령에 대한 복종이다.

불트만이 예수의 가르침을 태도에 대한 명령으로 본다는 점을 제시하는 무게 있는 증거는 비록 그것이 중요하긴 하지만, 중요한 몇 곳에서 그가 그 단어를 사용한다는 사실에만 의존하는 것은 아니다. 오히려 그것은 불트만 자신이 관여하고 있는 소거의 과정(a process of elimination)에 의해 우리에게 떠오르는 내용에 더 의존한다. 윤리적 가르침들이 언급하지 않는 것은 무엇인가? 그것들은 어떤 종류의 윤리학이 아닌가? 예수의 관점을 체계화하려고 시도하는 가운데 불트만은 얼마나 많은 유형의 윤리 이론이 예수의 윤리와 반대될 수 있는지를 지적한다.[24]

우리는 불트만 자신의 말 속에서, 그가 믿기에 예수가 가르치려고 의도하지 않는 것—인간적인 이상에 대한 개념, 인간 능력의 발달에 대한 사고, 인간으로서(qua) 인간의 가치, 인간 정신의 만개, 가치론, 덕의 습관화 등—을 확인했다. 이런 소거과정의 순수한 결과는 예수의 윤리적 가르침들이 궁극적으로는 도덕적으로 선한 세상의 개념보다는 오히려 말씀을 듣

---

23) Ibid., p. 114.
24) 이런 전체 과정은 내게는 약간은 낯설다. 예수는 습관의 윤리에 기원을 둔 이상주의적인 윤리를 알지 못했다. 또한 그는 실존주의적인 대안에 대해서도 의식하지 못했다는 점은 확실하다. 불트만은 근대의 철학에서 발전된 예수에 관한 윤리 이론의 일관성을 강화하고 있는 면에서 나에게 자극을 준다. 예수는 특별히 그가 그러한 문제에 대해 교육을 받지 않았기 때문에, 그가 제공했던 윤리 이론이 무엇인지(이상주의 윤리이론, 의도의 윤리이론 등)에 대해 조금도 개의치 않았을 것이다.

고 있는 인간을 언급하고 있다는 점이다. 그리고 예수의 가르침들은 하나님과 이웃을 향한 인간의 성향을 언급한다. 그러나 그것들은 실천과 은혜에 의해 후천적으로 습득된 지속적인 성향인 습관(habitus)의 의미에서의 하나님과 이웃을 향한 성향은 아니다. 이런 구별은 중요하다. 어떤 의미에서 듀위와 마샬은 그러한 특성들을 설명하기 위하여 성 토마스의 글에서 발견하는 것과 같은 그러한 덕의 이론들을 형성하지 않고 성격의 자질들이나 특성을 승인하고 있는 예수를 발견한다.

불트만의 해석은 그러한 견해가 순종에 대한 양자택일의 결단에 대한 요구의 엄정성을 완화시키기 때문에 의도들과 행동들이 생겨나는 조건이 되는 지속적인 성향들을 배제한다. 불트만이 예수의 견해라고 믿는 불트만 자신의 규범적인 인간관은 매 순간마다 인간의 근본적인 자유 안에서 결단을 내릴 수 있는 인간의 능력을 강조하며, 따라서 인간에게 주어진 순간에 특별한 방식으로 응답하게끔 하는 경험의 연속성들을 다른 사람들만큼 진지하게 취급하지 않는다. 즉, 그에게 있어 태도는 우선적인 행위들에 의해 형성된 경향(predisposition)으로써 사용되어질 수 없다. 그럼에도 불구하고 그는 하나님께 순종하라는 태도를 요구하는 예수를 발견하고, 기꺼이 이웃을 위해 희생하는 태도를 요청하는 예수를 발견한다. 예수가 가르치는 것은 인간이 기꺼이 순종해야 한다는 것이고, 타인을 위해 기꺼이 자신을 희생해야 한다는 것이다. 그러나 이것은 마치 습관처럼 행하는 일반적인 자발성이 아니다. 그것은 그 순간적으로 야기된 태도이다.

예수는 자아가 결단의 순간에 마땅히 해야 하는 것을 가르친다. 그 가르침은 이웃의 선을 위하여 이웃에게 주어지는 것도 아니고, 사회의 선을 위하여 사회에로 주어지는 것이 아니라 단지 자아에게 주어지는 것이다. 하나님에 대한 사랑은 "하나님께 순종하라"는 것을 의미하는 것처럼 보인다. 그리고 이 순종의 태도가 일차적인 관심의 대상인 것처럼 보인다. 이웃에 대한 사랑은 "네 주장을 포기하라"라는 의미처럼 보인다. "그것은 기꺼이 자신의 이웃을 '용서'할 마음을 가르치는 것이고, 이 '기꺼운 마음'은 여기서 요구되는 가장 독특한 사랑을 특정 지운다."[25] 사랑은 자아의 '기꺼운 마음', 즉 자아의 성향에 의해 특징지어진다는 점을 주목하라.[26]

우리는 불트만이 예수의 윤리적 가르침을 그리스도인의 태도, 즉 그리스도인의 기꺼운 마음을 지향하는 것으로 해석함을 본다. 그것은 삶의 성질도 아니고, 어떤 특징들을 지닌 선한 성향도 아니다. 그것은 오히려 의지의 태도인 것이다. 우리가 마샬의 주석을 따를 것인지 아니면 불트만의 주석을 따를 것인지의 문제는 중요하고, 아울러 윤리학자들뿐만 아니라 신약학자들도 동의하지 않는 적절한 주석적이고 해석적인 절차에 관한 기술적 판단을 포함하고 있다. 또한 유대 윤리학사(倫理學史)에 있어서 성향에 관한 예수의 강조가 얼마나 신기한 것인지는 여기서 판단할 필요가 없는 물음이다. 강조되어야 할 요점은 이것이다. 즉, 그 가르침들이 그리스도인들에게 적합한 어떤 태도들 혹은 성향들의 적정성(propriety)을 제시한다는 점이다. 예수는 자신의 가르침 속에서 하나님과 이웃을 향한 자세, 즉 기꺼운 마음을 불러일으키고, 추천하고, 그리고 명령한다.

예수에게는 내적 성향 혹은 의지의 태도가 도덕적 삶의 중요한 부분이라는 깊은 인상을 받지 않고는 복음서 안에서 예수에게서 기원하는 가르침들을 읽는 것이 어려울 것이다. 그것이 절대적으로 새로운 것이든지 아니든지, 심오한 의미의 도덕적 내면화(internalization)가 존재한다. 이것은 자신의 의도(여자를 보고 마음에 음욕을 품는 자마다 이미 간음한 것이다.)에 관한 분명한 강조를 지닌 경우뿐만 아니라 신뢰와 순종, 그리고 사

---

25) Bultmann, *Jesus and the Word*, p. 116. '기꺼운 마음'을 작은따옴표로 강조한 것은 필자가 한 것이다. '용서'를 작은따옴표로 강조한 것은 불트만이 한 것이다.
26) 불트만은 이 점을 키에르케고르의 『사랑의 행위』(*Works of Love*)에서 배웠다. 키에르케고르의 관심은 사랑의 대상인 이웃에 있다기보다는 오히려 사랑하라는 명령에 순종하는 가운데 발달하는 자아, 즉 내면적인 자아에 있었다. 예컨대, "만일 사랑할 의무가 없다면, 이웃의 개념은 존재하지 않을 것이다. 그러나 오직 우리가 우리의 이웃을 사랑할 때만이 이기적인 편파성은 근절된다. 그리고 영원자의 평등이 보존된다"(Swenson trans. ; Princeton, 1946), p. 37. 키에르케고르는 이웃의 필요를 채워 주는 것보다는 오히려 자아 속에 있는 이기적인 편파성을 근절시키는 문제에 더 큰 관심을 가지고 있었다.

랑에 대해 추천하는 내용에 대해서도 동일하게 적용된다. 아마도 선한 성격의 성질들과 특징들의 언어는 제자들에게 추천되고 명령된 도덕성의 차원을 기술하기 위하여 잘 선택된 언어는 아니다. 어떤 단어들이 선택되든지 간에 그 단어들은 예수를 따른 사람들이 사랑할 마음과 순종할 마음과 신뢰할 마음과 겸허하고 자비로운 마음을 들게 했던 방식을 가리킬 필요가 있다. 예수의 메시지에 부합하는 방향으로 의지와 성향이 결정된다. 복음에 합당하게 행위할 그리스도인의 내적인 기꺼운 마음의 양상을 제시하기 위해 예수의 메시지, 즉 예수의 가르침들을 사용하는 것은 결코 부적절한 것이 아니다.

예수의 가르침들-지침

많은 그리스도인들에게 있어서 예수는 하나의 태도나 일련의 태도들을 추천하거나 불러일으킬 뿐만 아니라 그들의 도덕적 삶이 따라야 할 기본 방식과 방향과 노선을 보여 준다. 어떤 의미에서 예수의 가르침들은 지침들이다. 즉, 그것들은 구원의 메시지에 부합되는 인간 행위가 따라야 할 방향을 보여 준다. 그것들은 모든 상황에서 절대적으로 권위적이고 또 즉각적으로 적용할 만한 규칙들처럼 보여져서는 안 된다. 그것들은 도덕적 행위가 그것에 비추어 판단 받거나 안내되어야 할 유일한 규범을 제공하는 것은 아니다.

오히려 그것들의 권위는 율법적이기보다는 교훈적이며, 규범적(prescriptive)이라기보다는 계도적(informing)이다. 이 가르침들은 모방을 요구하지 않는다. 그래서 우리는 외적인 방식으로 그 가르침들을 모방함으로써(after) 예수의 삶을, 우리의 삶을 모델로 삼지 않는다. 오히려 예수의 구체적인 명령들이 하나님의 사랑, 하나님의 나라, 그리스도 안에서의 하나님의 인간 선택의 메시지에 부합하듯이, 그리스도인들의 행위는 하나님의 은혜의 메시지에 부합되어야 한다. 예수의 가르침들은 구속의 메시지에 부합되는 그러한 종류의 행위를 지시한다.

이런 식으로 예수의 가르침들을 사용하는 것은 예수의 명령들의 명령법적 특정을 상실하지 않고 하나님의 은혜의 메시지의 우선성을 유지하는 것처럼 보인다. 명령법에 대한 권위부여는 복음, 즉 메시지 안에 들어 있다. 의심할 여지없이 이것은 태도를 강조하는 사람들에 대해서도 참되다. 그러나 내가 여기서 지적하고 싶은 독특한 사항은 이 명령법이 이 길을 보여 준다는 것이고, 그것은 도덕적 내용을 지니고 있고 또 단순히 순종해야 하고 사랑해야 할 형식적 명령만은 아니라는 점이다.

어떤 의미에서 만일 그리스도인이 "내가 순종과 사랑을 보여 주기 위하여 무엇을 해야 하는가?"라는 질문을 해야 한다면, 그 대답은 다음과 같을 것이다. "성경을 읽어라. 특별히 예수의 가르침들을 읽어라. 그러면 당신은 순종하고 사랑할 당신 성향의 적합한 표현들인 목적들, 목표들, 행위들의 의미를 깨닫게 될 것이다." 그리고 다음과 같이 대답되지는 않을 것이다. 외적인 모방의 형식으로 "예수가 행하라고 말한 것을 하라." 혹은 "예수가 행한 것을 하라."라고 말이다. 또한 다음과 같이 대답되지도 않을 것이다. "예수의 가르침들로부터 당신이 합리적으로 적용해야 하는 규칙을 순화할 수 있다." 또한 다음과 같이 대답되지도 않을 것이다. "예수가 준 장엄한 도덕법전을 따르라." 예수의 가르침들을 방향지침으로 이용하는 것은 연역(deduction)보다는 유비(analogy)의 방법에 의한 것이고, 적용보다는 예시의 방법에 의한 것이며, 적합한 행동에 대한 명백한 정의나 묘사를 통해서라기보다는 어떤 행동이 적합한지를 지각하고 이해하는 데 있어서 그 가르침들이 어떻게 도움을 줄 수 있는지를 통해서이다.

내가 판단하기에 바르트는 2장에서 주목했듯이 예수의 가르침들을 이런 방식으로 기독교 윤리에서 사용한다. 그러나 바르트가 사람들에게 방향지침을 제시해 주는 예수 그리스도에 대해 쓸 때, 그는 예수의 가르침들의 교훈보다 중요한 그 무엇을 지적하고 있다. 그는 먼저, 중요성의 순서에 따라 방향을 제시하는 것은 성령의 사역, 즉 이 세상에서 그의 특별한 백성들의 성화사역 가운데 살아 계신 주 예수 그리스도 자신이라는 점을 지적하고 있다.[27] 그의 신학적 원리들에 충실하면서 바르트는 그 방향지침을 하나님 자신의 성화사역에서 끌어낸다. 만약 우리가 원리들의 적절한 신학적 맥락 안에서 예수의 가르침을 보려고 한다면, 이 성화하시는 은혜의 사역에 약간의 관심을 부여할 필요가 있다.

그는 말하기를, "성령은 성도들에게 방향을 제시함으로써 그들을 창조한다."라고 한다. 이 말의 의미를 바르트는 '연약하고 외적인' 것으로 보는 것이 아니라 오히려 방향지침이 "구체적이고도 새로운 상황에서의 인간의 지시에 대해, 또 그가 그러한 상황 속에서 받아들여야만 하는 바른 방향으로의 수정에 대해, 그리고 그 결과 구체적인 태도를 채택하도록 부여 받는 교훈에 대해…… 의미 있고도 역동적으로 말한다."는 것을 암시한다. 그것은 한 사람이 다른 사람에게 주는 그러한 종류의 교훈이나 방향지침이 아니다. 그것은 하나님의 유일한 참된 아들인 왕적인 인간 예수의 방향지침이다. 따라서…… 말하자면 그것은 그것을 부여 받는 사람들의 삶 속으로 수직적으로 떨어진다. 그것은 신적인 능력과 함께 영향을 발휘한다. 그것은 새로운 삶의 씨를 뿌리고 성장시키는 것이다. 그것은 그것에 저항하는 것을 밀어내고 부수고 파괴한다. 그것은 그것이 주어지는 사람들의 전 존재(the whole being) 속에서 지배적이고 규정적인 요소를 이룬다. ……그것이 그들의 지혜가 된다. 그리스도인들은 그 방향지침을 순종에로의 규정적이고도 효과적인 부름으로 듣는다. 그들의 죄는 성령의 현존에 의해 제한된다. 그들은 예수 그리스도 안에 참여한다.[28]

성령의 이런 방향지침, 즉 인간의 성화는 제자직의 삶에로의 부름이요, 예수 그리스도를 따르라는 부름이다. 예수의 가르침들이 그리스도인들의 삶에 어떤 '탁월한 노선들'을 부여하도록 혹은 방향지침을 제공하도록 기능하는 것은 제자직에로의 이런 부름, 순종에로의 부름 안에서이다. 산상설교는 "하나님 백성들의 삶을 구성하는 질서이다."라고 바르트

---

27) Karl Barth, *Church Dogmatics*, Ⅳ/w, p. 522.
28) Ibid., p. 523.

는 쓸 수 있었다. "그 안에서 예수 자신은 포괄적인 긍정적이고 부정적인 방향지침들의 형태로, 그 자신과 더불어 현존하는 '영역', 즉 하나님 백성들에 대한 그의 돌봄과 그들에 대한 주 되심의 영역을 정의한다."[29] 우리는 그리스도인의 삶의 모습을 이끌어 내기 위해 산상설교를 사용할 수 없다고 해도, 그것은 통치, 선포, 묘사, 그리고 강령이다. 그 명령법들은…… 한 입장을 지시하고 하나의 기초를 설정하는 일차적이고도 결정적인 특성을 지니고 있다.[30] 그 말씀들은 몇 가지 사항들을 제안하기 위해 주의 깊게 선택되어졌다. 산상설교는 그리스도가 인간을 위해 행하고 있는 것에 대한 선포의 일부분이다. 그것은 그리스도의 행위들과 동떨어진 교훈들이 아니다.

그럼에도 불구하고 그것은 그리스도가 가져다주는 삶의 질서가 무엇인지를 보여 주고, 그것은 하나의 토대를 설정하고 하나의 입장을 지시한다. 그것은 그리스도가 부여해 주는 새로운 인간성(manhood)을 선포한다. 그러나 동시에 그것은 교훈이고 권면이며, 인간의 훈련과 연습이다. "너희는…… 하라!"(Thou shalt!)와 "너희는…… 하지 말라!"(thou shalt not!)는 모든 명령문들이 강화된 명령법의 힘을 가진 강화된 직설법을 의미하는 것으로 진지하게 받아들여진다.[31] 요구는 선물이고, 선물은 요구이다. "은혜는 삶을 통하여 펼쳐져야 한다. 그렇지 않으면 은혜가 아니다"(Grace must be lived out, or it is not grace).[32] "이런 요구들은 예수의 말씀들을 듣고 실천하는 사람들을 위해, 심지어 문자적인 의미에서조차 가능하게 될 수 있고 또 필수적이 될 수 있는 행동양식을 뜻한다."[33]

우리가 2장에서 바르트에 대해 논의할 때에 보았듯이, 이렇게 말한다고 해서 그것이 하나님이 구체적인 상황 가운데서 명령하시는 것은 정확

---

29) Karl Barth, *Church Dogmatics*, II/2, p. 687. 작은따옴표 속의 내용은 필자가 붙인 것임.
30) Ibid., p. 688.
31) Ibid., p. 694.
32) Ibid., p. 695.
33) Ibid., p. 697.

하게 산상설교에서 설교되어진 것이라고 말하는 것은 아니다. 성령은 사람들을 새로운 진리로 인도한다. 그 명령은 새로운 명령일 수 있다. 그러나 산상설교의 말씀의 반복과 확증에서의, 그리고 명백한 설명과 적용에서의 성령의 음성은…… 그들을 모든 진리로, 한 진리에서 다른 진리로 인도할 것이다. 하나님의 명령, 성령의 음성은 예수의 가르침들 속에서 주어진 하나님의 백성의 질서와 일치하는 것으로 보인다. "사실상 한 인간이 오직 산상설교가 지시하는 노선에 입각하여 가장 구체적인 순종의 행위들을 준비하는 한에서만, 그리고 하나님이 그들 각각의 시간과 상황 속에서 모든 인간에게서 그것들을 요구하는 한에 있어서만 그는 '산상설교에 순종할 수 있다. 그리고 말하자면, 인간이 산상설교가 요구하는 입장을 기꺼이 충족하고, 그 결과 그가 산상설교의 요구들을 따라 그의 삶을 방향 짓는 것 외에는 그 어떤 다른 대안도 선택할 수 없다.'는 느낌을 가질 때에 한해서만 산상설교에 순종할 수 있다."[34]

바르트는 예수의 가르침들이 그의 제자들에게 제공하는 방향성을 암시하는 또다른 방법으로써 "현저한 구절들"(prominent lines)이라는 단어를 선택한다. "진리는 이것이다. 복음서의 말씀들이…… 참으로 보존하고 있는 것은 어떤 현저한 구절들인데, 그 구절들을 따라 구체적인 순종에 대한 요구와 더불어 예수의 구체적인 명령은 항상 그것을 다른 모든 신들의 명령과는 구분되는 그분의 명령으로써 구별되면서 개인들과 관련해서 움직여졌다. 그리스도께 순종하도록 부름을 받은 사람들은 다른 시간들과 장소들에 속한 다른 일들을 위한 부름을 받은 것일 수도 있다. 그러나 그리스도의 명령은 항상 하나 혹은 그 이상의 이런 현저한 구절들을 따라 움직인다. 사실상 만일 제자의 행위가 하나 혹은 그 이상의 위대한 구절들을 따르지 않는다면 그리스도에 대한 그 어떠한 헌신도 존재하지 않는다."[35] 이런 교훈 구절들은 산상설교와 그 외의 다른 곳에서도 발견되어질 수 있다. 바르트가 이 구체적인 말씀들을 가지고 작업하

---

34) Ibid., p. 699. 작은따옴표 속의 내용은 필자에 의해 덧붙여진 것임.
35) Karl Barth, *Church Dogmatics*, Ⅳ/2, p. 547.

는 방식은 도덕적인 구체화뿐만이 아니라 그가 사용하는 절차들을 위해서도 교훈적이다.

인간의 소유와 관련된 수많은 말씀들이 있다. "네게 구하는 자에게 주며 네게 꾸고자 하는 자에게 거절하지 말라"(마 5 : 42). "아무것도 바라지 말고 꾸어 주라"(눅 6 : 35). "누가 네게 겉옷을 달라고 하면 속옷까지도 주라"(마 5 : 40). "너희를 위하여 보물을 땅에 쌓아 두지 말라"(마 6 : 19). "너희 전대에 금이나 은이나 동이나 가지지 말고 여행을 위하여 배낭이나 두 벌 옷이나 신이나 지팡이를 가지지 말라"(마 10 : 9-10). 인간의 소유를 다루는 여러 부문들에서 구별되는 '현저한 구절'은 무엇인가? 바르트의 해석에 있어서, 그것은 훗날 수도원적인 규칙(the monastic rule)으로 인식된 청빈의 이상 혹은 원리를 실현하라는 요청은 아니다. 그것이 개인적인 부의 원리와는 다른 새로운 사회의 기초도 아니다. 또한 그것은 소유물을 다루는 규범적인 기술적 규칙으로 축소될 수도 없다.

사실상 우리가 이 예수의 말씀들을 읽을 때, 이것들이 특정한 시대에 특정한 사람들에게 주어진, 그리고 특히 형식적이거나 영적인 의미가 아닌 문자적인 의미로 구체적으로 따라야 하는 구체적인 방향지침들이라는 것은 분명하다. 그러나 우리는 그것들의 취지를 식별할 수 있다. 그것들은 사람들이 가지는 자명한 집착과 배치될 뿐 아니라 그것에 대해 도전한다. 따라서 그 방향지침은 명백하다. 즉, 예수의 제자는 이런 집착으로부터 자유로운 사람처럼 (지금 여기에서 이웃과의 구체적인 만남 속에서) 생각하고 느낄 뿐만 아니라 행동한다. 그는 이제 그의 소유를 떠날 수 있을 뿐만 아니라 떠나도록 할 것이다.[36]

바르트는 예수에 의해 제자직으로 부름을 받은 사람들에게 주어진 다른 '교훈 구절들'을 파악한다. 마태복음 20 : 26, "너희 중에 크고자 하는 자는 누구든지 너희들의 종이 되어야 한다"와 가령 마태복음 5 : 11, 5 : 39, 23 : 6 이하, 요한복음 13 : 14 이하 등의 다양한 텍스트로부터 다음과

---

36) Ibid., p. 548.

같은 방향지침이 확인된다. 즉, "예수의 제자는 인간 사회 속에 할당된 권좌—아마도 작은 권좌—로부터도 내려올 수도 있다." 그는 그처럼 행하라는 명령을 받았기 때문에 이것을 한다. 왜냐하면 그는 "사회적 지위와 존엄성과 중요성을 구성하는 것에 대한 일상 생각들의 속박"[37]으로부터 자유롭게 하시는 지배적인 하나님의 은혜를 통해 가치들에 대한 재평가(transvaluation)를 경험하기 때문이다. 태도와 방향지침 모두 다음과 같은 구절들에 의해 명령되어지고 있다. 소유에 관한 염려로부터 자유로워지라는 요청을 받을 때, 그리스도인은 또한 이 지상에서의 지위로부터도 자유로워지라는 요청을 받는다. 이것은 경향 혹은 태도의 일깨움이다. 그러나 예수에게서 기원된 이 말씀들은 성향에 부합하는 그러한 행동들을 명령한다. 그것들은 행위의 방향지침을 보여 준다. 하나님의 나라는 지상의 규칙들과 상식을 초월한다. 따라서 "네 오른뺨을 치는 사람에게 다른 뺨도 돌려대라", "너희의 주이며 선생인 내가 너희의 발을 씻어 주었다면 너희도 내가 행한 대로 행해야 한다"고 말한다. 이런 구체적인 계명들에는 어떤 '현저한 구절'이 있다.

또다른 구절은 힘의 사용(the use of force)을 다룬다. 그의 일반적인 윤리학 방법론에 주의 깊게 일치시키면서 바르트는 이렇게 말한다. "신약성경의 의미에 따르면 우리는 원칙적으로는 평화주의자들일 수는 없고, 오직 실천상의 평화주의자이다." 만일 우리가 제자직에로 부름을 받는다면, 우리들은 ……우리가 실천적인 평화주의자들이 되는 것을 피할 수 있을지, 없을지를 매우 깊이 생각해야만 한다. 이것은 그것이 주어진 대로 정확하게 수행되어야만 하는 구체적이고도 확고한 방향지침이다. 다시 말해서, 이런 방향지침은 "일반적인 규칙, 즉 이 세상의 체계와 경쟁적인 관계 속에서 대면하고 있고, 어떤 방식으로는 그것과 조화로운 관계를 가져야 할 기독교 체계"[38]는 아니다. 오히려 그것은 예수의 구체적인 말씀

---

37) Ibid., p. 549.
38) Ibid., p. 550. 평화주의의 요점에 대한 바르트의 현저한 비판적 연구를 확인하기 위해서는 John Howard Yoder의 *Karl Barth and Christian Pacifism*(Basel :

들 안에 주어진 방향지침이다.

"강화된 명령법의 힘을 가진 강화된 직설법"의 의미를 유지하고 있는 이 점에 관한 바르트의 생각에는 어떤 질서가 있다. 제자직에로 부름을 받은 사람들은 그들에게 대항하는 힘을 두려워하지 않는다. 왜냐하면 최악의 상황에서 그들의 적들은 오직 육체만을 죽일 수 있지 영혼은 죽일 수 없기 때문이다. 그들의 참되고 내면적인 자아는 파괴되지 않고 남아 있을 것이다. 그들은 자신들의 삶에 대해 염려하지 않는다. 왜냐하면 그들은 심지어 참새들까지도 돌보시는 하나님, 모든 사람들의 머리털까지도 세시는 하나님의 부성적인(fatherly) 지원과 보호의 관심 아래에 있기 때문이다.[39] "그러므로 염려하지 말라 많은 참새들보다 너희가 더 귀중하다."

예수의 추종자들이 힘(강화된 직설법)을 두려워하지 않는다면, 분명히 그들은 힘(강화된 명령법)을 행사하지 않을 것이다. 누가복음 9 : 5 이하에는 제자들이 예수에 의해 보내졌던 사마리아 사람들에 의해 외면당했을 때 가졌던 제자들의 실망에 대한 설명이 있다. 야고보와 요한은 "주여, 당신은 우리가 하늘로부터 불을 내려 그들을 소멸시키기를 원하십니까?"라고 말했다. 그러나 예수는 사람들의 삶을 파괴시키려고 온 것이 아니라 그들을 구원하려고 왔다고 하면서 제자들을 꾸짖으셨다.

겟세마네 동산에서 예수는 다시 힘의 사용을 금지시켰다(마 26 : 47 이하). 무리들이 마치 폭력범을 체포하듯이 칼과 수갑을 가지고 유다와 함께 왔다. 예수가 잡혔을 때 복음서 기자는 "예수와 함께한 사람 중 하나가 그의 손을 뻗어 칼을 꺼내 대제사장의 종을 내리쳤다"고 말한다. 그러나 예수는 "너의 칼을 도로 집어 넣어라 칼을 취하는 자는 칼로 망한다"고 말했다. 자신의 방어를 위해 12천사 군단을 불러 낼 수도 있는 예수는 그러한 종류의 보호를 사용치 않았다. 따라서 칼을 뺀 제자는 폭력의 악순환에 빠져서는 안 된다.[40] 삶은 "눈에는 눈이다."라는 보복법(the law

---

mimeofraphed, n. d.)을 참고하라.
39) Ibid., p. 549.

of retaliation)에 따라 영위되어서는 안 된다. 오히려 원수들을 사랑해야 한다. '친구와 원수관계'(friend-foe felationships)에 대한 전체적인 관점에 대한 평가가 변했다. 왜냐하면 자신의 원수를 사랑하면 그는 더 이상 원수가 아니기 때문이다. 주어진 것을 정확하게 수행해야만 하는 구체적이고도 분명한 방향지침이 있다. 예수의 추종자라면 그가 실천적 평화주의자가 되는 것을 피할 수 있는지, 없는지를 보다 세심하게 고려해야만 한다.

바르트는 세 가지의 다른 현저한 구절들을 명명한다. 그중의 하나—자신의 십자가를 짊어지는 것—를 그는 「교회교의학」의 마지막 (아직 출판되지 않은) 절(subsection)까지 계속적으로 확장해서 토론하기 위해서 유보해 둔다. 다른 두 구절은 가령 가족에 대한 자명한 집착의 포기("죽은 자들로 죽은 자들을 장사케 하라" 등)와 외식적인 경건과 도덕적 의의 제지를 다룬다. 이 두 가지의 예에서 그 용례에 대한 절차는 대략 그가 재산과 힘에 관한 '가르침의 구절'을 전개시키는 방식들과 평행을 이루고 있다.

비록 바르트가 재차 반복해서 일반 규칙들을 엄격히 반대하는 예를 보여 주긴 하지만, 그럼에도 불구하고 그는 예수의 가르침들이 그리스도인들의 삶에 깊은 영향을 미치게 되기를 기대한다. 현 시대에 우리는 예수와 제자들에 대한 복음서의 기자들로부터 그들이 명령을 받고 그 명령에 대해 구체적으로 순종을 보여 주었던 상황들을 상정해 본다. 이 사람들의 모습과 이들이 구체적으로 명령 받고 순종한 방식은 그 자체가 우리에게 강하게 인상을 주어야만 하는 것이다. 그 명령들은 '케리그마' 자체의 일부이다. "우리가 구체적인 형태를 지닌 이들 주된 구절을 따라 밝혀야만 하는 이유는 우리에게 다가오는 제자직에로의 부름이 '항상 이런 연관된 그림에 의해서도 형태 지워질 것'이라는 점 때문이다"(작은따옴표 속의 내용은 필자가 첨부함).

그러나 그들의 부름이 그들의 시공간적인 배경 속에서 구체적이었듯

---

40) Ibid.

이, 우리의 부름도 우리의 시공간적인 배경 속에서 구체적일 것이다. 우리 부름의 구체적인 내용은 그들 부름의 구체적인 내용에 의해 고정되지 않는다. 바르트는 우리가 예수로부터 받은 방향지침에 대해 많은 것을 요구하는 동시에 적게 요구하려고 할 때 생겨나는 잘못된 해석에 대한 방지책에 점점 더 주의를 기울이게 되었다. "부정적인 측면에서 예수를 말하자면 그의 이전의 만남들의 결과로 한정하지 않을 뿐더러, 그의 명령이 그의 이전 명령의 순환 속에서만 움직이지도 않는다. 그것은 우리가 단순히 이런 영상들을 재생하는 것이 아니다. 우리는 우리 자신을 그 당시 부름을 받았던 사람들과 직접적으로 동일화해서는 안 된다."[41] 따라서 우리는 그들이 명령 받은 것으로부터 우리가 명령 받은 것을 직접적으로 배우지 않는다. 우리는 우리의 활동 속에서 예수 당시 제자들의 순종의 윤곽만을 모방해서는 안 된다. 사실상 그들을 모방하는 데 만족하는 것은 불순종하는 것이 될 것이다.

긍정적인 측면에서 그는 이렇게 진술한다. "내적인 또 외적인 동일한 일치 속에서, 그리고 그들과 예수의 만남에 대한 신약성경의 증언에 '정확히 상응하는 가운데', 토론 혹은 유보 없이 문자적으로 순종하는 것이 우리의 일이다. 확실히 '이런 주된 구절들로부터의 이탈의 문제'는 결코 존재하지 않을 수 있다. 사실상 만일 이런 흐름들을 따라 우리에게 요구된 것이 그들에게 요구되었던 것들보다도 다소 덜 편안한 것인지, 더 쉬운 것인지, 아니면 더 편안한 것인지를 생각한다면 우리 자신들에 대해 불신할 이유가 늘 있게 될 것이다."[42]

바르트의 선회들(gyrations)은 개개인들에 대한 하나님의 구체적인 명령이라는 그의 기본 모델, 즉 성경의 계시로 진리라고 믿는 모델을 보존키 위해 그에게는 필수적인 것이다. 그럼에도 불구하고 그는 우리를 향한 하나님의 명령이 제자들을 향한 예수님의 명령과 상응하고, 연속적일 것이라는 점을 주장하고 싶어한다. 혹자는 바르트가 자신이 지적하고 있는

---

41) Ibid., pp. 552ff.
42) Ibid., p. 553. 작은따옴표 속의 내용은 필자가 첨부함.

일반적인 요점을 이해할 수 있는 정도로 이 틀(framework)에 관심을 기울일 필요가 있다. 하나님이 인간을 위해 행하신 것은 예수 생애의 사건의 기록뿐만 아니라 복음서 기자들에 의해 예수에게서 기원된 것으로 간주된 가르침들 속에서 알려져 있다.

무엇보다도 발생의 순서에 있어서 하나님의 나라에 대한 선포, 즉 그의 은혜와 의에 대한 선포가 있다. 그러나 이것은 동시에 '강화된 명령법'(intensified imperative)이다. 그것은 신실한 사람들이 따를 길과 방향 지침을 보여 준다. 우리는 여기서 태도와 성향을 넘어간다. 사람들은 신앙을 가지고 또 순종하라는 명령을 받고, 그리고 사랑하고 용기를 가지라는 명령만을 받는 것이 아니다. 제자직으로 부름을 받은 사람들에게 어울리는 행동들에 대해 지시해 주는 사항들이 있다. 이것들은 모방하기 위한 모델들도 아니고, 따르기 위한 일반규칙들도 아니다. 그것은 그리스도인들이 행동할 때 일치시켜야 되는 방향지침을 제공한다. 이런 '흐름들'의 관계성은 그러한 가르침의 흐름들과 상응되는 그것들에 의해 교훈된 것이다. 오늘날의 그리스도인들은 그 가르침의 흐름들 가운데 신실한 순종 속에서 그들 자신의 것이 되는 계도적인 방향성, 목적, 그리고 지향성을 발견한다.

예수의 가르침들 – 율법, 이상, 규범

예수의 가르침들이 권위 있는 도덕적 규정들이나 일련의 새로운 이상들, 심지어 도덕 규범이라는 의미에서의 새로운 법을 구성하는 것이 아니라는 현대 성서학자들과 신학자들의 지속적인 경고들은 그것들이 사용되어진 그 시대와 장소에 대한 기억을 방해하지는 않는다. 실제로 이런 경고들 자체는 우리가 바르트와 불트만에게서 보이는 가르침들의 용례를 분석하면서 확인했던 것처럼 미묘하다. 기독교 신학자들은 윤리학에서 가지고 있던 그런 종류의 용례들에 대한 그들의 공격이 성서비평에서 왔든지, 교리적 관점에서 기원했던지 간에 이런 가르침들의 모든 권위를 붕괴시키기를 꺼린다.

예수의 가르침들을 새로운 법으로 보아 온 교회 내의 오랜 전통이 있었다. 어떤 의미에서 그것은 새로운 것이고, 어떤 의미에서 그것은 수많은 논의의 대상이 되어 왔다. 분명히 「디다케」(The Didache)와 같은 초기의 문서처럼 예수의 가르침들을 삶의 길(Way of Life)과 동일시하려는 강한 경향이 기독교회 안에 있었고, 「바나바의 서신」(The Letter of Barnabas)에서처럼 예수의 가르침들을 빛의 길(Way of Light)과 동일시하려는 강한 경향이 기독교회 안에 있었다. 이런 도덕적 가르침들은 공동체에 속해 있던 사람들이 따라야만 하는 삶의 규칙과 모범을 규정했다. 역사가들은 수도원주의의 발흥을 그리스도의 몸 전체 안에서 자기 부정의 가르침들을 따르는 그리스도인 행동의 범례적인 엄격주의(rigorism)를 확고하게 하기 위한 운동으로 해석했다. 새로운 법의 엄격성은 모든 신자들이 따르기 위한 것이 아니라 특별한 소명을 받은 사람들에게 고차적인 모범적 행위방도와 완전에 이르는 접근방법을 제공했다. 이 가르침들은 '완전에 대한 조언들'(counsels of perfection)과 동일시되었고, 그 결과 반드시 모든 그리스도인들에게 적용될 수 있는 것은 아니었다.

트뢸치가 지적하다시피, 기독교역사에 있어서의 몇몇 종파(sect)운동들의 표지 중의 하나는 예수의 모범과 가르침에 순종함에 있어 먼저 기독교공동체 구성원 전체의 값비싼 세상부정의 제자도에로의 회귀이다. 교회 내부의 방종(laxity)은 신앙과 헌신에 대한 새로운 강화노력뿐 아니라 예수 그리스도에 대한 새로운 근본적 순종, 즉 예수의 말씀과 행위들에 대한 복음서의 설명에 의해 형성된 순종에 의해 공격을 받았다. 그리고 제퍼슨의 인용문에서 주목했듯이, 계몽된 인간들의 행방된 정신에 주어진 것은 '장엄한 도덕법전', 즉 이성에 호소하는 삶의 규칙이요, 만일 보편화된다면 인간들 사이에서 동의를 얻어 낼 인생의 규칙이다.

그러나 새로운 법은 대부분의 기독교 전통의 외적 교훈(precept)만은 아니다. 우리가 3장에서 보았듯이, 신학자들은 새로운 법이 마음에 기록된 법, 즉 '생명의 성령의 법'이라는 점을 지적하기 위하여 예레미야와 바울을 인용한다. 그리스도인의 경험은 삶의 새로움을 가져오는 은혜의 경험, 즉 그 삶에 적합한 행위원칙들의 내면화의 경험이다. 그러나 많은 그리스도인들에게 있어서 마음에 기록된 이 법은 그 교훈의 형식 속에서 새로운 법의 중요성을 배제하지 않는다. 이 교훈들은 계속해서 새로운 법의 천명들로서 권위를 지닌다. 따라서 그 교훈들은 그리스도인들의 양심에 묶여 있다.

법의 언어와 이상의 언어는 기독교 신학자들에 의해 자주 무차별하게 사용되어져 왔다. 많은 신학자들은 이 두 단어가 몇몇 신학자들과 철학자들에게 제시되는 것처럼 보이는 그러한 종류의 구별을 의식하지 못했다. 비록 제조자로서의 인간(이상들), 시민으로서의 인간(법), 그리고 응답자로서의 인간이라는 니부어(H. R. Niebuhr)의 유형론의 결과로 이 구별들이 최근 기독교 진영 내에 나타났지만,[43] 그것들은 훨씬 오랜 역사를 지니고 있다. 예컨대 현대 개신교 윤리학에 있어서 슐라이에르마허는 자의식적으로 율법의 윤리와 대조되는 최고선의 윤리를 발전시켰다.

내가 염두에 두고 있는 이런 구별은 예수의 가르침에 대한 용례 속에 나타나는 뉘앙스들을 구별한다는 점에서 실제적인 가치를 지닌다. 새로운 법으로서 가르침들은 주로 그리스도인들이 순종해야 하고 따라야 할 일련의 규정적인 명령들, 규칙들, 혹은 교훈들로 보인다. 도덕적 이상으로서 그것들은 주로 실현되어야 할 표준, 성취되어야 할 목적, 실현되어야 할 목표로 보인다. 지난 세기의 개신교 경향은 그 가르침들이 고도의 도덕적 이상을 표상하는 것으로 보았다.

하나의 이상으로서 그 가르침들은 획득되어야 할 목표, 아니면 적어도 인간의 역사적, 사회적 경험 속에서의 근사치(approximation)로 도달해야 할 목표를 제시한다. 하나님의 나라는 도덕적 이상, 즉 인간 사회질서가 접근할 수 있는 최고선의 사상이 된다. 그것은 은혜 받은 인간들, 기독교공동체에 주어지는 가능성을 나타낸다. 그처럼 그것은 많은 개신교인

---

43) H. Richard Niebuhr, *The Responsible Self* (New York, 1963), pp. 48ff.

들의 상상력을 사로잡았고, 이상을 선전하고 그 이상을 실현코자 하는 욕망을 자극시키기 위해 많은 대중문학 작품들이 쏟아져 나왔다. 하나님의 나라는 기독교의 '위대한 사회적 이상'이다.

그 가르침들은 사회적 이상주의의 용어뿐만 아니라 개인적(personal) 혹은 개별적(individual) 이상주의로 변형될 수 있다. 예컨대 팔복(the Beatitudes)은 신자들의 이상적 삶을 표상하는 것으로 해석될 수 있다. 왜냐하면 그것들은 신실한 신앙과 신뢰를 가지고 있는 사람들에게서 이루어질 수 있는 삶의 내용의 청사진을 제공해 준다. 선한 사마리아인의 비유는 사랑의 사람, 즉 예수를 따르는 사람의 이상적 행위에 대한 모범을 제공했다.

예수의 가르침들에 대한 이상주의적 해석의 쇠퇴와 더불어 여전히 그것들의 권위가 인정되면서도, 그러나 다소 다른 방식들로 변형된 하나의 대안이 출현했다. 예수의 자기 희생적 죽음처럼, 이 가르침들은 다양한 도덕적 상황들에 영향을 미치는 규범으로서 기능한다. 그것들은 다양한 절차들을 통해 여러 상황들에 적용되어질 수 있는 판단을 위한 시금석(touchstone)이 된다.

물론 여기서 여러 상황들이라 함은 그 가르침들을 온전히 실현하기 쉬운 상황들만은 아니다. 사랑에 관한 예수의 가르침은 매우 적절한 예이다. 개인들 간의 형태에서 인간 삶의 복잡성과 고도로 제도화된 형태에서의 인간 삶의 복잡한 측면들은 사랑에 대한 예수의 근본적인 가르침, 즉 가령 다른 쪽 뺨을 돌려 대라고 하는 산상수훈의 근본적인 권면들(exortations)에 쉽사리 순종하지 못하게 한다.

사랑에 대한 법은 인간생활 속에서 결코 단순하게 순종되지 않는다. 사랑의 이상은 그것이 실현되는 데 있어서 훨씬 큰 저항을 받는다. 그러나 많은 기독교윤리학자들은 사랑에 대한 예수의 가르침이 인간의 복잡한 도덕적 상황에 전적으로 부적합하다고 쉽사리 말하려 하지 않는다. 특히 그들은 그리스도인들이 이 세상에서의 삶의 방식들을 위해 그리스도인들의 신앙에 매우 중심적인 것의 의미를 찾는 문제를 쉽사리 떨쳐 버리지 못한다고 말할 것이다.

따라서 사랑은 무엇이 행해져야 하는지에 대해 그리스도인들이 판단을 내리는 여러 가지 방식들 속에 관련되어 있는 규범으로, 시금석으로, 원리로 기능한다. 그것은 유일한 생각도 아니고, 그것은 그것으로부터 부분적으로 끄집어낸 이차적 원리들의 형태를 취하지도 않을 것이다. 그럼에도 불구하고 그것은 규범적인 중요성을 가지고 있다.

새로운 법

새로운 법으로서의 예수의 가르침들에 대한 해석은 적어도 다른 해석들만큼이나 성서학과 신학적인 많은 질문들을 불러일으킨다. 예수가 그의 가르침들을 법으로 가르치려고 의도했는지의 문제는 종교개혁과 특별히 성 바울에 대한 루터의 해석을 통해 성서를 보는 개신교적 접근에 고유한 것이다. 법은 은혜와 자유와는 정반대적인 것처럼 보이고, 이것들은 복음이 말하는 바의 전부이다. 복음에 대한 이런 견해는 새로운 법의 수여자로서의 예수 자신에 대한 이해에 긴장감을 부여한다. 이런 개신교적 관점의 어떤 측면들은 이미 예수의 가르침들에 대한 바르트의 중요한 구절이라는 견해와 의지의 태도로써의 순종과 사랑에 관한 불트만의 강조를 논의하는 장에서 주목했다.

신약학에서 전개된 벌집 같은 경쟁적인 관점들은 맨슨(T. W. Manson)과 한스 빈디쉬(Hans Windisch)라는 두 학자를 주의 깊에 살펴봄으로써 좀더 개방될 수 있다. 필자와 같이 신약학 밖에 있는 사람이 판단할 때 이 두 사람은 대체로 각각 불트만과 같은 학자와 공유하고 있는 공통점만큼 적어도 서로에 대해 많은 공통점을 지니고 있다.

문제는 예수의 가르침들과 동시대의 다른 유대인들의 가르침들 사이의 유사점과 차이점이다. 우리가 보았다시피, 그 차이점은 예수가 환기시킨 동기나 성향이라는 용어들로 진술된다. 그래서 맨슨은 다른 유대인들과는 대조적으로 "예수의 도덕적 요구들은 인간의 변화된 본성과 성향을 전제한다."라고 말할 수 있었다. 즉 "예수의 요구들은 선행하는 회심을 함축하는 것이다."라고 말할 수 있었다. 예수는 사회의 규정적 힘(regulative force)으로써의 법에 관심을 가지기보다는 행동의 원천으로써의 사람의 마음에 주로 관심을 가지고 있었다. 혹은 예수에게 있어서 선한 삶은 밖으로부터 부과된 법의 규율에 대한 순종이라기보다는 변화된 인격 혹은 성격의 즉각적이고도 자연적인 행동이다.[44] 만일 이것이 예수의 가르침들에 있어서의 핵심문제라면, 우리는 그것들을 새로운 법이라고 생각할 수 없을 것이다. 혹은 우리가 그것들을 법이라고 부른다면 그것들은 그 용어의 권위를 가질 수 없다. 그것들에 대한 응답은 순종적인 응답일 수 없다. 그것들은 행위의 규칙들일 수 없다. 그것들을 구약의 개혁된, 단순화된 주석이라는 의미에서 '새로운 법'이나 모세와 그의 계승자들의 법전을 대신할 규칙법전으로 간주할 수 없다.

그렇다면 그것들은 어떻게 간주될 수 있을까? "그것들은 단지 변화된 인격이 행동으로 표현할 방법에 대한 수많은 예증들일 뿐이다."[45] 맨슨이 말하듯이, 예수는 법을 제정하기를 거절한다. 왜냐하면 그는 외적인 행위에 관심을 두기보다는 마음속을 비추는 빛의 섬광인 성격의 원천에 관심을 갖고 있기 때문이다. 법은 사람들에게 그들이 해야 할 것을 말한다. 그러나 예수는 도덕적인 성격에 관심이 있다. 그의 가르침들은 이미 그들 안에 문제의 뿌리를 지니고 있는 사람들의 안내를 위한 단지 경험과 연습에 근거한 처방을 나타낸다.

몇몇 신약학자들뿐 아니라 개신교의 윤리학자들, 설교자들, 그리고 평신도들 가운데에서 그렇게도 흔하게 보이는 이런 입장은 내적 성향과 법 간의 반제(antithesis)를 상정한다. (맨슨과는 대조적으로) 빈디쉬는 말하기를 "이 반제는 거짓이다."라고 한다. 예수의 가르침들, 특히 마태복음 5장에서 발견되는 명령법들은 계명들이다. "그래서 예수가 새로운 법이

---

44) T. W. Manson, *The Teaching of Jesus*(Cambridge, Eng., 1931), pp. 299-300.
45) Ibid., p. 301.

아닌 새로운 태도를 가져왔다는 일반적 견해는 올바른 것일 수 없다."[46)]
명령이라는 형태를 취하는 예수의 말씀들은 명령들로 의도된 것이었다는 점은 (확실히 충분한 이유를 지닌 채) 빈디쉬에게는 개연적인 것처럼 보였다. 빈디쉬는 마태복음 5 : 17~20, 그 가운데서도 절정을 이루는 구절인 "너희의 의가 서기관들과 바리새인들보다 낫지 아니하면 결코 하나님의 나라에 들어갈 수 없을 것이다"라는 도전을 꽤 직접적으로 받아들인다. 그리고 그 반제, 즉 "너희가 이것을 말한 바를 들었으나…… 나는 너희에게 ……을 말한다."라는 반제가 태도나 성향이라고 불릴 수 있는 어떤 것을 언급하기 때문에, 그것들은 적어도 계명들이다. 의도된 바는 이것이다. 즉 "화내지 말라. 그리고 비난의 말도 말라." 등과 같은 것이다.[47)] 감정과 열정, 그리고 욕망은 통제해야 할 것들이고, 마땅히 통제되어야 한다.

빈디쉬는 예수의 가르침과 다른 유대인들의 가르침 사이에 다른 어떤 것도 존재하지 않는다고 말하는 것이 아니다. 오히려 그는 성격과 법 사이에 그러한 차이를 설정하는 것을 바라지 않는다. 예수는 도덕이 마치 법률학의 문제인 것처럼 가르친다. 때때로 예수의 강조는 법보다도 도덕 규율에 두어진다. 그렇다고 이것이 법과 반대되는 것은 아니다. 때때로 이혼에 대한 가르침(마 5 : 31-32)에 있어서처럼, 또다른 법적 규제와 대비되는 어떤 법적 규제(legal regulation)가 존재한다. 그러나 그 가르침들은 모든 경우에 있어서 계명들이다. 우리가 그것들을 규칙들로써 간주하지 않는다는 사실이 그것들의 고유한 배경에서 그 가르침들이 그렇게 간주되어질 수 없었다는 것을 의미하지 않는다. 분명히 맨슨의 해석과는 달리, 예수는 변화된 성격의 즉각적이고도 자발적인 행위에 대해 말하지 않는다.[48)]

---

46) Hans Windisch, *The Meaning of the Sermon on the Mount*(Philadelphia, 1951), p. 85.
47) Ibid., p. 78.
48) 나는 구체적인 가르침들에 관한 내용을 비교를 통하여 모조리 다 살펴보고자 하는 유혹에 걸려 넘어지지 않으려고 조심한다. 예컨대 맹세하는 것에 관한

신약학자들 사이의 이런 견해의 대조는 윤리학자들 사이의 견해의 대조를 위한 무대를 마련해 주는데, 그들 모두는 자신들의 성서해석을 가지고 있다. 우리는 변화된 성격들에 대한 맨슨의 견해나 예수시대의 유대법에 관한 빈디쉬의 복잡한 견해 없이도 '최상의 도덕법전'인 「예수의 삶과 도덕」에서 발견되는 새로운 법을 지닐 수 있다는 점을 확인했다. 예수의 가르침의 단편들이 훼손되고 잘못 진술된 채 우리에게 다가오고, 더 심하게는 헬라의 소피스트(플라톤)의 신비주의를 접목함으로써 예수가 가르친 단순한 가르침들을 복잡하게 하고 왜곡시키는 데 흥미를 가지고, 또 그 가르침들을 쓸데없이 미묘하게 만들고 또 알아들을 수 없는 말로 모호하게 만들어 버린 분파적인 추종자들의 부패에 의해 보다 더 손상을 받아왔다는 사실을 제퍼슨이 믿었다는 것은 그로 하여금 예수의 가르침들이 지금까지 가르쳐진 도덕법전 가운데 '가장 완전한' 도덕법전이라고 주장하는 것을 막지는 못했다.[49] 그러한 호소는 합리적인 인간을 대상으로 한 것이다.

또한 우리는 서원하지 않는 것과 비폭력, 그 이외에 종파적인 급진적인 개신교 전통에서 행해진 상당히 특수한 행위에 대해 권위를 부여하고 있는 가르침을 분명하게 발견한다. 예컨대 수많은 비난에 대한 마이클 새틀러(Micheal Sattler, 1490-1327)의 변증을 보여 주는 그의 시련과 순교에 대한 기록에서, 새틀러는 "우리는 권세 있는 당국 앞에서 맹세해서는 안 된다."고 한다.

그 이유로 그는 "주께서 마태복음 5 : 34에서 이르시기를 맹세하지 말고, 예면 '예.', 아니면 '아니오.'라고 말하라고 하시기 때문이다."라고 했다. 그리고 "만일 터키인들이 오더라도 우리는 그들에게 대항해서는 안 된다. 왜냐하면 마태복음 5 : 21에 기록되어 있기를 '살인하지 말라'고 했

Manson, pp. 297-299의 내용을 Windisch, pp. 80-81과 비교해 보라.
49) 1902년에 편집된 제퍼슨의 *Life and Morals of Jesus of Nazareth*의 "Syllabus of an estimate of the doctrines of Jesus, compared with those of others," pp. 15-16에서 인용.

기 때문이다. 우리는 터키인들과 우리를 박해하고 또다른 사람들을 대항해서 우리 자신을 방어해서는 안 되고, 오직 그들을 물리쳐 주시고 막아 주실 것을 구하는 진지한 기도로 하나님께 탄원해야 한다."[50]라고 했다. 예수의 가르침들은 그러한 그리스도인들을 위한 삶의 법이다. 심지어 그들이 실천하지 못할 때에도, 그리고 세상으로부터 멸시를 받고 고난을 받고 죽음에 이르게 될 때에도 그것들은 그들을 위한 삶의 법이다. 실제로 그리스도는 제자도로의 근본적인 순종, 즉 잠재된 고난에로의 삶을 요구한다. 그리스도인들은 그들의 신앙과 증거를 위해 십자가의 길을 갈 준비가 되어 있어야만 한다.

주류 개신교와 가톨릭 교회에서 예수의 가르침들은 급진적인 개혁자들이 보여 준 문자적인 근본적 순종으로 결코 받아들여지지 않았다. 대부분의 교회들은 그들의 소명으로써 예수의 가르침들에 대한 모범적인 순종을 추구하는 '보다 고차적인 길'을 따르지 않았다.[51] 그러나 새로운 법의 이상은 포기되거나 심지어 소홀히 여겨지지도 않았다. 가톨릭 윤리학에 있어 새로운 법의 이상에 대한 논의는 성 토마스 아퀴나스의 법론 내에서 신관념의 일부나 계시법(revealed law)의 일부로 다루어지고 있다. 개혁 교회 전통에서는 어느 정도 이런 논의가 '법의 사용'의 문제, 특별히 그리스도인의 삶을 살아가는 데 있어 그리스도 안에 있는 사람들에게 도움을 줄 지침으로써의 '법의 제3사용'의 문제를 둘러싸고 전개되었다. 가톨릭 교회와 광범한 개신교 전통들 가운데서의 새로운 법의 위상을 묘사하기 위해 우리는 가톨릭 교회에서는 토마스를 살펴볼 것이고, 개신교 전통에서는 칼뱅과 에밀 브루너를 살펴볼 것이다.

---

50) *Spiritual and Anabaptist Writers*, ed. George H. Williams and Angel M. Mengel(Philadelphia, 1957), p. 141.
51) Ernst Troeltsch의 교회-소종파(church-sect) 구별을 보라. 트뢸치의 구별은 기독교사의 두 흐름 속에 나타나는 윤리들, 기독론적인 강조들, 교회의 교리들의 차이를 이념형으로 나타낸다. *The Social Teaching of the Christian Churches*, 2 vols.(New York, 1949), vol. I, pp. 331ff. 또한 H. Richard Niebuhr의 *Christ and Culture*(New York, 1951), pp. 45-82에 들어 있는 장인 "Christ against Culture"를 보라.

그의 위대한 저작인 「신학대전」(The Summa Theologica)에 들어 있는 글인 "법에 관한 논고"(Treatise on Law)에서 토마스가 가장 소홀히 여기고 있는 측면들 가운데 하나는 신법(divine law)에 관한 논의, 특히 새로운 법에 관한 논의이다. 그러나 대단히 많은 지면을 할애하여 그 논문은 영원법, 자연법, 그리고 인간법보다는 오히려 신법에 대해 매우 상세하게 다루고 있다. 이 책의 3장에서 우리는 새로운 법의 내면적인 성격의 양상, 즉 마음의 성령의 내주하에서 전개된 새로운 법의 논의를 살펴보았다. 여기서 우리의 관심은 신의 새로운 법의 교훈, 다시 말하면 특별히 일종의 성서적 계시의 일부분인 예수의 도덕적 가르침들의 사용에 관한 것이다.[52]

성 아우구스티누스를 본받아 성 토마스는 "산상설교는 그리스도인의 삶의 통전적인 형성을 포함한다."[53]라고 쓰고 있다. 이 진술의 위치를 적절하게 확인하기 위하여, 우리는 성 토마스가 그 이전 장에서 다음과 같은 점을 분명히 했다는 사실을 기억할 필요가 있다. 즉, 새로운 법이 신약성서의 법이면서, 그것은 무엇보다도 우리의 마음에 새겨진 법이라는 점이다. 그것은 그리스도를 믿는 믿음을 통해 주어진 이루 말로 할 수 없는 성령의 은혜이다. 그는 외적인 법에 대하여 쓰고 있는 것이 아니다. 인간의 관계는 그리스도인의 삶을 형성하려는 노력 가운데서 이외적인 법에 그의 의지를 강제로 굴복시킨다. 새로운 법은 단지 이차적으로만 기록된 법일 뿐이다.

그럼에도 불구하고 그것은 중요한데, 왜냐하면 신실한 자들은 "그들이 무엇을 믿어야 하는지와 무엇을 해야 하는지"[54]에 관해 구두로 선포된 교훈과 문자로 쓰여진 교훈을 모두 필요로 하기 때문이다. 이 새로운 법은

---

52) 우리가 다루는 원전자료는 거의 Summa Theologica Ⅰ-Ⅱ의 106-108 문항에 국한된다. 신법에 대한 논의는 98 문항에서 108 문항에 걸쳐 있다. 그리고 다른 세 형태의 법에 대한 논의는 각각 한 문항씩 할당되어 있다.
53) Q. 108, Art. 3, *Basic Writings of St. Thomas Aquinas*, ed. A. Pegis(New York, 1945), vol. Ⅱ, p. 973.
54) Ibid., Q. 106, Art. 1, p. 950.

완전한 법, 즉 사랑의 법이다. 그것은 옛 법, 즉 십계명과 구약성서와 같이 서약의 속박이 아니라 오히려 자아의 내적인 경향이다. 그것은 다음의 세 가지 의미에서 옛 법의 성취이다. 즉, 그것은 인간의 공공연하게 표현된 행위들뿐만 아니라 '내적인 행위들'을 천명함으로써 법의 진정한 의미를 설명한다. 그리고 그것은 가령 위증을 피하는 하나의 방도로써 서원하는 것을 삼가는 것과 같은 "구약의 율법(the Old Law)의 법령들을 따르는 가장 안전한 방도"를 규정한다. 그리고 그것은 옛 법에다—가령 마태복음 19 : 21에 나오는 부자 청년에게 하신 예수의 말씀인 "온전해지려면 가서 네 소유를 팔아 가난한 자들에게 나누어 주어라" 등과 같은—완전에 대한 권면들을 덧붙인다.

우리가 3장에서 보았듯이, 교훈 형태들로 되어 있는 새로운 법은 어떤 행위들은 격려하는 은혜와 조화되는 것으로 규정하고 있고, 다른 행위들은 은혜에 반하는 것으로 금하고 있다. 그리고 또다른 행위들은 신자의 판단에 맡긴다. 이렇게 규정된 행위들은 성례들과 사랑의 사역들을 포함한다. 우리의 관심은 명백하게 새로운 법의 도덕적 측면에 있다. 그렇다면 특별히 산상설교가 새로운 법으로 명령되는 것은 무슨 의미인가? 거기에는 인간의 '내적 움직임들'(interior movements)에 대한 명령이 있다.

첫째, 그리스도는 우리의 의지에 명령하여 내면적인 죄의 행위들과 악한 행위들의 경우들을 삼가게 한다. 그리고 그는 우리의 선한 행위들이 인간을 찬양하거나 세상적인 부를 위해 행해져서는 안 된다는 점을 가르침으로써 인간의 의도들을 주관한다.

둘째, 이웃을 향한 행위들 가운데서, 우리는 이웃에 대한 경멸적인 판단을 하지 못하게 된다. 그러나 또한 만일 이웃이 맡을 자격이 없으면, 그에게 거룩한 일들을 너무 쉽게 맡기는 것이 금지된다.

마지막으로, 그리스도는 우리에게 복음의 가르침들을 성취하라고 가르치고, 완전한 덕의 좁은 문을 통해 들어가기 위해 애쓰라고 가르친다. 그리스도인들은 이런 '내적 움직임들'을 성취할 수 있을 뿐만 아니라 특별히 새로운 법 안에 주어진 선택적 충고들을 진지하게 받아들일 수 있다. 복음적 권면들을 따르고 이 세상의 재화들을 전적으로 포기함으로써, 우리는 그의 영원한 행복을 '보다 빠르게' 얻을 수 있다.[55] 그러나 우리는 그 법이 우선은 성령의 내주함이고, 그리고 나서 부차적으로 교훈들과 기록된 요구사항들임을 항상 기억해야만 한다.

우리가 개신교 논의의 맥락에서 새로운 법을 살펴볼 때, 우리의 시선은 신학적 윤리학 안에서 전개되고 고통스럽게 지속된 논쟁에 방향을 맞추게 된다. 4장에서 우리는 율법과 복음의 문제가 루터에 있어서는 핵심적인 것이고, 그 결과 많은 개신교 신학과 윤리학에 있어서도 마찬가지임을 지적했다. 이른바 '정치적 사용'과 '신학적 사용'이라는 율법의 두 용도에 관해 종교개혁자들과 그 후대사상가들 간에 상당한 정도의 일치점이 있다.

사실상 법과 제도들인 하나님의 법은 혼란의 위협 아래에 있는 이 세상에서 질서를 보존하는 기능을 한다. 그리고 하나님의 법은 한 인간의 불완전성과 죄에 대한 개인적인 인식에 이르게 하고, 그 결과 회개에 이르게 하여 다투어야 할 것이 거의 없게끔 한다. 법의 '제3의 사용'이 또다른 문제인지 어떤지가 루터에게 있어서는 역사적 문제로 매우 상세하게 논의되었고, 아울러 신학과 윤리학에 있어서도 조직적인 문제로 논의되었다. 이 질문은 옛 법 혹은 새로운 법이 이 세상에서 그리스도인들이 신앙과 사랑 속에서 풍성하게 작용할 수 있도록 안내하는 데 필요한지에 대한 것이다. 칼뱅은 제3의 사용을 다루었을 뿐만 아니라 그것이 가장 중요한 용도라고 말했다. 최근의 학자들 중에 에밀 브루너는 다소 덜 알려진 스위스 윤리학인 알프레 드 께르벵(Alfred de Quervain)처럼, 법의 제3의

---

[55] Ibid., Q. 108, pp. 967-978. 버나드 해링은 신약성서의 개별적인 계명들로부터 그것들의 "본질적인 내용"으로 재빨리 나아간다. 그리고 그의 논의를 보다 바울적인 맥락 안에서 전개한다. 우리가 확인했듯이, 새로운 법은 성령의 법이다. 그리스도는 성령이 그리스도에게로 인도하는 사람들에게 직접 법이 된다. 이 법은 신자들 속에서 나타나는 "성향의 갱신"이다. 성 토마스에게서처럼 그것은 은혜의 법이고, "자유의 완전한 법"이고, 생명의 성령의 법이다. 이 성령의 법은 "사랑 안에서 우리가 하나님을 향하여 열매를 맺을 것을 요구한다"(*Law of Christ*, vol. I, pp. 257ff).

사용을 분명하게 주장하고 있다.[56]

에밀 브루너는 "법은 심지어 신앙 자체에 대해서도 그 중요성을 잃지 않는다. 여기서 법의 중요성을 말하자면, 우리의 행위가 그리스도 안에 있게 하는 의미에 대해 하나님이 부여한 제시라고 이해한다."라고 쓴다. 신념만이 하나님의 뜻과의 일치에로 자동적으로 나아가게 하는 것은 아니다. 왜냐하면 믿음 안에서조차도 하나님은 우리를 '대항해' 계신다. 하나님이 우리를 신앙으로 안내하시는 한에 있어서만 우리는 바른 길로 걸어갈 수 있다.[57]

진술할 필요가 거의 없지만, 이것은 법이 우리가 순종하도록 그 자신의 자율성(autonomy) 안에 선다는 것을 의미하는 것이 아니라 오히려 성령이 그 법을 믿음의 사람들에게 설명해 준다는 의미이다.

고립된 법의 계명들은 그리스도인들에게 첫 번째 계명에 대한 준거들로써, 그리고 기본적인 사랑의 법에 대한 준거들로써 온다. 어떤 의미에서 그것들은 사랑의 요구 사항들로부터의 연역이고, 아울러 그것에 대한 해명들이다. 그것들은 모든 상황에서 무엇이 옳은지를 예상하지 않는다. 그리스도인에게 요구되는 순종은 특수한 것이기 때문이다. 그것은 마치 산상설교에서처럼 각 사람이 무엇을 해야 하는지를 정확하게 명시한 것과 같은 것이 아니다. 오히려 법으로써의 산상설교의 지식에 기초한 이런

---

56) 드 께르벵은 그의 「윤리학」의 첫 부분인 "성화"(Die Heiligung)에서 당대의 개신교 윤리학에서 법의 제3의 사용 혹은 교육적 사용에 대한 가장 체계적인 설명을 제시하고 있다. 제목이 지시하듯이, 이 책은 윤리학 기초로써의 성화의 의미를 설명한 것이다. 법에 대한 설명은 그리스도의 삼중직의 맥락과 성령의 사역 안에서 전개된다. 이런 맥락 안에서 성령의 은사가 말씀에 국한된다고 가정할 때 계명들은 위안이 되지, 반드시 신앙에 위협이 되는 것은 아니다. 성화는 법을 불필요한 잉여사항으로 만드는 것이 아니라 법을 도덕적인 고립과 자율로부터 자유롭게 한다(pp. 249ff). 그러나 이 책에서 전개된 법에 대한 설명은 십계명에 국한되고 있다. 드 께르벵은 예수의 가르침들을 설명하지 않는다. 필자는 신학적 틀이 법의 교육적 사용을 위해 중심적인 자리를 마련해 줄 수 있는 방도를 지적하기 위하여 상세하게 그것을 인용한다. 필자가 보기에는 이런 신학적 틀 안에서 예수의 가르침을 새로운 법으로 설명하는 것은 십계명의 설명 만큼이나 그럴 듯한 것으로 보인다.

57) Emil Brunner, *The Divine Imperative*(Philadelphia, 1947), p. 148.

예상된 원칙은 중요한 것이다. 사실상 그것은 바른 길을 보여 주고, 본래적이고 독자적인(in and for itself) 선이 무엇인지를 보여 줄 때 가장 중요한 것이다.[58]

그러나 브루너에게 있어 이 '법'이라는 단어의 용례는 신앙 안에서 근본적으로 변경된다. 사실상 산상설교에서의 법은 기독교윤리학이 아니다. 브루너는 쓰기를 기독교윤리학은 "신의 행위에 의해 결정되는 인간의 행위에 대한 학문이다."라고 한다.[59] 그것은 사랑의 일을 하게 하시는 하나님의 실제 명령에 대한 보다 개방된 순종을 언급한다. 신앙이 하나님에 대한 우리의 관계를 변경하고, 그리고 법에 대한 우리의 관계를 변경시킨다. 그것은 신앙 안에서 이제 더 이상 노예에게 하는 명령이 아니라 아들에 대한 아버지의 교훈이다. 그래서 하나님의 명령들은 그리스도 안에 있는 사람들을 위한 규정조항들, 방향지침들, 사역을 위한 교훈들이 된다. 윤리적 정서(ethical sentiment)는 이제 더 이상 법 안에 있지 않고, 믿음 안에 있다. 산상설교를 포함하는 법의 기능은 부차적인 기술적(technical) 문제가 된다.

존 칼뱅의 영적인 그리고 도덕적인 상속자들은 마틴 루터의 후예들에게는 알려져 있지 않은 법을 중요하게 여기는 유산을 지니고 있다. 법의 제3의 교훈적인 사용이 그리스도인들을 위한 원칙적인 용도라고 말하는 사람은 바로 칼뱅이다. 물론 이런 교훈적인 용도는 은혜를 받은 삶의 구조 안에 설정된다. 그것은 "이미 그들의 마음속에 하나님의 성령이 살고 있고 내주하고 있는 사람들"을 위해 기능한다. 기록된 형태로써의 법은 이미 하나님께 순종하기를 즐거워하는 사람들에게는 이중적인 유익을 가

---

58) Ibid., p. 149. 브루너는 그의 책에서 보다 일찍 하나님의 명령이 어떻게 들려지는지에 대한 근본적으로 상황적인 주장을 제시하고 있다. 그러나 실천적인 결의론과 중요한 구절들(prominent lines)을 주장하는 바르트처럼 그는 표면상으로는 떨쳐 버리려고 했던 내용을 상당히 많이 회수하고 있다. 그러나 여기서 저자는 기꺼이 브루너의 경우를 법의 제3의 사용 아래에 포함시키고자 한다. 실제적인 영향은 이 두 경우에 있어서 매우 다르지 않을 것이다.

59) Ibid., p. 86.

져다준다. 그것은 그들에게 하나님의 뜻에 대한 보다 확실하고 보다 나은 이해를 부여해 주며, 법에 대한 그들의 지식을 확증시켜 준다. 그리고 그것은 그들에게 심지어 '채찍'으로 기능하면서 그들에게 순종하게 하는데, 그 이유는 영적인 사람조차도 계속해서 자극하고 박차를 가해야 하는 '둔하고 느려 터진 동물'과 같기 때문이다.[60] 믿음 안에서 법은 더 이상 양심에 공포가 되지 않고 오히려 훈계, 질책, 교정에 의해 모든 선한 일을 위해 우리를 준비시키고 또 형성한다.[61]

주로 칼뱅에게 있어 기독교의 도덕생활을 형성하는 법은 십계명이다. 「기독교 강요」의 2권 8장을 이루고 있는 도덕법에 대한 그의 방대한 주석에 골조를 부여해 주는 것은 바로 이 십계명이다. 그러나 칼뱅은 예수 자신이 법의 해석자라는 사실을 해명한다. 그리고 칼뱅이 그의 도덕법에 대한 주석에서 산상설교 혹은 예수의 다른 가르침들에 대해 세심한 관심을 기울이지는 않지만, 예수 그리스도가 법에 대해 무엇을 지시하셨는지에 대해서는 분명한 주장을 펼친다.

하나를 예로 들면, 그는 그리스도가 '제2의 모세'(another Moses)가 아니라는 것을 분명히 한다. 그리스도는 모세의 법의 결점을 보완해 주는 복음적인 법의 수여자도 아니라는 점을 분명히 한다. 그리스도는 그리스도인들에게 선택사양으로 주어지는 완전에 대한 권면들을 제공해 주지 않았고, 또 구체적인 종교적 소명을 받은 사람들을 묶어 내려고도 하지 않았다. 오히려 그리스도는 법의 최고의 해석자이고, 바리새인들의 거짓됨과 위선의 누룩 때문에 축소된 법의 모호성과 결점으로부터 법을 깨끗하게 함으로써 법의 참된 순수성을 회복시켰다.[62] 사실상 칼뱅은 예수는 "법에 대한 절대 무류(無謬)의 주석자"라고 했다.

그래서 그리스도가 법을 순수한 상태로 회복함으로써 법에 대한 보다

---

60) Calvin, *The Institutes*, Book Ⅱ, Ch. 7, 12 (Allen trans.), vol. Ⅰ, pp. 388-389.
61) Ibid., Bk. Ⅱ, Ch. 7, 14, p. 391.
62) Ibid., Book Ⅱ, Ch. 8, 7, p. 403.

분명한 인식을 가져다준다는 주장은 그리스도인들의 형성에 있어서 모범으로서의 그리스도뿐 아니라 예수의 가르침들도 중요한 기능을 수행한다는 점을 암시한다. 이런 회복과 법 인식의 특수성이 칼뱅에게 있어서는 일반적으로 토마스주의자들이 행위의 '내면적인' 부분이라고 부르는 것에 대한 보다 엄격한 인식 가운데에 가로놓여 있다. 순종은 단지 법의 외적인 요구사항들에 대한 외적인 일치만은 아니다. 오히려 예수는 "여인을 정숙하게 보지 않는 것이 간음한 것이다."라고 선포한다. 그는 형제를 미워하는 자들에게 살인자라고 선포한다. 그리고 그들 마음속에 단지 분노를 지니고 있는 사람들은 "심판의 위험에 처해 있다."고 선포한다. 그리고 불평하고 다투는 중에 여하한 분노의 마음의 표징을 보인 사람들은 "공회에 잡혀갈 위험에 처한다."는 말씀을 선포한다.[63] "살인하지 말라"는 계명을 주석하면서 칼뱅은 어떻게 그가 십계명을 가지고 연구하고, 어떻게 그리스도가 법에 대한 보다 나은 이해를 제공하는지를 보다 상세하게 설명한다.

칼뱅은 제6계명을 제한된 의미로만 해석하지 않고, 두 사람 사이의 관계에 적용하지도 않는다. 확실히 그것은 상식적으로 이해하고자 하는 바, 즉 우리가 타인에게 해를 입히는 행위를 억제해야 하고 또 그러한 행위들을 범하려는 모든 욕망을 억제해야 한다는 것을 의미한다. 그러나 그것은 또한 긍정적인 의미를 함축하고 있다. 즉 "가능한 한 우리는 이웃의 생명 보존을 위해 모든 일들을 행해야만 한다."는 것이다. 형제의 생명도 소중한 것으로 인정되기를 바라기 때문에, 하나님은 인간이 형제에게 해를 입히는 것을 금지시키는 것은 아니다. 그뿐만이 아니라 그는 동시에 형제의 생명 보존에 기여할 수 있는 이런 사랑의 모든 일들을 우리에게 요구한다.[64]

이런 규칙은 그리스도의 말로 표현하면, 외적인 행위뿐만 아니라 영혼도 지배하는 것이다. '정신적 살인'(mental homicide)은 금지된다. 그리고

---
63) Ibid.
64) Ibid., Bk. Ⅱ, Ch. 8, 9, p. 405.

형제의 생명을 보존하기 위한 '내적인 성향'이 명령된다. 그래서 당신은 당신의 형제를 해하려는 욕망으로 불타오르지 않고도 그에게 화를 낼 수 있는지의 여부를 살펴보아야 한다. 분명히 우리는 해하려는 성향 없이 화를 낼 수는 없다. 마태복음 5 : 22에서 예수는 계명의 진정한 의도를 보여준다. 즉 "그러나 내가 너희에게 말하노니 형제에게 화내는 자마다 심판을 받게 될 것이다……." 그리고 요한일서 3 : 15에서 성령은 "자기 형제를 미워하는 자마다 살인자니라"라고 말했다.[65] 그래서 제6계명의 진정한 의미는 속사람의 억제와 이웃의 생명을 보존하는 데 필요한 것을 사랑 가운데 행하는 것에 주목하고 있다는 점이다.

이중적인 사랑의 계명(the double love commandment)에서 우리는 법 전체의 요약을 확인한다. 즉, 하나님에 대한 사랑은 십계명의 첫 번째 판에 언급되어 있고, 이웃에 대한 사랑은 두 번째 판에 언급되어 있다. 예수는 이 가르침에서 가장 훌륭하고 가장 거룩한 삶은 가능한 한 덜 그 자신을 위해서 사는 것임을 분명히 한다. 사실상 그리스도인은 우리가 본래 우리 자신에게 국한되는 사랑의 정서를 타인들에게 전달하라는 명령을 받는다. 우리의 타락을 통해 자신을 근절시키는 사랑은 모든 사람에게, 심지어는 이방인과 적에게도 밖으로 널리 확산되어야 한다.[66]

법은 그리스도인의 삶에 있어서 폐기된 것이 아니라 은혜의 법이 된 것이다. 그리스도에게 '접붙여진' 상태에 있는 인간들은 율법의 저주로부터 해방되고, 성령에 의해 율법은 마음에 쓰여져 있다. 그러나 이런 확증들은 단지 율법의 제3의 사용을 위한 맥락에만 놓여진다. "우리는 주님 안에서 능력을 발견한다. 그러니 그분으로 하여금 그분이 명령하시는

---

65) Ibid., Bk. Ⅱ, Ch. 8, 39, pp. 436-437. 칼뱅은 예수의 가르침들을 문자적으로 고수하는 재세례파의 엄격주의에 대해 논쟁적인 입장을 지녔기 때문에, 그는 "맹세하지 말라"는 말씀을 "주님의 이름을 공허히 일컫지 말라"는 계명에 대한 문자적인 무오류한 설명으로 해석하는 데 약간의 어려움을 겪었다. 그는 예수가 단지 법의 규칙을 위반하는 맹세만을 언급하는 것이라고 생각하면서 만족해 했다. Ibid., Book Ⅱ, Ch. 8, 26, pp. 422-425을 보라.
66) Ibid., Bk. Ⅱ, Ch. 8, 54-57, pp. 451-455.

바를 그가 주게 하고, 그가 기뻐하시는 것을 그가 명령하게 하자."[67] 그리스도인의 삶 속에서 율법을 피하는 자마다 마태복음 5 : 19에 나오는 예수 자신의 말씀에 유의하지 못할 것이다. "그러므로 누구든지 이 계명 중에 지극히 작은 것 하나라도 버리고 또 그같이 사람을 가르치는 자는 천국에서 지극히 작다 일컬음을 받을 것이다", "하나님이 율법 안에 자신의 뜻을 천명하셨다면 그 율법에 반대되는 것은 무엇이든 그를 기쁘게 못할 것이다".[68]

우리가 칼뱅에게서 확인한 것은 새로운 율법이 아니다. 그리고 무언가가 첨가된 복음적인 율법도 아니다. 또한 모세 율법의 결점을 보상한 것도 아니다. 오히려 그것은 하나님의 도덕법에 대한 진정한 인식이요, 이해요, 주석이다. 그래서 예수의 가르침들은 당시 유대운동에 의한 부패로부터 율법의 순수성을 회복한다. 그것들은 믿음 안에서의 교훈과 권면으로 기능한다. 그것들은 인간을 그리스도에게 접붙이도록 자극하여, 그 결과 성화의 삶을 살게 하는 외적인 교훈들이다. 율법은 그리스도가 되기를 원하는 인간이 되는 것을 가능하게 하고, 요구하는 바를 가르친다.

예수의 가르침들이 새로운 법으로 기능한다는 것을 인정하는 학자들 가운데 약간의 중요한 차이가 있다. 추종자임을 확신하는 권위부여가 다르다. 즉, 그 가르침들은 어떤 이들에게는 문자적으로 기록된 주님의 말씀이다. 혹자에게 그 가르침들은 그의 참된 목적을 보다 쉽사리 성취하게 하는 계시된 법이다. 아울러 그 가르침들은 정상적으로 견지된 기대들을 넘어서는 완전에 대한 권면들이다. 또다른 이들에게 그 가르침들은 실제적인 기술적 효용성을 지닌 교훈이거나 그리스도인의 삶을 움직이고 방향을 정해 주는 훈계요, 가르침들이다.

주류 전통에 속해 있는 그리스도인들에게 있어 율법은 문자 형태로 주어진 교훈일 뿐만 아니라 생명의 성령의 법이다. 그것은 마음속에 새겨져

---

67) Ibid., Bk. Ⅱ, Ch. 8, 57, p. 455.
68) Ibid., Bk. Ⅱ, Ch. 8, 59, p. 456.

있다. 그러나 그 가르침들에 커다란 권위를 부여하는 사람들에게 그 교훈들은 그들이 마땅히 해야 할 바를 저절로 알지 못하는 연약한 사람들에 대한 도움으로 주어졌고, 또 인간의 삶을 격려하고 지시하는 하나님의 은혜의 선물의 한 부분인 선한 교훈들로써 주어졌다.

어떤 의미에서 그 가르침들을 율법으로 강조하는 모든 학자들, 그리고 그 가르침들을 도덕규범이나 한 대표적인 이상으로 보는 모든 사람들에게 있어서 그리스도인의 삶 속에서 도덕의 자리는 아마도 도덕이 우상화되거나 구원해 주는 것으로 잘못 믿는 것을 두려워하는 사람들의 그것보다는 더 크고 분명하게 규정될 것이다. 도덕법을 구체화하고 정확하게 하는 것이 칼뱅과 같은 사람들에게는 공로-의(works-righteousness)로 나아가는 불가피하고 철회할 수 없는 첫 단계인 것으로 보여지지는 않는다. 오히려 그것은 은혜의 가능성이요, 필연성이다. 또한 하나님의 율법에 대한 글을 쓰는 데 불편함을 느끼지 않는 사람들은 칼뱅이 자신의 부모를 영예롭게 하는 것에 대해 말하는 것처럼 "하나님이 여기에 우리의 행위를 위한 보편적 규율을 설정해 놓으셨다는 것을 의심해서는 안 된다."고 말하기를 주저하지 않는다.[69]

그들은 하나님이 공급하시는 무언가 일반적이고 보편적인 어떤 것에 대해 인식할 수 있지만, 그러나 바르트가 주장하듯이 반드시 매 순간 각 사람에게 전달될 수밖에 없는 것으로 인식될 필요는 없다. 만일 누군가가 하나님은 그의 자유 가운데서 스스로를 보편적인 도덕률들에 묶지 않으신다는 신학적인 주장을 유지할 필요가 없다면, 중요한 가르침의 구절들은 율법들이 될 수 있다. 아마도 칼뱅은 하나님이 그의 자유 가운데서 율법으로 인간들에게 당신의 뜻을 알리기로 하신다고 말할 수 있을 것이다. 끝으로 율법의 방식으로 생각하는 기독교 신학자들에게 있어서, 죄는 단지 불신앙이 아니라 하나님의 율법의 위반이다. 죄를 극복하는 것이 신앙일 뿐만 아니라 하나님의 율법에 대한 순종이기도 한다.

---

69) Ibid., Bk. Ⅱ, Ch. 8, 36, p. 433.

예수는 그의 가르침 가운데서 새로운 율법을 준다. 그는 하나님께서 인간들을 살리시려고 하는 여러 방도들로 그들에게 교훈하신다. 그러므로 인간들은 이 율법에 순응해야 하고, 순종해야 하고, 그 가르침을 받아야 한다. 그러나 그 가르침들은 또한 과거에 광범위한 설득력을 지녔던 언어인 율법의 언어보다도 성경에는 더 낯선 언어인 이상들의 언어로 이루어진 윤리적 틀 안에 설정되어 왔다.

도덕적 이상

전(前) 장에서 우리는 그리스도 자신이 어떻게 가장 위대한 선이요, 인간을 위한 적합한 도덕적 이상으로 해석되었는지를 살펴보았다. 그의 인격뿐만 아니라 그의 가르침들은 스미스(Newman Smyth)를 비롯한 많은 학자들에게 도덕적 이상의 핵심적인 내용을 구성한다. 혹자는 신학자들뿐만 아니라 몇몇 성서학자들에 의해서도 그 언어가 사용되고 있음을 발견한다. 예수의 가르침들에 대한 이런 용례에 대해 가해진 비평들은 재론할 필요가 없다. 불트만과 바르트의 글에서 이미 인용한 내용들은 그 점을 분명히 하는 확대 목록의 시작에 불과하다. 그러나 우리가 그 가르침들이 어떻게 사용되는지를 살펴보려 한다면, 그것들이 도덕적 이상이라는 맥락 속에 설정된 방식들을 살펴보는 것은 가치 있는 작업이다.

신약학자인 맨슨의 연구는 그의 학문적인 생애를 통하여 적어도 두 가지 방식의 윤리학의 쟁점들을 다루었다. 즉, 그는 예수와 초대교회의 윤리적 가르침들의 내용이 무엇인지를 확립하는 일에 관심을 가졌고, 현대 기독교공동체를 위해 그 가르침들이 지니는 의미가 무엇인지를 제시하는 일에 관심을 가졌다. 그의 저작을 읽는 독자들이 보기에—그의 저작의 탁월함은 윤리학에 있지, 전문적인 기량을 보여 주는 신약학의 자질에 있지 않았는데—그의 학문적 생애를 통해 강조점들의 이행을 수반하고 있으면서, 그가 사용하고 있는 윤리적 언어에 있어서 분명하게 개정된 흔적이 목격된다. 또한 그의 생애를 통하여 현재적 관심의 범위를 넘어서 지속된 유대 윤리학과의 관계 안에서 예수의 가르침들을 해석하기 위한 뛰어난 기술적 장치(apparatus)가 있다. 그러나 이것은 본 장에서 이루어지는 맨슨의 연구를 어떻게 선택적으로 사용하는지를 지적하기 위하여 언급된다.

맨슨은 다양한 윤리적 용어들로 예수의 가르침들에 대해 썼다. 그 용어들 가운데 어느 것도 다른 것을 반드시 배제해서는 안 된다. 그는 그 가르침들이 그 가르침들을 명령하고 야기시킨 종교적 충성과 분리될 수 없음을 보여 주려 했다. 그 가르침들은 회심, 즉 인간의 변화된 본성과 성향을 함축한다. 그것들은 새로운 율법이 아니라 우리가 앞서 주목한 바 있는 '수많은 예증들'이다. 그 가르침들은 교훈보다는 도덕적 기준을 제시한다. 그것들은 때로는 도덕적인 상상을 불러일으키는 비유형식으로 주어져 있고, 때때로 예수가 분명한 의도를 둔 원칙들로 주어져 있다. 그것들은 경험에 근거한 규칙들(rules of thumb)이다. 때로 그는 또다른 때에는 교훈이란 단어의 규범적, 도덕적 용례를 배제하고 싶어할지라도, 그 가르침들을 묘사하기 위해 교훈들이라는 용어를 사용한다. 그러나 그 가르침들은 그리스도 자신의 인격이 나타내듯이 하나의 이상을 보여 준다.[70]

다음의 요약적인 글은 맨슨이 다른 주제의 맥락에서 이상들에 대해 어떻게 쓸 수 있는지를 보여 준다. "예수가 도덕에 대해 말해야만 하는 것을 통해 그린 인간 삶에 대한 이상적 그림은 지상에서의 하나님 나라의 삶, 즉 그들의 마음속에 최상의 열정을 불태우는 최상의 충성을 인정하는 사

---

70) Manson, *The Teaching of Jesus*, pp. 285-312. 유고집으로 출판된 그의 책 *Ethics and the Gospel*(New York, 1960)에서 그는 그의 보다 초기의 저작에서도 이미 나타나는 주제인 기독교윤리학의 근거로써의 '그리스도를 따름'을 개진한다. 그는 여기서 사용된 초기의 저작보다 후기의 저작에서 '이상'이라는 단어를 덜 사용한다. 예컨대 예수의 윤리는 "단순히 이상이 아니다. 그것은 행위이고 행동이다. 그것은 예수가 그의 삶을 통해서 수행한 방식이다"(p. 59). 사실상, 그는 앞 장에서 "그리스도를 따르는 것은 이상을 추구하는 길로 들어가는 것이 아니고 성취의 결과들을 공유하는 것"(p. 59)이라는 점을 지적한다. 필자가 지적했듯이, 그의 초기의 저작에서조차도 그는 이런 (도덕적) 이상 이외의 (extra-ideal) 점들을 소홀히 하지 않았다.

람들에 의해 영위될 삶에 대한 묘사이다. 그리고 그것은 또한 우리가 충성에로의 부름을 들을 때와 예수의 도덕적 가르침이 점차 조명하고 있다는 열정을 느낄 때의 삶에 대한 묘사이다."[71] 이상들이 다른 신약학자들과 신학자들에 의해 비판을 받기는 해도, 이상에 대한 이런 긍정은 그 요구들에 있어 중요하다. 도덕에 관한 예수의 말씀들은 인간 삶에 대한 이상적 그림들을 포함하고 있다. 즉, 그것은 지상의 하나님 나라에서의 삶의 초상화인 것이다. "하나님의 나라는 이 지상에 나타났고, 하나님을 그들의 왕으로 인정하는 인간들의 실존 가운데 현재한다. 그들은 하나님을 보호자, 안내자, 삶의 척도로 인정하며, 절대적인 충성과 전적인 신뢰, 자발적인 순종을 드리기 위하여 그를 찾는다. 그것이 이상이다."[72] 혹자는 구약 이스라엘의 역사에서 혹은 신약의 역사에서, 신실한 남은 자가 존재하는 한에서는 언제나 어느 정도 이런 이상이 실현됐음을 발견한다. 그래서 이 위대한 이상은 그 기원이 되는 히브리 종교로부터 그리스도와 그의 가르침들을 거쳐서 오늘날에 이르기까지 지속된 역사를 지니고 있다.

그러므로 그리스도인들은 비록 그런 이상보다 더한 자들이긴 하지만, 특별한 도덕적 이상을 지닌 사람들이다. 이런 이상은 법전에 놓여 있는 것도 아니고, 사회질서에 놓여 있는 것도 아니다. 그것은 궁극적으로 예수 그리스도의 인격과 가르침 속에 있고, 하나님과 인간에 대한 사랑이 모든 생각과 말과 행동의 원천이 되는 그러한 삶 속에 놓여 있다. 그리스도인들에게 있어서 모든 도덕의 총계는 그리스도 예수 안에 있었던 그러한 마음을 지니는 것이다.[73] 그가 가르치고 몸소 살았던 가르침들과 인간과 하나님의 나라는 그리스도인들에게 실현되어야 할 이상이다. 이런 이상이라는 언어는 예수의 가르침들이 인간들에게 추천한 하나의 방식이다.

우리가 전 장에서 살펴보았던 미국의 사회복음주의자들의 저작 속에

---

71) Manson, *The Teaching of Jesus*, p. 286.
72) Ibid., p. 234.
73) Ibid., p. 312.

서, 이상이라는 언어는 예수의 가르침들에 대한 준거와 함께 사용된다. 이런 광범위한 운동에 참여한 많은 저자들은 뉴맨 스미스가 "예수의 도덕적 이상은 하나님 나라에 대한 그의 가르침 안에 부분적으로 계시되어 있다."[74]라고 썼을 때 그의 말에 동의할 수 있었다. 하나님 나라 사랑에서 발견되는 이런 이상이 해명되는 방식들은 저자마다 약간의 차이가 있다. 스미스에게는 예수의 가르침이 몇 가지의 분명한 강조점을 지닌 채 어렴풋이 예시될 수 있다. 그 나라는 지금 여기 이 땅 위에 있는 것이지, 우리가 현재 그것에 참여할 수 없이 완전히 동떨어진 미래적인 어떤 것이 아니다. 그것은 이상적이고 실제적이며, 초월적이고 내재적인 지고의 선이요, 지금까지 알려진 모든 선을 능가하면서도, 여전히 모든 덕 가운데서 실현된 이상이다. 그것은 도덕적인 실증성(moral positiveness)의 메시지이다. 그것은 객관성과 평온한 확실성을 지니고 있다. 하나님 나라의 가르침이 계시하는 지고선은 과도하게 집단적이거나 정치적인 선과는 반대되는 개인적인 선이다. "하나님 나라는 개인들로 구성되어 있고, 개인적인 가치들과 믿음 안에 그것의 영광을 지니고 있다. 하나님 나라는 그리스도를 닮은 인격들을 지닌 사람들로 세워질 수 있다."[75]

그러나 하나님 나라는 또한 인간의 선이요, 인간들로 이루어진 사회 속에서 이루어질 나라요, '보다 넓은 인간들의 삶'을 보증할 선이다. 그것은 인간의 완전함과는 동떨어진 채 개인들에 의해 개별적으로 획득할 수 있는 삶의 이상이 아니다. 동시에 그 나라는 초인간적인 어떤 것이다. 그것은 하나님의 나라, 즉 최대 다수의 최대 행복보다는 (치료하는) 광선과도 같은 하나님의 능력에 중심을 둔 인도주의적 이상주의이다. 그것은 인간들 중에서 이상적 선을 실현시키는 그 자신의 고유한 '법', 즉 희생을 지닌 나라이다. 이상이 실현될 수 있게 하는 윤리적 과정들은 헌신과 고난을 요구한다. 이런 의지를 통해 점진적인 삶의 영성화가 이루어질 것이다.[76]

---

74) N. Smyth, *Christian Ethics*, p. 96.
75) Ibid., p. 101.

하나님 나라라는 그리스도인의 이상에 대한 가장 널리 알려진 해석자는 월터 라우쉔부쉬(Walter Rauschenbusch)이다. 물론 예수는 유대교에서 제시한 하나님 나라의 가르침의 상속자였다. 그러나 '전권적인 자유' 가운데 그는 전통적인 사고를 수정하여, 그 결과 그의 가르침들 속에서 순수한 기독교적 사고와 유대교로부터 상속되지 않은 요소를 가지게 되었다.

「사회질서의 기독교화」(*Christanizing the Social Order*)라는 그의 책에서 라우쉔부쉬는 그가 믿기에 "하나님 나라라는 기독교적 이상을 독특하게 형성하는" 강조점들을 나열한다.[77] 메시야가 포악의 깃발을 꺾고 압제자들을 무너뜨릴 것이라는 기대와는 반대로, 예수는 힘의 사용을 거부하였다. "그래서 이것은 예수의 지도력 아래서 사회구원을 추구하는 사람들의 차별적인 표지들 가운데 하나임에 틀림없다. 아무리 폭력적인 수단을 사용하고 싶어도 폭력적인 수단들은 거부하고, 모든 전신갑주를 던져버리고 도덕적인 저항(moral protest)에 참여하는 것이 그것이다."[78]

유대교의 승리에 대한 기대와는 반대로, 하나님 나라에 대한 예수의 가르침에서 우리는 보다 포괄적인 충성(allegiance)을 추구하기 위하여 종파주의 족쇄를 부수는 정신을 만난다. 그것은 민족의 동포애를 향한 맹목적 애국주의를 초월한다. 그것은 인간성이라는 이름으로 만나게 되는 인종적 우월감과 편견을 내려친다. ……그렇게 규정된 깊은 형제애는 예수가 표현하듯 하나님 나라 이상의 또다른 영원한 지표(landmark)이다.[79]

예수는 기대되었던 하나님 나라의 기본적인 절대 군주적이고 전제적

---

76) 이 내용이 Ibid., pp. 96-108의 요약이다. 스미스는 또한 팔복설교와 도덕적 이상의 방식에 의거한 영생에 대한 예수의 가르침을 논의한다. 필자는 그 내용들을 여기서는 상세하게 다루지 않을 것이다. 왜냐하면 필자의 목적을 위해서는 이상주의적인 해석의 요점이 하나님 나라라는 주제에 근거하여 충분히 다루어지기 때문이다.
77) W. Rauschenbusch, *Christianzing the Social Order*(New York, 1912), pp. 57-66.
78) Ibid., p. 59.
79) Ibid., p. 60.

인 형태와는 정반대의 형태를 선포했다. 그리고 그 대신에 봉사의 법, 인간 영혼의 가치, 아버지이신 하나님의 개념을 가져왔다. 라우쉔부쉬가 쓴 자주 인용되는 말, 즉 "예수가 우리의 아버지로서의 하나님에 대해 말할 때, 그는 하나님 자신을 민주화시킨 것이다."[80]라는 말은 이런 맥락에서 사용된 것이다. 하나님 나라에 대한 희망의 법에 대한 정확한 순종과는 구별되면서 예수의 열정은 "인간들 간의 정의, 자비, 선한 의지"를 향해 있었다. 하나님 나라에 대한 그의 언어는 해방(emancipation)과 사회적 공감의 언어였다. 이것들은 하나님 나라에 적합한 것들이다. 하나님 나라에 대한 그의 사상이 인간의 육체적 필요를 멸시한 것은 아니었지만, 먹고 마시는 것이 인간 삶의 목적은 아니었다. "사회주의자들이 인간 사회의 경제적 토대를 강조한 것은 옳다. 그러나 예수 또한 그 영적인 목적을 강조한 점에서 옳다." 그러나 실제 인간 삶의 영적인 가치들은 경제적인 가치들보다 중요한 것이고, 추구해야 할 진정한 목적이다.[81]

하나님 나라의 이상에 대한 예수의 가르침을 해석하는 라우쉔부쉬의 해석에서, 예수는 유토피아적 요소들을 포기하고 현재적 의무를 분명하게 고수했다. 그는 하나님 나라가 묵시적으로 오는 것이 아니라 그것이 유기체적 성숙을 이룰 때까지 장애물들을 극복하는 길을 서서히 만들어 가는 것임을 보여 줌으로써 '열정과 냉정한 이성적인 정신'을 결합시켰다. 그러나 한편으로는 긴 조망을 하면서도 예수는 하나님 나라가 가까웠음을 느꼈다. 그것은 이미 여기에 존재하는데, 그들의 마음에 발아되고 있고, 그들의 공통적인 생각 속에서 맥박 뛰고, 사물에 대한 그들의 가치판단을 역전시키고, 그들의 관계를 돈독하게 하고, 그들 가운데 가장 미약한 자를 옛 질서의 최고의 대표자보다 높이 들어 올리고, 그리고 조용히 새로운 세계를 창조한다.[82]

라우쉔부쉬의 판단에 따르면, 기독교의 위대한 '사회적 이상'이 교회

---

80) Ibid., p. 61.
81) Ibid., p. 63.
82) Ibid., p. 65.

사에서 점차 사라졌으며, 교회와 세상을 위한 새로운 희망은 그 사회적 이상을 재발견하는 가운데 발견될 수 있다. 놀라운 설득력을 지닌 이 위대한 사회개혁가는 나아가 부정의한 인간사회 안에서 실현될 필요가 있는 사회적 목표들을 형성하기 위하여 이런 이상으로부터 추론될 수 있는 것들이 무엇인지를 보여 주었다. 널리 알려진 대로 그는 가족생활의 질서, 민주적인 정치적 제도들, 그리고 공공교육의 영역에서 기독교화되는 과정이 이루어지면서 상당한 진보가 이루어졌음을 발견했다. 경제 질서는 비타협적인 것으로 남아 있고, 그것에 대해 라우쉔부쉬는 그의 시대의 보다 사소한 도덕주의를 심오하게 성찰하는 몇 쪽 분량의 비판과 자문의 글을 썼다. 예수의 가르침 가운데 서술된 하나님 나라의 이상만이 그의 글에서 진술되어 있는 것은 아니다. 그것은 사회역사의 현실들에도 적용되었고, 그의 글에서 그것을 실현할 방도들이 조금은 상세하게 그려졌다.

이상들이라는 언어는 '실현'(realization)과 '근사치'(approximation)라는 언어들에서 적합한 대칭항을 얻었다. 그리스도인들은 도덕적 이상을 실현하거나 근사치로 접근해야 한다. 우리는 예수의 가르침들이 어떻게 오늘날 대부분의 신학자들과 성서학자들이 성경 그 자체에서 낯선 것이라고 믿는 언어인 도덕적 이상으로 간주되었는지를 살펴보았다. 그것이 만개된 시대에 그 언어는 의심할 여지없이 깊은 감동을 주었다. 도덕적이고 신학적인 어려움들에 대한 하나의 교정제로서 그것은 예수의 가르침들을 사용하는 새로운 방식이 출현한 것처럼 보인다. 그것은 도덕적 성찰, 판단, 그리고 행동의 규범처럼 되었다.

규 범

미국 기독교사회윤리학에서 우리는 예수의 가르침들과 윤리적 결단과 정책결정을 위해 특별히 규범으로 사용된 '사랑의 법'을 발견한다. 자주 사용된 언어는 사랑의 법 혹은 심지어 사랑의 이상이라는 언어지만, 사랑이 사용된 방식은 사랑의 법과 예수의 가르침들에 대한 철저한 문자적 순종의 방식도 아니고, 정의롭고 평화로운 사회에 관한 도덕적 이상들을 형성하기 위한 기초로써 사용되지도 않는다. 절대적인 평화주의에 대한 철저한 문자적 순종과 기독교 이상주의의 유토피아적인 상상은 둘 다 회피된다.

도덕적 관심은 가능한 것, 즉 역사 속에서 현실적으로 이루어지는 것에 '적합한 것'에 기울어진다. 도덕적 관심은 구체적인 시기에 존재하는 도덕적 모호성과 갈등하는 역사적 세력들 내에서 존재할 수 있는 상태의 평화 혹은 형평을 성취하는 데 기울어진다. 자연법 혹은 창조질서나 하나님의 법의 정치적 사용 등으로부터 엄격하게 사회윤리를 이끌어 내는 그리스도인들과는 달리, 이런 미국적 사고방식은 사랑이 정치학, 경제학, 심지어는 전쟁행위론 등의 영역에 적용될 수 있고 그것들에 대해 규범적이라고 주장한다. 사랑의 규범에 대한 권위는 이중적인 사랑의 계명과 그 밖의 다른 곳에서 나오는 예수의 가르침들에만 유일하게 부여되는 것도 아니고, 항상 부여되는 것도 아니다. 그것은 또한 십자가 위에서의 그리스도의 자기 희생에서도 계시되어 있다. 규범이 적합성을 가지게 되는 방식은 저자들에 따라 다르다.

폴 램지(Paul Ramsey)에게서 그 절차는 사랑을 '원칙화'(in-principled)하는 것, 즉 전쟁 혹은 성적 행위들과 같은 일반적인 문제영역에 대한 사랑의 법으로부터의 적절한 추론들을 구체화하는 도덕적인 규정들을 찾는 것이다. 이제 이런 원칙들이 행위의 규칙들로 기능한다. 「전쟁과 기독교 양심」(*War and the Christian Conscience*)에서 우리는 이런 절차의 사례를 본다. 예컨대 그는 정당전쟁론을 전개하는 가운데 교부들이 기독교윤리학의 순박한 순수성에서 '떨어져 나갔던' 것이 아니라 오히려 이웃에 대한 책임 있는 사랑과 봉사가 평범한 삶의 구조 안에서 요구하는 것이 무엇인지를 발견하려고 했다고 말한다. 정당전쟁 행위에 놓인 한계들과 그러한 한계들 내에서 행위하는 그리스도인들에게 주어진 허용은 단순히 자연적 정의만이 아닌 기독교적 사랑의 규범이 여전히 전쟁행위를 수행하는 데 있어서 그리스도인이 무엇을 할 수 있고 또 무엇을 해야 하는지, 그리고 무엇을 할 수 없고 또 무엇을 해서는 안 되는지를 판단하는 주된 원천이라는 사실을 보여 주는 중요한 흔적들을 간직하고 있다.

램지에게 있어서 사랑은 원칙들이 파생되어 나오는 원천(the source)이다.[83] 램지는 사랑의 법이 요구하는 내용의 단순한 해석에 대한 철저한 순종을 제안하는 것도 아니고, 전쟁 중인 세상이 역사 속에서 점진적인 근사치에 이르게 할 수 있는 이상적인 목표를 사랑이 제공하는 것도 아니다. 단지 그는 사랑이 전쟁의 문제에 부적합한 것이라고 쉽사리 말하지 않는다. 그리스도인들에게 있어서 그것은 규범이고, 그 자체로써 사랑은 도덕적 삶의 행위에 관하여 도출된 추론들의 원천이다.

1946년에 존 베넷(John C. Bennett)은 규범인 사랑과 도덕적 실존의 복합성 사이를 오가는 하나의 절차로써 올담(J. H. Oldham)의 '중간 공리들'(middle axioms)이라는 용어를 발전시켰다. "이 공리들은 보편적 윤리 원칙보다는 더 구체적이고, 입법(legislation)과 정치적 전략을 포함하는 프로그램보다는 덜 구체적인 것이다."[84] 그 후에 나온 짧은 논문에서 베넷은 "한편 철저한 기독교 윤리규범인 사랑과 다른 한편 제도들과 사회정책의 공적인 생활 사이의 긴장은 지배적인 세속문화에의 적응이라는 도피 혹은 고립된 종교 공동체들로의 도피를 통해서 해소되어서는 안 된다. 그와는 반대로 그리스도인들은 기독교적인 사랑의 윤리를 희석이나 타협이 없는 완전한 형태로 분명히 말해야 한다."라고 했다.

이것은 모든 사람들의 존엄성과 복지를 돌보는 보편적 사랑의 윤리이다. 그것은 타인을 위해 희생의 값을 치른 윤리이고, 우리의 마음과 생각을 다하여 하나님의 사랑에 철저하게 헌신하는 윤리이다. 이 윤리는 사회

---

83) P. Ramsey, *War and the Christian Conscience*(Durham, N. C., 1961). 책 전체에 걸쳐서 이런 절차를 수행하고 있다. 인용은 p. xviii에서 온 것이다. 램지에게 있어서 규범으로써의 사랑은 오직 예수의 가르침들에서만 이끌어 낸 것이 아니라 신약성서의 다양한 측면에서 이끌어 내어 일반화시킨 것이다.
84) John C. Bennett, *Christian Ethics and Social Policy*(New York, 1946), p. 77.

의 모든 행위규범들을 판단하는 규범 중의 규범을 준다. 따라서 그리스도인들의 책임은 한편으로는 사랑의 규범의 빛 가운데서 세상에서 가장 최상의 행위절차를 찾아내는 것이고, 다른 한편으로는 이 세상에 존재하는 규범들을 찾아내는 것이다.[85] 여기서 철저한 사랑의 계명은 원칙들의 규범적인 원천이라기보다는 사회의 실제적인 상황 속에서 다소 변증적인 과정을 통하여 정책을 결정하는 데 적합한 판단 기준으로 기능한다. 그리스도인들은 결국 가능한 것의 한계를 지닌 경험의 현실과 철저한 사랑의 규범 간에 존재하는 불가피한 긴장 속에서 살도록 부름을 받는다.

이런 절차를 수행하는 가운데 베넷은 라인홀드 니부어의 연구에 근접한다. 우리가 4장에서 보았듯이, 니부어에게 있어서 아가페(agape)는 삶의 규범이다. 여기서 우리의 관심은 정교한 사랑과 정의의 변증법이 보다 상세하게 다루어져 있는 후기 작품들보다는 1935년에 출판된 「기독교윤리학 해석」(*An Interpretation of Christian Ethics*)이라는 책에 있다. 왜냐하면 보다 초기의 "라우쉔부쉬 강좌"에서 십자가 위의 그리스도의 자기희생적 죽음 이상의 규범을 제공하는 것은 예수에 의해 가르쳐진 윤리이기 때문이다. 이 강좌에서 니부어는 이상으로서의 사랑, 율법으로서의 사랑, 규범으로서의 사랑에 관해 쓰고 있다. 여기서 그는 이 세 단어들을 서로 교환적으로 사용하고 있는데, 그중에 지배적인 언어는 이상이라는 언어이다. 그러나 사고의 구조는 그것이 이상들의 실현에 관한 사고방식과 부합하는 만큼 이 장에서 사용된 규범의 개념과도 부합한다는 것이 필자의 확신이고, 나중에 보다 명시화된 변증법이 이 책에서 분명히 예시되어 있다는 것이 또한 필자의 확신이기도 하다.

존 베넷에 의해 예시된 긴장은 니부어의 문제의 배경 속에서 뚜렷이 나타난다. 모든 인간 삶의 직접적인, 도덕적인 문제는 경쟁하는 다양한 파벌들과 세력들 간의 모종의 휴전을 이끌어 내는 것이다. 인간의 삶은 정치학과 경제학의 상대성들에 많은 관심이 있고, 심지어 가장 친밀한 사회

---

85) John C. Bennett, ed al., *Christian Values in Economic Life*(New York, 1945), pp. 202-207.

관계들 속에 존재하고, 존재해야만 하는 필수적인 힘의 균형에 많은 관심이 있다. 이런 것들과 예수의 윤리는 어떤 연관성도 없다. "예수의 사랑 윤리의 절대주의와 완벽주의는 본성적으로 자기를 고려하는 충동들에 대항하여 비타협적으로 설정될 뿐만 아니라 타인들의 이기주의 때문에 필연적으로 요구되는 자아의 신중한 자기 방어적 태도에 대항해서도 비타협적으로 설정된다."[86]

예수는 다음과 같이 가르친다. 즉, 하나님의 사랑은 의로운 자와 불의한 자에게 차별 없이 보여진다(마 5 : 46). 그리고 하나님의 사랑은 사회생활에 참으로 필요한 신중한 계산들을 위해서도 그 어떠한 여지도 마련하지 않는다. 그는 사람들에게 그들의 물질적 필요에 대해서조차도 염려하지 말라고 훈계한다(마 6 : 25-32). 다시 말해 분별력 있는 양심을 마멸시키는 것에 관해 훈계한다. 소유에 대한 사랑은 자기 주장의 형태처럼 보이고, 따라서 예수의 엄한 비난을 받는다(마 6 : 19-24, 젊은 부자 청년에게 가서 그의 모든 소유를 팔라고 하는 예수의 권면). 그는 계속 반복해서 교만을 질타하고 겸손을 높인다(눅 14 : 7-11 참고). 일상의 삶에서 부정의에 대항하는 분개가 정의에로의 교정을 위한 기초가 되는 반면, 예수는 사람들에게 그들의 원수들을 사랑하고, 다른 뺨을 돌려 대고, "일곱 번이 아니라 일흔 번씩 일곱 번이라도 용서"하고, 저주하는 자들을 축복하라고 가르친다.

이런 윤리를 실천적 사회윤리로 만들려는 그 어떠한 시도도 불가피하게 그 힘이 무뎌질 수밖에 없다. "예수의 윤리에 나타나는 사랑의 절대주의는 보다 편협한 모든 형태의 인간적 공감(human sympathy)에 반대하는 보편주의(universalism)의 방식으로 표현되어 있을 뿐만 아니라 가장 불가피하고도 미묘한 형태의 자기 주장에 반대하여 비판적 엄격을 주장하는 완벽주의라는 방식으로 표현되어 있다."[87] 우리는 예수의 순수한

---

[86] Reinhold Niebuhr, *An Interpretation of Christian Ethics*(New York, 1935), p. 39.
[87] Ibid., p. 48. 2장 "예수의 윤리," pp. 37-61을 보라.

종교윤리로부터 현실을 다루는 분별력 있는 사회윤리를 직접 이끌어 낼 수는 없다.

그러나 예수의 윤리에 나타나는 이런 사랑의 절대주의는 인간의 삶에 대해 부적합하게 만든다. 그것의 적합성이 삶의 영성화나 기독교화가 지속적으로 추구하는 이상처럼 단순하지 않다는 것은 분명하다. 니부어에게 있어서 그것의 적합성은 또다른 종류의 것이다. 철저한 사랑의 윤리, 즉 사랑의 법, 또한 우리가 니부어에 대해서 기억해야 하는 것은 삶의 궁극적 법은 정의의 규범들의 '원천'이고 정의의 규범들의 한계를 발견하게 해 주는 궁극적 '관점'이다.[88] 구체적으로 부딪치는 인간의 사회적 삶의 직접적인 현실들에 적용할 수 있는 것은 바로 정의의 규범이다. 대부분의 사람들에 의해 막 창시한 방식들로 희미하게 인식되고 실현되는 생활의 법과 예수가 가르쳤던 내용들을 일체화하는 것은 다음에 이어지는 니부어의 논의에서 중요하다. 그렇다면 근본적인 규범이 완전히 낯선 규범만은 아니다.

우리는 가령 강도와 살인의 금지와 같은 가장 보편적인 최소한의 표준들에서조차 그러한 근본적인 규범이 나타나는 증거들을 발견한다. 우리는 삶을 유지하기 위해 필요한 재화들을 확보하면서 살아갈 공인된 권리 속에서 근본적인 규범이 인정되고 있음을 확인한다. '평등의 이상'이 정의의 규정적 원칙으로 나타나는 곳에서는 언제나 "네 이웃을 네 몸과 같이 사랑하라"는 외침과 같은 사랑의 법의 메아리가 있다.[89] 실제로 평등은 "사랑의 법의 합리적이고 정치적인 개정판"이다. 그러나 공동체들의 삶의 정제된 표준들을 지원하는 곳에서처럼, 심지어 이런 정의는 상상적으로 실행될 수 있다. 그래서 우리는 "연속적으로 이어지는 층계가 사랑의 법의 최대 근사치가 되는 도덕적 가능성들의 상승적인 척도"를 발견한다.[90]

그러나 이 평등의 근사치들은 한계가 있다. 그것들은 반드시 역사적 실

---

88) Ibid., p. 140. 작은따옴표는 필자에 의해 덧붙여진 것이다.
89) Ibid., p. 108.
90) Ibid., p. 110.

존 안에 있는 본성의 불순종과 결합되어 있다. "(그러나) 사랑의 이상은 모든 법을 초월한다."[91] 그리고 사랑의 이상은 모든 합리적 정의의 한계들을 보여 주는 규범을 제공한다. 그것은 모든 역사적 질서들에 대한 도덕적 비판의 원천인 초역사적이고 초월적인 규범을 제공한다. 이런 초월적인 규범에 대한 충성과 이 관점의 비판적 해석과 동떨어진 정의의 세계는 정의보다 훨씬 못한 것으로 빠져들어 갈 것이다. 그래서 사랑의 규범은 인간이 성취하지 못한 것을 보여 주고 아울러 인간의 성취를 가능하게 하는 것의 원천을 제공하면서, 도덕적 삶에서 비판적이고도 계도적으로 기능한다. 니부어의 언어는 부분적으로는 '이상들의 근사치'의 언어이지만, 그의 성찰방식은 아마도 발달적이기보다는 변증법적인 듯하다. 역사 안에서의 성취들은 인간이 초월적 절대자에 대해 인식하게 될 때 오는데, 여기서 인간이 초월적 절대자를 인식한다 함은 한편으로는 예수의 가르침과 삶의 법이고, 또다른 한편으로는 인간의 삶 속에 나타나는 자기 주장, 힘, 그리고 죄의 현실들 두 가지를 함께 가리킨다.

많은 다른 측면에서 견해의 차이를 지닌 많은 오늘날의 학자들을 함께 묶는 주제는 신중의 권면(the counsels of prudence)과는 대조되는 순수하고 직접적으로 적용되는 규범의 적합성이다. 이 사랑의 규범은 신약성서를 고수하는 사람들에게는 회피될 수 없다. 그것은 예수의 가르침들 가운데, 그의 삶과 죽음 가운데, 바울과 요한을 비롯한 많은 이들의 저작 가운데 나타난다. 만일 우리가 성경의 권위에 대한 전통적인 개신교의 입장을 취한다 해도, 그것은 자연법 혹은 윤리학을 위한 그 어떤 다른 기초에 의해서도 대체될 수 없다. 그러나 램지, 베넷, 그리고 니부어 등과 같은 이들은 사랑의 규범을 역사적으로 실현시킬 수 있는 이상으로 만들기를 기꺼워하지 않은 것처럼, 사랑의 규범을 역사에 대한 결과들을 고려함이 없이 그리스도인들이 직접적으로 순종하는 법으로 만들기를 기꺼워하지 않는다. 그래서 그것이 규범이 된다. 즉, 그것은 원칙들과 공리들의 원

---

91) Ibid., p. 149.

천, 역사 안에서의 삶의 현실성과 모호성 가운데서 살아가는 데 있어서의 '초월적인' 비판의 준거점이 된다.

교사이신 그리스도에 관한 몇 가지의 성찰들

언젠가 다드(C. H. Dodd)는 "예수는 확실히 그의 교훈들이 진지하게 받아들여지기를 원했다."라고 쓴 적이 있다. 그것들이 얼마나 진지하게 받아들여져야 하는지가 수세기 동안 논의의 주제가 되었다. 실제로 그것은 그의 교훈들이 얼마나 '진지하게'(seriously) 받아들여져야 하는지의 문제뿐만 아니라 그것들이 '어떻게'(how) 받아들여져야 하는지의 문제이기도 했다. 다드 자신은 "우리는 이 각각의 교훈들을 신적인 아가페에 의해 설정된 표준에 일치하게 될 행위의 '특성'(quality)과 '방향'(direction) …… 을 지시하는 것으로 간주될 수도 있다."는 점을 제시한다.[92] '특성'과 '방향'이라는 두 용어는 필자의 판단으로는 현대 그리스도인들에 대한 교사이신 그리스도 사역의 어떤 의미를 지시하기 위해 적절히 선택된 것이다. 위에서 전개한 의미에서 필자는 그것들이 또한 그리스도인들의 판단 결정에 있어서 하나의 규범이라는 점을 덧붙이기를 원한다.

다드는 행위들에 대하여 '특성'이라는 단어를 사용하고 있다. 그러나 필자는 그것을 또한 행위의 근거인 성향(disposition)에 대하여 사용하려고 한다. 예수는 확실히 이 장에서 논의한 다양한 신학자들이 지적한 것처럼 삶의 특수한 특성들을 추천했다. 팔복과 나머지 산상설교, 그리고 예수에게 귀속된 많은 다른 가르침들은 그가 선포한 하나님에 대한 신뢰와 순종에 부합하는 삶의 약간의 기본자세들을 말해 준다. 이런 취급방식들이 기독교 문학에서 진부하게 되더라도, 우리는 복음서에 그것들에 대한 증거가 있음을 피할 수 없다. 아니면 그러한 사랑, 자비, 그리고 정의를 믿는 사람들에게 그것들이 매력을 주었다는 것은 하나님 자신에게 돌려질 적

---

92) C. H. Dodd, *Gospel and Law*(New York, 1951), p. 73.

절한 단어들이다.

성 바울의 말로 복음에 합당한 '삶의 방식'이 있는데 이런 방식은 예수 가르침의 재진술들에 의해 지시될 수 있다. 즉, 일상적 삶의 염려로부터의 자유, 분노와 질투와 색욕으로부터의 자유, 다른 사람들과 화해하기를 기꺼워하는 것, 미움보다는 사랑할 준비가 갖추어져 있는 것, 이웃의 선에 대한 관심, 겸손 등이 여기에 포함된다. 이것들은 예수 그리스도의 제자들이 지니도록 요청을 받은 성향들에 대한 약간의 윤관들을 가리킨다.

우리는 그러한 삶의 특성들이나 예수의 가르침들이 도덕적 행위들 안에서 효력을 발휘하는 어떤 성향들을 추천한다는 점을 지적하기 위해 예수의 가르침의 특징으로써 열거할 수 있는 삶의 특성들에 대한 관심의 독특성에 대해 논쟁할 필요가 없다. 우리는 복음서들이 적어도 인간의 삶 속에서 추천하는 내용과 일반적으로 승인하지 않는 내용에 적어도 약간의 일관성이 있다는 점을 확신하기 위하여 각각의 어록에 대한 역사적 증명(verification)을 시도할 필요가 없다. 우리는 아가페와 조화를 이루는, 혹은 아가페의 표현인 이런 모든 특성들을 보기 원할지도 모른다. 그러나 여기서조차 나는 그리스도인들이 모든 삶의 다양한 측면들의 시금석으로써의 단일한 실재를 세우는 데 성패를 걸 것이라고 믿지는 않는다.

그러한 '특성들'을 가르칠 수 있을까? 그 특성들이 승인될 만한 가치가 있음을 예수가 분명하게 가르쳤다는 의미에서 분명히 그것들은 가르쳐졌다. 그러나 그 특성들이 들려짐으로써 채택되기에 이르렀는지 아닌지는 꽤나 별개의 문제이다. 아마 제퍼슨 같은 이나 혹은 심지어 톨스토이 같은 이는 그렇다고 생각했다. 그러나 확실하게 예수는 어떤 도덕적 태도들을 가르치거나 심지어는 불러일으키는 데에만 관심을 기울이지는 않았다. 그는 기본적으로 종교적 메시지를 설교한 종교적인 사람이었다. 그는 인간들 간의 상호신뢰에 관심을 갖고 있던 것만큼 적어도 하나님에 대한 인간의 신뢰에 관심을 가졌다. 사실상 예수의 가르침들을 다루고 있는 거의 모든 학자들이 지적하는 것처럼(비록 그 점에 관한 대부분의 측면들에 대한 엄청난 불일치가 존재하지만), 도덕적 권면들은 예수가 선포한 신앙과 그가 채택한 미래에 대한 기대와 그가 불러일으킨 기본적인 충성의 맥락 안에서만 이해가 된다.

그때처럼 지금도 그 가르침들은 그것들이 이런 종교적이고 신학적인 맥락 안에서 가졌던 것과 같은 그러한 힘과 설득력을 지니고 있다. 따라서 중요한 것은 이런 특성들이 경건한 신앙과 공동체의 삶과는 별개로 가르쳐질 수 있는지 없는지의 문제이다. 그것들은 경건한 신앙과 공동체의 삶과는 별개로 가르쳐질 수 있을 것이다. 그러나 그 가르침의 확실한 능력은 그것들이 일부를 이루는 보다 넓은 맥락에 의해 강화된다. 참새들도 돌보시는 하나님에 대한 신뢰가 일상적인 것들도 돌보아 주시는 하나님을 믿는 사람을 안심시켜 주지만은 않을지도 모른다. 하나님을 믿는다면, 일상적인 일에 대한 염려를 해서는 안 된다는 것을 아는 것이 이치에 맞다. 그 가르침은 하나님에 대한 신뢰의 삶 안에, 그의 나라에 대한 기대 안에, 그의 선함에 대한 의존 안에 있다.

이웃사랑의 계명은 합리적인 규범으로써 설득되는 명령법은 아니다. 물론 이웃사랑의 잠재적인 선한 결과들, 보편적 적용성 등으로 인해 그것이 왜 받아들일 만한 가치가 있는지에 대해 광범위한 이유들을 댈 수 있을지라도 말이다. 오히려 그 가르침들은 이웃과 자신을 둘 다 사랑하시는 그 하나님의 선포의 맥락 안에 있고, 또 그러한 하나님에 대한 신앙 안에서 그것의 보금자리를 발견한다. 그럼에도 불구하고 그 가르침—이웃을 사랑할 성향은 예수의 제자들에게 요구될 뿐만 아니라 또한 가능한 것이라는—을 듣는 것은 적절하다.

우리는 이미 행동의 지침에 대해 신중하게 시도하면서 정확하고 포용력 있게 묘사할 수 있는 준비와 태도라는 삶의 특성과는 어느 정도 다른 삶의 특성으로 옮겨 왔다. 지침은 유용한 용어이다. 왜냐하면 그것은 한편으로는 구체적인 교훈들에 대한 구체적인 승락이라는 의미함축들(connotations)을 피할 수 있기 때문이고, 또다른 한편으로는 적합한 행동에 대한 객관적 설명들에 의해 지배됨이 없는 태도들의 표현을 피할 수 있기 때문이다. 그것은 우리가 마지막 장에서 살펴볼 것이지만, 확실한 목표를 향한 상대적으로 분명한 방식으로의 움직임인 기본적인 의도를 가리킨다. 이 가르침들의 지침은 이제는 더 이상 통용되지 않을 구체적인 역사적 조건하에서 예수가 말한 구체적인 진술들보다 더 일반적인 타당성을 가질 수 있다. 그래서 바르트가 그의 '교훈 구절들' 혹은 '중요한 구절들'이라는 표현 가운데 행한 그런 종류의 일반화들은 정당하고도 유용하다. 물론 그런 일반화들이 모든 사람들과 모든 경우들에 동일하게 적용될 수 있는 정확한 규정은 결코 될 수는 없지만 말이다.

다시 말해서 그 자신의 도덕적 용어들 속에서 설득력 있는 것으로 이 방향지침들을 가르칠 수 있는 것인지는 반드시 제기되어야 할 문제이다. 역사적인 하나의 예를 들자면, 간디가 비폭력을 부분적으로는 예수의 가르침으로부터 배웠다는 점은 분명하다. 물론 간디는 인간을 위한 하나님의 중보자인 예수 그리스도에 대한 신앙은 말할 것도 없고, 예수가 선포한 하나님 나라에 대한 신앙을 고백하지 않았지만, 비폭력을 예수의 가르침으로부터 배웠다. 그리스도인들에게 있어서 사회적인 저항과 사회적인 변화의 기술의 유효성 이상의 것이 교사이신 그리스도의 가르침 속에 포함되어 있다. 그런데 그리스도의 가르침 속에 포함된 사회적인 저항과 변화의 기술을 능가하는 것은 최소한의 가능한 고통을 야기시키기 때문에 옳은 것처럼 보인다. 예수가 선포한 신앙, 복음서 기자들에 의해 예수에게 돌려진 행위들과 그가 사람들에게 준 것으로 알려진 가르침들 간에는 인격적인 정합성이 있다.

병렬의 방식으로 볼 때, 그리스도에 의해 선포되고 그리스도 안에서 알려진 기독교공동체의 신앙은 그 신앙에 부합하는 행위로써의 어떤 활동의 지침을 요구한다. 기독교공동체의 생각은 예수가 하나님에 대해 여차여차 말했으니 논리적으로 행위에 대한 지침들이 수반된다는 식은 아니다. 오히려 그것보다는 그 관계가 인격적이라고 보는 것이 보다 정합적이다. 하나님과 하나님 나라에 대한 신뢰는 실존적으로 어떤 행위의 방향지침을 야기시키고, 가능하게 하고, 요구한다. 예수의 가르침들은 지침으로써 이런 지침들을 분명하게 만들고, 그가 선포한 신앙과 그리스도인들이 공유하는 신앙과 부합되는 방식을 분명하게 만든다.

예수의 가르침들은 또한 권위를 지닌 준거점들인 규범이 될 수 있다. 여기서 예수의 가르침들이 권위를 지니고 있다 함은 문자적으로 영감된 하나님의 법의 신적 계시들이라는 의미에서가 아니라 예수 그리스도의 제자들에게 적합한 삶과 행위방식에 대한 상대적으로 정확한 문자화라는 의미에서이다. 이 말은 그 가르침들이 도덕적 판단형성을 가능하게 하는 유일한 규범들이라는 것은 아니다. 그러나 예수 그리스도에 대한 신실성이 그리스도인들의 헌신인 한에 있어서, 예수에게 귀속된 가르침들은 항상 판단과 자기 비판의 준거점을 지니게 될 것이고, 아울러 결단과 행동에 항상 영향을 미치게 될 것이다.[93]

"우리는 무엇을 해야 하는가?"라고 그리스도인들이 물을 때, 예수의 가르침들의 정확성과 적절한 용례에서 생기는 역사적이고도 신학적 어려움들이 있음에도 불구하고, 그들은 예수의 가르침들을 결코 완전히 피할 수는 없을 것이다. 그들은 항상 "나의 멍에를 메고 내게 배우라"(마 11 : 29)라는 이 말씀을 들을 것이다.

---

93) 이 문제는 여기서 상세하게 전개하지 않는다. 여기서 관련된 문제는 마지막 장에서 훨씬 더 상세하게 전개될 것이다.

제 7 장

그리스도와 도덕적 삶 : 건설적 진술

"예수 그리스도는 그리스도인의 도덕적 삶에 어떤 차이점을 만들어 내는가?" 앞 장에서 우리는 이런 질문과 답변을 다양한 방법으로 찾아보았다. 논의는 여러 가지 측면에서 진행되었다. 그리스도와 인간을 위한 그의 사역의 의미에 대한 다양한 이해는 우리의 도덕적 삶에 대한 그리스도의 의미를 해석하는 여러 가지 방법들을 제공하였다. 즉, 예수에 대한 그리스도인들의 주관적인 반응은 예수를 계시자로, 칭의자로, 성화자로, 모범자와 요약된 형태로 정리하려고 하지 않고, 오히려 조직적인 방법으로 신중하게 그 질문을 제시하려 한다.[1]

---

1) 이런 체계적인 전개는 이어지는 책에서 계속될 것이다. 그 책에서 필자는 덕들의 개념에 대한 연구, 그리스도인들이 도덕적 판단을 내리는 방식들을 보다 더 진척시키려고 한다. 특별히 그리스도인들이 도덕적 판단을 내리는 방식에 관해서는 필자의 글 "Context vs. Principles : A Misplaced Debate in Christian Ethics,"

도덕적 삶에 있어서 예수 그리스도가 가져오는 차이에 대한 질문에 대답하려는 구성적인 노력은 신중하고 정직하게 주의를 기울여야 한다. 만일 우리의 질문이 그리스도인의 도덕성은 더 나은 것이고, 보다 인간적이고, 현실에 있어서도 다른 사람들의 도덕성보다 우월하다는 역사적 증거를 찾고자 하는 방향으로 설정된다면, 우리의 정직한 대답은 기껏해야 모호한 수준을 벗어나지 못할 것이다.

막스 베버는 약간의 세계종교들에 대한 비교사회학적 연구에서 고대 유대주의와 기독교, 특히 개신교는 힌두교의 종교적 생활과 관념의 영향을 받은 문화와 비교해 볼 때 노동에 대한 태도에 있어서 적극적인 태도를 보인다고 지적했다. 그러나 우리는 자신과 피조 세계를 정복하고자 애쓴 성과에 대해 이미 매우 긍정적 가치를 부여하는 관점에서만 이런 태도의 도덕적 우월성을 주장할 수 있다.

다른 가치들과 비교해 볼 때, 역사 속 이런 태도의 지속적인 작용들이 항상 도덕적으로 건강한 것은 아니었다. 존 웨슬리는 18세기에 있었던 부흥 후에 킹스우드로 돌아갈 수 있었는데, 그곳에서는 술취함과 색정과 다른 해악들이 엄청나게 감소되는 경험을 할 수 있었다. 그러나 이런 것들이 그리스도에 대한 신앙이 극복해야 할 중요한 악덕들인지 아닌지, 그리고 악덕들에 대항하는 덕목들이 그리스도인이 권장할 만한 주된 표지들인지의 여부는 논쟁의 주제였다.

라인홀드 니부어는 우리들에게 기독교 신앙의 도덕적 효력을 증명하기 위하여 역사를 살펴보는 것에 대해 예민하게 경고한다. 우리가 이미 주목해서 살펴보았듯이, 니부어는 우리의 기억에 호소하면서 기독교적인 광신적 연대기, 종교적 미움, 종교적 신성의 외투 뒤에 감추어져 있는 죄악된 야망, 혹은 하나님에 대한 위장적인 헌신과 혼재된 정치적인 관력에의

---

reprinted in Marty and Peerman, eds., *New Theology* 3(New York, 1966), pp. 69-102, 논문 "Moral Discernment in the Christian Life," in the symposium *Norm and Context in Christian Ethics*, eds. Paul Ramsey and Gene Outka(New York, 1968)를 보라.

충동 등의 슬픈 연대기를 환기시킨다. 칼 바르트는 어떤 그리스도인의 자기 의를 투시하는 문장에서 이렇게 말한다. "정직합시다. ······회심이라고는 거의 경험하지 않고, 회개와 중생도 거의 경험하지 않으며, 끝과 새로운 시작, 변화된 삶도 거의 경험하지 않는 우리는 (도대체) 어떤 존재들입니까?"[2] 경계심을 게을리 하지 않는 그리스도인은 그에 대해 문제를 제기하는 저명한 신학자들이 필요 없을 것이다. 그러나 그리스도인들의 활동의 효능의 척도를 훨씬 넘어서는 차원으로 다른 사람들의 복지를 이끌어 가는 사람들의 도덕적 삶에 의해 대부분의 그리스도인들은 쉽사리 부끄러움을 당한다. 사도 바울의 "행치 않는 선과 행하고 싶지 않지만 행하는 악을 인식한다."는 고백은 이 점을 잘 말해 준다.

그리스도인들은 다른 사람보다 도덕적으로 우월하다고 주장하거나, 기독교 신앙이 인류공동체의 도덕적 복지에 기여한다는 것을 입증할 만한 증거들에 근거하고 있다고 주장할 수 있는 처지에 있지 않다. 비록 우리가 방어적인 변론을 선택해야 한다 할지라도, 개인적이고 역사적인 증거는 그리스도인의 편에서 볼 때 명백한 것은 아니다. 더욱이 그 노력은 어떠한 경우에 있어서도 성서와 기독교 전통에서 우선적으로 여기는 것들과 일치하지도 않는다. 왜냐하면 기독교회의 메시지와 삶은 적어도 그것이 도덕성과 관련성이 있는 만큼 인간의 구원과 하나님의 구원 사역과 하나님의 관계 안에 있는 인간과 관련성이 많기 때문이다.

그러나 기독교회의 메시지와 삶과 도덕성의 관련성을 지나치게 주장하는 것에 대해 경고하는 사람들조차도 그들 자신의 독특한 방식으로 그리스도인들에게 특수한 도덕성, 즉 인간공동체에 유익을 끼치는 도덕성을 어느 정도는 주장하기를 원한다. 그리스도가 주님이기에 역사 안에서 지속되는 어떤 선한 결과가 있다는 주장을 하지 않고도, 인간들이 그리스도를 신뢰하기 때문에 어떤 도덕적 효력이 절대적으로 예상된다는 주장을 하지 않고도 그들은 여전히 그리스도인들의 신앙과 충성이 도덕적인 특

---

2) Reinhold Niebuhr, *Nature and Destiny of Man*, vol. II, p. 122 ; Larl Barth, *Church Dogmatics*, IV/2, p. 582.

성을 지닌 어떤 태도를, 성향들, 의도들, 목적들, 규범들을 불러일으킨다는 점을 보여 주고 싶어한다. 신앙과 도덕적 행위의 '형태론'(morpho-logy)이 무엇인지를 주의 깊고도 분명하게 표명하지 않으면서도 그들은 그리스도를 신뢰하는 것은 새로운 내면적 자유를 얻는 것이고, 자신의 참된 목적을 추구하는 방향으로 나아가는 것이고, 사랑의 법에 의해 지배되는 것이며, 이웃을 위해 선한 것을 하는 성향을 지니는 것이라고 추론한다.

전(前) 장에서 주어진 분석에 대한 하나의 응답인 이 장에서, 그리고 이들 분석들을 전개하는 가운데, 필자는 특별히 그리스도 예수에 대한 신앙이 기독교공동체의 구성원들의 도덕적 삶을 통하여 종종 야기시키는, 야기시킬 수 있는, 그리고 마땅히 야기시켜야만 하는 약간의 차이점들을 해석하고 해명하는 하나의 방식에 대한 탐구를 제안한다. 여기서 제안한 방식은 기독교 신앙이나 기독교 윤리에 대한 변호가 아니라 성서와 신학자들의 주장들, 그리고 그리스도인들의 경험들이 무엇인지를 생각하는 현재의 유용한 양태들을 보다 명백하게 이해하려는 노력이다. 따라서 '종종 야기시키는', '야기시킬 수 있는', 그리고 '마땅히 야기시켜야만 하는'이라는 용어들이 신중하게 선택된 것이다. 정리를 위하여 이런 해석은 네 부분으로 나눌 수 있다.

첫째는 다른 세 가지를 포함하는데, 기독교 복음이 가능하게 하고 요청하는 근본적인 관점과 삶의 자세인 전체적인 전망(perspective)을 서술하는 것이다.

둘째는 예수 그리스도에 대한 충성에 의해 일으켜지고 형성되는 두드러진 특정 태도들과 성향들의 양상(aspect)을 서술하려는 노력이다. 그 다음으로는 기독교 신앙에 부합하는 어떤 근본적인 의도들, 목적들, 목표들을 해석하고, 도덕적 중요성을 보여 주는 것이다.

마지막으로 그리스도와 그의 가르침이 기독교공동체 구성원들의 특수한 도덕적 판단에 영향을 미치는 규범을 제공해 주는 방법을 제시할 것이다.

그리스도인의 도덕적 삶에 있어서의 전망과 태도

그리스도인들은 공통적인 충성의 대상, 즉 예수 그리스도를 지니고 있는 사람들이다. 그들을 하나의 공동체로 묶는 것은 교리도 경건도 아니고 교회제도나 도덕의 기준도 아니다.[3] 그들에게서 그리스도가 어떤 존재이냐에 관해서는 견해가 다양하게 나타난다. 육신을 지닌 하나님의 계시자, 신인, 하나님의 양자, 신자들이 실존의 선과 의미의 열쇠를 발견하게 되는 그러한 존재, 도덕적이고 영적인 일치의 중심, 참된 인간성이 무엇인지 보여 주는 계시자, 위에서 제시한 다양한 존재의 결합들에 의한 어떤 존재로 나타난다. 그들이 숭배하는 방식도 다양하다. 동방 정통교회의 신적인 예전들과 서방 가톨릭 교회의 성찬식, 평신도 성경읽기와 소분리파 집단의 개인기도, 부흥주의 전통의 격양된 찬송들, 장엄한 그레고리안 성가를 통하여 숭배되기도 하고, 사적인 헌신과 회중 가운데서, 아니면 다양한 조합의 형태 가운데서 숭배된다.

그들의 공동체 생활의 제도적 형태는 성공회와 가톨릭의 계급적 구조의 성찬식에서부터 자유교회의 평신도 지배적인 철저한 민주적 구조에 이르기까지 차이가 있다. 그들의 도덕성의 기준도 갈라진다. 즉, 평화주의자들도 있고, 어떤 전쟁은 정당하게 여기는 신앙인들도 있고, 청빈이 순종의 일부라고 믿는 사람들도 있고, 소유하고 있는 재화의 양보다 청지기의 사명을 중요시하는 이들도 있고, 그리스도인의 양심의 자유를 강조하는 사람들도 있고, 그리스도인의 양심과 결합되어 있는 규범들을 강조하는 사람들도 있다. 그러나 그리스도인들은 공통적인 삶의 하나의 초점을 지니고 있는데, 환언하면 그것은 바로 삶의 궁극적인 힘과 실재를 알게 하고 이해하게 하는 분이요, 지속적인 신뢰와 충성의 역사적 공동

---

[3] 필자는 여기서 리차드 니부어, 그리고 그에게 영향을 준 많은 신학자들과 철학자들에게서 배운 사고방식 위에서 논의를 전개해 나가고 있다. 물론 이 장에서 필자가 전개하는 방식은 니부어가 승인하는 것만큼 그가 좋아하지 않을 만한 내용을 많이 지니고 있다.

체의 기원이 되는 역사적 인물로 표상되는 분인 예수 그리스도의 중심성이다.

예수 그리스도는 기독교공동체의 통합과 일치의 초점이다. 예수는 그를 따르는 자들의 삶의 통합과 일치의 초점이거나 혹은 초점일 수 있다. 이런 충성과 통합과 일치의 초점이 얼마나 구체적으로 사람들의 행위와 행동에 영향을 미치는지를 정확하게 묘사하는 것이 어려운데, 그것은 흡사 한 민족과 역사적 가치에 충성하는 것이 그 충성을 바치는 사람의 말과 행위에 어떻게 영향을 미치는지를 설명하기 어려운 것과 마찬가지일 것이다. 확실히 그러한 중심이 모든 삶의 특수한 계기에서 우리들의 말이나 행동에 어떠한 방식으로 영향을 미치는지는 정확히 예측할 수 없다. 그럼에도 불구하고 공통적인 주님께 충성한다는 사실이 이런 충성이 내적인 헌신의 표징들과 의미 있는 주관적 관계성의 표징들을 갖는 한에 있어서, 그것을 공유하는 사람들 안에서, 그 사람들을 위해서 지니는 약간의 특성 있는 결과들을 제시하는 것은 가능하다. 주로서, 주인으로서 그리스도는 그리스도인들에게 종종 삶에 대한 특수한 전망, 즉 삶을 향한 특수한 태도를 주고, 줄 수 있고, 주어야만 한다.

'전망'과 '태도'라는 말은 기껏해야 그리스도인들의 생활의 약간의 기본적인 양상들을 가리킨다. '전망'이란 말은 그 정상적인 용례의 영역, 즉 시각적인 경험에서 도출한 것으로, 사물들이 보여지고 관찰되는 관점이 보여지는 것과 보여지지 않는 것을 결정한다는 것을 말해 준다. 그리고 그 관점이 보여진 것 가운데 어떤 측면들이 현저한지, 어떤 측면이 그림자인지, 그리고 어떤 것이 분명한지를 결정하고, 어떤 점은 주의를 끌고 어떤 점은 주의를 끌지 못하는지를 결정한다는 것을 말해 준다.

'전망'이란 엄격하게 말해서 시각적인 경험 이상을 지시하기 위하여 사용되었다. 전망은 관찰하는 주체의 상태를 지시하기 위하여 사용되었다. 그것은 관찰자가 관찰하는 것을 기술하고 평가하기 위한 기본적인 어휘와 합리적인 판단의 표준, 그리고 그의 정서적인 반응들을 결정하는 가치들을 가리키기 위하여 사용되었다. 때때로 '이해'라는 단어가 이런 것들을 대신해서 쓰였는데, 이것은 만일 정서적인 요소들이 지성을 함께 포함하는 방식으로 사용된다면 적합하고도 적절하다. '전망'이나 '이해'라는 개념은 그리스도인의 도덕적 생활의 기본적 측면을 해석하는 데 주의 깊게 쓰여 왔고, 지금도 여전히 쓰일 수 있다.

'태도'라는 말은 정상적으로는 육신의 신체적 측면, 즉 몸의 각 부분의 정돈상태를 서술하는 데 쓰인다. 그러나 그것은 또한 한 사람의 기본적 특성, 그의 근본적인 '상태' 혹은 그의 '마음의 구조'를 제시하는 데 사용되었다. 덜 정확한 용례에서 본다면, 그것은 인간이 삶 가운데 서 있는 곳에 대한 지적인 서술 이상을 제시한다. 자세는 또한 정서, 감수성, 가치선호의 지향을 가리킬 수도 있다. 실제로 '지향'(orientation)이란 단어는 일반적인 용례에서 볼 때 자아의 기본적 상태와 방향을 가리키는 또다른 의미를 지니고 있다. 우리는 여기서 그리스도인들이 자주 이 세계를 향한 특징적인 자세나 성향을 지니고 있고, 지닐 수 있고, 지녀야만 한다는 점을 긍정하는 것은 의미 있다고 말하고 싶다.

이런 언어의 암시적인 의미는 '온전한 인간'을 가리킬 뿐만 아니라 근본적인 통합성과 정합성을 지닌 어떤 것 안에서의 관용과 다양성을 허락하는 이점을 지니고 있다. 그리스도가 신앙인에게 전망을 준다고 말하는 것은 모든 신앙인이 절대적으로 동일한 전망을 지니고 있다는 것을 말하는 것이 아니고, 모든 그리스도인들이 정확하게 동일한 가치를 선호하고, 동일한 가치들, 자신과 세상에 대한 동일한 이해를 지닌다는 것을 말하는 것도 아니다. 이 세계를 향하여 그리스도인들이 어떤 자세를 지닌다고 말하는 것은 모든 그리스도인들에게 나타나는 획일적인 특성이나 획일적인 '상태', '마음의 구조'에 대한 경험적 증거를 주장하는 것이 아니다. 관찰자의 눈에는 다양성이 일관성보다 더 인상적이고, 아마도 그러한 전망에 대한 주장은 직설적인 문법(actually have)보다는 가능의 문법(can have)과 당위의 문법(ought to have)의 방식으로 제기되어야 할 것이다.

자아와 가족과 직업과 국가, 그리고 특정 행위의 수단들에 대한 그 이외의 근본적인 충성과 헌신은 모든 그리스도인들에게 동일한 방식으로 예수 그리스도에 대한 신뢰와 충성과 관련되지는 않는다. 개인의 성격의 발전에 영향을 주는 요인들뿐만 아니라 사회적이고 문화적인 상황이 그리스도인의 전망과 태도를 규정한다. 그리스도인이 형성되고 삶을 영위하는 특수한 종교적 맥락들이 기본적 충성과 태도의 차이들을 만들어 낸다. 러시아 정교회 신자의 영성은 서구 가톨릭교회 신자와 개신교 신자의 영성과 다르다. 이런 전통들 안에서 개인들의 인격적인 종교적 신앙뿐만 아니라 다양한 강조점들과 논쟁점들을 지닌 신학적 전통들은 다양한 자세와 전망을 만들어 낸다. 또한 사람들의 종교적 신실함과 충성에도 매우 큰 차이들이 존재한다.

여러 가지의 다양한 이유들로 인해 자신들의 말과 행위에서 그리스도에 대한 충성을 중심으로 삼는 사람들과 그러한 충성을 주변적인 것으로 삼는 사람들이 존재한다. 그리고 같은 사람도 시간의 경과에 따라 혼란스러운 경향성들이 나타나기도 한다. 그 결과 동일한 사람이 어떤 때에는 그의 말과 행위 속에서 다른 때보다 그리스도인의 태도를 더 현저하게 나타낸다. 또한 전망과 태도를 변경하는 예수 그리스도에 대한 불신과 불충성의 현실이 존재하기도 하고, 자아, 가족, 국가라는 우상들을 일차적으로 지향하는 현실이 존재하기도 한다.

그리스도가 그의 충성스러운 제자들에게 가져다준 자아를 향한, 타인들을 향한, 그리고 세계를 향한 태도와 전망의 모든 국면들을 서술하는 문제는 이 장에서 다룰 수 있는 것보다 훨씬 더 방대한 과제이다. 필자는 그러한 전망 중에 가장 현저한 것을 추려서 그것이 도덕 경험에 어떤 기능을 하는지 알아보려고 한다. 이런 측면은 하나님에 대한 신뢰이고, 생명의 근원과 궁극적 능력의 선함에 대한 신뢰이고, 선의 능력에 대한 신뢰이다. 우리가 기꺼이 인정하는 이런 신뢰는 예수 그리스도에 대한 충성과는 다른 것에 의해 야기될 수 있고, 사실상 그것은 예수 자신이 한 사람의 선한 유대인으로서 공유하고 있는 종교적이고 도덕적인 신앙 가운데 나타난다.

우리는 간단하면서도 학문적이지 않은 방식으로 어거스틴적인 역사관과 마니교적인 역사관 간의 차이를 되풀이함으로써 이런 신뢰의 중요성을 일별해 볼 수 있다. 어거스틴적인 역사관은 원칙적으로 선이 악에 대해 승리해 왔고, 인간들은 선의 부정의 파멸적인 두려움과 악의 파괴적인 능력 가운데 살기보다는 하나님과 그의 창조의 선함을 긍정하면서 살 수 있다는 확신 속에 근거하고 있다. 마니교적인 역사관은 선과 악에 대해 분명하게 묘사하면서, 선한 세력들과 악한 세력들 간에 투쟁과 전쟁이 계속된다는 확신에 근거하고 있다. 그리스도는 선한 능력의 실재의 계시요, 상징이다. 그의 가르침, 그의 행위들, 그리고 모든 공교회 속에서 그의 의미에 대해 이루어진 해석은 어거스틴적인 역사관이 중심적인 주제임을 지시한다.

따라서 그리스도는 어거스틴적인 전망이나 자아, 타자들, 그리고 세상에 대한 자세의 기초가 된다. 만일 하나님의 선함과 그 하나님에 의해 창조되고 경륜되고 구속된 삶의 선함이 궁극적으로 그리고 실제로 모든 특수한 악의 계기나 모든 악의 계기들의 합보다 더 위대함을 믿는다면, 우리는 세상을 향한 개방성을 가지고 변화에 대한 감수성과 그것이 제공하는 기회들을 가지고 파괴를 몰고 오는 절망을 극복하면서, 이 세상에 대한 근본적인 확신을 가지고 나아갈 것이다. 만일 악이 선과 동일한 상태와 능력을 지녔다고 믿으면, 우리는 두려움으로부터 십자가적인 정신으로 나아갈 것이다. 십자군적인 정신은 새로운 선의 출현을 가능하게 하는 변화하는 좌표설정(constellations)에 대한 예민한 의식을 노정하고, 악을 개혁하기보다는 파괴하려고 하고, 화해를 추구하기보다는 철폐를 추구한다. 예수 그리스도는 선의 능력에 대한 확신을 가능하게 한다. 그는 그에게 충성하는 사람들에게 기본적인 자세와 전망을 제공한다.

복음서들은 하나님의 선하심과 자비에 대한 예수 자신의 신뢰와 의로운 자들과 불의한 자들에 대한 차별이 없는 보살핌을 증거한다. 복음서들을 통하여 이야기 형태로 나타나는 예수의 행위들은 갱신, 치유, 화해가 모든 사람들, 즉 나락으로 빠진 사람들, 존경 받는 지위에 있지 못한 사람들, 억압자들에게 종노릇하는 사람들, 병든 사람들, 남에게 원수 된 사람들에게 가능하다는 그의 신앙을 증거한다. 그리스도인들은 예수 그리스도 안에서, 즉 그가 선포한 신앙과 그의 삶과 죽음과 부활에서 하나님의 선하심, 자비, 그리고 능력에 대한 신뢰를 발견한다.

이것이 예수 그리스도에 대한 명시적인 신앙과 헌신된 충성과는 상관없이 어느 누구도 하나님의 선하심의 능력을 결코 신뢰할 수 없다고 주장하는 것은 아니다. 그것은 또한 그리스도인들이 역사적으로나 개인적으로 극복되어야만 하는 세상의 부패와 악에 대한 환상들로 인해 고통을 당해야 한다는 것을 말하는 것도 아니다. 선의 실재에 대한 확신으로 인도하는 경향이 있는, 혹은 성숙하기도 하고 혹은 유치하기도 한, 많은 종류의 인간의 경험들이 존재한다. 그리고 선하신 하나님에 대한 신뢰가 그러한 신앙에 상응하는 인간의 전망과 자세로 인도하지 않는다는 점을 그리스도인들에게 상기시키는 많은 경우들이 존재한다.

예수 그리스도는 하나님의 선하심에로 이끄는 실마리와 통찰, 그리고 하나님의 선하심에 대한 지식과 확신을 제공한다. 이런 결과로 예수 그리스도는 선의 능력에 대한 신뢰를 제공한다. 부분적으로는 이것이 바로 신약성서의 저자들이 예수 그리스도의 의미를 해석하고 있는 위대한 본문들이 선포하는 내용이다.

"태초에 말씀이 계시니라 이 말씀이 하나님과 함께 계셨으니 이 말씀은 곧 하나님이시니라 그가 태초에 하나님과 함께 계셨고 만물이 그로 말미암아 지은 바 되었으니 지은 것이 하나도 그가 없이는 된 것이 없느니라 그 안에 생명이 있었으니 이 생명은 사람들의 빛이라 빛이 어둠에 비치되 어둠이 깨닫지 못하더라"(요 1 : 1-5). "그는 보이지 아니하는 하나님의 형상이시요 모든 피조물보다 먼저 나신 이시니 만물이 그에게서 창조되되 하늘과 땅에서 보이는 것들과 보이지 않는 것들과 혹은 왕권들이나 주권들이나 통치자들이나 권세들이나 만물이 다 그로 말미암고 그를 위하여 창조되었고 또한 그가 만물보다 먼저 계시고 만물이 그 안에 함께 섰느니라"(골 1 : 15-17). 예수 그리스도 안에서 알려진 내용은 그 내용 자체를 넘어서 예수 그리스도에 대하여 말해질 수 있는 내용이 창조주의 목적과 의지에 부합한다는 주장을 지시한다. 실제로 그리스도 안에서 이 세계의 창조자와 섭리자의 선하심이 알려지게 되었다.

인간의 경험은 또한 어느 정도는 삶을 지탱하는 선을 증거한다. 가족의 삶은 아이들에게 삶을 지탱하는 사랑에 대한, 타인들과 삶 그 자체의 선함과 신뢰에 대한, 그리고 우리가 신뢰할 수 있는 존재들이 있다는 사실에 대한 경험과 이해를 제공해 준다. 그러나 인간의 충격적인 경험들은 이런 신뢰와 사랑의 한계들에 대해 질문하게 한다. 거부의 경험들, 배신의 경험들, 피조물의 유한성과 부패의 경험들, 죽음과 악에 대한 경험들이 피조물들에게 가지는 신뢰감의 한계들을 분명하게 설정하게 한다. 인간들과 다른 피조물들에 의해 야기되고 지탱되는 확신은 항상 상대적이다. 왜냐하면 그것은 유한하고 상대적인 선에 의해 야기되기 때문이다.

성서는 인간들이 신뢰할 수 있는 보편적인 능력, 인간들과 피조물들에 대한 신뢰가 배반당했을 때조차도 지탱하게 하는 어떤 능력을 증언한다. 신뢰를 야기시키는 신실하신 하나님과 이스라엘의 계약을 담고 있는 구약성서의 이야기는 예수 그리스도에 대한 기독교 신앙에서 확신되는 내용의 일부이다. 하나님에 대한 그들의 신앙은 하나님께서 그들의 역사를 통해서, 그리고 그들의 억압자들과 적들로부터의 구원을 통하여 그들을 인도하시는 방식들에 대한 그들의 이해에 의하여 확신된다. 그러나 그것은 또한 궁극적인 구원자와 구원의 약속에 대한 신앙이었고, 확신되었다기보다는 예기되었던 성취에 대한 신앙이었다. 그들이 신뢰한 하나님은 어떤 한 사람이나 전체 백성의 변화무쌍하고 실망스러운 경험에 의해 지워질 수 없는 확신과 희망의 근거였다. 삶에 있어서 가장 중요한 것과 선을 위협하는 죄와 죽음, 그리고 권세들이 그리스도 안에서 극복되는 사실에 대해 갈채를 보내는 신약성서는 더 나아가 하나님의 궁극적 신뢰성과 신실성, 즉 삶의 선을 위협하는 모든 것 가운데서도 여전히 지속되는 신뢰성을 증거해 준다.

예수 그리스도 안에서 확인되고 그에 의해 상징되는 이런 확신들은 자아와 타인들, 그리고 세계에 대한 전망과 자세를 제공해 준다. 이런 확신들을 강조해 온 신학자들은 우리가 이미 보아 왔듯이 그리스도 안에서의 도덕적 삶에 대해 말해야 할 특수한 단어를 지니고 있다. 하나님의 선하심에 대한 지식, 그리고 피조되고 구원 받은 삶의 선에 대한 지식은 그리스도 안에서 주어졌다. 그리스도 안에서 이스라엘의 신앙이 확신되고, 인간의 사랑과 신뢰의 경험이 확신된다. 따라서 도덕적 삶은 이런 확신의 전망에서 일어난다. 우리는 칼 바르트가 "예수 그리스도 안에서 하나님의 선택에 상응하는 선의 실현은 이미 일어났고—그것도 완전하게 일어났기 때문에—우리 편에서 실제로 덧붙일 것은 아무것도 없으며, 단지 우리의 행위로 이 사건을 추인하기만 하면 된다."라는 주장으로 "우리는 무엇을 해야만 하는가?"라는 도덕적 질문에 대답했던 것을 보았다.[4]

우리는 예수 그리스도에 의해 야기되는 것을 해명하는 전망을 이해하기 위해 칼 바르트의 윤리 전체를 추인할 필요는 없다. 무(無)에서 인간의 도덕적 선을 창출하거나, 인간이 체현하고 있는 경험의 자원 가운데 잠재하고 있는 그 자신의 선을 존재하게 하는 것이 인간의 과제는 아니다. 이 세상에서의 악의 현존을 과장하고, 마치 그것이 파괴될 수 있는 어떤 구상체인 것인 양 그것을 축출하기 위하여 강력한 군대를 충원하는 것이 우리의 과제는 아니다. 음울하게 세상을 대하고, 마치 인간이 자신만을 의지하는 양 세상을 그의 거주를 위해 적합한 왕국으로 만드는 것도 인간의 과제는 아니다. 선은 실현되고 확신된다. 생명의 힘과 근원은 선하다. 그것은 인간이 그리스도 안에서 그들을 향하신 하나님의 선하심 가운데서 알게 되는 내용에 상응한다. 인간의 행위는 이미 존재하는 도덕적 선의 실재와 잠재성을 상정할 수 있다. 그것은 생명과 생명의 수여자가 인간의 생명이 유지되고 양육될 수 있게 한다는 사실을 증거할 수 있다. 그것은 근본적으로는 선하다는 확신을 가지고 이 세상에 모양과 특성을 부여할 수 있다.

---

4) *Church Dogmatics*, II/2, p. 540.

모리스(F. D. Maurice)가 "나는 (이 땅의 농민들과 걸인들 한 사람 한 사람이) 기뻐 감사를 드리고, 그를 만드신 하나님을 찬양하기를 바란다. 왜냐하면 주님이 구원하지 않은 피조물은 하나도 없고, 그는 모든 피조물의 왕이기 때문이다……."[5]라고 썼을 때 유사한 주장을 한 것처럼 들린다. 생명에 대한 근본적인 주장은 비록 악이 위압적인 현실로 현재할지라도 이 세상에서 악의 권세에 대한 것이 아니고, 유한한 인간과 피조된 세계의 절대적인 선에 대한 것도 아니고, 존재하는 모든 것은 하나님 앞에 있다는 피조물의 상태에 대한 것이다. 하나님이 구원하지 않은 피조물은 없다. 하나님이 다스리지 않는 피조물은 없다. 이런 류의 확신이 도덕생활에 전망과 태도를 제공해 준다. 심지어 적개심과 인간의 파괴성 속에서도 여전히 실현될 수 있는 선, 즉 확신의 기초인 화해와 갱신의 가능성이 존재한다.

그러므로 모리스의 말에 의하면, 우리는 인간 모든 경험 가운데 존재하는 도덕적인 가능성을 확신하기 위하여 '빛의 증인'으로 부름 받았다. 이런 전망은 인간의 도덕적인 전인성에 대한 위협을 놓치지 않는다. "나는 인간의 의지 속에 하나님의 사랑의 의지에 저항할 가능성들을 나 자신에게 감히 선언하지 않기 때문에, 선언할 대상을 결코 요청하지 않는다. 때때로 저항할 가능성들이―다른 사람에 대해서보다는 나 자신에 대해 생각할 때―거의 무한하게 보일 때가 있다. 그러나 나는 반드시 무한한 어떤 것이 있음을 안다. 나는 죽음의 심연보다 더 깊은 사랑의 심연을 믿을 수밖에 없다. 즉, 나는 그러한 사랑에 대한 믿음을 감히 잃어버릴 수 없다. 그러한 사랑에 대한 믿음을 상실한다면, 나는 영원한 죽음의 나락으로 떨어질 것이다. 나는 이 사랑이 우주를 에워싸고 있음을 느낀다. 나는 그 이상은 알 수 없다. 그러나 하나님은 아신다. 나는 자신과 만물을 하나님께 맡긴다."[6] 하나님의 사랑의 심연은 죽음의 심연보다도 깊다.

비록 모리스가 경험의 증거에 반하여 때때로 그것을 긍정하려는 유혹

---

5) *Maurice, Theological Essays*(1957 ed), p. 123.
6) Ibid., p. 323.

을 받는 것처럼 보이지만, 그럼에도 불구하고 그러한 확신은 그리스도인의 도덕생활에 전망과 태도를 제공해 준다. 예수 그리스도는 그러한 확신의 원천이요, 동시에 상징이다. 도덕생활은 예수에 대한 증거가 된다. 인간의 경험은 그러한 확신의 전망으로부터 응답된다. 생명의 주이신 하나님은 선하기 때문에 선한 피조물을 쇠약하게 하는 세력들을 억제하고 개혁하려고 하면서도 왜 즐겁게 노래 부르지 않고, 기뻐하지 않고, 감사하지 않는가? 그가 창조하신 생명은 선하고, 그는 스스로 창조하신 생명을 타락으로부터 구원하기 위하여 활동하신다.

우리는 하나님과 세상을 향한 그분의 돌보심과 심판에 대하여 그리스도인들이 확신하는 내용에 대하여 더 많은 것들을 말할 수 있기 때문에 그리스도가 그에게 충성하는 사람들 속에 불러일으키는 전망과 태도의 다른 측면들에 대하여 더욱 더 많은 것을 말할 수 있다. 그리고 이렇게 짧은 설명에서 논의되지 못한 신학적인 특성과 뉘앙스에 비추어 볼 때, 이런 전망에 입각하여 다양한 주장들이 제기될 수 있다. 그러나 확실히 그리스도 안에서 인간들은 하나님, 즉 궁극적 생명력의 선하심에 대한 확신에 이르게 된다는 증거에 대한 보편적 동의가 기독교공동체에 의해서 주어질 수 있다. 그리고 이런 확신이 자아, 타자들, 그리고 이 세계에 대한 어떤 전망과 태도를 야기시키고 고무시킨다는 것은 확실하다.

그리스도인의 도덕적 자아의 성향

이런 전망은 그리스도인들의 도덕생활에 있어서 특정한 성향 혹은 일련의 성향들에 형태와 역동성을 제공한다. 필자는 성향이 삶의 태도, 지속적 경향, 인간들 상호 간과 세계를 향한 태도, 특정한 방식으로의 행동 경향성을 암시하기를 원한다. 성향들은 전망과 태도와 연속성을 지니고 있다. 필자는 행위에 있어서 분리된 기능들, 심지어 분명한 연속적 단계들을 표상할 새로운 범주들을 형성하려고 하지는 않는다. 필자가 원하는 전망과 성향의 구분은 다음과 같다. 성향들은 자아의 태도들, 즉 특별한 방법으로 말하고 행동할 자아의 다소 안정적인 경향을 가리킨다. 전망과 태도는 오히려 우리가 결정적 문제들에 대하여 가지는 확신들에 의해 지배되는 근본적인 지향점들을 가리킨다.

성향들은 고전적인 로마 가톨릭에서 쓰인 말로 하면 '습관들'이다. 즉, 그것은 외부적인 자극에 대한 자동반응이 아니라 우리의 행동이 부분적으로는 지속적인 성향들에 의해 방향이 정해지는 방식으로 행동할 지속적인 경향성이다. 그러므로 우리는 사랑의 성향, 희망의 성향, 신뢰의 성향에 대하여 납득할 만하게 말할 수 있다. 우리는 또한 유사한 방식으로 내면의 자유, 용기, 인내, 정의, 그리고 신중에 대하여 말할 수 있다. 의도(intention)라는 말과 구분하여 성향(disposition)이라는 말을 사용함으로써 필자는 의도가 성향보다는 더 자의식적이고 합리적이고 구체적이라는 의미를 지시하기를 원한다.

전통적인 덕이라는 언어는 인간 경험의 이런 측면을 가리켰다. 성 토마스는 덕이란 존재의 참된 본성과 목적에 부합하는 '지속적 성향'이라고 하였다. 필자는 이 장에서 인간의 참된 본성과 목적에 대해 확실하게 설명하기를 원하는 것이 아니라 단지 우리가 예수 그리스도에 대한 충성에 부합하고 또 이런 충성에 의해 야기되는 삶의 전망과 태도에 부합하는 지속적인 성향을 지닐 수 있다는 점을 제시하기를 원한다. 필자가 확신하기에, 바울이 빌립보에 있는 그리스도인들에게 "오직 너희는 그리스도 복음에 합당하게 생활하라"(빌 1 : 27), 새 영어성경(NEB)의 번역인 빌립보서 2 : 5에 보듯이 "서로에 대한 너희의 태도가 예수 그리스도 안에 있는 삶으로부터 나오게 하라"라고 썼을 때 이와 같은 어떤 것을 염두에 두었던 것 같다.

그리스도의 복음에 합당한 삶 그리고 서로에 대한 태도는 확실히 '성령의 선물'이다. 그러나 그것은 또한 그리스도인들의 규율과 주의에 속하는 요구사항들이다. 그들은 사랑하는 것을 기꺼이 할 수 있어야 한다. 그들은 지속적인 희망과 믿음의 성향을 지녀야 한다. 그들은 기꺼이 대담해져야 한다. 이런 성향들은 그리스도 예수 안에서 그들에게 주어진 것의 일부이다. 그러나 그들은 그리스도의 복음에 합당하게 되어야 한다. 그러므로 명령법이 존재하게 된다.

필자는 이 장에서 "그리스도인의 생활방식"의 특성들에 보다 풍부하게 포함될 내용의 두 가지 측면을 설명할 것이다. 그것은 희망과 자유다. 필자는 기독교공동체의 구성원들에게 있어서 이것들의 중요성을 제시할 것이다. 물론 이것은 많은 것들—사랑, 믿음, 용기, 겸손, 그리고 다른 덕목들—을 생략한 것이다. 그것은 또한 우리가 삶의 다른 양상들과의 밀착성과 마찰성을 지적하지 않고는 삶의 한두 양상에 대해서 충분히 말할 수 없는 한에서 희망과 자유를 왜곡한다. 필자는 모든 그리스도인들이 같은 성향을 지니고 있다거나 혹은 심지어 지녀야 한다는 당위조의 주장을 하지 않으며, 이런 성향의 모든 측면이 동일하게 모든 행위 가운데 나타나야 한다고 주장하지도 않는다.[7]

그리스도인들은 자주 희망적인 성향을 보이고, 보일 수 있으며, 마땅히 보여야 한다. 희망은 그리스도인들이 서로에 대해, 세계에 대해 품는 태도의 일부이고, 그것은 예수 그리스도의 복음에 합당한 삶의 방식의 일부이다.[8] 희망은 하나님의 선함과 삶의 선한 능력에 대한 신뢰와 상관성을 이루는 성향이다. 생명이 믿을 수 없는 것이라기보다는 그래도 믿을 만하다는 확신, 미래는 열려 있다는 확신, 삶의 새로운 가능성들이 존재한다는 확신, 현재의 삶의 유형이 맹목적인 우상적 필연성이 아니라 변화될 수 있고 세상의 여러 요소들과 측면들이 재결합될 수 있다는 확신을 통하

---

7) '덕목들'에 대한 보다 상세하고 포괄적인 설명이 필자의 다음 저작에서 제시될 것이다.
8) 희망에 대한 필자의 성찰내용은 가브리엘 마르셀의 저작들, 특별히 그의 책 *Homo Viator*(Chicago, 1951), pp. 29-67에 들어 있는 "Sketch of a Phenomenology and Metaphysic of Hope"에 의해 고무되었다. 그리고 조시아 로이스의 저작들, 특별히 *The Problem of Christianity*, 2 vols.(New York, 1913)와 가장 최근의 것으로는 윌리엄 린치(William Lynch)의 *Images of Hope : Imagination as Healer of the Hopeless*(Baltimore, 1965)에 의해 고무되었다. 특별히 필자는 린치의 책이 영적이고도 정신적인 질병의 치유에 대해 희망이 가지는 중요성을 깊이 있게 통찰하고 있다고 판단하고 있기 때문에 진심으로 추천한다.

여 희망이 생긴다. 희망은 자유에 의해서도 생긴다. 자유가 없이는 아무도 희망을 지닐 수 없다. 즉, 아직은 이루지 못한 우리의 존재를 이룰 자유, 우리의 인생행로와 우리 자신이 일부분을 이루는 사회사의 행로를 변경할 자유, 인간의 존엄과 영감을 억압하는 삶의 유형들을 변경할 자유가 그것이다. 희망의 어떤 국면들은 희망의 부재(不在)의 두 측면들을 관찰할 때 가장 잘 확인된다. 즉, 절망과 숙명의식이 그것이다.

절망은 희망에 대적하는 죄이다. 그것은 확신이 사라지는 곳에서 나타나며, 인간과 도덕적 선이 개인적이고 공동체적인 경험으로 실현될 가능성의 표징이 없는 곳에서 나타나며, 의미 있고 보상적인 경험과 관계들 속으로 뚫고 들어올 우리 자신의 삶의 선함에 대한 확신이 없는 곳에서 나타난다. 절망이란 다소 극적인 방식으로 삶의 의미를 파괴하는 가시적이고 활동적인 세력에 의해서 야기된다기보다는 오히려 새로운 가능성에 대한 비전의 상실을 통한, 미래는 열려 있고 또 믿을 만한 가치가 있다는 확신의 결핍을 통한 인간성의 퇴화에 의해 야기된다. 절망은 희망이 없는 상태이다.

절망의 현존과 현실, 그리고 절망의 기초가 인간공동체에 속한 많은 사람들의 삶에 분명하게 현존한다는 사실은 기독교적인 관점을 지닌 해석가로 하여금 절망에 처해 있는 사람들과 "잠시 멈춰 서서 신발끈을 고쳐매라."는 폴리아나(Pollyanna)식의 낙관주의에 대해 지나치게 도덕적인 입장을 지니지 않도록 주의를 준다. 미래의 개방성과 개인과 공동체에 대한 신뢰를 거의 혹은 전혀 확신하지 못하는 사람들에게 희망의 심연이 절망의 심연보다 깊다는 부드러운 확신에 의해 그들의 절망이 극복되지 못할 것이다. 성 요한과 성 바울은 이 세상의 악의 비실재(unreality)에 대한 확신의 근거를 가지고 있었고, 또 그것에 대한 환상에 사로잡힘이 없이 희망을 지니고 살았다. 바르트와 모리스 같은 신학자들도 하나님의 선함을 찬양하면서도, 라인홀드 니부어와 함께 구원의 '논리'가 인간경험 속에서 충분히 확증되지는 않음을 깨달았다.

그리스도인의 희망의 성향은 하나님의 선함과 능력, 즉 한 시대의 한 인간의 특수한 경험 혹은 한 장소의 한 세대의 인간들의 특수한 경험보다 더 방대한 범위의 시간과 공간을 지닌 선함과 능력에 근거하고 있다. 그리스도인들의 희망은 생명의 갱신, 적과의 화해, 심지어는 절망의 고통 가운데서도 희미하게 분별되는 성취의 근거만을 지시하는 것이 아니다. 그것은 만유의 갱신, 화해, 그리고 성취를 가능하게 하고, 인간의 성취와 온전함의 새로운 가능성에 창조적으로 응답할 수 있는 분으로 미래를 안전하게 하시는 하나님의 선하심에 대한 신뢰에 근거하고 있다.

궁극적인 절망은 하나님의 선하심, 즉 선하신 하나님에 대한 신뢰로부터 생겨나는 희망에 반대된다. 따라서 그것은 주님을 인정하는 삶의 새로움과 가능성의 능력에 대한 신뢰에서 생겨나는 희망에 반대된다. 그리스도인의 삶의 논리, 즉 그리스도인의 신앙의 수행은 그리스도인들이 완전한 절망 속으로 빠져 들어가지 못하게 하고, 못하게 할 수 있고, 또 못하게 해야 한다.

도덕적 행위에 있어서 그리스도인의 희망은 낙관주의자가 되려는 인간의 의지로부터 나오는 태도의 투사도 아니고, 종교적 '신념'(belief)에 의해 발생되는 성향만도 아니다. 그것은 인간의 기대가 하나님의 선하심의 실재를 만나는 확신이고, 하나님의 선하심의 실재에 참여하고 추인하기를 기다리는 생명의 새로움을 직면케 하는 확신이다. 그것은 개인적이고 역사적인 승리와 인격화된 악으로 분별된 적의 전적인 항복을 보장하는 전신갑주로 무장한 강력한 군대처럼 도덕적 삶을 구비하는 것이 아니다. 오히려 그것은 다른 사람들과 다른 공동체들과의 만남 속에서 생겨나서 성장하는 선함과 변화의 표지에 응답한다. 그리스도인의 확신은 절망하지 않을 인간 자신의 권리 가운데 있는 것도 아니고, 희망의 성향 가운데 있는 것도 아니다. 그것은 각각의 특수한 미래시간과 각각의 특수한 공간에서 존재하게 될 선의 능력에 대한 확신이다.

그것은 새로운 복지(well-being)의 성취의 가능성뿐만 아니라 인간의 복지를 파괴하는 것들을 억제하는 가능성과 삶에 대한 확신이다. 희망은 이미 존재하고, 인간의 활동 속에서 희망에 찬 인간을 만나는 선함과 인간 가치의 잠재적인 능력을 도덕적 활동 속에서 실현하게 하는 성향이다. 전적인 절망은 어떤 존재의 선함에 대한 확신을 결여하고 있다. 그리스도인의 희망은 하나님의 선하심에 대한 확신인데, 하나님의 능력이 모든 피조된 가치들을 존재하게 한다.

숙명의식 또한 희망에 반대되는 죄이다. 그 안에 미래에 대한 기대가 있지만, 그것은 확신과 희망보다는 두려움과 절망을 야기시키는 기대이다. 숙명이라고 느끼는 사람은 미래의 흐름을 인간의 주도로 형성할 수 있다고 보지 않고, 움직일 수 없고 바꿀 수 없는 것으로 대응한다. 그는 자아를 현재의 상태를 바꾸지 못하는 무기력한 것으로 보고, 자아의 내부와 자아의 밖에 있는 통제될 수 없는 힘에 의해 주조된 희생물로 본다. 미래를 닫혀 있는 것으로, 인간의 발전에 역행하는 방향으로 작용하는 것으로, 그리고 인간의 잠재력을 파괴하는 것으로 볼 때, 숙명론은 절망으로 나아갈 수 있다. 만일 어떤 사람이 다른 사람을 지배할 권력을 행사할 혹은 자신을 다른 사람들의 영광을 위한 대상이 될 운명을 타고난 것으로 믿으면, 숙명론은 또한 환상을 초래할 수도 있다.

그리스도인에게 있어서 희망의 성향은 움직일 수 없는 결정론에 대한 신뢰에 기초하는 것이 아니라 하나님의 선하심과 돌보심 하에 있는 삶의 가능성에 대한 신뢰에 기초하고 있다. 그것은 절망으로 인도하는 숙명의식도 아니고, 환상으로 인도하는 운명의식도 아니다. 오히려 희망의 성향은 삶의 개방성과 참신성을 인식하고, 인간 자신의 주도에 의한 것뿐만 아니라 인간이 응답하는 사건들과 존재들을 통해 가능해지는 인류의 가능성을 인식하는 것이다.

그것은 행동을 유발한다. 그것은 선이 일어나기를 수동적으로 기다리는 것이 아니라 오히려 인간의 의식과 행동에 의해 미래를 형성한다. 그리스도인의 희망은 묵시적 승리를 기다리는 것도 아니고, 사람들이 절망을 견딜 수 있게 하는 아편도 아니다. 오히려 그것은 미래가 인간들을 위해 있고, 하나님은 그의 선하심으로부터 인간 삶의 새로운 가능성을 가능하게 하며, 아울러 인간들은 인간공동체를 세우고 역사를 발전시키는 데 그들이 공유하는 선을 실현하는 희망의 주체들이라는 확신에 근거한다. 앞에 있는 것은 숙명이 아니라 가능성이며, 한 인간이나 한 세대의 창조가 아니라 하나님의 선하심에 의해 부여되는 가능성이다.

희망이란 믿음을 통해서 생기는 성향이다. 그것은 그리스도인의 전망과 태도를 '성취'한다.[9] 그것은 긍정적인 삶의 방식, 즉 긍정적으로 응답하고 행위하는 것이다. 그것은 이웃을 향한 태도이다. 그리스도인들의 도덕적 활동은 부분적으로는 표현적인 활동, 즉 이런 희망에 의해 고무된 희망의 증거이고, 말과 행동으로 이 희망을 실행하는 것이다.

그리스도인들은 내면적으로 자유롭고, 자유로울 수 있고, 또 자유로워야 한다. 그리스도인들은 하나님이나 인간의 시각으로 스스로를 정당화시킬 무기력한 두려움들과 필연성에 제약을 받지 않는다. 내적인 영의 자유는 이웃을 향한 태도의 일부분이고, 복음에 합당한 삶의 방식의 일부이다. 자신에 대한 지나친 관심으로부터의 자유와 다른 사람들의 기대에 의한 사로잡힘으로부터의 자유, 그리고 죽음과 삶에 대한 왜곡된 염려로부터의 자유는 하나님의 선하심에 대한 확신과 상관된다. 이웃을 위해 사랑을 베푸는 자유, 자신보다는 이웃의 선을 추구하는 자유, 억압 받는 자들과 염려하는 자들과 자신을 일치시키는 자유, 물론 모호성을 지니고 있음에도 불구하고 정의와 평화를 추구하는 대의에 참여할 자유, 복잡하고 혼란한 상황에서 구체적인 판단을 내릴 자유는 그리스도인 자발성의 일부분이다. 그것은 그리스도인의 도덕적 삶의 지속적 경향성이다.

이런 자유에 대한 해석들이 기독교의 역사에 다양하게 나타났고, 이 주제에 관해 바울을 해석하기 위한 적절한 방식에 관한 논의가 성서학자들과 신학자들 사이에서 지속되고 있다. 자유가 우리로 하여금 기쁘게 순종

---

9) 도널드 에반스(Donald D. Evans)는 *The Logic of Self-Involvement*(London, 1963)에서 오스틴(J. L. Austin)의 실행언어(performative language) 이론이 한편으로는 어떻게 종교적인 확신과 신념과 다른 한편으로는 태도와 행위 간의 관계를 해명하는 데 사용될 수 있는지를 증명한다. 비록 그의 전문적인 장치들을 이 장에서 다루지는 않았지만, 필자는 자아참여의 논리(logic of self involvement)를 명료화하는 데 있어서 에반스의 덕을 보았다.

하게 하고, 전에는 강제로 했던 것을 이제는 자유롭게 행할 수 있게 한다고 믿었던 어거스틴과 토마스 아퀴나스와 같은 사람도 있었다. 이웃이 필요로 하는 것은 무엇이나 즉각적으로 충족시켜 주면서 직접적이고도 자발적인 사랑의 표현을 강조한 사람들도 있었다.

우리가 보았듯이, 루터와 불트만의 해석들은 문제의 이런 측면에 비중을 두었다. 그러나 예수 그리스도에 대한 신앙이 그리스도인들의 삶에 새로운 자유를 가져온다는 바울의 주장에 대한 근본적인 불일치는 존재하지 않는다. 그리스도인들의 자유의 어떤 측면들은 만일 자유가 없는 상황에서의 삶이 어떤 것인지를 관찰할 때 가장 잘 확인될 수 있다. 나는 간단히 두 가지를 주목할 것이다. 즉, 비겁과 '지나친 신중'이 그것이다.

비겁이라는 성향은 부분적으로는 두려움으로부터 삶의 선함에 대한 근본적인 확신의 부재로부터 기원한다. 인간의 능력이 삶의 사건들의 과정에서 알맞게 작용하지 못하게 하는 것은 도덕적인 마비(paralysis)이다. 그것은 때때로 신중이나 정당한 수동성과 경계심이란 이름으로 정당화되었다. 그리스도인들은 수동성을 변호할 특수한 방식들을 지니고 있는데, 그것들 가운데 어떤 것은 비겁함을 정당화하는 데도 이용된다. 예컨대 우리는 베드로전서에서 특수한 역사적 상황에 있던 초대 그리스도인들에게 복종(submissiveness)이 권장되었던 덕목이라는 방대한 증거를 발견한다. 복종은 두려움과 비겁의 표현일 수도 있다. 그것은 또한 내면적 자유와 용기, 인내의 표현일 수도 있다. 비겁은 일종의 멍에상태로써 그리스도께서 그것으로부터 인간을 자유롭게 했다. 자유는 삶의 경험 속에서 바른 것처럼 보이는 것이 되고, 행하려는 용기에서 야기될 수 있다.

비겁은 역사적 투쟁의 참여와 도덕적인 선을 이룰 기회에 참여를 방해한다. 그것은 현재의 상태와 지금까지의 상태를 쉽사리 보장해 버리는 태도이지, 열린 미래를 지향하며 변화하는 상황으로 나아가는 태도가 아니다. 비겁은 위험을 감수하려고 하지 않는다. 그러나 내면적 자유의 성향은 앞으로 실현될 선을 위해 지금까지 존재해 왔고, 현재 존재하는 선을 모험에 내맡겨 보는 것이다. 그리스도인에게 있어서 이런 내면의 자유는 그의 신앙, 칼뱅의 표현을 빌리면 "우리를 향한 하나님의 자비에 대한 확실한 지식"에 근거하는 삶의 태도의 일부분이다.

지나친 신중(scrupulosity)은 우리가 제안한 것이 절대적으로 확실해야 하고, 우리의 행위가 절대적으로 옳아야 한다는 성향이다. 그것은 내면적 자유의 부재에서 야기되는 성향이다. 그것은 가톨릭 교인이든 개신교 교인이든 엄격한 도덕주의적 그리스도인에게서 하나의 덕목으로 과시되는 것을 볼 수 있다. 교회들은 이런 삶의 방식에 대해 일부분 책임을 져야 하는데, 이는 교회들이 그 구성원들에게 무엇을 해야 하고 무엇을 하지 않아야 하는지를 지시하고 있기 때문이다. 그리고 만일 그들이 도덕적인 실수를 할 경우에는 두려운 처벌을 받을 것이라고 자극하면서, 또 의와 선에 대한 개인적인 분별에 대해서는 거의 여지를 남기지 않으면서 상세한 개인적인 교훈들을 교회들이 제시해 왔기 때문이다. 두려움 속에서 그리스도인들은 옳은 것을 확실히 행하고, 도덕적인 죄를 피하고, 개인적인 책임의 한계를 설정할 규칙들을 포착해 왔다. 율법주의적 도덕은 지나친 신중을 만들어 내고 지속시킨다.

이런 성향은 폐쇄적인 도덕성을 뒷받침하는 도덕문화에서뿐만 아니라 개방적인 도덕성을 뒷받침하는 도덕문화에서도 발견될 수 있다. 상세한 도덕적 처방의 부재가 결코 내면적 자유를 보장해 주지 않는다. 내면적 자유와 확신과 동떨어진 채 외적으로만 자유로운 인간은 권위 있는 전통과 안내가 없기 때문에 도덕적으로 바르고 정확한 자신의 판단과 행동을 부당하게 왜곡된 기준에 맞추려고 노심초사한다.

그리스도인의 전망, 즉 예수 그리스도에 대한 그리스도인의 충성은 지나친 신중으로부터의 자유를 가져다주고, 가져다줄 수 있고, 마땅히 가져다 주어야 한다. 하나님과 그분의 선하심을 확인하면서 그는 필요할 경우에는 비일상적인 말과 행동을 감행할 수 있어야 하고, 그러한 행위들이 파괴적인 세력들을 억제하거나 새로운 선을 불러일으킬 경우에 필요한 '법'을 넘어서는 혹은 '법'과는 다른 것을 감행할 수 있어야 한다. 그는 아마도 불가능한 총체적인 순수한 선을 수동적으로 또 면밀하게 따져 보면서 기다리기보다는 현재 가능한 부분적인 선을 위하여 자유롭게 헌신해야 한다. 내면적인 자유의 성향은 하나님의 선하심에 대한 실행적인(performative) 신앙과 신뢰이다.

지나친 신중은 죽을 수밖에 없는 유한한 인간들이 도덕적 실수를 저지를 것이라는 두려움에 뿌리를 두고 있다. 자유는 이런 가능성을 받아들이고 신중하고 용기 있게 행동한다. 그리스도인의 자유는 능력이 있다. 지나치게 신중한 태도는 무력하다.

희망과 마찬가지로 자유도 그리스도인의 성향의 유일한, 전체적이거나 지배적인 측면이 아니다. 우리가 이미 확인했듯이, 가령 루돌프 불트만과 같은 그리스도인의 자유의 주창자조차 자유를 적어도 사랑, 희망, 그리고 순종과 결합시킨다. 루터에게 있어서 자유는 인간을 자유롭게 할 뿐만 아니라 이웃과의 관계에서의 사랑의 모범이기도 한 그리스도를 따르는 사랑의 행위 속에서 야기된다.

성 바울은 고린도에 있는 그리스도인들에게 모든 것이 합법적이지만, 모든 것이 유익하고 덕을 세우는 것은 아니라고 상기시킨다. 하나님의 선하심에 대한 신앙과 예수 그리스도에 대한 충성을 통해 가능한 자유는 그러한 선하심에 상응하고, 하나님의 돌보심과 사랑을 추인하고, 예수 그리스도를 증거하는 행위들 속에서 표현된다. 그것은 항상 기독교의 도덕적 삶에 대한 담론, 특별히 율법주의에 대한 투쟁 가운데서 범하기 쉬운 실수이다. 그 결과 인간을 자유롭게 만드는 것에 대한 순응(conformation)으로부터 자유를 고립시키고 사랑에 대한 의무와는 동떨어진 채, 아울러 타인들에 대한 구체적인 의무들과는 동떨어진 자유를 선포한다.

내면적인 자유는 하나님의 사랑과 선하심에 응답하는 그리스도인의 삶 속에서 존재하게 되는 성향이요, 태도이다. 그리스도인들의 도덕적 활동은 이런 자유를 표현하고, 이 세상에서의 행위를 통하여 자유를 증거한다.

그러나 그리스도인의 도덕적 삶은 단순히 '많은 국면을 지닌 성향'이나 태도의 표현만은 아니다. 또한 이런 모든 것은 특별히 개신교인들 가운데서 자주 가정되어 왔다. "신앙인은 사랑에 대해서 자유하다. 여기서 사랑은 그 순간에 하나님께서 그에게 요구하시는 것에 그의 눈을 여는 것이다."[10]라고 불트만은 앞에서 말한다. 여기서 '사랑'이 지시하는 것은 무엇인가? 그것은 그리스도인 편에서의 성향, 즉 능동적인 자세를 가리킨다. 그러나 사랑의 성향이 우리에게 사랑이 요구하는 것을 알려 주거나 하나님이 요구하는 것에 대해 우리의 눈을 여는 데 충분하다는 보장은 거의 없는 것처럼 보인다. 성향으로서의 사랑은 의도로서의, 목적으로서의, 또한 규범으로서의 사랑을 필요로 한다. 그리스도에 대한 충성은 도덕적 자아의 삶의 방식에서뿐만 아니라 예수 그리스도에 대한 신앙에 의해서 야기되고 형성된 전망과 태도인 그리스도인의 근본적인 전망과 태도에 상응하는 목적들(purposes)과 목표들(ends), 그리고 의도들(intentions)에서 그것의 상관점들을 발견한다.

그리스도인의 삶에서의 도덕적 의도들

예수 그리스도에 대한 그의 충성에 의해 그리스도인의 전망은 그의 삶을 이끄는 목적들과 어떤 의도들을 형성하고, 형성할 수 있으며, 형성해야만 한다. 필자는 의도라는 단어가 활동의 기본 방향, 즉 그 방향의 서술적인 내용과 당위적인 내용에 대한 명확한 표현이요, 삶의 목적지향이라는 의미로 이해되기를 바란다. 의도는 인지행위를 시사한다. 우리는 자신의 의도들이 무엇인지에 관한 지식을 갖고 있거나 혹은 적어도 우리는 그것들을 모르지는 않는다. 그것은 또한 사람들이 의지라고 부르는 것의 기능을 시사한다. 우리는 자신의 의도들을 성취하고 자신의 목적들을 이루고자 한다.[11]

---

10) *Existence and Faith*, p. 182. 아울러 이 책의 10장에 인용되어 있다.
11) 필자는 이 부분(section)에서 햄프셔(Stuart Hampshire)의 *Thought and Action*(New York, 1960), 특별히 2장 "Intention and Action"의 도움을 많이 받았다. 햄프셔는 의도의 개념에 대한 설명을 134~135쪽에서 요약해 주고 있

그리스도인의 의도들은 그의 도덕적 활동들이 그의 종교적 신앙과 신념들의 실천적 표현들인 한 예수 그리스도에 대한 충성과 신뢰에 의해 계도되고, 계도될 수 있고, 그리고 계도되어야만 한다. 그것들은 또한 그의 신앙에 의해서 생기는 그의 성향과 얼마간의 일치성을 지니고 있다. 실제로 그것들은 이러한 성향들의 구체적인 표현들일지도 모른다. 도덕적 행동은 부분적으로는 행위자의 의도들에 의해, 그가 성취하고자 하는 목적들, 그가 이루고자 하는 목표들에 관한 사고에 의해 규제된다. 인간은 의도하는 행위자이지, 단순히 외부자극들에 대한 자동적 반응자가 아니다.[12] 우리의 의도들은 우리가 지닌 가치의 내용, 즉 우리가 성취할 가치가 있다고 믿는 것, 선과 또 당위적인 것에 대한 확신들, 그리고 기본적인 충성과 헌신들에 부합하여 형성된다. 그래서 그리스도인의 도덕적인 의도들은 예수 그리스도에 대한 충성과 아울러 예수 그리스도 안에서 또 그를 통해 알려진 것으로부터 이끌어진 추론들과 부합하고, 부합할 수 있고, 부합해야만 한다.

그리스도인의 도덕적 삶에서 의도의 위치는 훨씬 더 명확하게 규명될 필요가 있다. 로마 가톨릭 교회의 도덕 신학자들은 행위자의 의도를 기초로 하여 행동을 정당화하면서 이 개념(의도)을 그들의 보다 정제된 결의론에 의해 야기된 다소 악화된 평판에 빠지게 한다. 한 가지의 밝혀지지 않은 사례가 그 문제를 밝히 드러내 준다.

낙태는 생명을 빼앗아 가는 행위이기 때문에 나쁘지만, 그러나 치료적 유산은 가령 어머니의 생명을 구하기 위해서 태아의 생명을 취하는 것이 필요한 어떤 의료적 상황이 주어진다면 권유될 수도 있다. 생명을 취하는 것과 같은 조치에 대한 도덕적 정당화는 의도에 달려 있다. 의사는 어머니의 생명의 보존을 의도하고, 그리고 태아의 죽음은 이 의도의 악한 결

다. 또한 앤스콤(G. E. M. Anscombe)의 *Intention*(2nd ed. ; Oxford, 1963)을 보라.

12) 이 점에 대한 매우 유용한 분석을 위해서는 맥머레이(John Macmurray)의 *The Self as Agnt*(Now York, 1957), 특별히 pp. 84-103을 보라.

과이다. 비록 의료적으로 이렇게 행해져야만 하는 것이지만, 그가 도덕적으로 태아의 생명을 빼앗는 것을 의도하지는 않았을 것이다. 필자는 여기서 결의론에 대한 찬성이나 반대 주장을 개진하려는 것이 아니다. 단지 명시적으로 의도라는 언어를 거절하거나 무시하는 많은 개신교 신학자들이 그 단어를 사용하는 것에 대해 두려워하는 내용이 무엇인지 지적하기만을 원한다. 그것은 도덕적인 자기 정당화의 방어 장치가 될 수도 있고, 행위가 도덕적 측면들 가운데 오직 의도에 의해서만 결정된다는 합리주의적 장치가 될 수도 있다.

개신교 전통에 속해 있는 오늘날의 많은 윤리학 저술가들은 '하나님'이 이 세상에서 무엇을 행하고 계시는가에 대해 민감할 수 있는 그리스도인의 능력이라고 여겨지는 것에 의존함으로써, 도덕적 목표에로 안내하고 혹은 '그들의 눈을 여는' 그리스도인들의 자유롭고 사랑스러운 성향에 의존함으로써 의도에 관한 논의들을 회피한다. 폴 레만은 그 쟁점을 피하는 첫 번째 방식의 사례를 제공해 주고 로빈슨(J. A. T. Robinson)은 두 번째 사례를 제공해 준다.

레만이 "기독교 신자와 불신자의 차이점은 인간의 생활을 인간답게 만들고 유지하기 위해서, 인간들의 성숙을 이루기 위해서 하나님께서 세상에 무엇을 하고 계시는가에 대한 상상력과 행위의 민감성에 의해서 규정된다."[13]라고 쓸 때, 그는 인간의 도덕적 의도들이 아닌 하나님이 행하시는 것에 일차적으로 관심을 집중시키고 있다. 그가 상상력과 행위의 민감성을 강조하는 것은 인간이 해야 할 것에 대해 지각하는 데 있어서 매개적이고 이성적인 특성이 덜 개입해야 한다는 그의 바람 때문이다. 신율적인 양심은 "하나님의 자유에 대한 즉각적인 민감성"이고 아울러 "오직 하나님의 자유에 의해서 규율되고 인도된다."고 쓰면서 그는 동일한 점을 한번 더 강조한다.[14] 그리스도인들의 행동들은 예수 그리스도 안에 나타난 하나님의 계시에 대한 기독교 신앙의 성찰에 의해 형성된 인간의

---

13) Lehmann, *Ethics in a Christian Context*, p. 117.
14) Ibid., pp. 358-359.

의도들에 대한 해명에 의해서가 아니라 하나님의 목표들과 의지들에 의해, 즉 "그의 인간화의 목표들"에 의해서 형성되어져야 한다. 레만이 양심은 하나님의 자유에 대한 '즉각적인 민감성'이어야 한다고 말할 때, 그는 하나님이 의도하는 것에 관한 명백한 인위적 규정들을 배제시키는 것처럼 보인다.

그러나 레만이 보기에 하나님은 목표와 의도를 갖고 있다는 것은 분명하다. 다시 말하면 인간의 삶을 인간답게 만들고 유지하는 것이 그분의 목표요, 의도이다. 그리고 인간은 하나님의 의도적 활동에 부응해서 행동한다. 여기서 비판적 질문은 적절하다. 민감성 안에 체현되어 있는 어떤 논리가 있어서 그 안에서 하나님의 의도들은 그리스도인의 양심 안에 심겨져 있고 그리스도인은 하나님의 의도와 부합하는 의도들을 형성하는 방식으로 하나님의 목적에 반응하거나, 아니면 유한한 인간들은 하나님이 하시는 것을 즉각적이고도 직접적으로 분명히 인지하고 알 수 있는 능력을 부여 받았다. 따라서 그 의도들은 그러한 민감성을 통해 하나님에 의해 동일하게 결정된다고 상정된다.

만일 전자라면 레만은 그것을 상정함으로써 도덕적 행위의 지성적인 의도적 특성을 잘라 버린다. 만일 후자라면 그는 인간과 하나님 사이의 '거리'를 해소시키는 것이다.[15] 그것이 도덕경험에 대해서는 보다 참되지만 그리스도인의 의도는 그 자신의 것이고, 그의 신념들에 반응하는 가운데 형성된다는 점을 지시하는 것은 덜 대담하다는 게 필자가 지적하고자 하는 점이다. 의도에 관한 이런 설명은 또한 의도에 보다 큰 객관성을 부

---

15) 키에르케고르는 바로 이 점에 해당되는 비평을 했다. "윤리적인 것이 역사적 과정 안에 현재한다는 주장은 모든 곳에 하나님이 존재한다는 주장처럼…… 부인될 수 없다. 그러나 유한한 정신이 저기 진리 안에서 그것을 볼 수 있다는 점은 부인된다. 그리고 그것은 거기서 그것(윤리적인 것)을 보려고 시도하는 오만, 즉 본래 윤리적인 것을 상실한 관찰자에 의해 결국에는 파멸에로 떨어질 무분별한 시도로 간주되어야만 한다"(*Concluding Unscientific Postscript*⟨Princeton, 1944⟩, pp. 126-127). 필자는 이 구절에 주의를 기울이는 데 있어서 파워즈(Charles Powers)의 유니온 신학교의 학위논문(B. D.)인 "Kierkegaard and Social Ethics"(unpublished : New York, 1966)의 도움을 받았다.

여해 주어서 자신과 다른 의도를 지닌 사람들에 의해 판단되고 비판될 수 있게 한다. 그리고 만일 자아가 자신의 유한성과 죄로 인한 편파성과 제한성을 모두 극복했다고 우리가 상정하지 않는다면, 그러한 객관성과 비판은 도덕성에 대해 중요하다.[16]

그다지 주의를 기울이지 않은 한 진술에서 로빈슨 주교는 사랑의 성향이 충분하기 때문에 의도에 대한 해명은 불필요하다고 말하는 것처럼 보인다. 그것은 눈을 뜨게 하는 사랑에 대한 불트만의 진술과 매우 비슷한 것처럼 들린다. "말하자면 사랑은 상대방의 가장 심오한 요구에 대해 직관적으로 '납득'이 가게 하는 도덕적인 나침반이 장착되어 있기 때문에 오직 사랑만이 상황을 통해 온전한 지침이 될 수 있다."[17] '도덕적인 나침반'이나 '직관적인 충분한 납득'(intutive homing in)이라는 관용어구는 로빈슨이 사랑의 성향은 사랑하는 사람이 의도하는 내용에 대한 분명한 설명 없이도 충분하다고 믿는 것처럼 보이게 한다. 여기서 의존은 레만처럼 하나님의 의도에 대한 것이 아니라 그 사람이 가지고 있는 사랑에 대한 것이다. 목표의 중심으로 이끌리는 미사일처럼, 그 보금자리로 가는 길을 찾는 비둘기처럼, 자기장에 의해 그 방향을 가리키는 나침반처럼 사랑은 상대방의 가장 심오한 필요에 의해 움직여진다.

아마도 로빈슨은 사랑은 상대방을 향한 우리의 태도뿐만 아니라 지적으로 계획된 목적에 방향을 지시하고 지배하기 때문에 의도가 '사랑'이 가리키는 내용의 일부라고 말하는 듯하다. 그러나 만일 그렇다면 그것은 독자에게는 분명히 이해가 되지 않는다. 오히려 그는 사랑의 성향이 적절한 도덕적 목표로 향하도록 하기 위하여 이웃의 필요에 의존하는 것처럼 보인다. 그러나 그렇게 쓴다고 해도 여전히 쟁점들은 논의되지 않고 해결되지 않은 채로 남는다. 사랑의 성향은 자신이나 이웃의 필요에 의해 기만

---

16) 필자의 논문인 "The Eclipse of Sin," in *Motive*, vol. 25, No. 6(March, 1965), pp. 4-8을 보라.
17) Robinson, *Honest to God*, p. 115. 로빈슨은 램지(Paul Ramsey)가 그의 책인 *Deeds and Rules in Christian Ethics*(Edinburgh, 1965)의 13장에서 보여 준 것과 같은 일관적인 접근을 그의 윤리학에서 보여 주지 못하고 있다.

될 수 있지 않는가? 직관은 이성적 비판과 지시에 종속됨이 없이 도덕판단 형성과 행위에 의존될 수 있는가? 도덕 담론(discourse)에는 객관성이나 정밀한 탐구와 논의에 종속되는 의도들에 대한 해명이나 그것들의 정당화가 전혀 없는 것인가?

인간의 성향은 도덕적 행동의 주체적 중심으로써 의존할 정도의 근원적인 순수성의 수준까지 결코 회복될 수 없다. 아무리 그것이 갱신되고 구속되었다고 해도, 자기장에 이끌리듯이 도덕적으로 적절한 말과 행위를 하기 위해 의존할 수 있는 세계는 객관적으로 존재하지 않는다. 더 온건하고 정확한 접근은 다음과 같다. 인간과 세계의 회복에 대한 주장은 온건하게 하고, 적절한 도덕적 의도가 무엇이고 또 무엇이어야만 하는지에 대해서는 정확하게 묘사하는 것이다.

도덕생활에서 의도는 어떻게 기능하는가? 햄프셔(Stuart Hampshire)가 이것을 논의할 때 그는 흥미롭게도 빛이나 조명이라는 언어를 사용하는데, 그 이유는 기독교적 담론의 역사에서 선례가 존재하기 때문이다. "무엇인가를 하려는 나의 의도는 나의 미래의 행동에 대한 고정된 신념, 즉 그것은 흡사 그 둘레가 명백히 식별되지 않는 어두움의 둘레를 지닌 광선같이 미래의 일부분을 조명하는 믿음이다. 광선의 중심에는 행하려고 마음에 두고 있는 특별한 어떤 것이 있는데, 그 양편에는 중심적 의도 주위에 다소 명백하게 의도되고 생각된 부수적인 의도들이 있다."[18] 이 단어와 그것이 가리키는 점은 그리스도인의 도덕적 삶을 해석하는 데 있어서 시사적이다.

필자가 그리스도인의 전망을 논의하며 보여 주려고 했듯이, 그리스도인의 삶에는 우리가 미래에 행하려고 하는 것에 대해서 뿐만 아니라 삶 자체의 의미에 관한 상대적으로 '고정된 신념'이 있다. 이런 신념들은 자신들의 상징과 충성의 대상인 성서 이야기와 예수 그리스도에 의해 형성된다. 이런 신념들, 그리고 그것들이 야기시키는 전망은 심지어 명확한 도덕적 의도들이 규정되기 전에도 조명의 원천들로 기능한다. 사건들과 경험은 이

---

18) Hampshire, op. cit., pp. 123-124.

런 신념들과 전망을 준거로 해서 해석되기 때문에, 그 결과 우리는 그것들에 비추어 삶을 조망하고 다른 사람에게 응답한다. 그러나 행동의 결정이 오직 기본적 신념에 입각해서만 이루어지지는 않을 것이다.

기본적인 그리스도인의 신념들로부터 도덕적 의도들로 나아가는 길은 아주 세밀한 분석의 주제가 되지 못했다. 신념과 행위를 연결하는 '왜냐하면'이나 '그러므로'라는 접속사는 종종 거대한 혼동을 포함한다. 신학적 진술로부터 윤리적 원리들이나 실존적인 도덕적 문제로 나아가는 것은 종종 종교적 수사 속에 감추어진다. 우리는 관계 논리가 삼단논법에서 사용되는 것과 반드시 동일하지는 않다는 것을 알기에 이르렀다. 실제로 신자들에게 있어서 관계는 단순히 객관적인 신념체계와 계도적인 객관적이고 규범적 행위규정 사이에서 이루어지는 것이 아니라 오히려 보다 자아참여적(self-involved)이다. 그것은 신뢰 그리고 하나님 안에서와 하나님에 대한 충성으로의 신앙과 자신의 행위 사이의 관계이다. 우리는 모든 합리적인 사람들이 알듯이 그리스도는 이러하다, 그리고 이러이러하기 때문에 모든 합리적인 사람들이 다음의 도덕적 의도들을 신학적 진술로부터 논리적으로 유추할 수 있다는 것에 동의할 것이라고 확신 있게 말할 수 없다.[19]

필자는 어떤 의도들은 그리스도인의 신념들과 일치하거나 혹은 불일치한다거나, 어떤 행위들은 그리스도인의 신앙과 일치하거나 불일치한다고 말하는 것이 유익하다고 믿는다. 혹은 '조화를 이룬다'(consonant with)거나 '조화를 이루지 않는다'(dissonnant with)는 용어들을 사용할 수 있다. 기계적인 영역으로부터 우리는 그리스도인의 신앙과 신념들과 마찰을 일으키는 의도들을 말할 수 있다. 혹은 느슨하게 사용된 단순한 언어인 '일

---

[19] 어떤 것이 그렇다고 하는 진술에서 "그러므로 나는 마땅히 ~이어야 한다."거나 "나는 ~해야 한다."로 넘어가는 것이 지닌 논리적인 문제들은 신학적인 윤리적 담론에서 구체적인 맥락을 지닌 쟁점들이다. 어떤 의미에서 이 책 전체는 이 문제에 대한 연구를 담고 있다. 물론 저자의 호기심을 만족시킬 만큼 정확하게 다루어지지는 못했다. 필자가 보기에 도널드 에반스는 이런 문제들을 탐구할 유익한 방법을 지시해 주고 있다.

관되는'(consistent with) 그리고 '일관되지 못한'(inconsistent with)도 여전히 또 하나의 가능성일 것이다. 예컨대 대부분의 사람들은 한편으로는 타인과 타인, 타인과 그 자신 사이를 회복시키고 화해시키려는 하나님에 대한 신앙과 다른 한편으로는 사람들 사이에서 증오와 미움을 일으키는 행위 간의 비일관성을 인식한다.

그리스도인들의 도덕적 의도들, 그들의 미래의 행위에 대한 고정된 신념들은 그들의 기본적인 종교적 확신과 예수 안에서 그들에게 알려진 하나님에 대한 그들의 신앙과 일치하거나 혹은 일치해야만 한다(적어도 불일치해서는 안 된다). 최소한 비판적 전망과 최대한 건설적인 전망은 이런 사고방식에 의해서 주어진다. 비판적으로 그리스도인들은 다음과 같이 물을 수 있다. 우리가 추구하는 도덕적 목표들이 우리에 대한 예수 그리스도의 의미와 일치하는가? 이런 목표들을 추구하는 우리의 의도된 행위들은 우리의 신앙과 신념과 일치하는가? 우리의 의도들과 행위들은 우리의 신앙 안에서 우리를 위해서 조명되는 방식으로 움직이는가?

햄프셔가 비유하듯이 우리의 의도들은 빛의 광선처럼 미래를 조명한다. 만일 의도들이 조명으로써 기능하려면 그것들은 구체화될 필요가 있다. 한 가지의 예를 살펴보면 이것을 이해할 수 있다. 그리스도인들이 믿는 하나님은 선하시고, 아울러 삶의 선함의 근원이다. 그러므로 마치 선행을 한 사람을 찬양하고 경의를 표하는 것이 적절한 것처럼, 하나님을 찬미하고 경의를 표하면서 하나님께 감사하는 것은 적절하다. 성 바울은 "하나님의 영광을 위해 모든 일을 하라."고 말할 수 있었다.

하나님은 영화를 받을 만하다. 인간의 행위는 그를 영화롭게 해야만 한다. 하나님을 영화롭게 하려는 의도는 특별히 도덕적이지는 않다. 그에 대한 찬미의 노래가 울려 퍼질 때 그는 영화로워질 수 있다. 그러나 이렇게 하나님의 영광을 위해 모든 것을 하는 기본적 의도는 그리스도인들의 다양한 도덕적 의도를 위한 시금석으로 기능할 수 있다. 도대체 어떤 도덕적 의도들이 하나님을 영화롭게 하지 못하는가? 이것은 하나님이 어떤 분이고, 무엇을 의지하시며, 무엇을 행하시는지에 대한 신앙의 내용과 조화를 이루지 못하고, 일치하지 않으며, 갈등을 야기시키는 도덕적 의도들은 무엇인지를 묻는 것이다. 어떤 도덕적 의도들이 하나님을 영화롭게 하는가? 하나님에 대한 우리의 신앙을 계도하는 하나님에 대한 신념들과 일치하고 조화되는 것은 무엇인가?

그런 질문들에 대한 대답은 미래의 행위과정의 모든 불확실함을 투시하지는 못할 것이다. 실제로 성서와 그 전통은 신자들의 신앙의 전통과 일치하는, 혹은 우리가 행하는 모든 것에서 하나님을 영화롭게 할 의도와 일치할 수도 있는 보다 특수한 의도들을 구체화했다. 실제로 고린도전서의 말씀인 "모든 것을 하나님의 영광을 위하여 하라"는 문맥에서는 그리스도인들에게 적절한 것처럼 보이는 다른 진술들이 발견된다. 그리스도인들은 자신의 선을 구하는 것이 아니라 이웃의 선을 구한다. 그들은 유익이 되는 것, 덕을 세우는 것을 해야 한다. 그들은 그리스도를 모방해야 한다. 그들은 양심의 자유를 보존해야 한다. 예수의 가르침들은 또한 어떤 의도들과 행위들을 권면하고, 제자들의 행위가 따를 지침과 마땅히 따라야만 하는 지침을 보여 준다.

이런 성서적 진술들과 기독교공동체의 성찰을 통하여 그것들과 조화를 이루는 보다 구체적인 의도들과 목적들을 형성하는 것이 가능하다. 구체적인 인생의 내용과는 격리된 채, 어느 정도는 기독교공동체의 에토스로 채워진 문화에서 일반적인 수준의 의도에 대한 진술들은 진부한 것처럼 들린다. "모든 것을 하나님의 영광을 위하여 하라"와 "네 원수를 사랑하라"는 진술들은 비록 그러한 진술들이 우리 자신의 안정적인 신념들의 표현일지라도 공허하게 들린다. 그러나 그 진술들은 구체적인 지침으로 조명되었다. 그 진술들은 그리스도인들이 나아가야 할 길을 보여 준다.

'광선의 중심'에 있는 그러한 중심적 의도들은 구체적인 상황에서 우리가 무엇을 해야만 하는지를 결정하는 데 있어서 그것 자체로써는 충분하지 못하다. 만일 내가 이웃의 선, 즉 하나님께서 나의 선을 추구하셨다는 나의 확신과 일치하는 의도를 추구하면 나는 여전히 그의 선을 성취하는 행위가 어떤 것인지를 모르는 것이다. 그가 필요로 하는 것이 무엇인지,

그 필요를 채워 주는 가장 최선의 방법이 무엇인지, 나는 그에게 얼마나 봉사해야만 하는지, 그리고 다른 결과들은 무엇인지를 알지 않으면 안 된다. 구체적인 도덕적 의도들과 판단들은 하나의 중심적이거나 일반적인 의도만을 기초로 해서 형성되지는 않는다. 이웃을 사랑하라는 의도는 다른 고려들에 비추어 구체화될 필요가 있다. 중심목적은 복잡하고 특수한 상황 가운데서의 특수한 도덕적 판단들과 관련된 규범들 중의 하나가 된다. 그리고 심지어 가장 특수한 의도조차도 조명되지 못한 어두운 바깥둘레를 남기는데, 그 이유는 행위들과 그것들의 잠재적인 결과들은 오직 의도만 가지고는 결코 충분히 예상되지 못하기 때문이다. 오직 행위자에 의한 결정의 한계를 넘어서는 행위들의 잠재적, 비의도적 결과들이 있다.

심지어 매우 구체적인 수준에서도, 가령 "나는 더 엄격한 검사와 강화 절차들을 위한 법과 기준 제정위원회 앞에서 검증을 통하여 더 좋은 주거 시설에 대한 이웃의 필요를 채워 주고자 한다."는 것처럼 보다 일반적이고도 중심적인 의도들과의 일치 혹은 조화가 이루어질 수 있다. 혹자는 이웃의 선을 추구하는 중심적 의도가 주어진 시간과 공간 속에서 필요로 하는 것이 무엇인지를 물을 수 있고, 따라서 주거시설의 조건들을 상향적으로 조정하기 위하여 시민단체의 압력을 이용하는 것이 적합하다는 것을 발견한다. 실제로 그러한 행위를 통하여 예수 그리스도는 증거될 수 있고, 하나님은 영광을 받으실 수 있다.

그리스도인 삶에서의 도덕적 의도들의 형성과 기능을 논의하는 것은 의도의 실제의 모습이나 당위적 모습보다 의도를 더 객관적이고 합리적인 것으로 들리게 한다. 자아는 부분적으로는 의도들의 일관성에 의해 그 정체성을 발견하고, 그리고 이미 형성된 자아의 정체성은 그 의도들을 통하여 표현된다. 이런 자아의 정체성이나 태도는 지적일 뿐만 아니라 정서적이고 공적이다. 또한 개인적인 헌신과 충성의 결과이다.

그리스도인의 정체성은 그의 삶을 계도하는 데 있어서 그의 근본적인 신앙과 그 의미와 결합되어 있다. 예수 그리스도에 대한 그의 신뢰와 충성에 의해서 야기된 성향들이 있다. 또한 마찬가지로 그의 신앙과 세계를 향한 태도와 일치하고 아울러 환기시키려는 의도들이 있다. 자신의 신앙과 일치하는 약간의 통전성을 지니도록 자아의 형성, 즉 그리스도인으로서의 정체감이 주어졌기 때문에 모든 구체적인 목적, 즉 "그것은 내 신앙과 일치하는가?"에 대해 의식적으로 묻지 않는 일관된 의도를 통해 자아의 일관성이 존재할 가능성이 매우 높다. 자아는 부분적으로는 행위에 기본적인 방향을 부여해 주는 그 헌신들과 가치들의 내용(what)에 의해서 형성된 성향들을 지니고 있다. 이것들은 명확하게 표명되고, 해명된 목적들을 통하여 표현되어진 것의 일부이다.[20]

의도들은 광선을 던져 준다. 즉, 의도들은 모든 사람을 위해 미래로 향하는 길을 표시한다. 그것들은 성향들만큼 인간됨의 일부분을 이룬다. 그리스도인들은 예수 그리스도에 대한 그들의 충성에 일치하는 의도들을 형성하고, 형성할 수 있으며, 형성해야만 한다. 이런 충성은 다른 고려들과 관심들을 배제하지 않고 우리의 의도들을 통해서 인간적 삶의 모든 측면에의 참여를 위한 방향성을 부여해 줄 수 있다.

그러나 그리스도인들의 도덕적 삶은 자신의 신앙에 일치하는 도덕적 의도들을 형성하는 것 그 이상이다. 그것은 구체적인 판단들, 선택들, 그리고 행위들의 문제이다. 이런 구체적인 선택들을 하는 데 있어서 우리의 의도들이 가장 중요하다. 그러나 성찰이 이루어질 때, 우리는 행위를 결정하는 데 있어서 여러 다른 규범들 가운데서 그리스도가 어떻게 객관적 규범으로 여겨지고, 여겨질 수 있으며, 여겨져야만 하는지를 알

---

[20] 필자가 보기에 이 점은 이 책에서 직접적이고도 간접적인 방식으로 너무나도 자주 언급되었다. 그럼에도 불구하고 나는 이 점을 한 번 더 지적한다. 지적인 연구분야인 기독교윤리학은 최근의 경향에서 보여 주는 것 이상의 보다 큰 관심을 자아를 형성하는 내용에 부여해야 한다. 이 점은 서너 가지의 이유들로 인해서 교회들을 위해 실천적으로 중요하다. 행위를 규율하는 규칙들보다 "양심의 자유"에 의존하면 할수록 그 양심의 형성이 보다 중요해진다. 문화적 다원주의가 자아를 형성하는 데 관여하면 할수록 어떤 특수한 충성된 행위들과 가치들이 다른 충성된 행위들과 헌신의 행위들에 의해 규정되는 인격의 형성에 어떻게 개입하는지를 확인하는 것은 공동체에 있어서는 중요하다.

수 있다.

그리스도인의 도덕적 삶에서 규범으로서의 그리스도

도덕적 행위들은 자아의 지속적인 경향들과 기본적인 의도들 이상의 요인들에 의해서 결정된다. 구체적인 행위들은 구체적인 판단들로부터 기인하고, 새롭고 진지한 문제들에서 이루어지는 판단은 주의 깊은 성찰의 결과이다. 그 밖에 많은 것들이 의식적인 도덕적 판단들에 영향을 미친다. 우리가 결정하고 행동하도록 부름 받은 시간과 공간에서 지금 무엇이 진행되고 있는가에 대한 평가가 있다. 방법론적이든지 혹은 단순히 인상적으로든지 현재 직면한 문제에 대한 정보의 수집은 이런 평가과정의 일부이다. 선례들과 가능한 결과들에 대한 해석, 그리고 그 문제의 다양한 측면들의 상대적 중요성에 대한 해석, '실제 쟁점들'이 어디에 위치하고 또 가장 효과적인 행위의 시점들이 무엇일지에 대한 해석 등도 이런 평가과정의 일부이다.

도덕적 판단을 수행하는 데 있어서 관련된 자아의 준거(reference)가 있다. 즉, 내가 무엇이 되고, 나의 의도들이 무엇인지에 대한 준거뿐만 아니라 어떤 행동들이 나의 존재와 가장 일치하고, 어떤 행동들이 나의 개인적인 통전성을 가장 덜 위반하는지에 대한 준거가 있다. 무엇을 해야만 하는가에 대해 분별(discernments)하게 하는 자아의 지성과 정서의 훈련을 반영하는 이성과 상상력의 실행이 있다. 또한 판단에 영향을 미치는 객관적인 규범들이 있다. 자신이 속한 사회 집단의 기대일 수도 있고, 헌신을 바쳐야겠다고 느끼는 정의나 사랑의 의미에 대한 묘사일 수도 있고, 자신의 이미지를 형성하는 분명한 가치선호일 수도 있다.

기독교공동체 안에서 판단을 수행하는 자아는 그 공동체에 의해, 그 공동체의 신앙에 의해 그것의 성향들과 의도들을 통하여 형성되어 왔다. 우리는 그리스도인의 도덕적 삶에서 성향과 의도라는 개념을 발전시키는 가운데 이런 형성에 대해 설명하려고 했다. '규범'이라는 단어를 사용하지 않고도 우리는 그리스도가 규범적으로 기능하고, 특별히 의도들을 형성하는 데 있어서 규범적으로 기능한다는 것을 확인했다. 누군가의 의도들이 예수 그리스도에 대한 그의 충성과 일치하는지를 묻는 것은 규범적인 방식으로 예수 그리스도에게 호소하는 것이다. 그것은 그가 의미하고 상징하는 것이 내게 권위가 있다는 것을 상정하는 것이다.

예컨대 그것은 예수가 제시하는 것이 내 자신의 욕구와 선호와 일치할 경우와 특별한 경우에 예수가 나의 '자연스러운' 성향과 마찰을 일으킬 경우 모두 나는 예수를 고려해야 할 의무가 있다는 것을 상정한다. 예수 그리스도는 그리스도인의 도덕적 목적들에 대해 규범적인 기능을 한다. 만일 그를 나의 주라고 인정한다면 그는 나의 목적들을 판단하는 기준이며, 나의 활동에 방향성을 부여하고 계도해 주는 권위이다.

이 부분에서 필자는 그리스도인의 도덕적 삶에 대한 그리스도의 '규범됨'에 관한 세 가지의 측면을 고찰할 것이다. 이 세 가지 모두 특수한 결정과 행동의 순간에 영향을 미치는데, 첫째는 보다 간접적으로 그리고 나머지 둘은 보다 직접적으로 영향을 미친다.

첫째, 그리스도는 그의 삶의 시간과 공간에서 하나님이 무엇을 뜻하시는가에 대한 신학적 해석을 위한 그리스도인의 규범적 준거점을 제공해 준다. 그는 하나님이 세상에서 가능하게 하시고 요구하시는 것이 무엇인지를 분별하는 인간의 노력들에 대한 충만한 내용을 지닌 상징이 된다.[21]

둘째, 신약성서에 주어진 매우 기술적이면서도 신학적 다양성을 지니고 있는 그리스도의 모습, 그리고 그에게서 기인된 가르침들은 하나님에 대한 신뢰, 인간들을 향한 말씀들과 행위들이 그것들의 가장 완전한 상관항을 보여 주는 구체적인 경우가 된다는 의미에서 규범적이다. 그래서 그리스도는 말과 행동으로 그들의 신앙을 표현하려고 하는 구체적인 경우

---

21) 필자는 여기서 리차드 니부어가 상징적 형식으로서의 그리스도의 개념과 모든 도덕적 행위에 관련된 응답의 한 부분으로서의 해석에 대한 그의 이해에서 발전시키 시작했던 내용과 매우 밀접한 어떤 내용을 제시하고 있다. *The Responsible Self*의 특히 149~178쪽을 보라.

에서 그를 따르려는 사람들이 행해야 하고, 또 행하는 것을 조명하기 위하여 의존해야 하는 특별한 모범이다.

셋째, 그리스도에 대한 제자직이 한 인간의 존재와 말과 행위들의 통전성을 보장할 수 있는 한에 있어서, 그리스도인은 그리스도를 그의 판단들과 행위들에 영향을 미치는 여러 규범들 가운데서 가장 중요한 규범으로 간주해야만 한다. 따라서 그리스도는 하나님이 의지하시는 것에 대한 그리스도인의 신학적 해석에 대한 규범이다. 그리스도는 그리스도인이 그의 행위를 통하여 마땅히 보여 주어야만 하는 것을 조명하는 규범이다. 그리스도는 그의 제자로서 그들의 삶을 규율하려는 사람들을 위한 중심적인 의무적 규범이다.

정의(定義)상 신학적 윤리학은 하나님이 특별히 도덕적 방식들로 이 세상을 어떻게 경륜하시는지, 삶의 '인간화'를 위해서 어떻게 행동하시는지, 다른 방식들로 이 세상에 선이 임하게 하기 위해 가능하고 필요한 것이 무엇인지를 믿음의 맥락에서 보여 줌으로써 도덕의 영역을 하나님에게 관련시키려고 한다. 그러한 분석적인 신학의 가르침들은 교회의 예언적 증거의 양육에 있어서 그리스도인들이 마땅히 해야 할 것들을 지시하는 진술들의 기초가 된다. 하나님의 뜻이 인간화에 있다면, 그리스도인들은 하나님이 하시는 것을 해야만 한다.

다시 말하면 그들은 인간화의 활동에 참여해야만 한다. 하나님에 의해서 창조된 도덕적 질서가 정의와 사랑의 질서라면, 주께서 요구하시는 것은 오직 정의를 행하고, 자비를 사랑하고, 겸손히 너의 하나님과 함께하는 것이 아닌가? 신학적 윤리학은 필연적으로 역사와 경험에서 일어난 것에 대한 신학적 해석의 과정에 관여한다. 왜냐하면 신자의 사명은 리차드 니부어의 언어로 말하면 하나님의 행위에 응답하는 것처럼 그에게 임한 모든 행위들에 응답하는 것이고, 바르트의 언어로 말하면 하나님의 명령에 순종하는 것이고, 레만의 제안대로 하자면 하나님의 인간화 활동을 인정하고 그것에 일치시키는 것이고, 토마스주의적 언어로 표현하자면 하나님이 창조하시면서 의도하셨던 대로의 인간의 참된 경향성과 목적들에 부합하는 것이기 때문이다.

모든 그러한 언명들은 단지 해석의 과정이 발생한 후에야 내려질 수 있고, 해석은 어떤 구체적인 헌신과 신념들과 가치들, 상징들에 비추어 행해진다. 어떤 해석자들에게 있어서 신학적으로 해석된 그리스도는 하나님이 세상에서 뜻하고 계신 것을 조명하는 독특하고도 적절한 유일한 규범이다. 우리는 2장에서 칼 바르트가 너무나도 대담하게 그리스도를 기독교 윤리의 모든 측면들의 출발점으로 삼기 위하여 얼마나 애썼는지를 살펴보았다. 이와는 대조적으로 가톨릭 신학자들은 기독론적인 진술들로부터 상대적인 독립성을 유지한 채 창조주 하나님의 사역을 다루는 것을 아무렇지도 않게 생각한다. 아울러 창조된 세계 속에서 발견된 경향의 기초 위에서 적절한 자연적 도덕을 해명하는 것을 아무렇지도 않게 여긴다. 그럼에도 불구하고 그들은 그리스도 안에서 하나님의 구속하시고 성화하시는 은혜의 수단을 발견하고, 세상에서의 당위적인 삶의 내용, 즉 사랑의 삶을 해석하기 위해 그리스도를 이용한다.

필자는 스스로를 바르트의 방식과 동일시할 준비가 되어 있지 않을 뿐만 아니라 이 점에서 필자가 정말 그럴 듯하고 설득력 있는 것으로 여기는 도덕에 대한 신학적 해석에 착수하지도 않을 것이다. 그리스도인들에게 있어서 그리스도는 하나님께서 인간들과 세상에 대해 원하시는 것을 해석하는 규범이 된다. 그는 역사 속에서 일어나고 있고, 아울러 마땅히 일어나야 하는 것에 관해 기독교적으로 해석할 경우에 해명의 근원으로써 기능을 하고 또 해야만 한다는 의미에서 규범이 된다.

세상에서 무엇이 진행되고 있고, 진행되어져야만 하는가에 대한 신학적 해석은 그리스도인에게 사람들 사이나 또는 사건들 간의 의미와 중요성에 대한 통찰을 제공해 준다. 우리는 2장에서 하나님 앞에 그리고 가족 상호 간의 관계 앞에 선다는 것의 의미에 대한 모리스의 해석에서 이 점을 확인했다. 신학적 해석은 창조된 세계의 선함을 긍정할 때 그리스도인의 전망을 형성하기 위해 필수적이다. 그것은 세상을 향한 그리스도인의 성향인 희망과 사랑과 자유, 그리고 신뢰를 기르고 지탱하는 확신들 속에 개입한다. 그것은 우리에게 사건의 과정들에 대한 의미, 정의와 부정의, 생명을 죽이는 세력들과 생명을 긍정하는 세력들, 인간 경험에서 나타나는 깊은 비인간성과 사랑과 화해의 성취들 간에 계속되는 투쟁의 의미를 제공해 줄 것이다. 그러나 그리스도가 제시한 내용에 의해 계도된 신학적 해석은 특수한 시간과 장소에서 내가 해야만 하는 것을 결정하는 데 있어서 그 자체로는 결코 충분치 못하다.

예컨대 폴 레만은 기독론에 초점을 둠으로써 하나님께서 지금 무엇을 하고 계시는지를 이해한다. 그것은 삼위일체 교리에 대한 즉 선지자, 제사장, 왕으로서의 그리스도의 직무들에 대한, 그리고 하나님께서 인간을 인간화시키고 성숙시키기 위해서 일하고 계신다는 레만의 확신을 형성하고 있는 둘째 아담과 재림에 대한 기독론적인 언명들에 기초한 '메시야주의 신학'에서 기원한다. 그러나 필자가 레만의 저술을 읽은 바에 의하면 하나님에 의한 인간화라는 기독론적으로 정초된 해석이 구체적인 결단의 상황에서 양심적인 인간들이 직면하는 모든 질문들에 대한 대답인지는 분명하지 않다. 레만에게 있어서 그리스도는 신학적 해석의 규범이지만, 그러한 해석이 행위주체(I)가 직면하지 않으면 안 되는 '당위적인' 질문을 충분히 해결하지는 못한다.

구체적인 결단의 상황에서 모든 사람들과 마찬가지로 그리스도인도 고려해야만 할 사건의 복잡성에 직면한다. 직면한 문제들의 많은 국면들이 존재할 뿐만 아니라 그가 인식하는 의무들 간의, 그가 지니고 있는 심오한 욕구들 간의, 가능하면서도 방어할 수 있는 목표들 간의, 견지하고 있는 충성과 헌신들 간의, 그리고 상황에 영향을 미칠 수 있는 다양한 도덕적 원리들 간의 갈등들이 존재한다. 행위주체가 하나님의 행동—인간화, 창조, 유지, 심판과 구속의 행위—과 일치한다고 말한다고 해서 그것이 선택의 문제들을 해소시키지는 못한다. 그리고 내가 관여하고 있는 신학적 해석이 나의 유한성과 다양한 자연적이고 자의적인 편견들에 의해 불가피하게 불명확하고 부정확하다는 것을 인정한다면, 나는 도덕적 질문에 대답하기 위해 그리스도에 의해 형성된 해석에 훨씬 덜 의존할 수 있다.

도덕적 선택들을 함에 있어서 단순한 종교적 혹은 신학적 해결을 기대할 수 없다. 그것들은 거의 항상 가치가 있으면서 동시에 약간은 사악한 측면을 지닌 것들 중에서 선택하는 것이기도 하다. 하나를 선택하면 다른 선택은 불가능하게 되고, 그 선택과 더불어 약간의 가능성들이 결정적으로 상실되고 다른 가능성들이 내 삶과 그 사건들의 과정을 조건 지우게 된다.

이런 구체적인 양심적 결단 속에서 그리스도는 그의 선택을 조명하는 규범이 된다는 점과 아울러, 그가 그리스도에 대해 충성을 다한다면 그리스도가 그의 선택을 깊이 조건 지운다는 점을 긍정할 것이다. 이렇게 말하는 것은 그리스도가 무엇을 선택하는지를 규정한다(prescribe)고 주장하는 것도 아니고, 그가 그 선택을 강요한다(dictate)고 주장하는 것도 아님을 주목하라. 여기서 후자의 경우, 즉 강요한다는 보다 강한 표현은 필자가 판단하기에 몇 가지 이유로 인해 옳지 않다. 이 장에서 계속 반복해서 설명했듯이, 분석들과 선택들은 다양한 편견들과 전망들을 지닌 유한한 피조물들에 의해 이루어진 인간적인 것들이다. 그리고 그것들은 인간의 행위작인의 결과들로서 결코 모호하지 않은 신적인 재가를 받았다고 주장할 수도 없다.

행위자(agency), 즉 결정하고, 행위하고, 착수하고, 응답하는 능력은 우리 인간의 조건만이 아니고, 그것은 창조에 의한 것이기도 하다. 그리고 그것은 필연적으로 하나님의 섭리적인 능력에 의해 참작된다는 것이 필자의 믿음이다. 더 나아가 대부분의 진지한 도덕적 판단의 경우들에 있어서 그리스도에 대해, 사실상 자아 혹은 민족이나 다른 어떤 대상에 대해서만 바치는 충성은 단순히 그리고 조화롭게 모든 것이 합력해서 선을 이루도록 하는 행복한 결말을 보장해 주지 않는다. 너무나도 자주 사람들은 모든 비극과 고통의 요소들이 제거될 것으로 기대하는 확실한 결단에 대한 해결책으로써 그리스도를 이용하려고 한다.

그러나 대부분의 도덕적 선택들에 있어서 그것들 자신의 완고한 자율성을 지닌 많은 요소들이 존재한다. 또한 배타적인 통찰력의 근원—이 근원이 그리스도든지, 아니면 사랑이든지, 아니면 그 밖의 다른 것이든지 간에—아래 쉽사리 포함되지 않는 많은 요소들이 있다. 양심적인 젊은이들에게 그들이 마땅히 해야만 하는 사명이 무엇인지를 알려 주는 것은 그리스도만도, 사랑만도 아니다. 또한 그의 태도, 그의 기회, 그의 성취욕구, 그의 다양한 목적의식, 그리고 그 밖의 더 많은 것들이 포함된다. 생명의 연장을 중단시켜야 할 판단을 수행하는 양심적인 의사에게 기준이 되는 것은 그리스도만도, 사랑만도 아니다. 그의 의학적 지식, 법과 환자에 대한 그의 의무, 그리고 다른 많은 요인들이 포함된다. 그리스도는 선택을 규정하지 않고, 그리스도인의 선택을 강요하지 않는다.

영향을 미치는 하나의 규범으로써 그리스도는 선택을 조명하고, 조명할 수 있고, 또 마땅히 조명해야 한다. 아울러 그리스도인의 선택을 깊이 조건 지우고, 조건 지울 수 있고, 또 마땅히 조건 지워야 한다. 모든 다양한 묘사와 신학적 다양성을 보여 주는 신약성서의 예수의 모습과 그에게서 기인된 가르침들은 그리스도인들에게 조명의 근원과 판단의 기준을 제공한다. 왜냐하면 하나님 그리고 인간을 향한 말씀과 행위들에 대한 신뢰와 충성이 통전적으로 예수 안에 존재하기 때문이다.

확실히 우리가 양심적인 그리스도인들이라면 그리스도의 의미에 관해 어느 정도는 다르게 파악해야 한다는 점과 그리스도의 다른 '초상들' (portars)에 매력을 느껴야 한다는 점을 인정해야만 한다. 그러한 초상을 형성하고, 지나치게 부적당한 초상에 대해 비판하고, 이해의 빈곤에 허덕이는 사람들에게 풍부한 초상을 제시하는 것은 교회 삶의 일부이다. 이런 교회와 그리스도인의 과제는 객관성이 전혀 없는 것이 아니다. 왜냐하면 그것은 신앙과 삶의 현장을 제공하는 문서로써의 성서의 위상을 인정한 가운데서 행해지기 때문이다.

그리스도와 그의 사역의 의미를 기억하는 것은 그리스도인의 삶에서 도덕적 판단을 내리는 활동의 일부분이다. 이것은 도덕에 가장 민감했던 프로테스탄트 진영에 속해 있던 미국인 선조들이 제기했던 것처럼, "예수는 무엇을 하려고 했는가?"라는 질문으로 되돌아가는 것은 아니다. 오히려 그를 회상하고, 그의 행위들(그의 죽음을 포함하여)과 그의 말씀들을 준거로 하여 인간을 향한 하나님의 돌보심과 선함, 그리고 사랑이 요구하는 것을 생각하는 것이다. 그것은 때때로 그러한 담론의 형식이 지니는 구체성을 담고 있는 비유에 의해서 유발된 상상력을 가지는 것이고, 또 구체적으로 그 순간에 요구되는 것을 분별하는 데 있어서 상상력을 발휘하는 것이다.

그것은 때때로 우리가 부여 받은 기회를 통해서 수행할 행위들을 그리스도가 어느 정도 유사한 상황에서 행했던 행위들과 관련하여 유비적으로 생각하는 것이다. 그것은 때때로 사랑하라는 명령이 요구하는 것, 원칙화된 (in-principled) 사랑 혹은 공평과의 변증법적 관계에서 추구되는 사랑이 모호한 상황에서 우리에게 행위지침을 제공해 주는 것이 무엇인지에 대해서 매우 분명하게 사고하는 것이다. 그것은 이웃에 대한 예수 자신의 태도와 자세에 대해, 하나님에 대한 그의 신뢰에 의해 표현되고 형성된 의도들에 대해 우리가 분별하는 것에 일치되어야 하는 것이다.

이것은 하나님에 대한 신앙을 도덕적인 행동과 혼동하는 것은 아니다. 그것은 인간의 가치와 구원에 대한 의식이 그리스도를 그의 도덕적 삶의 규범으로 삼는 것에 의해 얻어진다는 것을 말하는 것이 아니다. 그러나 그것은 하나님과 세상 앞에서의 우리 자신의 삶이 실행되는 곳에 예수의 빛을 비추려는 것이다. 그리고 이것은 오직 그리스도만이 주어진 상황에서 결단을 내릴 빛, 규범으로서 충분하다고 말하는 것도 아니다. 그리스도는 통찰력과 방향성을 부여해 준다. 그는 그의 제자들이 따라야 할 어떤 길을 보여 준다. 그는 자신 안에서 보여 준 하나님의 사역과 계시를 통해서, 그리고 그 안에서 이해되는 인간의 선에 보다 더 일치하는 선택이 어떤 것인지를 제자들에게 알게 해 준다. 그는 생명을 부여해 주시고, 지탱하시고, 또 그것을 구원하기 위해 행하시는 하나님의 선하심에 대한 신뢰와 일치하는 목적들과 수단들이 무엇인지를 그의 제자들에게 알게 해 준다.

또한 그리스도인의 결단들에 영향을 미치는 규범으로서의 그리스도에 대한 이런 긍정은 그리스도인의 도덕적 우월성에 대한 주장도 아니다. 그는 오직 그리스도인들만이 선을 인식할 수 있다거나, 심지어는 그리스도인들이 다른 사람들보다 선을 더 잘 인식한다는 것을 말하는 것이 아니다. 오히려 그것은 그들의 삶을 통해 기독교공동체에 의해서 양육된 사람들, 그리스도를 통한 하나님에 대한 신앙에로 부름 받은 사람들, 그리스도의 제자직에 헌신하기로 한 사람들은 그들의 도덕적 삶 속에서 그리스도로부터 조명을 받는다는 것을 의미한다. 또한 그것은 그리스도인들이 그들의 삶과 규범에 의해 세상으로부터 분리됨을 주장하는 것도 아니다. 오히려 그들은 그리스도가 대신해서 죽은 모든 사람들, 그리스도 안에서 알려진 성부에 의해 창조된 모든 사람들, 그리스도의 주권 아래 있는 모든 사람들의 투쟁을 공유하지 않을 수 없다. 그러나 그러한 투쟁을 공유하는 것은 그리스도에게 충성하는 것이고, 그에게 영향을 받는 것이고, 모든 사람들의 필요를 채워 주기 위해 봉사할 자원을 가지는 것이다.

실제로 그리스도인의 도덕적 삶은 그리스도를 향한 제자직의 삶이다. 그것은 자신의 강력한 욕구들과 이해들에 의해서 규정되는 것이 아니라 오히려 자신의 욕구들과 이해들을 정밀하게 살펴보고, 아울러 방향을 돌려 그리스도에게 순종하는 것이다. 그것은 가족공동체, 대학공동체, 국가공동체나 교회공동체에 대한 충성에 의해 규정되는 것이 아니라 그것들 안에서, 또 그것을 통해서 그리스도에 대한 충성으로 이르는 자신의 길을 찾는 것이다.

그것은 집단의 관습들에 의해 규정되는 것이 아니라 그 관습들을 그리스도의 판단과 방향지침 아래에 두는 것이다. 그것은 원칙 있는 개인으로서의, 해방된 사람으로서의, 진지한 사람으로서의, 혹은 즐거운 사람으로서의 자신의 이미지 속에서 통전적인 자화상을 찾는 것이 아니라 그리스도의 존재와 의미에 의해 통합된 자아를 발견하는 것이다.

그것은 마치 그렇게 할 때 그리스도인들이 마땅히 해야만 하는 것을 하는 것처럼 역사의 움직임에, 사건들의 전개과정에 응답하는 것이 아니라 오히려 그리스도가 가능하게 하는 구별과 분별을 좇으면서 그리스도에 대한 순종에 응답하고 참여하는 것이다. 그것은 내 소원과 그리스도의 명령들 간의, 내 민족의 소원들과 그리스도의 요구사항들 간의 완벽한 일치를 추구하는 것이 아니라 일치할 때나 일치하지 않을 때나 그리스도에 대해 신실하게 사는 것이다. 그리스도를 통한 신앙과 새로운 삶으로 부름받은 사람으로서 그리스도인은 그리스도에 대한 신실함으로 부름을 받았고, 아울러 그 삶과 소명에 의해 그리스도에게로 돌아서서 그를 중심적인 규범, 즉 말과 행위들을 조명하는 주된 원천으로 삼아야 한다.

성향이나 서로에 대한 인내, 삶의 태도, 그리고 의도나 뜻한 것을 성취하게 하고 미래에 빛을 비추어 주는 안정된 신념, 그리고 영향력 있는 규범들에 기초한 결단과 행동은 그리스도에 대한 그리스도인의 충성에 종속되고, 따라서 그들의 충성의 대상인 그리스도에게 종속된다.

그리스도와 도덕적 삶

초판인쇄	2008년 8월 10일
초판발행	2008년 8월 20일
지은이	제임스 거스타프슨
옮긴이	김철영
펴낸이	박노원
펴낸곳	한국장로교출판사
주소	110-470 / 서울특별시 종로구 연지동 135
전화	(02) 741-4381~2 / 팩스 (02) 741-7886
영업국	(031) 944-4340 / 팩스 (02) 944-2623
등록	No.1-84(1951. 8. 3.) / Printed in Korea

ISBN 978-89-398-0467-8
값 14,000원

편집과장	이현주
기획과장	정현선
표지디자인	김지수

※ 이 출판물은 저작권법에 의해 보호를 받는 저작물이므로 무단전재와 무단복사를 할 수 없습니다.